LES
DIVINITÉS ÉGYPTIENNES

LEUR ORIGINE, LEUR CULTE

ET

SON EXPANSION DANS LE MONDE.

Imprimé sur papier
DE MM. HENRY LACOURADE ET C⁽ᴵᴱ⁾, D'ANGOULÊME.

Paris. — Typographie de Ad. Lainé et J. Havard, rue des Saints-Pères, 19.

LES

DIVINITÉS ÉGYPTIENNES

LEUR ORIGINE, LEUR CULTE

ET

SON EXPANSION DANS LE MONDE

A PROPOS DE LA COLLECTION ARCHÉOLOGIQUE
DE FEU LE DOCTEUR ERNEST GODARD

PAR

OLLIVIER BEAUREGARD

PARIS

LIBRAIRIE INTERNATIONALE

15, BOULEVARD MONTMARTRE, 15

A. LACROIX, VERBOECKHOVEN ET CIE, ÉDITEURS

A BRUXELLES, A LEIPZIG ET A LIVOURNE

—

1866

Droits réservés.

AVANT-PROPOS.

Le docteur Ernest Godard, dont la collection archéologique a donné lieu à l'étude que je publie sous le titre : *les Divinités égyptiennes, leur Origine, leur Culte et son Expansion dans le monde*[1], est mort en mission scientifique, à Jaffa (Syrie), le 21 septembre 1862. Il était né à Cognac (Charente), le 6 janvier 1826.

Ernest Godard était membre titulaire des Sociétés Anatomique, d'Anthropologie et de Biologie, et de la Société Impériale zoologique d'acclimatation de Paris, et membre correspondant de huit Académies de médecine ou Sociétés savantes de l'Étranger et des départements de la France.

A la Société d'Anthropologie de Paris, M. le docteur Martin-Magron, ancien président de cette société, fut chargé de prononcer l'éloge de son jeune et malheureux collègue.

[1] Une Notice sommaire, publiée en 1863, avait pour titre : *Simples Observations sur l'Origine et le Culte des Divinités égyptiennes.*

M. Martin-Magron, ayant connu mes relations d'intimité avec la famille d'Ernest Godard, voulut avoir de moi quelques renseignements.

Au nombre de ceux que je pus lui fournir, se trouvait le fait de l'existence de la collection en question[1].

J'eus aussi l'honneur de parler de cette circonstance à M. le Professeur Charles Robin, membre de l'Institut et de l'Académie de médecine, également membre de la Société d'Anthropologie, et exécuteur testamentaire d'Ernest Godard.

L'avantage que j'avais de connaître, pour l'avoir vue, la collection archéologique et ethnologique d'Ernest Godard, me valut, de la part de M. le docteur Martin-Magron et de M. le Professeur Charles Robin, l'invitation de rédiger sur cette collection une note qui serait lue à la Société d'Anthropologie, comme appendice à l'éloge d'Ernest Godard.

La signification, la forme et le développe-

---

[1] En mourant, Ernest Godard a légué ses collections à la ville de Bordeaux, dont sa famille a fait sa patrie d'adoption.

En souvenir du dévouement du jeune Savant et de ses libéralités, le conseil municipal de cette riche et luxueuse cité a donné à l'une des rues de Bordeaux le nom de : Ernest Godard, et a désiré que son buste décorât les galeries où sont exposées ses collections.

Ce buste, d'une exécution large, noble et intelligente, est l'œuvre d'Aimé Millet.

ment à donner à cette note furent laissés à ma seule appréciation.

En raison même de l'honneur qui m'échéait d'écrire pour la Société d'Anthropologie, je crus qu'il convenait que mon travail fût autre chose qu'une simple nomenclature, et je le dirigeai vers une étude comparative, que je croyais propre à intéresser l'assemblée devant qui je devais le lire.

Des raisons qu'il est inutile de consigner ici m'ont alors engagé à couper ce travail en trois parties et à l'écrire en forme de discours.

Bien qu'il soit tout à fait transformé dans la nouvelle édition que j'en donne aujourd'hui, qu'il ait acquis une quatrième partie, et se soit considérablement accru dans chacune des trois autres, ce travail conserve cependant, en plusieurs endroits, des traces évidentes de sa forme primitive.

Il m'a semblé que je devais le moins possible faire disparaître les témoignages de sa première campagne.

PRÉFACE.

> Quelles que soient les divagations partielles d'une mythologie qui a pour base l'unité de tels enseignements (l'unité de la toute-puissance de Dieu), ses monuments doivent être recueillis avec attention, et les obscurités des symboles méritent d'être éclaircies quand on sait qu'ils recouvrent un fond aussi respectable.........
> .... Ce que nous devons entreprendre d'élucider avec vous, ce sont les faits les plus anciens de l'histoire, c'est tout ce qui constitue la vie d'un grand peuple : son langage, son gouvernement, ses combats, sa religion, ses mœurs et ses arts.
>
> (Vicomte E. DE ROUGÉ, *Discours prononcé à l'ouverture du Cours d'Archéologie égyptienne, au Collége de France*, le 19 avril 1860.)

Quand parut la religion de Mahomet, les Chrétiens crièrent à l'idolâtrie contre les nouveaux arrivants, et ce cri de l'ignorance et de la spéculation, qui avait déjà si bien réussi contre les Égyptiens, les Grecs et les Romains, sans cesse et partout répété par des milliers de fanatiques éperdus, aurait sans doute eu contre les Mahométans son succès d'autrefois, si, il y a douze siècles, il eût été aussi difficile de comprendre les écrits de Mahomet, de voir et de visiter les pays mahométans, qu'il est aujourd'hui difficile de lire dans les dialectes sur lesquels la confusion des langues a fait l'obscurité la plus profonde, et de visiter ce pays nommé la Haute Antiquité, devenu un mirage presque effacé, tant l'a porté loin avec elle la fumée des incendies qui ont consumé les chartes civiles et religieuses des premiers peuples civilisés,

Mais quand la signification de ces traits arabes :

$$\text{بِسْمِ ٱللَّهِ ٱلرَّحْمَٰنِ ٱلرَّحِيمِ}$$

fut connue; quand on les vit figurer, intelligibles pour tous, en tête de tous les chapitres du Coran ; quand on put ainsi s'apercevoir que le Code des croyances mahométanes était donné par Mahomet à ses adeptes :

AU NOM DE DIEU CLÉMENT ET MISÉRICORDIEUX ;

quand on sut qu'*Allah* n'était ni de bois ni de pierre, mais seulement un mot exclamatif et qualificatif de la langue religieuse des Mahométans ; quand on sut que ce mot, formé de l'article *al* et du qualificatif *elah*, signifiait dans son ensemble : *l'Ineffable;* quand on put visiter les mosquées absolument nues d'images ; quand enfin, lisant le Coran, on put apprendre qu'il n'est guère dans ses dispositions principales qu'un commentaire du Pentateuque, à l'usage particulier de Juifs dissidents, il fallut bien que l'on changeât le mot de malédiction lancé contre les Mahométans; et les Mahométans, tout à l'heure idolâtres, ne furent plus que des *Infidèles*, c'est-à-dire seulement des croyants d'un rite nouveau dans la nombreuse famille des religions de la croyance en Dieu.

L'accusation d'idolâtrie et de fétichisme, qui pèse sur le souvenir des peuples de l'antiquité, n'a pas de fondements plus sûrs ni meilleurs que l'accusation mensongère qui frappa d'abord les Mahométans. Elle repose comme celle-ci sur l'ignorance, et elle a sa force dans la spéculation.

Ammon n'a pas plus été un Être fictif déifié à l'usage particulier des dévots de l'Égypte, que *Jéhova* n'est un Être fictif déifié à l'usage particulier des Juifs; *Zeus* n'a pas plus été un Être fictif déifié à l'usage particulier des dévots grecs, qu'*Allah* n'est un Être fictif déifié à l'usage particulier des Mahométans; *Jupiter* n'a pas plus été un Être fictif déifié à l'usage particulier des dévots du monde romain, que *Dieu* n'est un Être fictif déifié à l'usage particulier des Chrétiens.

Les mots *Ammon, Zeus, Jupiter*, avaient pour les Égyptiens, les Grecs et les Romains, une signification qualificative du genre de celle du mot *Allah*. Mais l'obscurité soigneusement faite sur la signification des mots servant à désigner la divinité chez les différents peuples de l'Antiquité, a donné le change à l'esprit des peuples modernes, et a consacré la fortune de la calomnie dont pâtissent à présent les souvenirs des religions passées.

Grâce, en effet, aux ressources habilement tirées de la confusion des langues, toutes les religions dont l'existence a précédé l'établissement du Christianisme ont pu être, en vertu de la loi de l'intérêt particulier, complétement obscurcies et défigurées, et les générations qui, depuis dix-huit siècles, se sont succédé, ont toutes été, avec un soin minutieux, instruites, suivant le cas, ou à se méfier des enseignements devenus incomplets de telle ou telle de ces religions antérieures, ou à rire de leurs pratiques en général, sur la foi d'indications tronquées ou mal assises, et dévotement mises en lumière quand elles sont de celles qui reportent à la charge des religions de l'Antiquité des pratiques susceptibles de nous paraître étranges et de blesser nos mœurs.

Ainsi le Mosaïsme, représenté comme insuffisant, a été

bafoué dans la personne de ses adeptes, si bien que, même de nos jours, ces martyrs de la prévention religieuse forment encore dans la famille humaine une classe d'êtres à part, dont, par exemple, les Chrétiens, même ceux de Rome, veulent bien accepter les services industriels et financiers, tout en les flétrissant de l'épithète absurde de « Déicides ».

Quant à la religion du Paganisme, sans avoir égard aux services qu'elle a rendus au monde en façonnant la Grèce et Rome à la civilisation, on en a, comme à plaisir, noyé la valeur dans un habile mélange d'accusations ouvertes et de réticences également perfides.

Aucun trait de malignité étudiée n'a été omis pour revêtir d'un semblant d'exactitude les diatribes intéressées lancées, il y a dix-huit siècles, contre le Paganisme, diatribes que le temps et la persistance mise à leur propagation se sont ensuite chargés de faire prévaloir.

Mais, quelles que soient les absurdités patiemment et victorieusement accumulées contre le Mosaïsme et contre le Paganisme, il ne s'en trouverait pas cependant, dans la riche nomenclature qu'il serait possible d'en dresser, ni d'aussi grandes, ni d'aussi franchement acceptées, que celles sous la violence desquelles la saine et sage religion de l'Égypte a dû s'effacer et disparaître.

Moïse, le premier, accusa les Égyptiens d'adorer les animaux ; il s'agissait alors seulement du Bœuf Apis.

Brodant à qui mieux mieux sur le fond de cette accusation toute politique qu'ils se sont évertués à mal comprendre, les premiers Chrétiens, et avec eux les Pères de l'Église, ignorant ou feignant d'ignorer, les uns et les autres, la valeur de ce qui se passait sous leurs yeux dans les temples de l'Égypte, alors bien déchue, intéressés d'ailleurs à défigurer, au profit de la religion par eux enseignée, les pratiques de la religion égyptienne, n'ont pas craint d'avancer que les Égyptiens adoraient des bêtes féroces.

Répétées, commentées, exagérées depuis dix-huit siècles, ces calomnies ont si bien fait fortune que les nier ou les combattre paraît aujourd'hui de l'audace et de l'impiété.

Les docteurs de toutes les croyances religieuses, grands rabbins, prélats, ulémas, tous ensemble ou tour à tour, ont fait et font leur partie dans ce concert d'imprécations mensongères.

Bossuet lui-même, que sa grande science et son esprit supérieur auraient dû prémunir contre la tentation des spéculations malsaines, s'est laissé aller au péché tristement saint de répéter ces vieilles calomnies; il s'en est fait avec délices le héraut dans son *Discours sur l'Histoire universelle*, où il affiche la prétention de dire la vérité au royal élève à qui il s'adresse; et, sous l'autorité de son nom, les énormités les moins vraisemblables et les plus fausses sont passées à la charge des Égyptiens comme autant d'axiomes historiques.

Haussant cependant encore le diapason de ces déclamations grotesques, le R. P. Dom Calmet a poussé plus loin que n'importe qui les accusations calomnieuses contre les croyances égyptiennes. S'échauffant de dépit aux stupidités prêtées à l'Égypte de temps immémorial, il a craint d'être pâle en se contentant de les répéter tout simplement, et il a écrit sans hésiter en parlant des bêtes :

« Les Égyptiens, parmi lesquels les Hébreux ont de-
« meuré si longtemps, adoraient les animaux, et par con-
« séquent les croyaient non-seulement raisonnables, mais
« aussi supérieurs à l'homme. »

Depuis deux mille ans, et de nos jours encore, ainsi

vivent, assez maltraités, les souvenirs de l'Égypte pharaonique, malgré les découvertes de Champollion et les protestations de la science et de la raison; et puisque, loin de s'amender, les détracteurs de l'Égypte se complaisent à répéter, avec d'absurdes boniments, les accusations intéressées qui furent l'expression courante des pieuses spéculations de nos devanciers, c'est un devoir sacré, pour quiconque en a l'occasion, de s'inscrire en faux contre les travestissements de l'histoire de la vallée du Nil, et contre les orgies de bonnes intentions dont se rendent coupables ceux qui mentent contre l'Égypte au nom des intérêts du ciel.

Aussi quand, en 1863, les circonstances m'appelèrent à rendre compte à la Société d'Anthropologie de Paris des divers objets composant la collection archéologique faite en Égypte par le docteur Ernest Godard, n'ai-je point hésité à crier, aussi haut que je l'ai pu, contre la profanation dont les souvenirs pharaoniques sont l'objet.

Les observations sommaires que je publiai alors se terminaient ainsi : « Je conclus que la nation chez qui allè-
« rent s'instruire Lycurgue, Solon, Thalès, Pythagore, Eu-
« doxe et le disciple chéri de Socrate, le divin Platon; que
« la nation de qui saint Étienne, le premier martyr de la
« foi de Jésus-Christ, fait un si noble éloge, lorsque, par-
« lant de Moïse [1], il dit : « *qu'il fut instruit dans toute la*
« *sagesse des Egyptiens*; que la nation dont Bossuet a dit,
« en parlant de ses Rois : *Il n'y avait rien que de grand*
« *dans leurs desseins et dans leurs travaux* [2]; » je conclus
« que cette nation ne nous paraît atteinte de fétichisme que
« parce que nous ne savons pas rompre à son égard avec

---

[1] *Actes des Apôtres,* chap. VII, v. 22.
[2] *Discours sur l'Histoire universelle,* IIIe partie, chap. III.

« de perfides traditions, et que peut-être, sans y mettre au-
« jourd'hui trop de malice, nous la jugeons un peu à l'é-
« tourdie, à l'encontre des préjugés de notre éducation;
« préjugés nés, pour ainsi dire, avec nous et chez nous, et
« aussi avec un certain parti pris de peuple supérieur et
« illuminé. »

Cette conviction seulement instinctive, qu'un travail incomplet ne me permettait alors de faire entrevoir que comme une fin probable à attendre d'un travail plus étendu, je l'offre aujourd'hui pleine et entière, avec le témoignage des faits et l'agrément de la logique la plus sévère.

Dans ce travail d'investigations nouvelles et décisives, dont le lecteur est prié de vouloir bien suivre le développement dans l'ordre établi, j'ai mis une certaine attention à n'invoquer que des preuves faciles à vérifier, à ne faire intervenir en témoignage que des faits historiquement démontrés.

Il n'est pas alors si mince bibliothèque particulière qui ne puisse fournir le moyen de contrôler toutes mes indications capitales.

Quelques heureuses découvertes marquent d'ailleurs ce long et pénible travail de recherches et de confrontations.

Ainsi la descente d'Orphée aux Enfers, l'aventure d'Orphée et Eurydice, scientifiquement présentées, cessent d'être des fables ingénieuses pour devenir des traits caractéristiques d'histoire et des scènes de mœurs d'une touchante exactitude.

Les figurines dites *divinités égyptiennes* perdent leur air mythologique pour reprendre leur valeur primitive et réelle d'instruments de science et de saine morale.

Désormais transparente et limpide, la légende d'Osiris, étude de Dieu sur la nature, est l'attestation positive de l'incarnation égyptienne de la bonté divine.

Anubis, Seth, Bès, ne sont plus de ridicules étrangetés; la personnalité de *Phtah* devient l'expression d'un fait historique bien expliqué et défini; le *Tat* n'est plus une énigme; la divinité des animaux et des oignons s'efface. La raison, la seule raison enfin, reprend ici son empire, pour faire de la religion égyptienne, si longtemps mal comprise et calomniée, une religion digne, par ses sublimes et ingénieux enseignements, du peuple qui fut, dans l'antiquité, le plus sage et le plus justement admiré des peuples, digne d'être la source de vie d'où sont, en réalité, sorties toutes les religions qui ont gouverné le monde, et de fait, en dépit des doctrines qui prétendent monopoliser la divinité, la source réelle de toutes celles qui le gouvernent encore.

LES
DIVINITÉS ÉGYPTIENNES

LEUR ORIGINE, LEUR CULTE
ET SON EXPANSION DANS LE MONDE.

PREMIÈRE PARTIE.

ERNEST GODARD EN ÉGYPTE.

I. L'auteur à la Société d'anthropologie. — II. La Collection d'Ernest Godard et la ville de Bordeaux. — III. Les Hypogées. — IV. Les Momies. — V. Les Ateliers de momification. — VI. Orphée aux Enfers. Orphée et Eurydice. — VII. Les Hypogées royaux. — VIII. Les Pyramides. El-Assasif. La Colonne de Pompée. — IX. La Caravane du Dar-Four.

I.

L'AUTEUR A LA SOCIÉTÉ D'ANTHROPOLOGIE.

Messieurs,

Tout à l'heure, votre très-honoré collègue, M. le docteur Martin-Magron, mentionnant, au courant de l'éloge qu'il a si dignement fait de la vie du docteur Ernest Godard, l'excursion par lui accomplie dans la Haute-Égypte et dans la Nubie, a remis à mes soins de vous parler des pièces d'archéologie qu'y a recueillies votre regretté collègue, de vous entretenir de sa visite aux Hypogées de Thèbes, et de la caravane du Dar-Four, dont la rencontre, par une heureuse coïncidence, a marqué, à Siout, son retour vers la Basse-Égypte.

De ces trois questions à traiter, que me réserve la délégation de M. le docteur Martin-Magron, celle qui concerne la collection archéologique est certainement la plus importante.

Tout ce qui touche en effet à l'histoire politique et religieuse de l'antique Égypte a, malgré la distance, une couleur locale si prononcée, une si véritable grandeur, que la moindre étude qu'on en veut faire prend immédiatement des proportions considérables.

J'ai cru, Messieurs, être agréable à votre savante compagnie en obéissant, pour ainsi dire, à l'impulsion que donne à l'esprit une si intéressante question, et je me suis plu alors à apprécier la portée politique et la signification religieuse des pièces de cette collection du docteur Ernest Godard.

Mais, d'une part, les définitions et les développements dans lesquels il m'a été indispensable d'entrer à cet effet exigent une lecture de plusieurs heures, et la liste des travaux à l'ordre du jour de cette séance solennelle m'avertit d'être bref; de l'autre, il se peut qu'à propos des figurines de la mythologie égyptienne, je sois entraîné, en les considérant sous un aspect particulier, nouveau peut-être, à des appréciations dont il ne convient pas de charger une autre conscience que la mienne, et aujourd'hui je parle presque au nom et pour le compte de votre ancien président.

Ce sera donc, Messieurs, en mon nom personnel, mais sans oublier de rendre hommage à la persévérance et à la sagacité d'Ernest Godard, que, dans quelques-unes de vos prochaines séances, j'analyserai ses collections et ferai suivre de mes observations l'analyse que j'en aurai faite.

Toutefois, si je ne puis avoir l'avantage de vous soumettre aujourd'hui mon travail d'analyse et d'appréciation, il m'est au moins possible de vous indiquer en quoi consiste la collection d'Ernest Godard, et de vous dire ce qu'elle est devenue.

II.

LA COLLECTION D'ERNEST GODARD ET LA VILLE DE BORDEAUX.

1. — La collection archéologique et ethnologique, faite dans la Haute-Égypte et dans la Nubie par Ernest Godard, représente un ensemble d'objets dont le nombre dépasse mille.

Son livre d'achat, tenu jour par jour, station par station, avec cette exactitude pratique que vous connaissez sur ce chapitre à votre malheureux collègue, constate que cette collection a coûté plus de vingt mille francs.

Ernest Godard, qui savait toujours accepter avec une charmante résignation les tracas, même excessifs, dès qu'il entrevoyait au bout ou une satisfaction d'intelligence ou une satisfaction de cœur, Ernest Godard a dirigé lui-même l'encaissement de sa collection, et il en a, *propriâ manu,* étiqueté et numéroté chacune des mille pièces.

Vingt-cinq colis en ont été remplis. Il a présidé à leur embarquement à Alexandrie, et ce n'est qu'après les en avoir vus partir qu'il s'est lui-même acheminé vers Jaffa.

2. — Sa collection comprend :

Des Stèles et des Papyrus ;

Une série fort nombreuse, sinon complète, de ce que nous appelons les Figurines de la mythologie égyptienne et des Emblèmes qui s'y rattachent;

Des Statuettes funéraires et des Canopes ;

Des Palettes d'écrivain ;

Quelques fragments de Momies et des pelotes de Bandelettes ;

Des copies, en réduction, de la grande Pyramide de Gizéh et de la Colonne de Pompée ;

Des Bijoux;

Des souvenirs de l'époque gréco-romaine en Statuettes, Bustes, Emblèmes et Monnaies;

Toute une série d'objets usuels pris parmi ceux de la moderne Égypte et de la Nubie, y compris un exemplaire de chacun des Vêtements portés le plus ordinairement par les dames du harem, et des Talismans.

Enfin, sur une longue bande de papier, un Dessin, — une copie sans doute prise dans quelque tombeau, — représentant comme une scène des *Phalliques*.

3. — Les intentions exprimées par Ernest Godard la veille de sa mort à Jaffa, à l'occasion particulière de cette collection, sans faire à sa famille une obligation absolue de leur exécution, sont qu'elle devienne un jour la propriété de la ville de Bordeaux.

La famille d'Ernest Godard, religieusement attentive à l'accomplissement de chacune des intentions par lui exprimées, a voulu que celle-ci, comme toutes les autres, reçût sans retard son exécution, et la ville de Bordeaux est déjà en possession de la précieuse collection.

L'examen raisonné de cette collection, je l'ai dit, Messieurs, sera l'objet d'entretiens ultérieurs. Aujourd'hui, je vais parler des hypogées de la Haute et de la Basse-Égypte qu'a visités Ernest Godard, et de la caravane du Dar-Four, avec qui il a eu la bonne fortune de pouvoir voyager, et chez qui il a campé pendant quelques jours.

III.

LES HYPOGÉES.

1. — L'ensemble compliqué des travaux souterrains ou couverts, exécutés autrefois pour servir de

sépulture aux habitants de l'antique Égypte, sont les catacombes ou chambres sépulcrales que l'on désigne aujourd'hui sous la dénomination générale d'*hypogées,* véritables villes des morts, divisées en quartiers des pauvres, quartiers des riches, quartiers des grands, palais des princes, palais des reines, palais des rois.

Une visite par là, c'est un voyage à travers un passé plus vaste que soixante siècles; ce serait, à s'arrêter partout et à s'expliquer sur tout, l'histoire complète de l'Egypte pharaonique. Ce sera, à vol d'oiseau, un tableau panoramique dont je vais essayer d'être le cicérone intelligent.

2. — J'ai d'ailleurs, Messieurs, sur ce chapitre, un programme tout tracé. Ernest Godard écrivait en effet à sa mère, le 22 mai 1861 :

« J'ai visité le village de Gournah.

« Les habitants se logent, pour la plupart, dans
« les tombeaux dont ils ont évacué les momies.

« Par là, du reste, ce que j'ai vu de plus intéres-
« sant, ce sont les tombeaux et les puits à momies.

« Ces puits sont creusés dans le flanc de la mon-
« tagne.

« Momies, fragments de momies, bandelettes, jon-
« chent la route qui les dessert, et tout cela fait un
« curieux effet.

« Sur certains points de la route il y a des espaces
« où les fellahs disposent, comme sur un bûcher,

« les momies qu'ils brûlent pour s'en débarras-
« ser[1].

« L'entrée de celui des puits à momies que j'ai vi-
« sité est fort difficile.

« On pénètre d'abord dans une première cavité en
« se courbant et en marchant à quatre pattes ; cette
« première cavité se trouve remplie de têtes.

« Pour aller plus loin je dus, avec mes guides et
« comme eux, me laisser couler par un trou. J'ai eu
« toutes les peines du monde à y faire passer ma
« grosse personne.

« Ce couloir étroit, qui n'a guère que cinq ou six
« pieds de longueur, donne accès à une chambre
« souterraine, où se trouvent entassées, côte à côte,
« et en couches doublées, des momies en nombre
« infini.

« Elles y sont si serrées que pour avancer il faut
« marcher dessus.

« Les momies sont là desséchées à ce point que la
« seule pression du pied les écrase ; de sorte qu'en
« fonctionnant le pied pénètre tantôt dans la poi-
« trine, tantôt dans la tête des momies.

« Il y a de ces chambres sépulcrales plusieurs à la
« suite les unes des autres.

« Je ne les ai pas toutes parcourues, car, dans ces
« souterrains où il y a peu d'air ambiant, l'odeur et
« la poussière qui s'exhalent des momies ainsi pi-
« lées, deviennent suffocantes.

---

[1] J'ajoute que c'est le combustible le plus habituel au foyer arabe.

« Si le cœur venait à manquer en pareil endroit,
« on y resterait à jamais ; les guides seraient impuis-
« sants à vous rendre au grand air, les passages sont
« trop étroits.

« Ce danger n'est cependant pas le plus sérieux ;
« le plus à craindre est le feu.

« On visite ces catacombes avec des bougies : que
« l'une d'elles, en tombant, mette le feu à ces restes
« bitumés, et on serait brûlé, ou plutôt asphyxié.
« Cela est arrivé.

« Les habitants de Gournah n'ont d'autre indus-
« trie que la découverte des tombeaux, et c'est une
« fortune en effet que la sépulture de toute une gé-
« nération. Ils délacent les momies, vendent les bi-
« joux et autres objets précieux qu'ils trouvent, et
« vivent ainsi de la dépouille des morts.

« Dans la vallée de *Biban-el-Molouck*, j'ai visité le
« tombeau découvert par Belzoni, je l'ai parcouru
« dans toute son étendue.

« C'est un souterrain immense, divisé en plusieurs
« galeries, qui donnent accès à des puits de descente
« pour gagner des chambres inférieures, qui se trou-
« vent fort avant dans les entrailles de la terre.

« Dans les descentes, le moindre faux pas ferait
« tuer mille fois..... Mais on s'habitue à tout, et je
« crois maintenant qu'avec l'aide des Arabes je pas-
« serais partout.

« J'ai encore vu *El-Assasif* et visité le tombeau
« que l'on nomme ici le *Tombeau des Harpistes*. »

Ainsi s'exprime Ernest Godard; mais ces indications sommaires n'étaient certainement point, dans ses intentions, le dernier mot de ses confidences sur l'objet intéressant de cette visite. Il vous réservait, j'en suis sûr, la communication de détails circonstanciés.

C'est à son silence doublement regrettable que je voudrais suppléer, en tirant des indications de sa trop courte lettre les détails que l'on y pressent.

3. — *Gournah* et *Médinet-Abou*[1], sur la rive gauche du Nil, comme *Louqsor, Karnac, Med-Amoud* sur la rive droite, sont des villages arabes d'une certaine importance qui, à des distances de plusieurs kilomètres les uns des autres, marquent çà et là la vaste plaine où s'élevaient jadis, précédés de pylônes massifs, de colossales statues, d'obélisques et de sphinx, les temples et les palais de cette ville immense et superbe, qu'Homère a poétiquement nommée Ἑκατόμπυλος, *aux cent portes*[2], les Grecs et les Romains *Diospolis Magna*[3], et que les primitifs Égyptiens appelaient simplement Oph.

Quand Ælius Gallus, troisième préfet de l'Égypte pour l'empereur Auguste, visita les diverses parties de

[1] Ce nom arabe signifie la *Ville du Père*. Une portion du territoire de ce village, celle où se trouvent encore les ruines du petit temple de THÔTH, dépend du territoire où s'étendait le faubourg de Thèbes nommé MANTHOM.

[2] *Ville aux cent portes*, non pas qu'il se trouvât cent portes pour pénétrer dans son enceinte, mais à cause des portiques nombreux dont cette ville était ornée.

[3] *Diospolis Magna*, la Ville de Jupiter la grande, pour la distinguer de *Diospolis Parva*, autrefois Hermunthis.

sa province, Thèbes, déjà affreusement ravagée par Cambyse ; cinq siècles plus tard, l'an 28 avant notre ère, pillée par Cornélius Gallus, premier préfet de l'Egypte ; amoindrie d'ailleurs, comme Memphis et Saïs, d'une part de l'importance si considérable qu'avait alors acquise Alexandrie, couvrait encore cependant, au dire du géographe Strabon qui accompagnait le lieutenant d'Auguste, une étendue de quatre-vingts stades [1] ; ce qui représente, à peu près, quinze de nos kilomètres.

C'est aux limites occidentales de ce vaste territoire où fut Thèbes, dans le flanc des montagnes de la chaîne Libyque au pied desquelles se trouve Gournah, qu'avaient été creusées, pour l'éternel repos des habitants de la contrée, les chambres sépulcrales qu'Ernest Godard a visitées.

4. — Les conditions d'établissement de ces nécropoles publiques variaient suivant l'assiette et la configuration du terrain des localités où elles étaient creusées ou édifiées.

Ainsi, tandis qu'à Thèbes et à Memphis elles sont produites par de vastes excavations profondément enfoncées sous les montagnes libyques, au pays plat de la Basse-Égypte, à Saïs par exemple, ces cimetières étaient, ou des constructions faites en briques, — assez souvent en briques crues, — constructions se multipliant en s'étendant et en se superposant, ou des excavations spacieuses creusées sous le sol à des

---

[1] La stade romaine égale 185 mètres 15 centimètres.

profondeurs variables, excavations auxquelles donnaient accès des puits de descente pourvus de chambres circulaires précédant l'entrée de chacun des étages.

Aux approches du temps prévu de l'inondation, l'orifice de ces puits était hermétiquement bouché, et la momification des corps permettait d'attendre, sans inconvénient, que la retraite du Nil autorisât leur dépôt dans les excavations devenues d'un accès facile.

Ces catacombes étaient construites, percées et entretenues aux frais du corps sacerdotal, de qui elles étaient la propriété sacrée.

Les morts, au moins dans les derniers siècles de la nationalité égyptienne, y payaient un droit d'asile.

C'était là un des revenus de l'*Église* de ces temps reculés.

5. — Durant les siècles nombreux de la nationalité égyptienne, alors que la momification était rigoureusement pratiquée, à mesure que les générations qui s'éteignaient venaient s'ajouter aux générations éteintes, les hypogées, ces villes de la mort, plus encore que celles de la vie en travail continuel d'expansion, s'étendaient chaque jour davantage dans les profondeurs du sol ou sous les montagnes, allongeant de çà et de là leurs rameaux multipliés d'excavations nouvelles.

D'énormes piliers, d'épaisses cloisons, comme autant de signets dans ce livre de l'éternité, séparaient ainsi les chambres de repos de chaque génération.

Sur les parois de ces piliers, de ces cloisons, sur les voûtes plates qu'ils soutiennent, la communauté sacerdotale avait pris soin de faire peindre, dessiner au trait ou graver en bas-relief des tableaux représentant les récompenses et les châtiments qui, d'après les croyances égyptiennes, attendent les hommes après leur mort.

6. — La partie des catacombes illustrée des tableaux des récompenses y figurait le paradis des croyances égyptiennes. C'était l'*Aaenrou*, la zone des *Ames bienheureuses*.

Toutes les peintures y représentent les *Ames heureuses* portant à la tête une *plume*, témoignage de leur conduite juste et vertueuse [1].

Ces âmes font des offrandes aux dieux, et on en voit, guidées par le *Seigneur de la joie du cœur*, cueillir dans ce *Paradis les fruits des arbres célestes* [2]; ou bien, la faucille à la main, moissonner dans les champs de la vérité.

Des légendes explicatives accompagnent chacun des tableaux et la zone des âmes heureuses est spécialement indiquée par celle-ci :

---

[1] La *plume* symbolise *vérité* et *justice* dans la langue des hiéroglyphes.

[2] La cueillette des fruits célestes sur les arbres du Paradis égyptien rappelle tout naturellement Adam et Ève dans le Paradis. Nous aurons occasion de voir que la légende du *Fruit défendu* est d'origine égyptienne.

« *Elles ont trouvé grâce aux yeux du* Dieu grand ;
« *elles habitent les demeures de gloire, celles où l'on*
« *vit de la vie céleste. Les corps qu'elles ont aban-*
« *donnés reposeront* a toujours *dans leurs tombeaux,*
« *tandis qu*'elles jouiront de la présence du Dieu
« suprême [1]. »

7. — La zone des *Ames coupables* est indiquée par la représentation des châtiments réservés aux méchants.

La *Grue* ou l'*Épervier à tête humaine*, entièrement peints en noir, et voletant dans ce lieu funèbre, y figurent les esprits impurs.

Des coupables, les uns sont attachés à des poteaux, et l'ange des ténèbres les menace incessamment de son glaive, en leur reprochant leurs crimes [2].

D'autres sont liés la tête en bas ; d'autres, la tête coupée, les mains fixées sur la poitrine, s'avancent en files processionnelles. Il en est qui, les mains attachées derrière le dos, traînent sur le sol leur cœur arraché de leur poitrine ; il en est encore qui sont jetés tout vivants dans d'immenses chaudières avec l'*Éventail*, emblème du repos et du bonheur célestes auxquels ils ont perdu le droit de prétendre [3].

---

[1] Le catéchisme ne parle pas autrement. Il promet aux saintes personnes, mortes en état de grâce, « *qu'elles verront Dieu éternellement, et qu'elles l'aimeront sans jamais pouvoir le perdre.* »

[2] Cette légende rappelle assez clairement l'ange de la Genèse, chassant Adam et Ève du Paradis terrestre, et leur en interdisant l'entrée avec son épée flamboyante.

[3] Aux rois seuls, comme de nos jours aux papes seuls, apparte-

Chacun des tableaux est expliqué par des légendes, et, comme la zone des *Ames heureuses*, celle des *Ames coupables* est désignée par une légende spéciale dont voici la partie terminale :

« . . . . . *Ces âmes ennemies ne voient point notre Dieu lorsqu'il lance les rayons de son disque*[1]; *elles n'habitent plus dans le monde terrestre, et elles n'entendent plus la voix du Dieu grand lorsqu'il traverse leurs zones*[2]. »

8. — Ces deux grandes divisions de la demeure des morts, effectives et bien réelles, avec leurs tableaux et leurs légendes instructives, sont, ce me semble, un témoignage de l'admission du public à visiter les hypogées, soit qu'il y pût venir pour déposer des momies, soit qu'il y pût venir pour honorer la mémoire de quelque parent, ami ou bienfaiteur.

Si les hypogées fussent restés fermés aux vivants, les caressantes peintures des récompenses réservées aux bons, l'appareil terrible des châtiments qui attendent les méchants, eussent été une oiseuse fantasmagorie, et l'esprit de sagesse qui dirigea tous les actes du corps sacerdotal de l'Égypte ne permet pas de lui imputer le luxe inutile de telles superfluités.

Il a été d'ailleurs d'usage immémorial et constant

nait le bénéfice, sur terre, d'être ombragés par l'éventail symbolique. Ce tableau est sans doute un avertissement à leur adresse.

[1] Le « *Lux perpetua luceat eis* », du *De Profundis*, ne semble-t-il pas être une paraphrase de cette inscription ?

[2] Toutes ces indications sont empruntées aux plans et légendes recueillis par Champollion le jeune, ou extraites de ses lettres.

en Égypte de soumettre, avant la sépulture, la conduite de toute personne morte au jugement public des survivants, et c'était sans doute pour donner une sanction à ce jugement solennel qu'avait été réservé aux hypogées le quartier des âmes coupables.

9. — En dehors de ce partage des hypogées en zones des *Coupables et* des *Justes*, chacune de ces lugubres demeures renfermait des chambres sépulcrales de diverses classes.

Comme toutes les contrées, l'Égypte avait en effet ses familles pauvres, aisées et riches, et puisque, comme de nos jours et dans nos cimetières, les morts n'avaient, dans les catacombes de l'Égypte, qu'une place correspondante au sacrifice que s'imposaient les survivants, il fallait bien que les catacombes fussent divisées en chambres de diverses classes.

Dans les unes s'entassaient, côte à côte, couche sur couche, en rangs serrés, les momies des pauvres, sans autre signe distinctif que l'indication de leur filiation et celle de leur individualité, écrites sur les planches brutes de la boîte qui les renferme.

Ces chambres du *Profanum vulgus* des nécropoles égyptiennes correspondaient alors à ce qui, dans nos cimetières, est désigné sous le nom de *Fosses communes*.

Dans d'autres chambres étaient placées les momies des personnes notables ou assez aisées pour payer une redevance plus élevée.

Ces chambres sépulcrales réservées étaient alors,

comme nos *Concessions à perpétuité*, une distinction dans la mort; distinction qui avait une expression encore plus accentuée dans les sépultures particulières.

10. — Ces sépultures particulières, qui se rencontrent toujours dans le voisinage des hypogées et sur des terrains de leur dépendance, paraissent avoir été établies aux frais et du vivant des personnes à qui elles étaient destinées.

Quelques-unes de ces sépultures, en raison des peintures dont elles sont décorées, sont de précieuses pages à consulter pour l'histoire à faire de l'Égypte des Pharaons.

Il s'y rencontre des dates toujours fort précieuses, des indications souvent historiques, et enfin elles fournissent d'intéressants détails industriels ou d'intimité.

Ainsi il a été trouvé, dans ces tombeaux particuliers, des tableaux représentant les travaux de l'agriculture; d'autres, dans tous ses détails, l'art du potier; d'autres encore, l'art du tisserand [1].

Un de ces tombeaux a fourni des dessins dont l'ensemble figure un intérieur de famille.

Cette famille ainsi figurée est composée du père, de la mère et de sept enfants. La physionomie et l'attitude de chacun des membres de cette famille traduisent leur âge et la position respective qui peut

[1] Les tableaux représentant les travaux de l'agriculture font partie du musée égyptien du Louvre.

leur être attribuée. Il y a près d'eux un nombreux domestique, et les fonctions dévolues à cette domesticité sont fort distinctement indiquées, soit par les services rendus, soit par les instruments mis en œuvre.

On voit dans ces tableaux la salle des repas, celle des récréations, et on peut y suivre, dans tous les détails, ce qui constitue un intérieur de famille.

Le tombeau qui renferme ces divers dessins est particulièrement désigné par les guides aux visiteurs de l'Égypte, et il n'est pas douteux qu'il ait été connu de notre malheureux ami.

Il ne faut pas s'étonner, du reste, du luxe des villas sépulcrales. Tout indique qu'elles furent ou un hommage rendu à des citoyens de mérite dont le pays voulut honorer la mémoire, ou le partage orgueilleux de quelques favoris de la fortune.

11. — Dans toutes leurs dépendances générales les hypogées n'étaient que des lieux de dépôt facultatif, mais non pas temporaire. Toute famille avait en effet le droit de conserver chez elle ses morts momifiés, et nous verrons qu'une fois déposées dans les chambres sépulcrales des hypogées, les momies n'en devaient plus être retirées.

Cette faculté de conserver les morts chez soi légitime complétement la taxe prélevée sur chaque corps déposé dans les hypogées.

De la position de ces établissements suffisamment indiquée par ce qu'il en reste, on est tout à fait fondé à croire que ces cimetières égyptiens, toujours placés près des villes populeuses, recevaient les morts du *Nome*, c'est-à-dire de la province, dont chacune de ces villes était le chef-lieu.

Les centres de sépulture les plus connus, ceux dont il reste le plus de traces appréciables, avoisinent en effet les ruines des grandes villes, comme Thèbes, Memphis, Saïs.

IV.

LES MOMIES.

1. — Avant de pouvoir être déposés dans les salles de famille, dans les tombeaux particuliers, ou dans les chambres sépulcrales des catacombes publiques, les morts subissaient l'apprêt indispensable et minutieux de la momification.

Ce soin que les Egyptiens prenaient de leurs morts avait un double mobile. Il tenait de la police et de la religion. C'était à la fois une satisfaction donnée et aux impérieuses exigences climatériques de la vallée du Nil, et au respect qu'inspirait aux Égyptiens pour les morts le dogme, chez eux vénéré, de l'immortalité de l'âme.

Les Égyptiens croyaient en effet que leur âme, après jugement, devait, à une époque indéterminée, rejoindre leur corps et lui communiquer une seconde vie, éternelle et délicieuse dans les régions célestes, pour ceux dont les âmes seraient reconnues justes; au contraire, terrestre, passagère encore et tourmentée pour ceux dont les âmes condamnées devaient, pour se purifier, passer par une succession de vies d'épreuves, même, suivant la gravité des fautes commises, en animant le corps d'animaux immondes.

C'est ainsi qu'il a été trouvé dans un tombeau des peintures représentant une *âme* condamnée, pour crime de *gourmandise*, à passer par le corps d'une truie.

2. — C'était à une des classes inférieures de la caste sacerdotale qu'était réservé le soin de la momification.

Cette classe de prêtres momificateurs comprenait :

Les *Paraschistes*, qui ouvraient les corps;

Les *Taricheutes*, qui passaient les corps au natron ou au bitume, et qui les enlaçaient de bandelettes;

Les *Colchytes*, qui semblent avoir été plus spécialement chargés des embaumements.

Hérodote nous a complétement initiés par ses écrits aux opérations diverses et de diverses classes de la momification.

3. — Quand un cadavre était présenté aux prêtres momificateurs, ils s'empressaient de mettre sous les yeux de quiconque le leur apportait des spécimens de momies [1].

---

[1] Hérodote, *Euterpe*, chap. 86.

Ces spécimens étaient en bois peint et exprimaient, par la façon graduellement simplifiée qu'ils revêtaient, les trois modes d'apprêts que les règlements imposaient aux morts selon le choix qui en était fait.

Ces trois modes d'apprêts correspondaient à des prix fixés et graduellement abaissés.

Les spécimens de momies étaient comme le tarif des *Pompes funèbres* de l'époque.

Aussitôt le choix fait et le prix agréé, ceux qui avaient présenté le corps se retiraient[1], et les momificateurs se mettaient immédiatement à l'œuvre.

4. — Avant tout (πρῶτα μὲν), dit Hérodote, au moyen d'un fer recourbé le cerveau du mort était extrait par les narines[2].

Les yeux étaient aussi enlevés, et l'observation faite sur les momies venues jusqu'à nous, nous apprend que les cavités de la tête étaient remplies de résine liquéfiée qui se durcissait par le refroidissement, et que les yeux enlevés étaient remplacés par des yeux faits de différentes matières et le plus souvent en terre cuite émaillée.

C'était avec le tranchant d'une pierre d'Éthiopie (λίθῳ αἰθιοπικῷ) que le corps était ouvert à l'endroit des îles (παρὰ τὴν λαπάρην), et c'est par cette ouverture que le cœur et les entrailles étaient extraits[3].

---

[1] Hérodote, *Euterpe*, 86. (Οἱ μὲν δὴ ἐκποδὼν μισθῷ ὁμολογήσαντες, ἀπαλλάσσονται.)
[2] *Id., ibid.,* 86.
[3] *Id., ibid.,* 86.

Le cerveau, les yeux, le cœur et les entrailles étaient déposés séparément dans quatre de ces vases ovales qui ont été nommés *canopes*, et la conservation de ces organes était assurée par la résine ou le bitume.

Ces extractions préliminaires une fois accomplies, s'il s'agissait d'une momification de première classe, l'intérieur du corps était lavé avec du vin de palmier, desséché avec des poudres d'aromates, rempli ensuite de myrrhe, de casse et de tous autres condiments de ce genre, excepté l'encens (πλὴν λιβανωτοῦ). Alors il était refermé[1].

En cet état le corps était plongé dans un bain de natron[2], et devait y rester soixante-dix jours, pas davantage. (Πλεῦνας δὲ τουτέων οὐκ ἔξεστι ταριχεύειν[3].)

Cette durée réglementaire de soixante-dix jours d'immersion dans le natron avait sans doute été commandée par l'expérience. La religion y ajouta une sanction légendaire.

5. — Horus pratiquant l'embaumement d'Osiris, son père, avait opéré pendant soixante-dix jours, et s'il n'était pas permis de faire plus que ne fit Horus, il était convenable de faire autant.

Dans les temps d'épidémies, et à une époque les

---

[1] Hérodote, *Euterpe*, 86.

[2] Le natron renferme 22 à 50 parties de soude, 15 à 36 d'acide carbonique, 2 à 4 de sodium, 1 à 5 de matières terreuses, 16 à 63 d'eau.

[3] Hérodote, *Euterpe*, 86.

débordements du Nil durent les rendre fréquentes[1], les momificateurs ont pu, sans doute, être dans la nécessité de se relâcher de la rigoureuse prescription des soixante-dix jours, et peu à peu il a dû arriver que la durée de l'immersion des corps dans le natron ait été réduite au nombre de jours strictement nécessaire pour opérer dans des conditions convenables ; mais l'Histoire a consacré le souvenir des soixante-dix jours réglementaires.

6. — Quoi qu'il en soit, ce n'était que lorsque le natron avait suffisamment opéré sur les parties charnues des corps qu'ils devaient en être retirés.

Ces corps étaient alors enlacés de bandelettes imprégnées de résine.

---

[1] La momification avait éteint la peste en Égypte. Elle y reparut vers le milieu du sixième siècle de notre ère, après que la momification eut été complétement abandonnée, à la sollicitation pressante et réitérée des premiers prédicateurs du christianisme dans la vallée du Nil.

Dès le milieu du quatrième siècle, saint Antoine défendait avec insistance, et sous peine de la damnation éternelle, de continuer à pratiquer la momification.

Mais quand l'enterrement des morts se fit en Égypte selon les prescriptions des Pères du Désert, il arriva que chaque année le Nil, en inondant au loin ses deux rives, recueillait, pour les porter au Caire et à Alexandrie, et de là dans le monde, les germes de cette peste à bubon, dont les retours presque périodiques, depuis l'année 543 qu'elle réapparut, effrayèrent et frappèrent si souvent notre Occident.

C'est aux observations suivies et intelligentes du docteur Pariset, qu'est due la découverte de cette vérité, à savoir : que les eaux du Nil, en passant chaque année, à l'époque de l'inondation, sur les couches de cadavres en putréfaction, portaient ainsi la peste aux populations.

Ces bandelettes étaient faites en tissus de *Byssus*
(σινδόνος βυσσίνης)[1], que l'on croit être le coton[2].

Ainsi accommodé, le corps était remis à la famille. Celle-ci le renfermait dans une boîte qui affectait la forme humaine[3].

Ces boîtes sont généralement couvertes de peintures emblématiques. Le même corps était assez souvent enveloppé de plusieurs de ces boîtes ou cercueils, soit que l'usage eût consacré ce luxe comme une obligation dans les familles riches, soit que les familles y trouvassent une plus grande garantie de meilleure conservation.

Chaque famille avait, dans sa maison, un lieu tout spécialement réservé où les momies, dans leurs cercueils, étaient placées côte à côte, verticalement, le long de la muraille[4].

Quand elles n'avaient pas leur asile dans les familles, les momies étaient déposées, ou dans des tombeaux particuliers édifiés sur des terrains de la dépendance des hypogées, ou dans les chambres sépulcrales de ces mêmes hypogées.

---

[1] Hérodote, *Euterpe*, 86.
[2] « Nous croyons, dit dom Calmet, que c'est du coton qu'il est
« parlé dans l'Écriture sous le nom hébreu de *schesch*; et qui est
« traduit en latin par *byssus* (du grec βύσσος). Le nom de *xylinum*,
« qui signifie du coton, peut dériver de *schesch* ou *xes* et de *linum*,
« et celui de *gossypium*, qui signifie la même chose, peut être for-
« mé de l'hébreu *egos*, une noix, et *pioth*, les bouches, parce que
« la noix qui porte le coton s'entr'ouvre et fait voir la bourre dont
« elle est remplie. »
[3] Hérodote, *Euterpe*, 86.
[4] *Id., ibid.*

L'extinction des familles riches et leur survivance indéfiniment prolongée devaient également provoquer le dépôt des momies dans les catacombes.

7. — Dans la momification de seconde classe, la résine jouait un rôle plus immédiat et plus actif.

Ici le corps n'était pas ouvert et les intestins n'en étaient pas préalablement retirés.

A l'aide de clystères (κλυστῆρας), et par la seule voie naturellement ouverte (τὴν ἕδρην), les momificateurs introduisaient de la résine de cèdre dans les cavités abdominales du cadavre, et l'y tenaient renfermée.

En cet état le sujet était confié au natron, et au terme réglementaire des soixante-dix jours d'immersion, il en était retiré et purgé de la résine qu'on en faisait sortir par l'orifice qui l'avait reçue.

Dans cette dernière opération les entrailles suivaient la résine, de sorte qu'il ne restait au cadavre, ainsi purgé, que les os et la peau, et c'est ainsi que nu et desséché le corps était remis à la famille [1].

La momification de troisième classe était plus simple et plus expéditive encore.

Dès que par quelques injections le ventre du cadavre avait été nettoyé intérieurement, le sujet était plongé dans le natron, et soixante-dix jours après il pouvait être remis à la famille [2].

---

[1] Hérodote, *Euterpe*, ch. 87.
[2] *Id.*, *ibid.*, 88.

8. — La momification par le natron n'a pas été la seule pratiquée en Égypte.

Cette sorte d'apprêt, qui exigeait en effet des eaux courantes, une grande abondance de natron, et des dispositions toutes spéciales, n'était guère praticable que dans la Basse-Égypte où se trouvaient les lacs de natron, dont par des canaux il était assez facile de distribuer les eaux dans le pays plat, en les élevant, selon le besoin, à l'aide de machines.

Dans la Haute-Égypte et dans les autres contrées éloignées des lacs de natron, la momification au bitume avait dû prévaloir.

Les apprêts par le bitume, après l'observation rigoureuse des soins réclamés par les règlements de chaque classe de momification, s'opéraient de la manière suivante : le cadavre était plongé dans un bain de bitume en ébullition, puis déposé dans une sorte d'étuve dont la température, suffisamment élevée, tenait constamment le bitume à l'état liquide et lui permettait, grâce à ses propriétés onctueuses, de s'infiltrer insensiblement dans toutes les parties charnues du corps, dont il assurait par là la conservation.

Après les soixante-dix jours réglementaires de préparation, les momies étaient tenues à la disposition des familles.

9. — La faculté qui leur était laissée de recueillir chez elles leurs momies, l'obligation pour les préposés aux momifications de tenir compte à la communauté sacerdotale du prix de chacune des momifications par

eux opérées, créaient aux momies une situation complexe, qui était tout à la fois une garantie et une obligation aussi bien pour la famille que pour la caisse de la communauté sacerdotale.

Les familles ne pouvaient, en effet, être mises en possession des momies des leurs qu'après en avoir payé les frais d'apprêts, tandis que les préposés aux momifications qui, pour leur comptabilité, avaient besoin ou de recevoir le montant des frais d'apprêts, ou de conserver le témoignage le plus certain que ces frais ne leur avaient pas été payés, se trouvaient être, au cas où les familles ne payaient pas les frais d'apprêts, dans l'obligation de retenir les momies non libérées, tout en les mettant en évidence à la disposition des familles.

De pareilles circonstances se sont sans doute présentées. Il dut alors exister, dans tous les centres de momification, des chambres de dépôt, sorte de limbes, où les momies en souffrance attendaient de l'affection ou de la bonne volonté des survivants de leur famille leur rachat prochain et leur délivrance.

10. — La police particulière des hypogées ne nous est point connue. Cependant, d'après quelques circonstances individuelles, il est permis de croire qu'elle fut sévère, et propre surtout à garantir le respect dû aux morts et la sécurité des vivants.

Ainsi il semble qu'on ne put point à son gré disposer d'un corps momifié, que la famille ou le détenteur en devait compte à l'autorité, et que d'ailleurs une fois confié aux hypogées il n'en pouvait plus être retiré.

« *Car* l'avare Achéron ne lâche point sa proie. »

Sur ce point spécial, l'histoire de la mort de Jacob, telle que nous la trouvons racontée dans la Genèse, fournit une précieuse indication.

Nous y trouvons en effet que Joseph, tout premier ministre qu'il fût du roi d'Égypte, dut faire présenter une supplique au roi pour obtenir de sa bienveillance particulière que la momie de Jacob, son père, pût sortir d'Égypte et être transportée au pays de Chanaan [1].

Les services rendus par Joseph à l'Égypte lui valurent que le roi accueillit favorablement sa demande ; mais le fait constaté de la démarche faite par Joseph témoigne de l'existence d'un règlement dans le sens d'une police sévère des hypogées, et tout spécialement, de l'interdiction faite d'en retirer les momies une fois qu'elles y avaient été déposées.

---

[1] « Le temps du deuil étant passé, Joseph dit au chef de service
« près de Pharaon (*ad familiam Pharaonis*) : Si j'ai trouvé grâce
« devant vous, je vous prie de représenter au roi que mon père m'a
« dit : Vous voyez que je me meurs; promettez-moi avec serment
« que vous m'ensevelirez dans une sépulture que je me suis pré-
« parée au pays de Chanaan. J'enlèverai donc le corps de mon père
« pour l'aller ensevelir, et je reviendrai (*ascendam igitur, et sepe-*
« *liam patrem meum, ac revertar*).

« Pharaon lui dit : Enlevez le corps de votre père et ensevelissez-
« le selon que vous vous y êtes engagé par serment (*Ascende, et*
« *sepeli patrem tuum sicut adjuratus es*). (Genèse, chap. L, v. 4, 5, 6.)

V.

LES ATELIERS DE MOMIFICATION.

1. — Aujourd'hui qu'en parlant de l'apprêt funéraire que les Égyptiens donnaient à leurs morts, nous pouvons d'un trait de plume momifier les myriades d'Égyptiens sortis des soixante siècles et plus qu'a vécu l'antique Égypte, nous faisons assez bon marché des soins et des embarras que nécessitait une pareille appropriation, non pas pour les familles qui n'avaient chacune que leur besogne individuelle et accidentelle à faire à l'occasion de la mort de l'un des leurs, mais pour la corporation aux bons offices de qui était remis l'accomplissement, dans tous ses détails, de l'œuvre de la momification pour la masse générale des citoyens.

Cependant, si, nous reportant aux temps, aux lieux et aux circonstances, nous cherchons à nous rendre compte de ce que dut être le travail exigé pour la transformation en momies de tous les morts journellement fournis par une grande ville, Memphis, par exemple, nous serons effrayés de l'activité dévorante qui devait régner aux abords des hypogées.

Diverses circonstances disent, en effet, que c'est là que furent établis les vastes appareils dont l'ensemble constitue ce qui peut être nommé les *ateliers de momification*.

2. — Les catacombes publiques, qui étaient le lieu de dépôt général de toutes les momies qui ne trouvaient pas d'asile dans les familles, ou qui cessaient d'y trouver asile, ne pouvaient être ouvertes à tous venants ni bordées immédiatement de propriétés particulières ou de chemins bruyants dont la trop grande proximité pût, en certains cas, devenir une insulte à l'asile des morts.

Pour éviter autant que possible les circonstances, même fortuites, de sacrilége, les catacombes devaient donc être précédées et entourées d'un territoire assez étendu qui en fût une dépendance sacrée.

La colline circulaire qui entoure les ruines de la nécropole de Saïs est certainement formée des débris du mur de circonvallation qui, aux temps anciens, couvrait les abords de cette nécropole [1].

---

[1] « Le 16 septembre (1828), à une heure du matin, nous nous
« trouvâmes amarrés dans le voisinage de Ssa-el-Lagar; je voulus
« visiter les ruines de l'antique Saïs.

« Nos fusils sur l'épaule, nous gagnâmes le village qui est à une
« demi-heure du fleuve. Nous nous dirigeâmes vers une grande en-
« ceinte que nous apercevions dans la plaine depuis le matin.

« L'inondation qui couvrait une partie des terrains nous obligea
« de faire quelques détours, et nous passâmes sur une première
« nécropole égyptienne bâtie en briques crues. Sa surface est cou-
« verte de débris de poterie, et j'y ramassai quelques fragments de
« figurines funéraires. La grande enceinte n'était abordable que
« par une porte forcée, tout à fait moderne. Je n'essayerai point de
« rendre l'impression que j'éprouvai après avoir dépassé cette porte,
« et en trouvant sous mes yeux des masses énormes de 80 pieds
« de hauteur, semblables à des rochers déchirés par la foudre ou
« par un tremblement de terre. Je courus vers le milieu de cette
« immense circonvallation, et je reconnus encore des constructions
« égyptiennes en briques crues, de 15 pouces de long, 7 de large

Le lac qui, creusé de main d'hommes, enveloppait Memphis à l'ouest et au nord, s'interposait entre la ville et les hypogées [1], et la dérivation du Nil qui l'alimentait se nommait *Achéron*.

Malgré les bouleversements sans cesse renouvelés dont le territoire de Thèbes a été le théâtre depuis vingt siècles, on voit encore sur la partie de ce territoire assise à gauche du Nil les traces d'un canal ou d'un ruisseau qui a dû servir à isoler les hypogées.

Ces circonstances locales prouvent bien que les catacombes étaient préservées du contact immédiat de la foule par des limites positives, et les convenances veulent qu'il y ait eu au-delà des limites tracées un espace qui éloignât de l'asile des morts les agitations tumultueuses de la vie.

« et 5 d'épaisseur. C'était aussi une nécropole, et cela nous expli-
« qua une chose jusqu'ici assez embarrassante, savoir, ce que fai-
« saient de leurs momies les villes situées dans la Basse-Égypte et
« loin des montagnes. Cette seconde nécropole de Saïs, dans les dé-
« bris colossaux de laquelle on reconnaît encore plusieurs étages
« de petites chambres funéraires (et il devait y en avoir un nombre
« infini), n'a pas moins de 1,400 pieds de longueur et près de 500 de
« largeur. Sur les parois de quelques-unes de ces chambres, on
« trouve encore un grand vase de terre cuite, qui servait à renfermer
« les intestins des morts, et faisait l'office des vases nommés canopes.
« On trouve du bitume au fond de quelques-uns de ces vases.... »
(*Lettres de Champollion le jeune.*)

[1] Memphis est située au point le plus resserré de la vallée du Nil, sur la rive gauche du fleuve; un lac, formé des eaux du fleuve, l'environne au nord et à l'ouest. (HÉRODOTE, *Euterpe*, 8, 14.)

Du château de Babylone on aperçoit, de l'autre côté du Nil, les pyramides qui sont auprès de Memphis . . . . . des lacs l'environnent en partie. . . . . . (STRABON, livre 17.)

3. — L'atelier de momification est comme le bureau-frontière entre la vie et la mort.

Où asseoir une telle officine plus convenablement que sur le territoire intermédiaire entre la ville et les hypogées ?

Ce fut donc, c'est à n'en pas douter, au-delà de l'enceinte, sur le terrain réservé, qui serait comme l'hiéron[1] des hypogées, et à l'air libre, que furent établis, pour les centres populeux, tels que Thèbes, Memphis, Saïs, les appareils nécessaires à la momification.

Pour bien comprendre l'importance qu'eut, de toute nécessité, le service de l'apprêt des corps pour l'éternité, il importe de connaître les exigences auxquelles il avait à satisfaire.

4. — Memphis, — puisque nous avons pris tout à l'heure cette ville pour exemple, — avait une étendue à peu près égale à celle de Paris avant l'annexion de sa banlieue[2]. A cette époque Paris renfermait une population dont le chiffre avoisinait un million d'habitants.

Sur la base de l'étendue ce serait donc alors à peu près à ce chiffre que devrait être évalué celui de la population de Memphis, s'il n'y avait lieu de le ré-

---

[1] Hiéron, du grec ἱερός, sacré, — dépendances extérieures des temples.

[2] Des indications fournies par Diodore de Sicile, le géographe Danville conclut que Memphis avait plus de six lieues de circonférence.

duire beaucoup parce que les maisons égyptiennes paraissent ne point avoir eu plus d'un étage, et que les villes de l'Égypte renfermaient de grands jardins.

Mais comme, d'un autre côté, les familles égyptiennes furent toujours fort nombreuses, il semble qu'en comptant à cinq cent mille le nombre des habitants qui peuplèrent Memphis au temps de sa grandeur, on se trouvera être plutôt au-dessous qu'au-dessus de la vérité.

La proportion de la mortalité à Memphis, calculée sur celle de la mortalité à Paris, — ce qui est une très-grande faveur pour Memphis, vu l'époque, les ressources de la science médicale et le climat, — donnerait par jour une moyenne de trente-cinq décès.

Si à ce chiffre de trente-cinq nous ajoutons, pour la mortalité journalière dans la banlieue de Memphis, cinq décès, il se trouvera que chaque jour une moyenne de quarante cadavres à préparer était présentée aux préposés aux momifications.

C'est déjà une besogne considérable que quarante cadavres à accommoder dans les conditions que nous savons. Cependant ce n'est pas tout.

L'apprêt de chaque momie devant durer soixante-dix jours, c'est en réalité en présence de près de trois mille cadavres que se trouvaient constamment les momificateurs; trois mille cadavres à des degrés divers de préparation.

5. — Ce n'était pas là sans doute un service qui se pût accomplir à l'étroit [1].

L'installation en devait être au contraire immense et fort compliquée.

Ici les dalles longues et répétées sur lesquelles les paraschistes ouvraient les corps pour en extraire les entrailles; celles sur lesquelles ils étendaient les corps qu'ils devaient injecter de résine; celles enfin sur lesquelles ils expurgeaient le ventre des corps à momifier selon les rites de la troisième classe.

Tout près de là se trouvaient sans doute les dalles sur lesquelles les colchytes opéraient les embaumements spéciaux.

Il fallait là tout un monde de poterie pour recevoir la cervelle, les yeux, le cœur et les entrailles des morts.

De telles opérations nécessitaient des rivières d'eau courante, balayant incessamment le sang et les matières putrides qui s'échappaient des cadavres.

Pour tenir en ébullition constante la résine indis-

[1] Il se trouve dans toutes les catacombes des momies préparées au bitume, mêlées aux momies préparées au natron. Cette particularité s'explique très-facilement.

Ainsi, il est tout à fait raisonnable de croire que dans les villages, les bourgs et les petites villes, où les momificateurs n'avaient à user que par intervalles des appareils de momification, ces appareils étaient tenus en réserve, à leur disposition, dans l'habitation des prêtres de la localité, et que c'était sur quelque dépendance de cette habitation que les embaumeurs opéraient.

L'apprêt des momies devait toujours, en pareil cas, être fait au bitume qui se liquéfie et se conserve à volonté.

Les momies au bitume doivent être alors les momies de la campagne et celles de la Haute-Égypte.

pensable à la momification, des fourneaux devaient être toujours flambants.

Pour tenir trois mille cadavres continuellement plongés dans le natron, il fallait des piscines immenses et nombreuses.

Pour fournir le tissu des bandelettes, il fallait des fileuses et des métiers à tisser nombreux et en perpétuelle activité, comme la vie et la mort.

6. — Par les canaux le Nil donnait toute l'eau nécessaire aux ablutions, et les lacs de natron de la Basse-Égypte alimentaient aussi, par des canaux, les piscines de momification.

Mais pour que l'eau du Nil et le natron pussent convenablement remplir leur office, il était indispensable que l'eau du Nil et le natron fussent courants et pussent incessamment se renouveler.

Il fallait, pour qu'il en fût ainsi, que l'eau du Nil et le natron fussent portés en quantités considérables à une élévation déterminée par les besoins du service.

Ces deux conditions étaient remplies à l'aide de machines hydrauliques dont l'usage remonte aux premiers temps de l'Égypte[1].

Ces machines sont la *sakiè* des Arabes-Égyptiens, la noria primitive, si connue de nos maraîchers[2].

---

[1] « Les Égyptiens arrosaient leurs terres en tirant de l'eau du « Nil à l'aide de machines, et la répandaient dans des rigoles pra-« tiquées pour la conduire dans les champs et dans les jardins. » (*Deutéronome*, ch. xi, v. 10 [Bible de Vence].)

[2] « Le mot *noria*, par lequel nous désignons en français la

Les Arabes la tiennent aujourd'hui pour aussi ancienne que leur père Abraham, de qui ils assurent l'avoir reçue.

Abraham a pu en effet leur en porter l'idée en revenant d'Égypte ; cette machine y existait depuis longtemps quand il y vint.

Des siècles et des siècles avant l'époque où vécut Abraham, les Égyptiens avaient dû, à l'aide de treuils, élever successivement et jusqu'au sommet des pyramides les énormes assises de pierre dont elles sont faites et celles qui les couronnent [1].

La noria primitive, c'est le treuil élevant, au lieu de blocs de pierre, des vases remplis d'eau.

La noria est mise en mouvement par une roue sur l'axe de laquelle chemine une chaîne sans fin à laquelle sont attachés, de distance en distance, de petits sceaux en poterie qui vont successivement se remplir, dans des bassins inférieurs, de l'eau qu'ils doivent élever.

La roue se meut verticalement.

Sa valeur dynamique dépend de l'ampleur de son diamètre. Plus son diamètre est grand, plus le rayon, c'est-à-dire le levier, a de force.

La quantité d'eau et de natron indispensable au service des momifications dit que les norias des hy-

---

« *sakiè* des Arabes-Égyptiens, est lui-même d'origine arabe. Les
« Arabes de la Palestine, comme nous l'apprend une note obli-
« geante de M. J.-E. Philibert, consul de France à Jaffa, nomment
« *nahoura* ou *nâoura* la machine hydraulique que nous ap-
« pelons *noria*. »

[1] Hérodote, *Euterpe*, 125.

pogées durent être fort puissantes, nombreuses, et en perpétuelle activité.

7. — A tout prendre, ces vastes et lourdes machines à faire constamment mouvoir ne devaient point trouver, sous le soleil brûlant de l'Égypte, beaucoup de bras enthousiastes; aussi faut-il bien se garder de croire qu'une telle besogne s'effectuait par l'action du travail libre.

Il n'est pas de nation, si sage et si policée qu'elle puisse être, qui ne renferme dans son sein des êtres déchus auxquels la vindicte publique a mission de faire expier les crimes qu'ils ont commis.

L'empire des Pharaons a, comme tout autre, été infecté de cette plaie sociale, et, si la plus simple expérience du monde ne suffisait pas pour faire comprendre qu'il a dû en être ainsi, l'existence de lois pénales au service de l'Égypte pharaonique serait une attestation péremptoire du fait.

Au nombre des châtiments, édictés comme sanction des lois pénales de l'Égypte, était celui des travaux forcés.

Parmi les travaux que devaient exécuter les forçats de l'Égypte, Hérodote[1] range l'exhaussement du sol des villes de la Basse-Égypte, la confection et l'entretien des canaux et des chaussées.

Mais, de même qu'il y a des degrés dans le crime, il devait y avoir des degrés dans le châtiment, et aux

[1] *Euterpe*, 137.

plus grands criminels étaient sans doute réservés les travaux les plus pénibles.

En outre des travaux d'exhaussement du sol des villes de la Basse-Égypte, du creusement des canaux, de leur entretien et de celui des chaussées qui les bordent, travaux exécutés au milieu des populations et sous le charme du spectacle de la vie et de la nature, il y en avait d'autres à faire chaque jour en Égypte dans des conditions bien autrement pénibles; ainsi les travaux des hypogées.

Exécutés dans un milieu où tout parlait incessamment de la mort, et dans des conditions qui devaient nécessairement user rapidement les hommes, les travaux forcés aux hypogées ne pouvaient être que le partage des plus grands criminels.

Ces travaux, tous fort pénibles, étaient d'ailleurs nombreux et variés.

A ciel ouvert, sous un soleil torride, c'était la mise en mouvement de la roue des norias; l'entretien et le nettoiement des canaux de conduite des eaux du Nil et du natron; l'entretien et le nettoiement des canaux d'écoulement des eaux souillées par les matières putrides issues des cadavres; les blocs de pierre et les décombres extraits des catacombes, à emménager chaque jour, çà ou là, sur les points désignés du territoire dépendant des hypogées.

Dans les galeries souterraines, les travaux n'étaient ni moins actifs ni moins pénibles.

C'était en effet dans le roc que piochait constamment une partie des forçats employés aux travaux souterrains, tandis que d'autres, toujours sous la charge, poussaient lourdement les roches détachées du fond des galeries vers la sortie des catacombes, ou y portaient les décombres que produisait sans cesse la sape des mineurs.

C'étaient d'ailleurs, dans toutes les parties des hypogées, des travaux incessants et accablants.

8. — L'emploi des grands criminels aux pénibles travaux des hypogées, suffisamment indiqué par les lois de la justice, les règles du bon sens et de la raison, n'est sans doute jusqu'ici qu'une hypothèse, mais cette hypothèse, en expliquant de la façon la plus satisfaisante le récit de la visite d'Orphée aux Enfers, dès longtemps accueilli comme une fable, prend tout de suite la valeur positive de la réalité, en même temps qu'elle redresse les idées trop arrêtées que, sur le récit d'Orphée et des poëtes de l'antiquité, nous nous sommes faites de l'Enfer des anciens.

VI.

ORPHÉE AUX ENFERS. — ORPHÉE ET EURYDICE.

1. — A part celles des médecins et des marquis, il n'est point de classes de citoyens plus calomniés que les poëtes; ils sont pourtant de tous les hommes ceux qui ont le plus le droit de mentir, puisqu'ils

sont censés mentir le plus agréablement pour qui les écoute.

Malgré ce droit de mentir qui leur est reconnu, mais reproché, il paraît chaque jour un peu plus certain que les poëtes sont de tous les hommes ceux qui ont le moins menti ou qui mentent le moins.

Depuis tantôt trois mille ans on n'accueille qu'avec un sourire d'incrédulité le récit de la descente d'Orphée[1] aux enfers. Il semble aux yeux de tous que le poëte ait voulu mentir aux hommes et aux dieux, et on le traiterait volontiers de visionnaire si on ne préférait croire qu'il n'exista jamais, et que le récit mis à son compte n'est que le résumé de commérages sortis de la cervelle de quelques fous au demeurant assez bons diables.

Rien ne s'oppose cependant à ce qu'Orphée ait existé[2]; et, s'il a existé, rien ne s'oppose à ce qu'il soit descendu aux Enfers, rien ne s'oppose même à ce qu'il y ait revu sa chère Eurydice : il s'agit seulement de s'entendre. Ici, comme ailleurs, la vérité est au bout des mots qui interprètent sainement les faits.

2. — Au temps voisin de celui où les Grecs entreprirent la guerre de Troie[3]; à peu près à l'époque où, pour la quatrième fois, le peuple de Dieu fut

---

[1] On place en l'année 1249 avant l'ère vulgaire la naissance d'Orphée.
[2] Cicéron, *De natura Deorum*, liv. I, ch. xxxviii.
[3] L'an 1218 avant l'ère vulgaire. (*Marbres de Paros.*)

réduit en servitude, en punition de son crime d'idolâtrie sans cesse renouvelé[1]; sous l'un des premiers rois de la vingtième dynastie des Pharaons[2], Orphée visita l'Égypte. Il s'établit à Thèbes, où il paraît avoir résidé plusieurs années.

Grâce au secret qu'ont tous les hommes de génie d'attirer à soi les esprits d'élite, Orphée se trouva bientôt en communion directe de pensée et de sentiment avec les sages de Thèbes, si bien qu'un jour, dit Diodore de Sicile[3], il fut, au collége des prêtres, initié par eux aux mystères d'Osiris.

On sait que l'initiation aux mystères était autrefois, en dehors des cérémonies plus ou moins fantasmagoriques qui l'accompagnaient, la révélation aux initiés des raisons secrètes qui motivaient les pratiques particulières au culte de chaque divinité.

L'initiation d'Orphée aux mystères d'Osiris, faite dans ces conditions, créait donc entre lui et les prêtres égyptiens une sorte de confraternité, qui le mettait à leur niveau, et lui donnait, comme à eux-mêmes, toute liberté de fréquenter les lieux consacrés.

Osiris, dans les mythes égyptiens, est le roi de l'Amenthi. L'Amenthi est le séjour des morts, l'empire d'en bas, en latin *inferi loci*, ou simplement

---

[1] Captivité de sept ans chez les Madianites, commencée en 1214 avant l'ère vulgaire.
[2] La vingtième dynastie régna de 1279 à 1101 avant l'ère vulgaire; elle était Thébaine.
[3] Livre I, chap. II, 1re section.

inferi, « les lieux inférieurs »; « l'Enfer » enfin, mot qui, par son origine, tout à fait innocent du sens absurde et impossible qui lui est venu[1], désigne ici tout simplement et bien clairement les *hypogées*.

Qu'Orphée, initié aux mystères d'Osiris, se soit donné la satisfaction d'explorer minutieusement l'empire de sa divinité symbolique, il n'y a là rien que de fort vraisemblable, rien que de fort raisonnable.

Il est donc croyable qu'Orphée est descendu aux lieux inférieurs, aux Enfers, et tout le monde le peut croire et être dans le vrai.

3. — Dans ses détails, le récit fait par Orphée de sa visite aux Enfers n'est pas moins croyable en tous points que le fait de sa descente.

On peut s'en rendre compte en effet.

Il fallait, pour aller de la ville aux hypogées, traverser le lac ou le ruisseau qui s'interposaient entre eux; Caron et sa barque seront le nautonier et la nacelle à l'aide desquels Orphée traversa le lac

---

[1] « Les anciens Hébreux croyaient et la plupart des Orientaux « croient encore que l'*abîme*, c'est-à-dire la mer ou les grandes « eaux, environne toute la terre; que la terre est comme flottante « sur l'abîme à peu près, disent-ils, « comme un melon d'eau nage « sur l'eau et dans l'eau qui le couvre dans sa moitié. » Ils croient « de plus que la terre a ses fondements dans l'abîme. C'est sous « ces eaux et au fond de cet abîme que l'Écriture nous représente « les démons, les géants et les impies qui souffrent la peine de « leurs crimes. » (Dom Calmet.)

ou le ruisseau qui séparent le territoire de la ville des dépendances des hypogées.

Les ombres des mortels privés de sépulture, et pour cela errant sur les bords du Styx, seront les momies qui, dans les chambres de dépôt, attendent que les frais de leur apprêt soient payés.

Le courant d'eau de natron sera le Léthé.

L'eau souillée par le nettoiement des cadavres sera le Cocyte fangeux et nauséabond.

Les fourneaux flambants et les chaudières de résine ou de bitume en ébullition seront le Phlégéthon.

Les nombreux canaux d'écoulement qui coupent le territoire des hypogées seront le Styx, replié neuf fois sur lui-même.

Le bois sacré qui couvrait les premières pentes de la montagne libyque sera l'Élysée, et les tombeaux particuliers qui s'y trouvent, les ombres des hommes vertueux qui l'habitent.

Les trois Parques se retrouveront dans les femmes qui filent, qui tissent et coupent les toiles dont sont faites les bandelettes.

Le forçat de la roue des norias ce sera Ixion; celui qui roule les rochers, qui se représentent incessamment à la sortie des hypogées, ce sera Sisyphe.

Tantale sera le malheureux préposé au courant du natron. Il aura soif, et, avec l'eau sous ses lèvres, il ne pourra se rafraîchir.

Les Titans, accablés sous le poids des montagnes en punition de leurs tentatives contre les dieux, seront les forçats mineurs des galeries souterraines des hypogées.

Dans Cerbère nous aurons les chiens, guides et gardiens, dont il sera parlé à propos d'Anubis.

Ainsi s'affirment en se contrôlant mutuellement, et la restitution faite aux hypogées des ateliers de momification, et l'exactitude, quant au fond, du récit de la descente et de la visite d'Orphée aux Enfers, récit qui a servi de modèle à tous les récits de même sorte qui lui sont postérieurs.

Pour ce qui est des noms propres qui se trouvent mêlés au récit d'Orphée, on sait assez qu'ils sont ceux de quelques scélérats couronnés que le poëte a entendu stigmatiser et vouer à l'infamie.

4. — L'aventure touchante d'Eurydice *rediviva* (renaissante) emprunte également aux mœurs des hypogées ses témoignages d'authenticité.

Par eux cette aventure est vraie, vraie de cette vérité poétique qui fait revivre nos amis dans les restes chéris qui nous les rappellent.

Eurydice, revue par Orphée aux Enfers, et tout aussitôt perdue pour lui sans retour, c'est le corps embaumé, momifié, de celle qu'il avait tant aimée, qu'il lui fut accordé d'aller voir aux hypogées, et qu'il y put reconnaître.

A force de touchantes supplications il a pu sans doute obtenir des agents subalternes de porter, pour mieux les voir, ces précieux restes jusqu'à la sortie des catacombes; mais, au nom des règlements, il lui fut interdit de les en faire sortir[1]. C'est ainsi que,

[1] De tels règlements existaient certainement bien longtemps

forcé, quand il quitta l'Égypte, de laisser aux hypogées les restes de sa chère Eurydice, Orphée a pu dire qu'après l'avoir retrouvée elle lui fut ravie pour toujours.

5. — Voilà comment, en allant jusqu'au fond des choses, en y poursuivant la vérité de déduction en déduction, on arrive à donner leur vrai caractère aux légendes que les siècles ont consacrées, malgré leur étrangeté et leur invraisemblance apparente, et comment les aventures d'Orphée et d'Eurydice, classées depuis longtemps parmi les plus folles inventions des poëtes, seront désormais des pages de saine morale et de véridique histoire.

Je ne sais pas si, dans les travaux que me laisse entrevoir encore l'examen que je dois faire de la collection archéologique d'Ernest Godard, je serai toujours aussi heureux que j'ai pu l'être à propos des hypogées et d'Orphée; mais c'est, dans tous les cas, avec l'esprit de sage investigation, qui m'a déjà guidé, que je compte poursuivre ma tâche.

Je reviens maintenant au programme que m'a tracé la lettre d'Ernest Godard.

---

avant Orphée, et l'observation en était sévèrement maintenue. Rappelons que ce n'est que sur un ordre du roi que Joseph put, en sa faveur, obtenir que le corps de son père sortît de l'Égypte.

VII.

LES HYPOGÉES ROYAUX.

1.—C'est dans la vallée brûlante et désolée, nommée aujourd'hui par les Arabes *Biban-el-Molouck*[1], vallée qui s'enfonce dans la chaîne des montagnes libyques, à l'ouest de Médinet-Abou, que se trouvent les sépultures des trois dynasties de la plus grande époque de l'Égypte pharaonique, la dix-huitième, la dix-neuvième et la vingtième; toutes les trois thébaines ou diospolitaines, c'est-à-dire originaires de Thèbes ou Diospolis Magna.

Le tombeau découvert par Belzoni, qu'Ernest Godard a parcouru dans toute son étendue, est un de ceux que recèle la montagne qui encadre la vallée de Biban-el-Molouck; c'est celui de Ménephtha I, onzième roi de la dix-huitième dynastie.

Ce Ménephtha a régné de 1610 à 1577 avant l'ère vulgaire. Son tombeau est l'un des plus achevés de ceux de la vallée de Biban-el-Molouck.

Les peintures qui sont exécutées dans les salles de cette catacombe royale sont encore, malgré leur trente-cinq siècles d'existence, d'une admirable fraîcheur, et les sculptures des bas-reliefs nombreux qui les décorent restent, même de nos jours, en

---

[1] C'est-à-dire *Porte* ou *Résidence des rois*.

tenant compte des exigences de parti pris du style égyptien, un travail tout à fait remarquable.

Elles se trouvent être, il est vrai, de la grande et belle époque de l'art égyptien.

2. — L'étude de ces peintures, de ces bas-reliefs et des légendes hiéroglyphiques qui les accompagnent, faite sur les lieux par Champollion le jeune, a été pour lui l'occasion d'une découverte des plus intéressantes pour la science ethnologique, en ce qui concerne notre Europe.

C'est une révélation d'outre-tombe sur notre extrême jeunesse comme peuple civilisé, qui mérite d'être ici consignée.

A peu près au temps où naissait Moïse[1], quand Cécrops le Saïte fondait Athènes[2], que Deucalion régnait en Lycorie[3], environ huit cents ans avant la fondation de Rome[4], plus de mille ans avant que les Phocéens construisissent Marseille[5], près de six cents ans avant qu'une colonie de Phéniciens[6] don-

---

[1] La sortie d'Égypte est de 1528. A ce moment-là Moïse avait quatre-vingts ans. Sa naissance est donc de 1608 avant l'ère vulgaire.

[2] En 1582, d'après les Marbres de Paros.

[3] En 1574, d'après les Marbres de Paros. La Lycorie était une petite contrée au pied du Parnasse.

[4] Qui est de 753 ans avant l'ère vulgaire, d'après la supputation de Varron.

[5] Environ 600 ans avant l'ère chrétienne les Phocéens fondaient Marseille.

[6] Cadix a été fondée, sous le nom de Gadès, par les Phéniciens, environ 1000 ans avant l'ère vulgaire. (Adam, *History of Spain*.)

nât naissance à Gadès (Cadix), le peuple de la vallée du Nil, déjà policé par les bienfaits d'une civilisation de quarante siècles, jouissait des avantages d'une industrie fort avancée, et satisfaisant d'ailleurs à toutes les exigences de la vie en commun chez ce peuple désormais éveillé aux délicatesses d'une sociabilité raffinée. A cette époque tous les arts de la paix lui étaient en effet familiers, et depuis longtemps il avait fait éprouver à ses voisins de l'Asie et de l'Afrique la puissance de ses armes. Mais nous ne lui étions connus que comme des êtres sauvages, tatoués et vêtus de peaux de bêtes.

Nous étions à cette époque-là, pour les Égyptiens, ce que sont pour nous aujourd'hui les naturels de la Nouvelle-Calédonie.

Le tableau où nous figurons ainsi en déshabillé de sauvages est un de ceux dont l'ensemble représente, dans le tombeau de Ménephtha, la marche du soleil éclairant le monde.

La troisième heure du jour y est indiquée par une série de quatre figures ethnologiques des peuples de notre hémisphère, dont en ce moment-là le soleil réchauffe les contrées.

Voici la description que fait de ce tableau Champollion le jeune :

« Les hommes, guidés par le pasteur des peuples,
« Horus, appartiennent à quatre familles bien distinctes. Le premier, le plus voisin du dieu, est
« de *couleur rouge sombre*, taille bien proportionnée, physionomie douce, nez légèrement aquilin,

« longue chevelure nattée, vêtu de blanc; les légendes
« désignent cette espèce sous le nom de Rot-en-ne-
« rôme, la race des hommes, les hommes par ex-
« cellence, c'est-à-dire les *Égyptiens.*

« Il ne peut y avoir aucune incertitude sur la
« race de celui qui vient après; il appartient à la
« race des *Nègres*, qui sont désignés sous le nom
« général de Nahasi.

« Le suivant présente un aspect bien différent:
« peau couleur de chair tirant sur le jaune, ou teint
« basané, nez fortement aquilin, barbe noire, abon-
« dante et terminée en pointe, court vêtement de
« couleurs variées; ceux-ci portent le nom de Namou.

« Enfin, le dernier a le teint de la peau que nous
« nommons couleur de chair, ou peau blanche de
« la nuance la plus délicate, le nez droit ou légère-
« ment voussé, les yeux bleus, barbe blonde ou
« rousse, taille haute et très-élancée, vêtu de peau
« de bœuf conservant encore son poil, véritable sau-
« vage tatoué sur diverses parties du corps [1]; on les
« nomme Tamhou. »

Ces Tamhou sont les *Européens* de l'ancien temps,
et les vérifications et confrontations auxquelles Champollion s'est livré lui ont donné l'assurance qu'il ne se trompait point en interprétant ainsi le type de la race que les Égyptiens ont appelée celle des Tamhou.

---

[1] César, *Bell. Gall.*, l. V, ch. xxiv; Pomp. Mela, liv. III, ch. vi; Pline, liv. XXII, ch. ii; Hérodian., liv. III; Claudian., *Bell. Get.*, V, 417, peignent les Gaulois tout spécialement sous les mêmes couleurs.

Auprès de ce tableau les autres n'ont pour nous qu'un intérêt secondaire de curiosité; cet intérêt est assez puissant encore cependant pour faire regretter cent fois de n'avoir pu être le compagnon de notre intelligent et malheureux ami.

Que de vives et nobles sensations ont dû l'assaillir par l'esprit et le cœur dans cette promenade à travers les témoignages de la grandeur d'un peuple, quatre mille ans durant, le primat du monde!

3. — Le tombeau que les guides arabes nomment le *Tombeau des Harpistes* est celui de Rhamsès-Méiamoun (Rhamsès IV), premier roi de la dix-neuvième dynastie; il régna de 1474 à 1419 avant l'ère vulgaire.

Ce tombeau est le plus étendu et le plus complet de ceux qui existent, ou du moins de ceux qui jusqu'ici ont été découverts dans la vallée de Biban-el-Molouck.

C'est aussi le plus visité, et la fumée des torches que promènent avec eux les visiteurs de cette catacombe a terni d'une manière fâcheuse l'éclat des couleurs qui diversifient les dessins dont elle est ornée.

L'entrée de cette catacombe est à ciel ouvert et sans aucune sculpture.

Dans l'épaisseur des murs latéraux du premier et du second corridor, il a été pratiqué huit loges profondes, espèces de salles ornées de sculptures dont la simple indication fera comprendre tout l'intérêt qu'elles ont aujourd'hui pour nous.

4

Ici sont dessinés les travaux de la cuisine; là une série des meubles le plus en usage au temps d'alors. Voici plus loin les armes de tout genre dont usèrent les Égyptiens de cette lointaine époque; dans une quatrième salle on trouve les insignes militaires des divers corps de l'armée égyptienne; la cinquième nous fournit les dessins des barques et des canges royales, richement ornées. L'année égyptienne est figurée dans une sixième salle, par six images allégoriques du Nil et six images de l'Égypte personnifiée. Ces images sont alternées; elles représentent, chacune, un mois de l'année, et sont spécifiées par les productions qui signalent les époques de l'année auxquelles appartient chacun de ces mois ainsi représentés.

La septième et la huitième loge ont chacune la représentation de ces *Joueurs de harpes*[1], qui valent au tombeau de Rhamsès-Méiamoun son appellation populaire de *Tombeau des Harpistes*.

4. — Le complet achèvement de cette catacombe atteste l'importance et la durée du règne de Rhamsès IV.

D'observations minutieuses et suivies faites à ce sujet, il résulte en effet qu'une des préoccupations les plus immédiates des Pharaons à leur avénement au trône était celle de leur sépulture; les travaux en

---

[1] Ces harpes ont vingt-et-une cordes et sont de forme triangulaire, avec une boîte sonore. Elles ne diffèrent point essentiellement, quant à la forme, des harpes dont on se sert aujourd'hui.

étaient immédiatement entrepris et poursuivis jusqu'à leur mort.

De la durée du règne dépendait ainsi le degré d'avancement des travaux de la tombe royale ou son complet achèvement.

Aussi s'il est dans la vallée de Biban-el-Molouck des hypogées royaux considérables par leur étendue et complets comme celui de Rhamsès IV, il en est d'autres, comme celui de Rhamsès I, dont le règne fut fort court, qui ne sont guère qu'une excavation grossièrement pratiquée dans le flanc de la montagne; les parois des murs y sont à peine badigeonnées de couleurs plates, et, au centre, le sarcophage royal y a été placé comme à la hâte et seulement ébauché.

Le plan du tombeau de Rhamsès IV a été relevé par les ingénieurs qui firent partie de la commission scientifique attachée à l'expédition française en Égypte, en 1798, et depuis il est arrivé que Champollion le jeune, compulsant la collection des précieux papyrus du musée royal de Turin, y a trouvé le plan primitif de cette catacombe royale, dressé par l'ingénieur égyptien, — le basilico-grammate, — chargé d'en surveiller la construction.

Ce plan est accompagné de descriptions, de notes et de cotes qui, avec une avance de trois mille deux cent vingt ans, constatent l'exactitude du travail des savants de la Commission d'Égypte, et nous donnent, par la comparaison, les rapports exacts de la coudée égyptienne avec le mètre et nos autres mesures linéaires.

5. — Les premiers, les Perses de Cambyse ont forcé l'entrée et profané l'intérieur des retraites sacrées dont nous venons de parler.

Leur cupidité n'a épargné ni les catacombes royales, ni les catacombes du peuple.

Il en est quelques-unes qui portent des traces de dévastation par le feu[1].

Les Grecs et les Romains ont, au contraire, respecté ces tristes asiles, et sous leur domination il en est beaucoup qui ont été ou réparés ou agrandis.

Quelques-uns ont abrité contre la persécution les chrétiens des premiers âges.

Mais depuis douze siècles environ les Arabes mahométans ont repris l'œuvre impie des soldats de Cambyse[2], et, depuis que le Croissant a triomphé de l'Égypte, les plus sacrées retraites du peuple pharaonique sont exploitées par les Arabes au même titre que des houillères et des mines de pierres précieuses.

Sous l'action du travail avide mais imprévoyant de ces mineurs sacriléges, le désordre et l'encom-

---

[1] Entre autres le tombeau d'Amasis, contre qui Cambyse avait conçu une haine farouche. Hérodote, *Thalie*, ch. XVI.

[2] On trouve les Arabes associés aux Perses dans toutes les entreprises des Perses contre l'Égypte. Nous aurons occasion de préciser les dates et les faits qui constatent cette communauté d'action.

brement se sont faits où régnaient autrefois le religieux silence, l'ordre parfait et le vaste espace.

La spacieuse entrée des catacombes a été peu à peu obstruée par les débris de toute sorte sans cesse accumulés en arrière dans le travail persévérant de la profanation.

Les sanctuaires qui précédaient les chambres sépulcrales ont été encombrés d'ossements humains, et les couches, sans cesse multipliées, de bandelettes arrachées aux momies, de squelettes pilés, ont tellement abaissé le plafond de ces chambres, en en élevant le sol, que c'est seulement à la condition d'y subir les attitudes les plus gênantes que les visiteurs téméraires y peuvent aujourd'hui pénétrer.

Ernest Godard en a fait la hardie expérience; je ne dois, sur ce point, rien ajouter à sa relation.

Quelques mots maintenant sur les Pyramides, El-Assasif et la Colonne de Pompée.

VIII.

LES PYRAMIDES. — EL-ASSASIF. — LA COLONNE DE POMPÉE.

1. — Ernest Godard a visité la plus grande des trois pyramides de Gizéh.

Les Pyramides d'Égypte ne sont que de grands mausolées royaux; mais il faut bien vite ajouter que la création de ces gigantesques monuments est tout à la fois une œuvre extraordinaire, de dépenses, de patience, de génie et de mécanique, qui de longtemps ne cessera d'exciter l'étonnement et l'admiration.

Les pyramides de Daschour, au sud de Memphis, et celles de Sakkarak, qui sont au nord, ont été élevées par les rois de la troisième dynastie, à qui elles ont servi de sépulture.

Elles ont alors, maintenant, une existence que l'on ne doit pas compter par moins de soixante et onze siècles.

Les pyramides de Gizéh se dressent au nord de celles de Sakkarak.

Ce sont les plus imposantes par leur masse. Il y en a trois; elles couvrent ou ont couvert la dépouille mortelle des trois premiers rois de la quatrième dynastie.

Hérodote avait connu la destination de ces ambitieux édifices; mais, sur ce point comme sur bien d'autres, son témoignage, qui devait pourtant se vérifier, avait été longtemps mis en doute[1].

[1] Hérodote fait en outre connaître deux particularités assez piquantes qui se rattachent à la construction de l'une des trois pyramides de Gizéh. La seconde, « celle, dit-il, qui s'élève au milieu des trois » (τὴν ἐν μέσῳ τῶν τριῶν ἑστηκυῖαν).

1º Il nous apprend (*Euterpe*, 125) qu'une inscription gravée sur cette pyramide fait savoir qu'il en coûta en oignons (κρόμμυα) et en ail (σκόροδα), dont furent nourris les ouvriers, une somme de 1600 talents, qui, à 4,000 francs chacun, feraient 6,400,000 francs de notre monnaie.

2º Il ajoute (*Euterpe*, 126) que Chéops, le Pharaon qui fit construire cette seconde pyramide, — seconde quant à la position, car elle fut construite la première des trois, — était un prince de mœurs dépravées, et que, l'argent lui manquant pour l'œuvre de

Il n'y a du reste guère qu'un quart de siècle que les noms de *Choufou*[1], de *Schafra*[2] et de *Menkera*[3] ont été découverts et lus sur les pyramides de Gizéh[4].

La plus haute des trois pyramides de Gizéh a été ouverte par les derniers conquérants de l'Égypte.

Parmi les auteurs arabes, les uns disent que ce fut au commencement du huitième siècle, par les ordres du calife Mahmoud, qui croyait y trouver d'immenses trésors ; les autres inclinent à croire que ce fut sur les injonctions du grand Aaroun-el-Raschid que la grande pyramide de Gizéh fut ouverte dans l'intérêt de la science et de l'histoire.

2. — *El-Assasif* est le nom moderne par lequel les Arabes désignent aujourd'hui la plaine où fut assise la partie de Thèbes située sur la rive gauche du Nil.

Cette plaine s'étend du Nil aux pieds des montagnes Libyques, et, dans le sens longitudinal, de Gournah à Médinet-Abou qui la ferme au sud.

---

cette pyramide, il voulut prostituer sa fille afin de s'en procurer; mais que cette princesse, mise dans ce but à la disposition du public, se contentait de le recevoir et de demander à ses nombreux visiteurs non pas de l'argent mais des pierres, et que ce fut avec les matériaux ainsi récoltés que fut construite la pyramide de Chéops.

[1] Chéops (Χέοψ), Hérodote, *Euterpe*, 124.
[2] Chéphren (Χεφρῆν), Hérodote, *Euterpe*, 127.
[3] Mycérinus (Μυκερίνος), Hérodote, *Euterpe*, 129.
[4] Strabon (l. XVII) et Diodore de Sicile (l. I, sect. 2) enseignent aussi que Chéops, Chephren et Mycérinus avaient fait construire les trois pyramides de Gizéh pour leur servir de sépulture.

Elle est couverte de ruines considérables.

Ernest Godard, qui nous dit l'avoir minutieusement étudiée, a pu y connaître les tombeaux de Gournah, les ruines du palais Ménephthéum, fondé par Ménephtha Ier et achevé par Sésostris; celles du temple construit sous Thouthmosis Ier (2e roi de la dixhuitième dynastie), et réparé seize siècles plus tard par Ptolémée Évergète II; les ruines qui portent ou ont porté le nom de *Tombeau d'Osymandias*, et qui paraissent être en réalité celles du Rhamesséum, palais construit ou au moins achevé par Rhamsès IV.

3. — Que dire maintenant de cette *Colonne de Pompée*, que tout le monde connaît au moins en image, sinon que ce n'est là qu'une dénomination erronée?

Ni Strabon ni Diodore de Sicile ne parlent de cette colonne qui, dans le cas où elle eût été érigée à l'honneur de Pompée, eût existé de leur temps.

Spartien, historien latin qui vivait au temps de Dioclétien, semble faire les honneurs de cette colonne à l'empereur Septime-Sévère, dont il a écrit l'histoire[1].

Après lui, et sans doute d'après lui, l'historien

---

[1] « L'empereur Sévère se rendit dans la ville d'Alexandrie. Il ac« corda un sénat à ses habitants, qui, jusqu'alors soumis à l'au« torité d'un seul magistrat romain, avaient vécu sans conseil na« tional comme sous les Ptolémées, où la volonté du prince était « leur loi. Sévère ne borna pas là ses bienfaits, il changea plu« sieurs lois en leur faveur..... » (Spartien, chap. XVII, *Vie de l'empereur Sévère*.)

arabe Abulféda appelle cette colonne la *Colonne de Sévère*[1], et cependant Champollion-Figeac dit expressément[2] « : La victoire de Dioclétien sur Achillée
« fut comme une seconde conquête de l'Égypte par
« l'aigle romaine. . . . . Sur ces mêmes entre-
« faites, et quand de nouvelles carrières de granit
« furent ouvertes à Syène, on en tira une colonne
« de très-grandes proportions qu'on érigea à Alexan-
« drie en l'honneur de *Dioclétien*, comme le prouve
« l'inscription grecque tracée sur le piédestal de cette
« colonne : c'est celle qu'on appelle vulgairement
« *Colonne de Pompée.* »

Le fût de cette colonne, sorti comme nous venons de l'apprendre des carrières de Syène, est un monolithe qui mesure trente mètres de hauteur avec un diamètre de trois mètres.

Le chapiteau est d'ordre corinthien, et a trois mètres de hauteur ; il a, dans l'origine, été surmonté d'une statue équestre.

Dans son ensemble, y compris sa base, ce monument compte trente-quatre mètres soixante-dix centimètres de hauteur[3].

---

[1] « Alexandrie est bâtie sur le bord de la mer, elle possède un phare fameux et la *Colonne de Sévère.* » (Abulféda, *Description de l'Égypte*.)

[2] Égypte ancienne. (*Précis historique*.)

[3] L'ascension de cette colonne a été faite plusieurs fois. C'est à l'aide d'un cerf-volant que l'on porte sur son sommet les cordes nécessaires à cette ascension.

IX.

LA CARAVANE DU DAR-FOUR.

1. — Pour terminer ce premier entretien je n'ai plus qu'à parler de la caravane du *Dar-Four*.

Il a été donné, Messieurs, au docteur Godard d'assister au spectacle du mouvement d'une population de six à huit mille individus, hommes, femmes et enfants, voyageant dans le désert à peu près comme aux temps primitifs.

Pendant quelques jours il a vécu de la vie de ces populations nomades, et il les a étudiées dans leur intimité avec cette fine sagacité que vous lui savez.

Aucune note ne nous est venue de lui à ce sujet, mais vous pourrez présumer la valeur et la portée de celles qu'il vous réservait, si vous connaissez les caravanes du Dar-Four.

Voici, Messieurs, ce que j'en sais.

Le Dar-Four est une contrée de l'Afrique centrale, située entre le 16° et le 11° degré de latitude nord, et le 24° et le 27° degré de longitude est [1].

Je n'ai point à vous apprendre, Messieurs, que les routes des caravanes sont marquées dans le désert

---

[1] Le Dar-Four a pour capitale Cobbé. Sa population est d'environ 200,000 âmes. Ce pays est riche et fertile.

par des stations fixes, dès longtemps connues, et pourvues, soit d'eau de source courante, soit d'eau de puits.

La distance entre chacune de ces stations se mesure par un parcours d'une durée moyenne de neuf heures, soit en distance sept lieues et demie environ, à la vitesse de six septièmes de lieue par heure pour la marche des chameaux.

On compte du Dar-Four à Siout trente-trois jours de marche, auxquels viennent se joindre, comme durée totale du voyage, les jours de repos.

En suivant la route ordinaire la caravane du *Dar-Four* rencontre la *Grande-Oasis de Thèbes*[1]; elle y

---

[1] La Grande-Oasis de Thèbes, que les Arabes nomment *El Ouah-el-Kebir*, a subi, comme les autres oasis qui relèvent de la vallée du Nil, les fortunes diverses de l'Égypte.

Comme elle, des mains des Pharaons, qui ne paraissent point s'en être beaucoup occupés, elle est passée aux Perses, aux Grecs et aux Romains.

A *Douch-el-Kala'h*, dans le sud de l'oasis, au-dessus de Beyrys, se trouvent les ruines de deux temples.

A *Boulàq*, à *Karz-Zayan*, à *El-Kargèh* et à *Deer-el-Hagjar*, dans la vallée d'*El-Dakèh*, on rencontre beaucoup de ruines de temples grands et petits.

Tous ces temples ont été élevés aux dieux de l'Égypte.

L'ensemble de ces constructions accuse, par les styles divers qui s'y trouvent mêlés, les époques à travers lesquelles ces constructions se sont lentement poursuivies.

Les environs d'*El-Kargèh* sont semés de tombeaux romains qui tous ont été fouillés par les Arabes, et, dans le voisinage de ces tombeaux, sont des puits à momies qui ont servi de sépulture aux Égyptiens.

Le nom de *Darius* se lit dans une inscription où cet *adorateur du feu* se proclame *le chéri d'Amon-Ra, le Fils du Soleil*.

Celui de *Titus* se trouve inscrit sur les murailles en ruines du

pénètre par *Douch-el-Kalàh* et elle la traverse, du sud au nord, par trois journées de marche dans le vallon central d'*El-Kargèh*.

Ces trois journées sont marquées par une première étape à *Beyrys*, village de six cents habitants, situé sur un rocher élevé et qui a, comme importance, le second rang dans l'oasis; par une deuxième étape à *Boulàq*, village de quatre cents habitants, situé au centre de l'oasis; par une troisième étape à *El-Kargèh*.

El-Kargèh est une ville de deux mille âmes, assise au fond de la vallée qui porte son nom.

Ses habitants, assez industrieux, rassemblent avec intelligence l'eau des diverses sources qui découlent des hauteurs voisines et s'en servent pour arroser les rizières qui les font vivre.

Les abords d'*El-Kargèh* sont verdoyants et ombragés de citronniers, de dattiers et d'acacias.

La chaleur y est tempérée par les nombreux canaux des rizières.

2. — En quittant la Grande-Oasis de Thèbes la caravane laisse derrière elle, dans l'ouest, le vallon

---

temple de *Deer-el-Hagjar*, et celui d'*Antonin le pieux* sur celles du temple de *Karz-Zayan*.

L'inscription qui mentionne chacun de leurs noms fait savoir que, pendant le règne de ces princes, les temples des villages dont il est question ont été réparés ou achevés.

Sous les empereurs du Bas-Empire, les oasis ont été des lieux d'exil. Nestorius et saint Athanase y ont été déportés.

d'*El-Dakèh*, et n'a plus pour atteindre Siout que quatre jours de marche à faire dans le désert.

Son approche s'annonce au loin par le nuage immense de la poussière soulevée dans le désert, sous un soleil torride, par cette population en marche, portée ou suivie par sept ou huit mille bêtes de somme, chameaux, dromadaires et autres, chargés d'un riche butin mercantile.

Ce butin, c'est-à-dire les produits indigènes du Dar-Four, que traîne avec elle la caravane, consiste ordinairement en ivoire, en plumes d'autruches, en tamarin.

La vente qui en sera faite sera son bénéfice, et en même temps elle lui fournira les ressources nécessaires pour pousser son voyage jusqu'à La Mecque.

Je dois ajouter, cependant, que ce supplément de voyage n'est point ordinairement compris dans le programme des caravanes du Dar-Four qui se rendent à Siout.

C'est par *Dongola* et *Suaken*, où ils s'embarquent pour traverser la mer Rouge, que les musulmans du Dar-Four vont en caravane à la Ville-Sainte.

Ceux qui se rendent à Siout n'y viennent faire qu'un commerce d'échange.

3. — Aux approches des terres d'Égypte et en attendant qu'elle ait obtenu et reçu l'autorisation d'y pénétrer, la caravane fait toujours halte et campe.

La demande de cette autorisation n'est guère qu'un hommage rendu à la suzeraineté du vice-roi d'Égypte; c'est une simple formalité à remplir, et l'autorisation demandée n'est jamais refusée.

L'usage veut, d'ailleurs, que la demande de cette autorisation soit faite d'avance et que les conditions de son séjour en Égypte soient déjà réglées quand la caravane arrive à Siout.

D'ordinaire donc, tandis que la caravane se repose dans la capitale de la Grande-Oasis, à El-Kargèh, son chef prend les devants, se rend à Siout auprès du gouverneur et reçoit l'autorisation qu'il sollicite, en même temps qu'il est instruit des conditions auxquelles cette autorisation est accordée.

Mais nous savons qu'à propos de la demande qui fut faite par la caravane qui se présenta à Siout en mai 1861, il survint quelques difficultés de détail à l'occasion desquelles Ernest Godard intervint d'une façon énergique, aux applaudissements de toute la colonie européenne de Siout.

Entre le gouverneur et le médecin en chef de la province, il s'agissait de décider s'il serait permis aux impatients de se porter au-devant de la caravane, ou s'il ne conviendrait pas mieux d'enjoindre à chacun d'attendre, pour la visiter, qu'elle eût installé son camp aux portes de Siout.

Le gouverneur tenait pour ce dernier parti, le médecin en chef pour la liberté à laisser à chacun.

Par un privilége heureux, mais à vrai dire tout fortuit, Ernest Godard fut pris pour arbitre par les deux parties.

4. — La visite au campement d'une caravane nombreuse venue, dans les conditions que je viens de dire, du fin fond des déserts de l'Afrique, doit être sans contredit, même au repos, campée devant Siout, un but fort appétissant de vive curiosité, et la satisfaction qui y sera donnée laissera bien sûrement, dans l'esprit des visiteurs, le souvenir instructif et précieux d'un grand et beau spectacle.

Mais voir marcher cette même caravane et marcher avec elle; voir en mouvement cette ville de chameaux et de dromadaires transportant des milliers d'hommes, de femmes et d'enfants avec tous les accessoires de la vie, c'est quelque chose de bien autrement intéressant que le spectacle uniforme d'un amas de tentes silencieuses et discrètes.

Ici, c'est le repos et le silence : c'est le sommeil. Là, c'est le mouvement et la vie : c'est l'existence.

Pour Ernest Godard le choix à faire ne pouvait être douteux.

Curieux en effet, comme évidemment l'eût été chacun de nous, il se rangea du parti du médecin en chef et opina pour que chacun pût en liberté, selon ses préférences, se porter au-devant de la caravane, ou attendre pour la visiter qu'elle fût installée dans son camp.

Soit vanité d'état, orgueil intime, ou singularité de caractère, le gouverneur de Siout, sans prendre garde qu'en en appelant à notre ami, il avait, par avance, souscrit à son avis, s'obstina dans sa prétention de consigner les curieux jusqu'au jour où la caravane aurait établi son camp aux portes de Siout.

Ernest Godard fut péniblement affecté de cette attitude du gouverneur; il s'en expliqua vis-à-vis de lui avec une franchise toute française. Il n'alla pas sans doute jusqu'au reproche, mais il sut s'exprimer avec assez d'énergie, de fierté, de calme et de persuasion, pour faire réfléchir le gouverneur, et obtenir, pour son avis, l'honneur d'une sanction sans réserve, c'est-à-dire la liberté laissée à chacun dans cette circonstance.

5. — C'est ainsi que notre malheureux ami, accompagné du grand juge de la province, du médecin en chef, d'un officier, et d'une sage-femme européenne résidant à Siout, put se porter au-devant de la caravane; put faire, en l'accompagnant, près d'une journée de marche, et s'installer enfin avec elle, pendant plusieurs jours, dans le camp qu'elle établit aux portes de Siout.

La musique de la caravane lui fit fête, ainsi qu'à ses compagnons. Les chefs vinrent les saluer, et leur offrirent des sucreries de leur pays.

« Après avoir accepté ces sucreries, et bu l'eau
« saumâtre qui nous fut présentée, écrit le docteur
« Godard à sa mère, le 8 juin 1861, j'ai visité la ca-
« ravane dans tous ses détails; nous étions conduits
« par un *officier*.

« Sauf les femmes des chefs, nous avons tout vu,
« et j'en aurai long et surtout intéressant à te dire. »

6. — La caravane, je l'ai dit, Messieurs, se compose d'hommes, de femmes et d'enfants.

Les hommes ne sont guère que des trafiquants; ils ont recueilli, dans les oasis de leur désert, les plumes, l'ivoire et le tamarin qu'ils ont pu trouver; ils viennent à Siout vendre ou échanger ces denrées, et ils reporteront chez eux des armes, des étoffes, et les mille objets de bimbeloterie que l'Europe fabrique pour le reste du monde.

Ce voyage de près de deux mois de marches et de privations, dans les plaines de sable qu'ils traversent pour gagner la vallée du Nil, est une épreuve pénible pour tous les membres de la caravane, qui ne retourne pas, à beaucoup près, aussi nombreuse qu'elle était partie.

Les femmes, vous le savez, Messieurs, sont à peu de chose près les bêtes de somme du ménage arabe.

Les soins intérieurs sont leur affaire exclusive, et leur soumission vis-à-vis de leur maître et seigneur est absolue.

Cette position subalterne des femmes a de tout temps existé chez les Arabes.

Sara, sur l'ordre d'Abraham[1], pétrissait la farine et faisait cuire les pains sous la cendre. Les femmes arabes, comme Sara, apprêtent elles-mêmes la nourriture de la famille, et, tandis que leur mari mange seul ou avec ses amis et tout à l'aise, elles, comme des esclaves soumises, se tiennent silencieuses à l'é-

---

[1] *Genèse,* chap. XVIII, v. 6.

cart, debout ou accroupies dans quelque coin de la chambre du repas. Sara non plus ne mangeait point avec les hôtes d'Abraham [1].

Comme la Genèse, le Coran recommande aux femmes d'avoir beaucoup d'enfants, et les femmes arabes obéissent au Coran avec l'empressement le plus vif, et tout le luxe dont elles sont capables. Mais elles ne sont point mères à demi; et, quelles que soient leurs autres obligations d'intérieur, elles allaitent elles-mêmes leurs enfants pendant deux ans s'ils consentent à prendre le sein pendant ce temps.

Le Coran, en effet, leur impose ce devoir : « *Les mères allaiteront leurs enfants deux ans complets, s'ils veulent téter ce temps....... Il sera permis à la mère de sevrer son nourrisson du consentement du mari* [2]. »

Quant aux enfants déjà élevés, venus avec la caravane, sur leur nombre, quelques centaines sont là, victimes innocentes d'un usage barbare, pour être vendus et subir la mutilation qui permettra aux rares survivants de pouvoir, plus tard, comme êtres neutres, passer par les harems des Croyants, en qualité de cerbères, puissants seulement pour les tours de force de l'abjection et de l'intrigue immonde.

Ici finit, Messieurs, pour aujourd'hui, la tâche qui m'a été confiée par M. le docteur Martin-Magron.

---

[1] *Genèse*, ch. XVIII, v. 9.
[2] *Coran*, chap. II, v. 233, traduction de Savary.

DEUXIÈME PARTIE.

LES DIVINITÉS ÉGYPTIENNES.

I. Direction donnée à l'étude de la Collection Godard. — II. Conditions dans lesquelles a été faite cette collection. — III. Les Stèles. — IV. Les Papyrus. — V. Les Figurines des divinités égyptiennes. — VI. Ammon. Les Triades. Les Hiéroglyphes plastiques. — VII. La Légende d'Osiris. — VIII. Isis. — IX. La Justice et le Jugement des Ames. — X. Néith. La Vierge. La Trinité. — XI. Les Litanies d'Isis. —XII. Soven. Les Mammisi. L'Annonciation. La Visitation. La Nativité. L'Adoration.—XIII. Stella matutina.—XIV. Horus.—XV. Thôth. Le Saint-Esprit. Les Anges. Mercure.—XVI. Anubis.—XVII. Nephtis. — XVIII. Typhon. Seth. Bes. — XIX. Les Animaux sacrés. — XX. Aroëris. — XXI. Coup d'œil rétrospectif. — XXII. Phtah. — XXIII. Sev. — XXIV. Les Emblèmes. — XXV. Le Soleil. Phré. L'Urœus. — XXVI. Le Phallus. Les Phalliques. La Confession. — XXVII. Le Scarabée. — XXVIII. La Chatte. — XXIX. L'Ibis. — XXX. Le Nil et Sérapis. Le Tat ou Nilomètre. — XXXI. Apis. — XXXII. Le Crocodile. L'Épervier. — XXXIII. Quelques Figures emblématiques. — XXXIV. Quelques Végétaux emblématiques. — XXXV. Les Statuettes funéraires et les Canopes. — XXXVI. Les Tablettes d'écrivain. — XXXVII. La Médecine et les Médecins en Égypte. — XXXVIII. Bijoux et Monnaies. — XXXIX. Vêtements et Objets modernes. Talismans.

I.

DIRECTION DONNÉE A L'ÉTUDE DE LA COLLECTION GODARD.

Messieurs,

Poursuivant devant vous l'exécution du mandat que je tiens de votre très-honoré collègue, M. le docteur Martin-Magron, je vais, sous toutes les réserves précédemment exprimées, vous entretenir de la collection archéologique et ethnologique faite en Égypte par le docteur Ernest Godard.

Quelques-unes des indications préliminaires qui vont suivre rappelleront sans doute celles que j'ai déjà données; mais, l'objet même de notre entretien devant d'avance vous faire comprendre la nécessité de revenir sur ces indications, je n'ai besoin, je crois, ni de m'en expliquer, ni de m'en excuser.

J'en viens donc alors tout de suite au fait.

1. — Le butin archéologique recueilli en Égypte par le docteur Ernest Godard, notamment dans son excursion à travers la Thébaïde et la Nubie, comprend une série d'objets dont le nombre se compte par plus de mille.

Dans le nombre, relativement considérable, d'objets qui composent cette collection, se trouvent quelques répétitions.

Ces répétitions sont surtout nombreuses parmi les figurines et les emblèmes de la religion égyptienne. Mais, en raison de la diversité des matières dont sont faits les objets répétés, l'ensemble de la collection emprunte un certain intérêt à ces répétitions, et les conséquences qui vont être tirées de cette particularité diront, sans plus amples explications, dans quel esprit sera dirigé l'examen de la collection d'Ernest Godard.

2. — Les répétitions qui s'y trouvent sont données tantôt en bronze, tantôt en terre cuite nue ou vernie, tantôt en porcelaine émaillée, en verre blanc et de couleur, tantôt en basalte, en grès ou en granit.

Or, on le sait, la métallurgie, la céramique, la sculpture, la ciselure, la gravure, qui ont produit les répétitions que je signale, sont des arts que l'on ne rencontre que dans les civilisations déjà avancées, des arts sans la pratique desquels les Égyptiens eussent été impuissants à nous léguer les objets dont nous parlons.

Nous avons donc déjà, par le seul fait de l'existence de ces menus objets répétés dans la collection d'Ernest Godard, le témoignage acquis que les Égyptiens ont joui d'une civilisation fort avancée.

Si, après la constatation de ce fait, nous pouvons indiquer d'une manière certaine l'époque où il s'est produit, c'est-à-dire l'époque où les Égyptiens ont été en possession des arts de la civilisation, nous serons en mesure de compléter ainsi, avec la collection Godard telle qu'elle est, une démonstration par les faits,—démonstration la plus absolue qui se puisse produire,—une démonstration que, sans cette collection ou une collection analogue, il faudrait aller demander au loin et sur place, à des ruines que leur importance immobilise, et dont les confidences ne peuvent d'ailleurs être appréciées, qu'après d'opiniâtres travaux, par quelques rares savants.

3. — Un livre qui, comme tous les livres écrits de

parti pris, se trouve rempli de vérités et de réticences, la Bible, nous fixera sur l'époque où dans ces temps reculés étaient déjà pratiqués en Égypte les arts qui ont produit des objets du genre,—comme façon et matière,— de ceux qui font partie de la collection Godard.

Si nous consultons la Bible, nous y lisons en effet qu'Abraham fait offrir par Éliézer à Rebecca, la fiancée de son fils Isaac, des pendants d'oreilles et des bracelets d'or [1].

Comme ce livre nous dira encore qu'Abraham a visité plusieurs fois l'Égypte; qu'il en est revenu, grâce à sa femme, la belle Sara [2], très-riche en or et en argent [3], et que, d'un autre côté, nous savons qu'à cette époque lointaine l'Égypte n'avait encore ni monnaie d'or ni monnaie d'argent, mais seulement, pour en tenir lieu, des anneaux d'or et d'argent, nous conclurons que les bijoux d'or qu'Éliézer offrit à Rebecca sont les bijoux d'or qu'Abraham avait apportés d'Égypte.

Comme, par la Bible, nous saurons encore que Joseph, premier ministre de l'Égypte, fit mettre sa coupe d'argent dans le sac de Benjamin [4]; qu'à leur sortie d'Égypte, les Hébreux emportèrent avec eux les bijoux d'or et d'argent [5], et surtout les vases d'or et

---

[1] *Genèse,* ch. xxiv, v. 22 et 47.
[2] *Id ,* ch. xii, v. 11, 12; 16; 20.
[3] *Id.,* ch. xiii, v. 1 et 2.
[4] *Id.,* ch. xliv, v. 2.
[5] *Exode,* ch. xxxii, v. 2, 3.

d'argent qu'ils avaient empruntés, — car ils ne devaient point partir les mains vides [1]; — sous l'autorité de ces faits nous serons ainsi en mesure de pouvoir affirmer, rien qu'en nous appuyant sur la valeur et la composition de la collection d'Ernest Godard, que les Égyptiens, cette nation que nos livres saints semblent ne faire exister que par occasion, et qui, à les en croire, n'aurait eu, ainsi que le royaume de Babylone, des capitales où l'on compta les habitants par centaines de mille, que pour les faire servir, de temps à autre, de *Maisons de correction* à l'usage intime du peuple de Dieu [2], étaient déjà, au temps où le patriarche Abraham trouvait fort glorieux d'égorger son fils unique pour satisfaire aux fantaisies d'un songe fiévreux, une nation grande par les arts de la paix, c'est-à-dire par les arts de la civilisation, et qu'elle existait alors puissante et policée, respectée et hospitalière, active et industrieuse depuis bien des siècles déjà, car la civilisation ne s'improvise pas;

Qu'à cette même époque où le chef d'une petite peuplade de pasteurs nomades n'avait pour faire les offrandes à son dieu ni temple ni autel, les Égyp-

---

[1] *Exode*, ch. iii, v. 21 et 22.

[2] C'est bien ainsi que sont considérées, dans les livres Saints, l'Égypte et Babylone. Voici, en effet, comment, à ce sujet, s'exprime Bossuet :

« L'*Égypte*, d'où il faut sortir, le désert, où il faut passer, la *Ba-*
« *bylone*, dont il faut rompre les prisons pour rentrer ou retour-
« ner dans notre patrie, c'est le monde avec ses plaisirs et ses va-
« nités........ » (*Discours sur l'Histoire universelle*, IIe partie, chap. vi.)

tiens, dans la vallée du Nil, avaient, pour y célébrer les mystères de leur religion, des temples par centaines, et particulièrement à Thèbes et à Memphis, à Héliopolis et à Saïs, des sanctuaires plus grands, plus beaux, plus riches et plus fréquentés chacun que ne le fut jamais le temple unique de Jérusalem;

Qu'ils avaient dans ces mêmes villes des colléges immenses, véritables instituts polytechniques qui fournissaient à l'Égypte les ministres de sa religion, les juges de ses tribunaux, ses médecins, ses astronomes, ses ingénieurs, ses géomètres et ses administrateurs de tous rangs;

Qu'à cette même époque où le Père du peuple de Dieu n'avait pour lui-même ni feu ni lieu, l'Égypte avait pour ses rois des palais nombreux dont l'ampleur et la magnificence n'ont depuis jamais été surpassées, et pour son peuple des villes grandes comme Paris et des bourgs que, sous la dénomination de villes, le poëte Théocrite[1] fait monter au chiffre prodigieux de 33,339[2];

Que, toujours à cette même époque, quand les Hébreux vivaient assez misérablement de leur métier d'éleveurs de bestiaux, les habitants de Thèbes, sans parler de ceux des autres villes industrielles de

[1] Hymne à Ptolémée Philadelphe.
[2] La France a 37,000 communes; on peut juger, par comparaison, combien la population de l'Égypte fut compacte, et combien cette contrée dut être bien cultivée et fertile, pour pouvoir, avec les produits du territoire étroit que nous lui savons, nourrir sa population et fournir encore des blés au monde du bassin de la Méditerrannée.

l'Égypte, étaient d'habiles émailleurs sur faïence et sur métaux[1], qu'ils produisaient des verres et des émaux de couleurs variées, ce qui suppose en chimie des connaissances étendues, ou tout au moins une expérience pratique équivalente assez exercée, pour permettre de distinguer et de doser les oxydes métalliques indispensables à la coloration du verre et de l'émail[2];

Que ces mêmes Egyptiens étaient de fort habiles batteurs d'or[3], qu'ils savaient fondre ce métal, qu'ils savaient le jeter dans des moules à figures chargées de détails microscopiques, qu'ils savaient l'étirer, le ciseler et le graver, plus de vingt siècles avant notre ère[4];

---

[1] Le musée égyptien du Louvre possède des bijoux émaillés qui portent le cartouche de Rhamsès II (dix-huitième dynastie), qui régna de 1576 à 1574.

[2] La collection Godard a des colliers en verroterie de couleur. Le musée égyptien du Louvre a des émaux cloisonnés datés du règne de Rhamsès II, et une infinité de colliers de momies composés de figures variées de formes et de couleurs en verre mat.

[3] Les masques des momies royales étaient faits en or battu. L'usage de ces masques remonte au temps de la dix-septième dynastie (près de 2000 ans avant l'ère vulgaire), sinon plus haut. Le musée égyptien du Louvre possède plusieurs de ces masques.

[4] Les bijoux d'Abraham, la coupe de Joseph, sont des témoignages acquis. Malheureusement le temps les a fait disparaître. Mais le musée égyptien du Louvre possède une coupe d'or qui porte gravé le cartouche de Thouthmosis III (Mœris), de la dix-huitième dynastie, et nous pouvons ajouter à ces témoignages matériels le témoignage du bon Homère, qui connut bien l'Egypte :

Ἕως ὃ ταῦθ' ὥρμαινε κατὰ φρένα καὶ κατὰ θυμὸν,
Ἐκ δ' Ἑλένη θαλάμοιο θυώδεος ὑψορόφοιο
Ἤλυθεν, Ἀρτέμιδι χρυσηλακάτῳ εἰκυῖα·
Τῇ δ' ἄρ' ἅμ' Ἀδρήστη κλισίην εὔτυκτον ἔθηκεν·

Qu'ils étaient des filateurs et des tisserands dont les toiles de lin ou de coton sont de nos jours encore l'objet d'une appréciation tout à fait flatteuse pour les Égyptiens [1];

> Ἀλκίππη δὲ τάπητα φέρεν μαλακοῦ ἐρίοιο·
> Φυλὼ δὲ ἀργύρεον τάλαρον φέρε, τὸν οἱ ἔδωκε
> Ἀλκάνδρη Πολύβοιο δάμαρ, ὃς ἔναι' ἐνὶ Θήβης
> Αἰγυπτίης, ὅθι πλεῖστα δόμοις ἐνὶ κτήματα κεῖται.
> Ὅς Μενελάῳ δῶκε δύ' ἀργυρέας ἀσαμίνθους,
> Δοιοὺς δὲ τρίποδας, δέκα δὲ χρυσοῖο τάλαντα·
> Χωρὶς δὲ αὖθ' Ἑλένη ἄλοχος πόρε κάλλιμα δῶρα.
> Χρυσῆν τ' ἠλακάτην, τάλαρον θ' ὑπόκυκλον ὄπασσεν
> Ἀργύρεον, χρυσῷ δ' ἐπὶ χείλεα κεκράαντο·
> Τὸν ῥά οἱ ἀμφίπολος Φυλὼ παρέθηκε φέρουσα,
> Νήματος ἀσκητοῖο εβυσμένον· αὐτὰρ ἐπ' αὐτῷ
> Ἠλακάτη τετάνυστο ἰοδνεφὲς εἶρος ἔχουσα.
>   *Odyssée*, liv. IV, v. 120 à 133.

« Sur ces entrefaites, pendant qu'il (Ménélas) réfléchissait pro-
« fondément, Hélène, belle comme Diane chasseresse, sortit de son
« alcôve parfumée. Adraste s'empressa de lui présenter un siége
« moelleux. Alcippe la suivait avec un tapis de laine soyeuse; et
« Phylo avec la corbeille d'argent qui lui fut donnée par Alcandra,
« femme de Polybe de Thèbes d'Égypte, où les maisons sont si con-
« fortables.

« Le même Polybe avait fait don à Ménélas de deux aiguières
« d'argent, de deux trépieds et de dix talents d'or.

« L'épouse de Polybe avait de plus, en particulier, fait de fort
« beaux cadeaux à Hélène. Ainsi, elle lui avait donné une que-
« nouille d'or, une corbeille roulante en argent, dont les bords
« portaient des torsades d'or.

« C'est cette corbeille, toute remplie de fils de laine, et sur la-
« quelle reposait la quenouille chargée de laine violette, que la
« suivante Phylo avait approchée d'Hélène. »

Ces divers présents furent faits à Hélène et à Ménélas, quand celui-ci alla chercher sa perfide moitié en Égypte, où Pâris avait dû la laisser, vers l'an 1209 avant l'ère vulgaire. (La prise de Troie est de cette époque, d'après les Marbres de Paros.)

[1] Les bandelettes de momies, les robes de lin des prêtres égyptiens, et les tissus de coton dont les fragments nous sont parvenus,

Qu'ils étaient les agriculteurs qui, plus d'une fois, sauvèrent le monde, et les Hébreux en particulier, des horreurs de la famine;

Qu'ils étaient les géomètres exercés dont la science, à travers plus de cinquante siècles, et malgré la confusion générale que l'inondation apportait périodiquement dans la propriété, maintint intacte et respectée la part du sol égyptien acquise à chaque corporation ou à chaque particulier;

Qu'ils étaient encore les ingénieurs, alors incomparables, qui ont érigé les Pyramides, ces monuments merveilleux dont la construction, après sept mille ans d'existence, ne trahit aucune défaillance;

Qu'ils étaient aussi les ingénieurs qui ont creusé les catacombes multipliées et profondes, dont les plafonds habilement ménagés semblent ne devoir jamais se lasser de porter les montagnes de la chaîne Libyque qui les surmontent;

Qu'ils étaient enfin les médecins fameux qu'envoyaient consulter les princes étrangers [1].

4. — Une collection archéologique, quelque modeste qu'elle soit, dès qu'elle peut faire de telles confidences, est sans contredit digne de la plus grande attention. Étudions-la donc avec soin, mais d'abord sachons comment elle a été faite.

sont, encore même aujourd'hui, des tissus d'une finesse remarquable.

Le musée égyptien du Louvre a beaucoup de ces précieuses reliques, et la collection Godard en renferme également.

[1] « Un monument trouvé à Thèbes nous montre un prince de

II.

CONDITIONS DANS LESQUELLES A ÉTÉ FAITE LA COLLECTION GODARD.

1. — Il y a à Ferney une fabrique de cannes spéciales au lieu et au souvenir qui s'y rattache, et les produits de cette fabrique sont si intelligemment exploités que chacun des visiteurs qui viennent en pèlerinage à l'ancienne résidence de Voltaire achète et croit emporter la canne unique, authentique, historique, qui fut celle du malin philosophe.

De même il y a au Caire, au Vieux-Caire, pour mieux colorer la coupable espièglerie, d'importantes fabriques d'antiquités pharaoniques, fabriques d'où sortent annuellement des milliers de statuettes funéraires et autres menus emblèmes égyptiens.

Arriérés comme industriels de bon aloi, les Égyptiens modernes, qui veulent bien consentir à travailler, sont passés maîtres au trafic de mystification.

Les oisifs, qui voyagent pour avoir le droit de dire qu'ils ont voyagé; les personnages, qui visitent ingégénument Alexandrie et le Caire[1] pour connaître

« la Mésopotamie qui envoie solennellement chercher un *dieu* thé-
« bain pour venir au secours de sa fille possédée du malin Esprit. »
(Vicomte de Rougé, *Notice sommaire des monuments égyptiens du musée du Louvre*, 1860.)

[1] Cette critique ne signifie pas qu'Alexandrie et le Caire soient,

l'Égypte; les hommes à conscience inquiète, et ils sont nombreux, qui vont par là se dépayser un instant pour faire oublier les causes soupçonnées de leur trop rapide fortune, font vivre, et largement, ces faux monnayeurs de l'histoire.

pour les archéologues et les voyageurs, des villes absolument dépourvues d'intérêt.

Alexandrie, que recommande le nom glorieux de son fondateur, évoque nécessairement de grands souvenirs, et celui de sa fameuse école doit lui valoir au moins un tribut de regrets.

Les Ptolémées avaient fait d'Alexandrie la capitale de toute l'Égypte, et, pendant les 294 années qu'ils régnèrent sur ce pays, chacun d'eux, à qui mieux mieux, en avait embelli la nouvelle capitale.

Dans son enceinte d'aujourd'hui, fort amoindrie et déplacée, avec son rôle effacé et secondaire, cette ville ne peut point, sans doute, offrir à l'étude l'attrait immédiat et pressant que provoquent, rien que par la pensée, les ruines imposantes dont la Haute-Égypte est semée; mais des fouilles profondes, intelligemment pratiquées en dedans et en dehors de son enceinte actuelle, pourraient mettre sur les traces des monuments qui firent la splendeur primitive de cette ville, que Diodore de Sicile disait être de son temps la première ville du monde.

Sa population était alors de 300,000 personnes libres et 600,000 esclaves, en tout 900,000 âmes.

L'historien arabe El-Macin (*Vie d'Omar*) cite la lettre d'Amrou annonçant au Calife la prise d'Alexandrie (20me année de l'hégire, l'an 651 de notre ère, et 984 ans après sa fondation). Cette lettre peut faire comprendre ce que fut, en d'autres temps, cette ville, qui avait encore tant d'importance après être passée par les mains défaillantes des empereurs d'Orient.

« J'ai pris, dit Amrou, la ville d'Occident, elle est immense. Je
« ne puis vous énumérer ni vous dépeindre tout ce qu'elle contient
« de magnificences. On y compte 4,000 bains, 12,000 vendeurs de
« légumes, plus de 4,000 Juifs tributaires, 4,000 comédiens, etc. »

Alexandrie, abandonnée par Héraclius à ses seules forces, résista à un siége de quatorze mois.

Un château fort à peu près démantelé est assis sur la presqu'île de Pharos, où avait été élevé le fameux phare qui signalait au loin le port d'Alexandrie le jour et la nuit.

Il reste encore à Alexandrie un des obélisques que les Ptolémées

Nous connaissons assez Ernest Godard pour être assurés d'avance qu'il s'est garé de pareils industriels; et, de fait, son livre d'achat date ses acquisitions successives de tous les points historiques compris, dans la vallée du Nil, entre le Caire, sous le trentième degré de latitude nord, et Mosko, sous

y firent transporter d'Héliopolis, et il a déjà été parlé de la colonne de Pompée qui, décapitée de sa statue équestre, est encore une des merveilles d'Alexandrie.

Les environs d'Alexandrie sont fort beaux, et le canal de Romanièh qui relie cette ville au Nil a ses bords ombragés d'épaisses verdures ou bordés de jardins délicieux.

Alexandrie ne compte guère aujourd'hui que 75,000 habitants dont 60,000 Européens, et Port-Saïd, une fois le canal de Suez achevé, effacera bien vite le peu d'importance que fait aujourd'hui à Alexandrie sa position de port intermédiaire.

Le Caire (*El-Kahera*, *la Victorieuse*) est une ville moderne. Sa fondation ne remonte guère au-delà du X*e* siècle de notre ère. Elle date de l'année 359 de l'hégire.

Celle du Vieux-Caire remonte à la vingtième année de l'hégire. Elle est due à Amrou, général du calife Omar, qui l'édifia sur l'emplacement où il avait établi son camp avant d'aller mettre le siége devant Alexandrie. Cette ville s'appela d'abord *Fostat*, mot arabe qui signifie *tente*. (El-Macin, *Histoire des Arabes*.)

La situation du Vieux-Caire, c'est-à-dire de Fostat, sur le Nil, favorisa son accroissement rapide; mais l'an 564 de l'hégire (vers la fin du XII*e* siècle de notre ère), dit l'historien arabe Abul-Féda, le sultan d'Égypte Schaouar l'incendia, pour empêcher qu'elle ne tombât aux mains des Français qui, maîtres du Grand-Caire, s'approchaient de Fostat conduits par Lusignan.

Ce désastre profita au Grand-Caire qui, racheté moyennant une rançon d'un million d'écus d'or, dont il ne fut jamais payé qu'un dixième, reçut tous les habitants de Fostat.

Les murs d'enceinte du Grand-Caire et ceux de la citadelle du Mont-Mokattam (Montagne-coupée) ont été construits par Salah-Eddin.

C'est des carrières de Thorrah, sur la rive droite du Nil, en face du village de Menph (l'ancienne Memphis), et des ruines mêmes

le vingt-et-unième, c'est-à-dire sur un espace de deux cent vingt-cinq lieues en ligne droite.

Même en dehors de la confiance que nous inspire le caractère d'Ernest Godard, n'est-il pas certain que cette étendue du champ de ses recherches est une garantie de la valeur des acquisitions qu'il y a faites? Il n'est pas possible d'en juger autrement, en faisant cette observation, que, dans une contrée sans contredit la plus riche au monde en souvenirs historiques, ce n'est que dans la proportion de quatre

de la vieille capitale des Pharaons, qu'ont été tirés les matériaux mis en œuvre pour cette double construction.

Il résulte de cette circonstance que certains pans des murailles de la citadelle sont de véritables reliquaires d'archéologie.

Au nombre des sculptures égyptiennes ainsi conservées on trouve :

Un bas-relief représentant Psammétichus II (sixième roi de la vingt-sixième dynastie, sixième siècle avant notre ère) faisant la dédicace d'un propylon qu'il avait élevé pour un temple de Memphis;

Une pierre portant le nom d'Apriès II, successeur de Psammétichus II;

Des blocs au nom d'Amasis, successeur d'Apriès, gravé dans une aire en creux;

Un bas-relief représentant le roi Nectanébo, chef de la trentième dynastie, faisant une offrande aux dieux.

Les épaisses murailles de la citadelle renferment sans doute d'autres pierres historiques, et quelques mosquées du Caire sont ornées de colonnes tirées des édifices de Memphis.

Près du Caire, sur le penchant du Mont-Mokattam, on voit les ruines de la construction antique dont parle Strabon (liv. XVII) sous le nom de château ou forteresse de Babylone. Il semble qu'on puisse raisonnablement attribuer cette construction à Cambyse. On l'appelle aujourd'hui le *Château des Lumières*. Les ruines en sont habitées par des Coptes et des Grecs.

Près de là est la superbe mosquée d'Omar.

Le Caire compte plus de 300,000 habitants. C'est une ville absolument arabe et la plus considérable de l'Orient.

objets pour l'étendue d'une lieue qu'Ernest Godard a trouvé à satisfaire son exigence scrupuleuse d'archéologue.

2. — La collection qu'il a ainsi réalisée comprend, outre les objets dont il a déjà été parlé :

Des Stèles et des Papyrus;

Une série fort nombreuse, sinon complète, des Figurines de la Mythologie égyptienne et des Emblèmes qui s'y rattachent;

Des Statuettes funéraires et des Canopes;

Des Palettes d'écrivain;

Des Bijoux;

Des souvenirs de l'époque gréco-romaine, en Statuettes, Bustes, Emblèmes et Monnaies;

Une série d'objets usuels de la moderne Égypte et de la Nubie, y compris un exemplaire de chacun des Vêtements le plus ordinairement portés par les dames du harem, et des Talismans;

Enfin, sur une longue bande de papier, un Dessin, — copie prise sans doute dans quelque tombeau, — dont la description nécessaire trouvera sa place dans cette revue de la collection d'Ernest Godard.

Je vais, maintenant, tâcher de donner une idée de l'importance directe ou relative qu'a chacun de ces groupes, sans m'astreindre pourtant, ni à une nomenclature pure et simple, ni, sur tous les points, à des dissertations plus ou moins étudiées, plus ou moins ingénieuses.

III.

LES STÈLES.

1. — Les Stèles (στήλη, colonne) sont des monuments en pierre, en bois, en métal ou en terre cuite, qui affectent ou la figure d'une colonne, ou une forme parallélogrammatique assez ordinairement arquée à son sommet.

Ces monuments, petits ou grands, sont généralement chargés d'inscriptions commémoratives.

Les Stèles égyptiennes portent le plus souvent, avec les inscriptions qui leur sont confiées, ou des bas-reliefs, ou des peintures, ou de simples dessins au trait, dont les sujets se rapportent aux inscriptions qu'ils accompagnent.

Les Stèles qui, chez les Égyptiens, servaient à la constatation d'événements publics, étaient attachées aux édifices nationaux, ou placées dans les lieux de leur dépendance.

Celles qui consacraient la mémoire de hauts personnages se trouvent dans les hypogées, dans les tombeaux et dans les sanctuaires.

Les Stèles peuvent être encore des *ex-voto* à telle ou telle divinité, et leurs inscriptions doivent en ce cas se rattacher au culte de cette divinité.

En général donc, les Stèles sont une précieuse acquisition, à cause des noms, des dates, des faits, des lieux, des usages et des dogmes qu'elles rappellent. L'histoire et la chronologie peuvent faire d'heureuses découvertes chez elles et par elles.

C'est ainsi que les Stèles trouvées dans le Sérapéum de Memphis[1], en constatant, selon l'usage alors consacré, la date de la mort des Apis par la date du règne du Pharaon contemporain, qu'elles nomment, aident à une plus grande précision dans la chronologie des dynasties égyptiennes, et doivent de même, en beaucoup de cas, servir, par un rapprochement de dates, à mieux déterminer celles de certains événements historiques.

2. — Les Stèles de la collection Godard sont au nombre de quatre.

Par le seul fait de leur provenance authentique, ces objets ont déjà une haute signification archéologique; leur importance est cependant encore susceptible de s'accroître de toute la portée historique que peuvent avoir les secrets qu'ils détiennent.

Trois des Stèles de la collection qui nous occupe ont été achetées à Louqsor.

L'une d'elles porte, sculpté en bas-relief, et re-

---

[1] Le Sérapéum est le lieu de la sépulture des Apis. C'est aux travaux intelligents provoqués par M. Mariette et faits sous sa direction, qu'est due la découverte du Sérapéum de Memphis.

La porte du Sérapéum, soigneusement remontée par M. Mariette, fait partie de la collection du musée égyptien du Louvre. Par les bas-reliefs et les sculptures dont elle est couverte, cette porte — en pierre — est un précieux chapitre de l'histoire politique et de l'histoire de l'art chez les Égyptiens.

haussé de couleurs, un dessin représentant un acte d'offrande.

Dans son ensemble, comme dans ses détails, la composition de ce dessin est d'une exquise exécution, qui doit le faire classer parmi les meilleurs travaux artistiques des temps heureux de l'art égyptien, c'est-à-dire vers l'époque de la dix-huitième dynastie.

IV.

LES PAPYRUS.

1. — Le Papyrus, qui se nomme aussi Biblos, est un végétal dont les tiges ouvertes et convenablement apprêtées ont, dès la plus haute antiquité, servi de papier chez les Égyptiens.

Tout spécialement ici les Papyrus s'entendent des écrits divers qui nous sont restés des Egyptiens.

Au même titre et pour les mêmes causes que les Stèles, les Papyrus sont d'importants témoignages à consulter, parmi toutes les reliques de l'antique Égypte.

2. — L'écriture que portent les Papyrus égyptiens est de quatre sortes :

1° Celle des hiéroglyphes purs et la plus ancienne;

2° L'écriture hiératique;

3° L'écriture démotique ou écriture hiératique cursive;

4° L'écriture grecque, soit comme expression graphique du copte, — ancien égyptien, — soit comme expression graphique de la langue grecque, dont l'usage se répandit en Égypte à l'époque des Ptolémées.

L'écriture des hiéroglyphes proprement dits use de figures qui sont la représentation d'objets pris çà et là parmi ceux du monde physique et du monde intellectuel, tels que : animaux, plantes, figures de géométrie, instruments aratoires, etc., etc.

On compte environ huit cents figures diverses employées dans les hiéroglyphes.

L'écriture hiératique[1] use, en les abrégeant, des mêmes figures que l'écriture hiéroglyphique. Ainsi, la partie d'un animal pour le tout.

Enfin l'écriture démotique[2] est l'écriture hiératique cursive, c'est-à-dire réduite à des signes qui ne rappellent plus que de fort loin les hiéroglyphes.

Dans l'écriture démotique le nombre des signes est d'ailleurs fort amoindri.

3. — Les conditions graphiques toutes spéciales à l'écriture hiéroglyphique, conditions en soi bien innocentes, ont pourtant été, au nom de Dieu et de Mahomet, l'occasion, pour l'histoire et la science, de désastres irréparables.

---

[1] Du grec ἱερός, sacré. Écriture sacrée : c'est l'écriture le plus en usage chez les prêtres égyptiens.

[2] Du grec δῆμος, peuple. Écriture du peuple.

Les premiers pas des chrétiens sur la vieille terre de Kémé[1] ont en effet été éclairés par les flammes qu'alimentèrent les livres des bibliothèques d'Alexandrie, et, quand plus tard et depuis longtemps déjà l'usage et l'intelligence des hiéroglyphes s'étaient perdus, il arriva que les figures dont étaient couverts les Papyrus et les monuments égyptiens échappés aux incendies et aux pillages qui avaient marqué l'installation du christianisme en Égypte, furent prises, par l'ignorance et la spéculation, pour des signes purement cabalistiques, et qu'à cette considération tout ce qui put être trouvé de Papyrus fut impitoyablement brûlé comme œuvre du diable.

Dans les temps modernes, les Mahométans, dont on sait la sainte horreur pour les images[2], n'ont point été seuls à jouer à l'auto-da-fé avec les Papyrus égyptiens : le Père Sicard se vante, devant Dieu et devant les hommes, de pareilles exécutions faites par lui avec l'enthousiasme de la piété la plus fervente, sans doute, mais aussi avec une précipitation bien malheureuse[3].

---

[1] Nom primitif de l'Égypte chez les auteurs sacrés, de Cham ou Chémi, second fils de Noé.

[2] Les Mahométans sont, on le sait, des juifs réformés par Mahomet. Ils tiennent tout autant que les juifs à la loi de Moïse, et ils abhorrent les images en vertu de ce précepte du Décalogue :
« Tu ne feras aucune image taillée, ni aucun signe de ce qui est « en haut au ciel, ni de ce qui est en bas sur la terre, ou dans « les eaux. Tu ne les adoreras point et tu ne les serviras point. » (*Exode*, ch. xx, v. 4 et 5.)

[3] « . . . . On me donna avis qu'il y avait dans ce village (Ouar-

Quelle que soit cependant la somme des pertes que les Arabes et quelques *Père Sicard* aient pu, presque contemporainement, faire subir à l'égyptologie par la destruction des Papyrus, la somme en est petite comparée à celle qui résulte des exécutions faites par l'incendie et le pillage aux premiers temps de la chrétienté, alors que les livres égyptiens étaient encore le plus abondants.

Aussi les Papyrus sont-ils réellement fort rares, et l'invention faite du moindre Papyrus authentique se trouve-t-elle être toujours une bonne fortune.

4. — Il est de ces Papyrus qui datent de plus de deux mille ans avant l'ère vulgaire, et, comme plus tard nous aurons besoin de nous appuyer sur la date de papyrus authentiques, il est bon d'en signaler ici quelques-uns des plus intéressants; il est, d'ailleurs, tels lecteurs qui trouveront dans l'aperçu, même tout sommaire, qui va suivre, une certaine satisfaction de curiosité; ils y rencontreront en effet des souvenirs variés de la vie publique en Égypte durant une période de temps qui comprend les vingt siècles immédiatement antérieurs à l'ère vulgaire, tels que : actes de l'autorité, transactions entre particu-

« dan) un colombier rempli de plusieurs papiers pleins de carac-
« tères magiques, qu'ils avaient achetés de religieux coptes et schis-
« matiques. J'en fis sans résistance l'usage que j'en devais faire (*il*
« *les brûla*), et j'attachai à leur place une croix de Jérusalem que
« les Coptes révèrent avec beaucoup de dévotion..... » (*Lettres édifiantes.*)

liers, requêtes aux juges, mémoires[1], sentences, registres de dépenses et de recettes, livres de morale, poëmes épiques, plans.

Voici donc quelques indications de Papyrus, déjà étudiés et connus, avec leur objet et leur date :

« Sentence rendue par le tribunal de Thèbes, le 22 du mois d'athyr de l'an 34 du règne de Ptolémée-Évergète II, soit 117 ans avant l'ère vulgaire. »

« Contrat de vente daté du 16° jour du mois de choïak, de la 2° année du règne de Ménephtha Ier. C'est 1608 ans avant l'ère vulgaire. — Ce serait l'année de la naissance de Moïse, et par conséquent quatre-vingts ans avant la sortie des Hébreux de l'Égypte. »

« Contrat de vente daté de la 24° année du règne d'Aménophis III (Memnon), 1699 ans avant l'ère vulgaire, soit 171 ans avant la sortie d'Égypte. »

« Contrat de vente daté de la cinquième année du règne de Thouthmosis III (Mœris), soit 1732 ans avant l'ère vulgaire, et 204 ans avant la sortie des Hébreux d'Égypte. »

La Bibliothèque impériale possède un manuscrit égyptien, donné par M. Prisse, manuscrit dont M. Chabas, de Mâcon, a traduit plusieurs paragraphes. C'est un livre de morale.

Ce manuscrit est l'œuvre d'un sage égyptien nom-

---

[1] Chez les Égyptiens, les procès ne se plaidaient pas; les tribubunaux jugeaient sur mémoires.

La sentence elle-même se rendait par signe.

Le juge tournait, vers la partie au bénéfice de qui la sentence était rendue, une image de la Vérité qu'il portait suspendue à son

mé Phthah-Hotep. Il est de deux mille ans au moins antérieur à notre ère[1].

Dans sa riche collection, le musée du Louvre compte des Papyrus qui sont des registres complets de recettes et de dépenses faites dans les temples; les notes y sont consignées en écriture hiératique[2].

Le musée du Louvre et celui de Turin possèdent des Papyrus qui sont des plans.

Ainsi on trouve au musée de Turin le plan original du tombeau de Rhamsès-Meïamoun (Rhamsès IV), dont il a déjà été parlé; et un autre qui représente un grand navire avec tous ses agrès et ses matelots sur les vergues. Ce dernier plan est du règne de Sésostris, Rhamsès III, ou le Grand. Ce plan, vieux comme Moïse, est de 1500 ans antérieur à notre ère[3].

---

cou. Cela n'empêchait pas d'écrire ensuite la sentence avec ses considérants et ses motifs.

[1] « Cet ouvrage a été écrit plus de mille ans avant Salomon, — in-« *tronisé* 1019 *ans avant l'ère vulgaire,* — et l'on connaît au musée « de Berlin plusieurs manuscrits de la même antiquité. » (Vicomte Ém. de Rougé. *Discours prononcé à l'ouverture du cours d'archéologie égyptienne, au Collége de France, le 19 avril* 1860, § 5.)

[2] Voici le texte du protocole écrit en tête de l'un de ces registres :

« Sous la divine Providence du Roi du peuple obéissant, Seigneur « du monde, Soleil stabiliteur de la région inférieure, approuvé « par Phthah, fils divin du Soleil, Seigneur des contrées, Rhamsès, « chéri d'Ammon, divin Président...... »

Cette pièce porte la date de l'an 12 du règne de Rhamsès, et le premier article inscrit est daté du 16 du mois de Paòphi.

Le Pharaon Rhamsès dont il est ici question est Rhamsès V, deuxième roi de la dix-neuvième dynastie; il régnait 1400 ans environ avant l'ère vulgaire.

[3] Quinze siècles avant l'ère vulgaire, la marine égyptienne était

Comme poëme épique ou historique on connaît le manuscrit qui a appartenu à M. Sallier, d'Aix. Champollion le Jeune y a lu toute une panégyrie en l'honneur de Sésostris. Ce Papyrus porte la date du 5 du mois de payni de l'an IX du règne de Sésostris, soit l'an 1562 avant l'ère vulgaire.

Enfin il a été trouvé en Égypte des manuscrits qui ont un caractère de transaction internationale, et qui sont écrits, les uns en phénicien, les autres en caractères cunéiformes.

5. — Les Papyrus que l'on rencontre dans les tombeaux sont généralement des *Rituels funéraires* ou extraits du *Livre des Manifestations à la lumière*.

donc créée, et avait, à cette époque, une véritable importance. Rhamsès IV, successeur de Sésostris, a eu occasion de s'en servir comme arme de guerre dans la Méditerranée, sur les côtes de la Phénicie et jusqu'à Chypre.

Du temps de Sésostris, les flottes égyptiennes ont compté jusqu'à trois cents vaisseaux qui ont couru la mer des Indes. Ces navires suivaient ordinairement les côtes, qu'ils ne perdaient pas de vue.

Les flottes égyptiennes ont pu faire des voyages de cette nature sur les côtes orientales de l'Afrique et aller ainsi jusqu'à son extrémité méridionale.

Le cap de Bonne-Espérance, qui est, même aujourd'hui pour nos navires, un passage difficile, devait l'être bien plus encore pour les navires égyptiens du temps de Sésostris. Il n'y aurait donc rien de bien déraisonnable à supposer qu'en arrivant au cap de Bonne-Espérance, quelque navire égyptien, poussé au large par le vent, ou entraîné par les courants, ait été porté ensuite, malgré lui, vers les côtes de l'Amérique en s'élevant vers l'Équateur, et qu'il ait apporté là cette civilisation antique qui se retrouve au Mexique avec des caractères si positivement égyptiens.

Ces rituels sont les seuls livres de doctrine religieuse qui nous soient restés de l'Égypte, qui en a tant eus.

Ils enseignent l'immortalité de l'âme et les conditions heureuses ou malheureuses de la vie future, suivant le mérite de chacun.

Ces enseignements sont accompagnés ou suivis d'hymnes, de prières et d'instructions diverses pour les funérailles.

Ces livres, plus ou moins complets, furent le *Vade mecum* des morts égyptiens; ils étaient, comme chez nous le *Livre d'Heures*, déposés près du mort dans son cercueil.

Les documents de ce genre, malgré le sens allégorique souvent bien détourné et pour nous bien difficilement pénétrable, sous lequel se cache l'ordre d'idées qu'ils expriment, sont cependant de précieuses pages à étudier pour arriver à l'intelligence plus complète de la doctrine de l'immortalité de l'âme, enseignée de tout temps aux anciens habitants de la vallée du Nil.

Le musée du Louvre a un grand nombre de ces rituels, et ceux qui décorent le fond de la salle funéraire, au musée égyptien, sont remarquablement bien conservés, et tout particulièrement précieux à cause des nombreuses vignettes dont ils sont ornés, vignettes qui sont ici des accessoires complémentaires du Papyrus au même titre que les images dans nos livres.

Un de ces rituels du Louvre est écrit à l'encre blanche, ce qui est un rare privilége.

La collection d'Ernest Godard compte trois Papyrus, dont j'ignore l'importance ; elle peut être grande.

V.

LES FIGURINES DES DIVINITÉS ÉGYPTIENNES.

Avant d'étudier chacune des figures à qui l'usage a donné la dénomination de *divinités égyptiennes*, il faut protester contre cette expression, qui est impropre et mensongère, et faire comprendre en quoi et comment elle manque de justesse et de vérité.

1. — La plus ancienne écriture dont aient usé les Égyptiens est l'écriture hiéroglyphique, c'est-à-dire celle qui, pour consigner la pensée et la traduire aux yeux, a employé des figures d'hommes, d'animaux, et d'objets divers.

Ce mode d'expression de la pensée qui, pour s'affirmer aux yeux et par eux parler à l'esprit, emploie des figures d'objets qu'il faut préalablement avoir vus pour pouvoir reproduire leurs traits, qu'il faut aussi préalablement connaître pour pouvoir apprécier sainement, dans l'emploi qui en est fait, le rapport qu'ils ont avec l'idée qu'il s'agit de faire comprendre à l'aide de leurs images, implique nécessairement à un degré plus immédiat que tout autre l'action du souvenir.

Sans le souvenir, c'est-à-dire sans l'expérience acquise et toujours présente du rapport qui existe entre l'image d'un objet et l'objet lui-même, l'usage et l'intelligence des hiéroglyphes n'eussent donc point été possibles.

Or, le souvenir est l'acte le plus ordinaire et le plus immédiat de l'esprit, puisqu'on ne peut pas penser sans se souvenir.

De toutes les expressions matérielles qui parlent aux yeux et à l'esprit, celle qui revêt la forme des objets sur lesquels ces expressions ont pour but d'appeler l'attention de la pensée, est donc tout naturellement celle dont la création a dû le plus immédiatement solliciter l'industrie humaine.

2. — D'un autre côté, les images à l'aide desquelles l'attention de la pensée est appelée sur les objets qu'elles représentent, étant le mode d'expression le plus voisin de la réalité, c'est-à-dire le plus possible semblable aux objets qu'il s'agit de représenter à l'esprit, l'emploi des images, comme expression de la pensée, est tout naturellement le fait d'un peuple à l'enfance de toute civilisation.

Le mode d'expression de la pensée par la représentation des objets qui s'y reflètent est en effet, de toute nécessité, le plus simple, puisqu'il ne suppose, une fois le souvenir établi, c'est-à-dire une fois la connaissance préalable de l'objet acquise, aucun effort intermédiaire entre l'acte de perception et l'acte d'interprétation. L'idée d'un chat, par exemple, exprimée par l'image d'un chat, est rendue aussi rapidement que possible, puisque ce signe porte, dans ses traits constitutifs, la représentation effective de l'animal sur lequel ce signe a pour but d'appeler l'attention.

La langue hiéroglyphique, telle qu'elle nous apparaît, à l'époque lointaine de ses débuts, est donc un instrument de l'intelligence aussi primitif que possible.

3. — Mais le fait de rendre sensibles à nos sens les signes divers qui constituent ce langage matériel, peut être varié dans ses moyens d'exécution et devenir par là le produit de plusieurs arts. Ainsi, selon que les hiéroglyphes seront modelés ou simplement tracés, leur confection relèvera de l'art plastique ou de l'art graphique, et ils seront ou des hiéroglyphes plastiques, tels que les figurines dont nous avons à parler, ou des hiéroglyphes écrits, tels que ceux qui constituent l'écriture hiéroglyphique.

Toutefois ces deux modes d'expression ne peuvent pas s'être révélés simultanément.

La logique des faits indique que l'invention de l'un a dû précéder l'invention de l'autre, et que celui qui est venu le second a dû n'être que la conséquence du premier, et n'a pu, à de certains égards, être qu'un perfectionnement.

Pour l'objet de notre démonstration, il importe de déterminer à qui, de l'art plastique ou de l'art graphique, doit revenir l'honneur du premier degré de primitivité.

Cet avantage devra être attribué, cela va de soi, à celui des deux arts qui, en l'absence de tout instrument né de l'industrie, peut se produire et donner des résultats à l'aide des seuls moyens que la nature met à la disposition de l'homme.

4. — La Plastique est l'art de modeler en terre toutes sortes de figures.

L'art graphique est l'art de dessiner des figures sur des surfaces.

L'homme, sans autres instruments que ses doigts, peut pétrir et modeler la terre qu'il trouve partout et faire ainsi de l'art plastique avec les seuls instruments que la nature met à sa disposition.

Pour faire de l'art graphique il lui faut, au contraire, trouver ou préparer le corps solide dont la surface, naturellement ou artificiellement unie, pourra recevoir les traits de l'objet à reproduire; de plus il lui faut se procurer des outils fabriqués, tels que burins, stylets, pinceaux, et, pour l'emploi de ces derniers, un liquide colorant, enfin tout un attirail industriel.

Il est donc bien certain, dans de telles conditions, que l'emploi de l'art plastique, comme moyen d'expression de la pensée, a dû, chez les Égyptiens, précéder l'emploi de l'art graphique; ce qui revient à dire que les Égyptiens ont modelé des figurines avant de pouvoir fixer des traits à l'aide d'instruments sur une surface naturellement ou artificiellement disposée pour les recevoir.

Les hiéroglyphes plastiques ont donc existé et circulé chez les Égyptiens avant l'apparition des hiéroglyphes graphiques, à qui dès lors ils ont servi de modèles, quand l'industrie a pu fournir aux Égyptiens les instruments nécessaires à la mise en pratique de l'art graphique.

5. — Si les hiéroglyphes graphiques, copies des hiéroglyphes plastiques, constituent par leur assemblage varié des mots, des phrases, et jusqu'à des discours, c'est-à-dire un système d'écriture ayant ses diversités et ses souplesses d'expression, les originaux, sur le modèle de qui ont été dessinés les hiéroglyphes graphiques, ne peuvent manquer d'avoir la même valeur d'intention, et les hiéroglyphes plastiques sont alors, séparément ou dans leur ensemble, des mots et des phrases, avec un sens varié selon la nature et la valeur conventionnelle des signes dont ils sont accompagnés ou composés.

Partant, ces figurines qui, par suite de la confusion provoquée par leur forme, et par leur emploi comme instruments des croyances religieuses de l'Égypte, ont été appelées *divinités égyptiennes*, loin d'avoir été, comme le dit leur dénomination générique toute moderne, des objets pour eux-mêmes respectés, honorés, adorés par les Égyptiens, ainsi que cela est enseigné depuis deux mille ans, ne furent en réalité que des expressions plastiquement formulées par les Égyptiens pour consacrer l'idée de Dieu et de ses perfections infinies, chacune d'elles étant alors, par les signes particuliers qui les distinguent, ou un mot, ou une phrase; au même titre que, de notre temps, l'agrégation, dans un ordre voulu, d'un certain nombre de nos signes de l'alphabet est un mot ou une phrase.

Les figurines des divinités égyptiennes ne furent donc point des idoles ni des fétiches, mais seulement les instruments du texte des croyances religieuses de l'Égypte.

C'est en les envisageant ainsi que nous allons faire l'étude particulière de chacune d'elles, et cette étude confirmera l'énonciation générale qui précède.

VI.

AMMON. — LES TRIADES. — LES HIÉROGLYPHES PLASTIQUES.

1. — « Suivant les textes précis du Rituel funé-
« raire, Dieu est *l'Être dont la substance* EXISTE
« PAR ELLE-MÊME ÉTERNELLEMENT; *Celui qui* SE DONNE
« L'ÊTRE A LUI-MÊME; *qui* S'ENGENDRE LUI-MÊME ÉTER-
« NELLEMENT [1]. »

Pour les Égyptiens, l'Être suprême, tel que le dé-

---

[1] Vicomte de Rougé. *Discours prononcé à l'ouverture du cours d'archéologie égyptienne, au Collége de France, le 19 avril 1860*, § 5.

finissent les textes sacrés du Rituel funéraire, c'est donc tout à la fois :

L'éternelle toute-puissance, — l'Être dont la substance existe par elle-même éternellement.

L'unique puissance créatrice, — l'Être qui se donne l'être à lui-même.

L'éternelle production, — l'Être qui s'engendre lui-même éternellement.

En termes plus précis, l'Être suprême était pour les Égyptiens éternel et créateur.

2. — Cet Être suprême, que les Français nomment Dieu, que les Anglais nomment God, que les Allemands nomment Gott, sans qu'il cesse, malgré ces noms divers, d'être le même Être, avait également reçu une appellation particulière chez les Égyptiens.

Les Égyptiens le nommaient Amoun.

Ce mot Amoun[1], dont les Grecs ont fait Ammon, est un mot égyptien qui, suivant le prêtre historien Manéthon[2], signifie *mystère, mystérieux*; et, suivant Hécatée d'Abdère qui ne fut guère antérieur à Manéthon, *caché, obscur, inconnu*[3].

En somme ce sont là deux interprétations qui dif-

---

[1] Ce mot ainsi orthographié se retrouve dans le surnom de Rhamsès IV, *Maïamoun*, qui signifie *aimé d'Ammon*.

[2] Manéthon vivait du temps de Ptolémée Philadelphe (280 ans avant l'ère vulgaire). Il a écrit en grec une histoire d'Égypte en remontant aux temps les plus anciens.

[3] Plutarque, *Isis et Osiris*, chap. viii.

fèrent peu l'une de l'autre, et qui aboutissent à nous faire savoir que, chez les Égyptiens, l'Être suprême était désigné par un mot égyptien qui répond à *mystérieux, caché*.

3. — Dans les légendes, dans les inscriptions dédicatoires, dans les invocations, dans les prières, le nom sacré d'Amon est toujours accompagné du mot égyptien Ra.

Le mot Ra signifie *Soleil;* le soleil est le flambeau du monde.

Amon-Ra, c'est donc l'*Être mystérieux, flambeau du monde*. C'est-à-dire : Dieu, lumière du monde.

Depuis six mille ans, au moins, telle était l'appellation par laquelle les Égyptiens désignaient l'Être suprême, quand l'Évangéliste Jean a fait dire au Christ : « *Ego sum lux mundi*, Je suis la lumière du monde. »

Dans ce même temps, ou un peu auparavant, Philon, l'historien juif, le néoplatonicien d'Alexandrie, écrivait : « Le Verbe divin, invisible et intellec-
« tuel, est l'image de Dieu, et la lumière est l'image
« du Verbe divin[1]. »

4. — Toutes les légendes sacrées de l'Égypte reconnaissent d'ailleurs à Amon-Ra les vertus et les perfections infinies attribuées, par les plus saines doctrines théologiques, à l'Être suprême.

---

[1] Philon, *Création du monde*.

Notons ici, pour en témoigner, quelques-unes des légendes sacrées relevées par Champollion le Jeune sur les murs des temples et des palais de l'antique Égypte.

« *Amon-Ra,* ROI DES DIEUX[1]; *Amon-Ra,* ROI DES DIEUX, SEIGNEUR DES TRÔNES DU MONDE[2]; *Chnouphis, seigneur du pays,* CRÉATEUR DE L'UNIVERS, PRINCIPE VITAL DES ESSENCES DIVINES, SOUTIEN DE TOUS LES MONDES[3]; *Amon-Ra,* ROI DES DIEUX..... *Amon-Ra,* SEIGNEUR DU CIEL, MODÉRATEUR DES DIEUX[4]; *Amon-Ra,* PÈRE DES DIEUX[5]; *Amon-Ra,* SEIGNEUR DES TRÔNES DU MONDE, *contemple la demeure que nous t'avons construite,* DESCENDS DU HAUT DU CIEL *pour en prendre possession*[6], etc., etc. »

Amon-Ra était donc, chez les Égyptiens, la plus large expression de l'Être suprême; il était pour eux le résumé le plus complet de toutes les perfections de l'intelligence, de toutes les puissances créatrices

---

[1] Fragment d'inscription emprunté aux débris de la statue colossale de Memnon (Aménophis III, dix-huitième dynastie, 1687 ans avant l'ère vulgaire). (Musée du Louvre.)

[2] Inscription relevée sur les ruines du temple édifié par Thouthmosis II (dix-huitième dynastie, 1778 ans avant l'ère vulgaire). (Vallée d'El-Assasif.)

[3] Inscription relevée sur les murs du grand temple d'Esnèh, édifié par Mœris (Thouthmosis III, dix-huitième dynastie, 1736 ans avant notre ère).

[4] Inscription relevée sur le Rhamesséum de Thèbes.

[5] *Idem.*

[6] Ce fragment de légende, emprunté au palais de Louqsor, fait partie d'une longue invocation que Aménophis III adresse à Amon-Ra, en lui consacrant le temple-palais construit en son honneur.

et directrices, et, pour parler comme la légende, « le principe vital de toutes les essences divines ».

C'était ainsi le Dieu un, se répandant en perfections dans l'univers entier, comme le soleil se répand en rayons lumineux sans cesser d'être un, et cet enseignement sublime avait en Égypte une notoriété incontestable, dans les temps purement égyptiens, notoriété dont il nous reste encore des témoignages originaux irrécusables.

On voit, en effet, au musée de Leyde, une pyramide de granit transportée d'Égypte ; sur cette pyramide est gravé un hymne égyptien qui, envisageant l'Être suprême sous les deux caractères de Père et de Fils, le nomme « l'Être double, générateur dès le « commencement ; le Dieu se faisant Dieu en s'en- « gendrant lui-même ; le Dieu un, vivant en vérité[1]. »

5. — Le principe de l'unité de l'Être suprême étant ainsi acquis aux croyances égyptiennes, il convient d'en tirer les conséquences les plus naturelles en même temps que les plus rigoureuses, et de les rapprocher, comme contrôle, des expressions hiéroglyphiques qui sont le cortége immédiat et le plus habituel d'Ammon.

Quelques déductions rapides suffiront pour nous édifier.

Si, chez les Égyptiens, l'Être suprême est un, il faut qu'il soit éternel, puisqu'il n'a pu être créé.

---

[1] Vicomte E. de Rougé, *Discours précité*, § 5.

S'il est un et éternel, il faut encore qu'il soit le principe de toutes choses, c'est-à-dire le créateur.

S'il est le créateur, il renferme nécessairement en soi les conditions essentielles à toute création, savoir : le principe, l'action, l'effet, c'est-à-dire qu'il est l'éternelle logique du monde.

Ces diverses manières d'être de la divinité : l'unité, l'éternité, la souveraine puissance créatrice, la souveraine logique, que le christianisme professe comme des vérités qui lui sont propres[1], étaient donc le fond même des croyances religieuses de l'antique Égypte, cela est bien certain. Ce qui ne l'est pas moins, c'est que ces vérités ont eu leurs expressions écrites et précisées dans les enseignements de la religion de la vallée du Nil.

6. — *Chneph* ou *Chnouphis*[2] est, pour me servir de l'expression consacrée, une des figures d'Ammon. Eh bien, le mot égyptien *Chneph* signifie *qui ja-*

---

[1] « 1. Au commencement était le Verbe, et le Verbe était avec « Dieu, et le Verbe était Dieu.

« 2. Il était au commencement avec Dieu.

« 3. Toutes choses ont été faites par lui; et rien de ce qui a été « fait n'a été fait sans lui.

« 4. En lui était la vie, et la vie était la lumière des hommes. » (*Évangile selon saint Jean*, chap. 1.)

[2] *Chnoumis, Chnoum, Noum,* paraissent être des transcriptions variées du mot *Chneph*.

Le mot *Noum*, dit M. le vicomte de Rougé (*Notice sommaire des monuments égyptiens*, 1860), signifie le *principe humide;* ce serait alors l'*éternelle fécondation,* puisqu'il n'y a pas de végétation sans humidité.

mais ne naquit, qui jamais ne mourra [1], c'est-à-dire l'ÉTERNEL.

Horammon, autre figure d'Ammon, le représente comme *générateur*, c'est-à-dire comme CRÉATEUR.

Enfin la SOUVERAINE LOGIQUE a pour expression dans les croyances égyptiennes : AMON-MOUTH-KHONS.

Amon,   le Père,   le Principe.
Mouth,   la Mère,   l'Action.
Khons,   le Fils,   l'Effet.

Ainsi pour les Égyptiens l'Être suprême était UN, ÉTERNEL, CRÉATEUR [2], en même temps qu'il renfermait en soi la triple expression de la SOUVERAINE LOGIQUE du monde, le PRINCIPE, l'ACTION, l'EFFET.

7. — Par un sentiment d'exquise convenance, la trinité dix fois séculaire des bords du Nil a été désignée sous la dénomination de *triade*.

On trouve, en étudiant les enseignements religieux de l'Égypte, des triades de divers ordres.

La triade principale, AMON-MOUTH-KHONS, formée des trois parties d'Amon-Ra, l'Être suprême, lumière du monde, est la *triade divine initiale*.

A la suite de la triade divine initiale, et pour exprimer que toute perfection découle de l'Être suprême, et que sa bonté s'est tout spécialement étendue sur

---

[1] Plutarque, *Isis et Osiris*, chap. XXI.
[2] « Il est le créateur du ciel et de la terre, et le père des hommes, disent les hymnes égyptiens. » (Vicomte DE ROUGÉ, *Discours précité*, § 5.)

l'Égypte, la sagesse égyptienne avait imaginé l'éclosion mystique des *triades secondaires*, familles trinitaires de perfections divines collatérales, par qui l'esprit de l'Être suprême, graduellement porté du sommet de ses ineffables sublimités jusque dans le sein de l'humanité, est venu s'incarner dans Osiris[1].

Les perfections divines qui sont le produit des triades secondaires sont pour ainsi dire innombrables.

Elles nous apparaissent aujourd'hui sous des noms égyptiens, dont le sens, pour la plupart, nous est absolument inconnu.

Ces noms, écrits en hiéroglyphes plastiques, constituent précisément ce matériel de figures dans lequel, depuis deux mille ans, on s'est plu à voir le personnel des divinités égyptiennes.

En réalité l'ensemble de ces figures n'est que la litanie des perfections divines, dont les noms sont

---

[1] « Le point de départ de la mythologie égyptienne est une *triade*
« formée des *trois parties d'Amon-Ra*, savoir : Amon (le mâle et
« le père), Mouth (la femelle et la mère), et Khons (le fils enfant).
« Cette triade, s'étant manifestée sur la terre, se résout en Osiris,
« Isis et Horus. Mais la parité n'est pas complète, puisque Osiris et
« Isis sont frères. C'est à Kalabschi que j'ai enfin trouvé la triade
« finale, celle dont les membres se fondent exactement dans trois
« membres de la triade initiale : Horus y porte en effet le titre de
« mari de la mère; et le fils qu'il eut de sa mère, et qui se nomme
« *Malouli*, — le Mandouli dans les Proscynêmata (Actes d'adoration)
« grecs, — est le dieu principal de Kalabschi, et cinquante bas-reliefs
« nous donnent sa généalogie. Ainsi, la triade finale se formait
« d'*Horus*, de sa mère *Isis* et de leur fils *Malouli*, personnages
« qui entrent exactement dans la triade initiale, *Amon*, sa mère
« *Mouth* et leur fils *Khons*..... » (*Lettres de Champollion le Jeune.*)

écrits avec les caractères incunables de l'enfance de la civilisation égyptienne.

L'étude complète de l'ensemble de ces figures serait l'étude, actuellement impossible, du vocabulaire égyptien des expressions admiratives nées du respect profond que les Égyptiens ont toujours porté à la divinité.

Nous sommes loin de connaître toutes ces expressions, soit dans leur signification, soit dans l'enveloppe matérielle dont elles ont été revêtues, et, dans l'impossibilité, par conséquent, de les pouvoir toutes définir, nous limiterons sagement l'examen et la définition de ces figures à celles qui ont été nominalement désignées.

Mais, au moment de déterminer la forme de ces figures et d'indiquer la valeur d'accentuation de leurs signes complémentaires, il est bon de présenter quelques considérations générales sur les conditions où s'offrent le plus ordinairement ces figures.

8. — Les figurines des divinités égyptiennes sont d'une taille qui excède rarement trente ou quarante centimètres; elles sont surtout abondantes à des dimensions variant de deux à quinze centimètres. Elles affectent trois aspects différents.

On les trouve :

1° Sous forme humaine pure [1];

---

[1] Ce n'est pas sans doute aux juifs, aux mahométans et aux chrétiens de toutes les confessions à s'étonner de voir les Égyptiens représenter l'Être suprême sous la forme humaine; ne pro-

2° Avec le corps humain surmonté de la tête d'un animal dont les instincts, le caractère ou les habitudes ont quelques rapports, connus ou supposés, avec la qualité à exprimer à l'aide de l'hiéroglyphe ;

3° Sous les traits complets de l'animal lui-même, pour les mêmes causes et dans les mêmes conditions que sa tête superposée au corps humain.

Pour rendre d'une manière plus parfaite l'idée qu'elles étaient destinées à exprimer, ces diverses figures se complétaient par l'adjonction d'un ou de plusieurs attributs, dont l'interprétation facile et générale chez les Égyptiens faisait de l'ensemble de chacune de ces figures un mot et même une phrase hiéroglyphique énonçant une ou plusieurs des perfections infinies de l'Être suprême.

fessent-ils pas, en effet, que Dieu a fait l'homme à son image et à sa ressemblance ?

Il est vrai qu'aujourd'hui cette prétendue ressemblance est commentée dans le sens de son application à l'âme, mais le texte de la Genèse ne permet pas d'équivoquer ainsi, car il est dit expressément :

Ch. 1, v. 26. « *Et Deus ait : Faciamus hominem ad imaginem et similitudinem nostram...* »

v. 27. « *Et creavit Deus hominem ad imaginem suam : ad imaginem Dei creavit illum. Masculum et feminam creavit eos.* »

« Et Dieu dit : Faisons l'homme à notre image et à notre ressemblance... »

« Et Dieu créa l'homme à son image : il le créa à l'image de Dieu. Il les créa mâle et femelle. »

N'en déplaise aux commentateurs modernes de la Genèse, il n'est ici, ni de loin ni de près, question de l'âme. Mais, en voyant Moïse s'exprimer ainsi, il est assez raisonnable de croire que ce grand homme, qui fut l'élève des prêtres égyptiens, a, dans ce passage de la Genèse, été guidé par les souvenirs de sa première éducation.

Quels que soient donc les traits sous lesquels vont s'offrir à nous les figurines dites divinités égyptiennes, il n'y a pas plus à en rire et à s'en étonner que des versets écrits de la Bible, de l'Évangile ou du Coran, car elles sont les versets du livre des croyances religieuses de l'Égypte écrits en hiéroglyphes plastiques.

9. — L'hiéroglyphe le plus ordinaire d'Ammon est une figure d'homme, dont la tête est coiffée de la couronne rouge, symbole de la souveraineté. De cette couronne s'élancent deux longues plumes droites; ces plumes symbolisent *justice* et *vérité*. Le corps de cette figure est vêtu de la *schenti*, tunique courte retenue à la taille par une ceinture; ses mains tiennent le sceptre dit à tête de coucoupha[1], et ses pieds foulent les arcs qui symbolisent les puissances de la terre[2].

---

[1] « Dans la tête d'animal qui surmonte le sceptre d'Ammon, on « avait cru reconnaître d'abord celle du coucoupha; mais des « exemples bien conservés ont fait voir qu'il s'agit d'un quadru- « pède sauvage dont la tête ressemble à celle d'un lévrier. » (Vicomte de Rougé, *Notice sommaire sur les monuments égyptiens du Louvre*, 1860.)

[2] Cette interprétation, bien plus large que celle où les arcs sont donnés comme représentant seulement les nations barbares, s'appuie sur les considérations suivantes :

Ammon, l'Être suprême, doit tout dominer, les grands et les petits, les puissants et les faibles.

L'arc, au temps où nous nous plaçons, dut être plutôt un symbole de puissance qu'un symbole de barbarie. L'armée égyptienne avait des archers qui étaient comme son corps d'infanterie de ligne, et les inscriptions murales nous font savoir que le fait de *fouler*

Dans ces conditions et avec ces attributs, cet hiéroglyphe se lit : « Père des dieux, — Seigneur des trônes de la terre, — Seigneur des dieux, — Seigneur de l'éternité, — Grand Dieu vivant en vérité. »

10. — Bien que tous les temples de l'Égypte fussent ouverts à Amon-Ra, l'Être suprême, c'est cependant à Thèbes, capitale religieuse de l'Égypte, qu'Amon-Ra reçut de tous temps l'hommage le plus solennel.

Il figurait dans toutes les cérémonies religieuses, quelle que fût d'ailleurs la perfection divine en l'honneur de qui eussent lieu ces cérémonies, et l'hiéro-

aux pieds indique la supériorité de celui qui a la faculté de le faire.

Un des bas-reliefs qui décorent la paroi ouest du spéos de Silsilis, représente le roi Horus (dix-huitième dynastie) vainqueur des Éthiopiens. Il est porté sur un riche palanquin, accompagné de flabellifères... La légende hiéroglyphique de ce tableau exprime ce qui suit :

« Le Dieu gracieux revient (en Égypte), porté par les chefs de
« tous les pays (les nomes) ; *son* ARC *est dans sa main* comme celui
« de Mandou, le divin Seigneur de l'Égypte ; c'est le roi directeur
« des vigilants, qui conduit (captifs) les chefs de la terre de Kousch
« (l'Éthiopie), race perverse..... »

La légende hiéroglyphique d'un autre bas-relief fait dire par les prisonniers :

« O roi vengeur ! roi de la terre de Kemé (l'Égypte), soleil de
« Niphaïal (Libye), ton nom est grand dans la terre de Kousch, dont
« *tu as foulé les insignes royaux sous tes pieds !* »

Enfin, à Thèbes, au Rhamesséum, où de grands bas-reliefs retracent les campagnes de Sésostris, une légende lui fait dire par Amon-Ra :

« Mon fils, mon germe chéri, maître du monde, soleil gardien
« de justice, ami d'Ammon, toute force t'appartient sur la terre
« entière ; les nations du Septentrion et du Midi sont *abattues sous*
« *tes pieds ;* . . . . Je t'ai aussi livré le Nord . . . . . (la-
« cune) ; la terre rouge (l'Arabie) *est sous tes sandales.* »

glyphe de son nom sacré y avait un droit absolu de préséance.

Il existe des témoignages du culte ainsi rendu à Thèbes à Amon-Ra, l'Être suprême, lumière du monde.

La muraille extérieure, côté sud, du palais de Médinet-Abou (Rhamesséum de Thèbes), porte, sculpté en grandes lignes verticales, le calendrier sacré en usage dans cette résidence royale.

Ce calendrier offre le tableau de toutes les fêtes de l'année mois par mois, on y lit :

« MOIS DE THÔTH. *Néoménie*, 1ᵉʳ du mois.

« Manifestation de l'étoile d'Isis.

« L'image d'Amon-Ra, roi des dieux, sort proces-
« sionnellement du sanctuaire, accompagnée par le
« roi ainsi que par tous les dieux du temple[1]. »

Le calendrier continue l'énumération des fêtes. A diverses époques on y voit se répéter les processions sortant précédées d'Amon-Ra, et s'accomplissant toutes avec ce même et solennel cérémonial dont la description reporte involontairement la pensée vers les processions catholiques de la Fête-Dieu et des Rogations.

Il y a du reste entre ces cérémonies identiques, répétées à des distances si considérables, des analogies telles qu'il est bien impossible de n'y pas voir une seule et même intention.

Dans les processions de l'Égypte AMON-RA solen-

---

[1] Champollion-Figeac, *Égypte ancienne*, § XVIII, Calendrier.

nellement porté sur la bari (arche sainte), c'était l'ÊTRE SUPRÊME, LUMIÈRE DU MONDE, offert à la vénération des Égyptiens.

Dans les processions du culte catholique, le CORPUS DOMINI renfermé sous les glaces du disque radié de l'ostensoir, c'est encore l'ÊTRE SUPRÊME, LUMIÈRE DU MONDE, offert à la vénération des catholiques.

11. — Dans le cortége des cérémonies officielles, — la consécration d'un pharaon, par exemple, — c'est par un Taureau blanc qu'Ammon était spécialement représenté.

Mais le Bélier, qui d'ordinaire tient, en marche, la tête du troupeau dont il fait partie, fut par privilége constant l'animal symbolique d'Ammon, et l'hiéroglyphe de l'Être suprême peut être facultativement ou une figure composée d'une tête de bélier sur un corps humain, ou une figure entière de bélier; et dans l'un et l'autre cas cet hiéroglyphe d'Ammon se complète des attributs dont nous avons vu s'accompagner la figure à tête humaine.

12. — MOUTH, la seconde personne de la grande trinité égyptienne, avait aussi son culte principal à Thèbes.

Son nom signifie Mère[1], mère par excellence; elle était comme la Notre-Dame majeure du pays d'Égypte.

---

[1] Plutarque, *Isis et Osiris*, ch. LVI.

Elle tenait de cette souveraine attribution son titre le plus imposant, celui de Thamoun, qui la représente comme être créateur à l'égal d'Ammon ; elle porte alors le signe caractéristique de la faculté de créer.

L'hiéroglyphe sacré qui exprime la valeur de Mouth et sa souveraine puissance est une figure de femme qui se trouve tantôt coiffée du *pschent*, double couronne, emblème de la domination sur l'Égypte haute et basse, ou plus probablement emblème de la puissance de Mouth dans les cieux et sur la terre ; tantôt le chef couvert de la dépouille d'un vautour dont la tête se montre sur le front de la figure, tandis que les ailes en embrassent la tête et lui servent de coiffure.

Cette figure a le corps enveloppé d'une tunique étroite, et elle tient à la main la croix ansée, symbole de la vie divine.

Ces divers hiéroglyphes de Mouth se traduisent par : « Dame du ciel, — Régente de tous les dieux, — Souveraine de la nuit[1]. »

Le vautour, qui est l'emblème de Mouth, est aussi celui de la Maternité, parce que les Égyptiens ont cru cette famille d'oiseaux composée d'individus hermaphrodites, pouvant à ce titre se suffire chacun à soi-même.

---

[1] « Souveraine de la nuit, parce que c'est, en effet, le ciel nocturne qui semble enfanter le soleil levant. » (Vicomte de Rougé, *Notice sommaire des monuments égyptiens du Louvre*, 1860.)

13. — Khons, la troisième personne de la triade divine initiale, est exprimé dans le culte égyptien par plusieurs hiéroglyphes.

Sous forme humaine, il a la tête surmontée d'un disque placé entre des cornes disposées en croissant, et il se traduit par : *Aah-Khons* ou *Khons-Lune*.

Si cette même figure porte une tresse de cheveux pendante sur l'épaule, elle est un symbole de jeunesse.

L'animal emblématique de Khons est l'épervier. La tête de cet oiseau remplace souvent la tête humaine dans l'hiéroglyphe de Khons.

C'est encore à Thèbes que le culte de Khons fut le plus suivi en Égypte. Il y portait des appellations particulières qui constatent cette vénération toute spéciale des Thébains.

L'une de ces appellations répond à peu près à *Khons-en-Thébaïde, bon protecteur*, l'autre à *Khons, conseiller de la Thébaïde, grand dieu qui chasse les rebelles*.

Ces titres donnés à Khons, aussi bien que ceux qui peuvent accompagner tout autre nom égyptien des perfections divines, ne sont en réalité que l'expression de la reconnaissance des peuples. Ils sont, près des noms égyptiens des perfections divines, comme les surnoms si nombreux qui qualifient et spécifient les *Notre-Dame* et quelques-uns des saints ou saintes de la chrétienté.

Mais le culte, plus solennel qu'ailleurs en Égypte,

rendu à Thèbes à chacun des personnages de la triade divine initiale, AMON-MOUTH-KHONS, avait une raison d'être à laquelle se rattachent des considérations religieuses et politiques de premier ordre qu'il est important de faire connaître.

Toutefois, comme nous n'aurons désormais à parler qu'accidentellement des triades divines secondaires, disons ici que de l'union mystique de Khons avec Mouth était sorti *Hart-hat*, c'est-à-dire *Science et Lumière, l'esprit de Dieu*. C'est le *Grand Thoth* des Égyptiens, *l'Hermès Trismégiste* des Grecs, le *Mercure* des Romains. Hart-hat est la première expression des perfections divines qui, de triade en triade, comme d'écho en écho, portent de proche en proche l'esprit de Dieu jusque dans l'humanité, où il s'incarne dans Osiris.

14. — Ce système des triades divines n'était pas seulement un jeu de vaine théogonie.

En même temps, en effet, qu'il était l'expression de la génération des perfections divines et de la diffusion continuelle des émanations de l'Être suprême, il se rattachait à une conception gouvernementale dont il avait été fort probablement le modèle.

Avant que Ménès, chef de la première dynastie militaire, s'emparât du pouvoir, l'Égypte était théocratiquement gouvernée par ses prêtres.

Ces prêtres, qui avaient proclamé l'unité de l'Être suprême, avaient décrété l'unité du pouvoir; ils assimilaient, dans ses attributions, le pouvoir central en Égypte à l'Être suprême, et la diffusion de l'un était calquée sur la diffusion de l'autre.

Ainsi l'Être suprême avait son culte principal à Thèbes, le pouvoir central siégeait à Thèbes[1].

L'Être suprême avait ses triades qui portaient jusque chez les hommes l'expression de ses perfec-

[1] Et tous les deux, culte et pouvoir, s'étaient établis, pour ainsi dire, sous le même toit. Le temple-palais, dont les ruines sont auprès de Louqsor, porte, entre autres inscriptions, la dédicace suivante, écrite en grands hiéroglyphes d'un excellent travail :

« La Vie! l'Horus puissant et modéré, régnant par la justice, « l'organisateur de son pays, celui qui tient le monde en repos, « parce que, grand par sa force, il a frappé les Barbares; le roi « seigneur de justice, bien aimé du Soleil, le fils du Soleil, Amé-« nophis (c'est Aménophis III, Memnon), modérateur de la région « pure (l'Égypte), a fait exécuter ces constructions consacrées à son « père Amon, le Dieu seigneur des trois zones de l'univers, dans « l'Oph (Thèbes) du midi; il les a fait exécuter en pierres dures et « bonnes, afin d'ériger un édifice durable : c'est ce qu'a fait le fils « du Soleil, Aménophis, chéri d'Amon-Ra. »

On lit ailleurs, sur les murs en ruines de ce même édifice :

« Le roi Aménophis a dit : Viens, ô Amon-Ra, seigneur des « trônes du monde, toi qui résides dans les régions de Oph (Thèbes)! « contemple la demeure que nous t'avons construite dans la con-« trée pure, elle est belle; descends du haut du ciel pour en prendre « possession! » (*Lettres de Champollion le jeune.*)

Il n'y a donc pas à douter de la double destination du palais de Louqsor.

L'idée de prépondérance et d'omnipotence qui réunit ainsi à Thèbes le temple du Dieu suprême et le palais du chef suprême de l'État, revit aujourd'hui, avec toute sa force intentionnelle, dans la Rome pontificale.

Le pape a à Rome plusieurs résidences, et celle du palais Quirinal est sans contredit la plus magnifique. Cependant les préférences du souverain-pontife sont acquises au palais du Vatican, agglomération informe d'habitacles superposés et sans aucune apparence extérieure; mais le Vatican est attenant à la basilique de Saint-Pierre, dont il est, pour ainsi dire, une dépendance.

tions; le pouvoir central de l'Égypte avait ses lieutenants qui le représentaient auprès des populations, et, en même temps que les douze nomes ou provinces dont se composa d'abord le territoire de l'Égypte vivaient sous le patronage de douze triades divines, douze délégués du pouvoir central administraient les nomes.

Chaque province avait ainsi sa triade particulière qui, émanant d'Amon-Ra, l'Être suprême lumière du monde, comme les rayons émanent du soleil sans l'éteindre ou le diviser, ne compromettait pas plus l'unité divine que la délégation de pouvoir donnée par le pouvoir central aux gouverneurs particuliers des provinces ne compromettait en Égypte l'unité de pouvoir.

L'union mystique des perfections divines entre elles permettant d'ailleurs de former à l'infini des générations de triades, quand les conquêtes de Sésostris eurent triplé le nombre des provinces de l'Égypte, il fut tout aussi facile de procurer aux vingt-quatre nouvelles provinces les triades nouvelles qui devaient les patronner, que de trouver dans le collége des prêtres les vingt-quatre nouveaux administrateurs de ces provinces.

L'assimilation du pouvoir à la religion était donc en Égypte aussi complète que possible, et il faut bien reconnaître que cette diffusion parallèle des émanations de l'Être suprême et des délégations du pouvoir central en Égypte dut créer dans l'esprit des populations une sorte de solidarité entre la religion et le gouvernement, solidarité qui ne pouvait, en définitive, que profiter à l'un et à l'autre, parce que Pouvoir et Religion, tout en agissant sur l'esprit des populations, dans le cercle de leurs attributions réciproques, n'avaient et ne pouvaient avoir qu'un seul et même but à atteindre, la grandeur nationale; qu'un seul et même intérêt à servir, l'intérêt national de l'Égypte.

C'est cette communauté de vues, d'efforts et de but dans la religion et dans l'administration de l'Égypte, qui a fait la grandeur du pays des Pharaons, grandeur qui n'a commencé à décroître qu'au jour où l'administration et la religion ont cessé d'avoir en Égypte des intérêts communs.

Revenons maintenant à Ammon.

15. — Pour les Égyptiens, Ammon n'était pas seulement l'Être mystérieux, caché, dont ils invoquaient aveuglément la toute-puissance. La contemplation, l'étude et la logique les avaient conduits à reconnaître que cet Être si incompréhensible, que cet Être qu'ils pouvaient si peu bien définir qu'ils lui donnèrent un nom qui est, sur ce point, un témoignage de leur impuissance, était cependant le foyer de vie de l'univers et, dans son intimité impénétrable, le vase d'élection de toutes les perfections.

Aussi, bien longtemps avant que l'Être suprême fût pour les chrétiens l'*Éternel* et le *Créateur*, Ammon était-il pour eux *Chneph*, c'est-à-dire l'*Éternel* ; *Horammon*, c'est-à-dire le *Créateur*.

Selon l'antique usage égyptien, des hiéroglyphes plastiques, instruments courants de la langue sacrée de la religion en Égypte, exprimaient aux yeux ces attributs directs de la divinité suprême ; mais tout particulièrement ici ces attributs sont figurés dans des conditions de conception et de composition telles qu'il n'est pas possible de douter de l'intention bien arrêtée, mise à leur création, de ne les laisser se rapporter qu'à l'idée de l'Être suprême exprimée par Ammon.

Dans l'hiéroglyphe de *Chneph* on retrouve en effet les emblèmes qui entrent dans la composition de l'hiéroglyphe ou des hiéroglyphes d'Ammon.

Ainsi *Chneph* est exprimé tantôt par une figure qui porte sur un corps humain une tête de bélier, tantôt par une figure complète de bélier dont la tête est ornée de deux plumes droites.

Que l'on veuille bien se rappeler que tous ces attributs sont ceux d'Ammon, et on reconnaîtra qu'il n'est guère facile, avec des instruments aussi primitifs que le sont les hiéroglyphes, de mieux faire comprendre que le titre d'Éternel — *Chneph* — désigne l'Être suprême lui-même et ne désigne que lui.

16. — L'hiéroglyphe plastique d'*Horammon*, le *Créateur*, se trouve être dans sa composition assujetti aux mêmes lois que celui de *Chneph*, et il est par là tout aussi positif dans son intention ma-

nifeste de faire remonter à Ammon, à Ammon seulement, la force et la valeur de sa signification.

L'hiéroglyphe d'*Horammon* n'est en effet que la figure hiéroglyphique d'Ammon à forme humaine, à laquelle s'ajoute l'attribut priapique vigoureusement accentué, attribut qui est bien le signe le plus énergiquement caractérisque du pouvoir de créer que puisse imaginer l'homme ; de sorte qu'il n'y a à se méprendre, ni sur la qualification de *Créateur* qu'il a la prétention d'exprimer, ni sur la mission exclusive qu'il a de ne qualifier qu'Ammon [1].

17. — Qu'aujourd'hui, au milieu du luxe d'instruments dont nous disposons pour exprimer nos pensées, nous trouvions un peu naïfs les hiéroglyphes égyptiens, comme expression de la pensée, cela n'a en apparence rien que d'à peu près raisonnable ; mais si on veut bien se reporter à huit ou dix mille ans en arrière, on comprendra que les hiéroglyphes de l'Égypte, venus à une époque où le monde était à l'enfance de tout, ont réellement une haute valeur d'invention que n'altère en rien leur forme dès longtemps surannée, forme qui a jeté la confusion dans nos esprits en nous faisant croire à l'idolâtrie chez les Égyptiens.

De courtes indications étymologiques à propos des

---

[1] On trouve des figures de *Mouth* avec l'attribut générateur : c'est Ammon dans la seconde personne de la trinité égyptienne. Il est aussi des figures d'Osiris avec le même attribut. Mais Osiris est l'émanation de l'Être suprême, *le Créateur*.

mots *Chneph, Zeus, Jupiter* et *Dieu*, prouveront d'ailleurs une communauté de sentiment bien marquée entre les anciens et les modernes en ce qui concerne la croyance en l'Être suprême, et j'étonnerai sans doute beaucoup les chrétiens de toutes les confessions en leur apprenant que le nom de *Dieu*, qu'ils opposent avec des airs de triomphe aux appellations égyptiennes de la divinité, n'est à vrai dire qu'une pâle traduction du mot égyptien *Chneph*, et que, lorsqu'ils reprochent aux Égyptiens d'avoir adoré *Chneph*, c'est comme s'ils reprochaient aux Anglais d'adorer *God*.

18. — La figure hiéroglyphique d'Ammon, sous forme humaine, est bien certainement le type d'où est sortie la figure de la grande divinité que les Grecs nommaient *Zeus* (Ζεύς) et les Romains *Jupiter*, et que nous nous sommes habitués à ne désigner que sous cette dernière appellation [1].

L'origine du mot Ammon, origine tout accidentelle qui faisait de ce mot une locution particulière aux Égyptiens, donne assez bien à comprendre que, tout en empruntant aux Égyptiens l'instrument de leur croyance en l'Être suprême, les Grecs n'aient point, pour le dénommer, transporté dans leur langue l'appellation vague et indéterminée d'Ammon. Mais, à la suite des Égyptiens, les Grecs ont désigné

---

[1] Il y a si peu de doute à concevoir sur ce point que Jupiter avait reçu le surnom d'Ammon, et qu'en dernier lieu, chez les Grecs et chez les Romains, il s'est appelé Jupiter-Ammon.

leur grande divinité par un nom dont la signification répond exactement à celle du mot égyptien *Chneph*, qui désignait Ammon en Égypte.

Zeus (Ζεύς) se traduit, en effet, par *celui qui est*, c'est-à-dire l'*Éternel*[1].

Les Romains ont nommé la même divinité *Jupiter*, mot formé de la double appellation grecque et latine contractée *Zeus-Pater*, c'est-à-dire l'*éternel Générateur*[2].

En raison de la valeur mystique que les Grecs et les Romains donnaient à leurs statues des dieux en les consacrant dans les temples, valeur qui ôtait à leur religion cette crudité d'idolâtrie dont on s'est plu dès longtemps à la gorger, l'appellation grecque *Zeus*, l'*Éternel*, et l'appellation latine *Jupiter*, l'*éternel Générateur*, n'ont en soi rien qui puisse heurter l'esprit des personnes un peu au courant de la religion de la Grèce et de la Rome antiques; mais que ce soit d'une appellation réputée païenne que, de tous les adorateurs du vrai Dieu, ceux qui se piquent de la plus grande pureté de croyance se ser-

---

[1] Ζεύς, poétiquement Ζήν, du verbe irrégulier ζάω, dont l'infinitif ζῆν signifie *être en vie*.

[2] *Zeus-Pater*, pour *Jupiter*, est une étymologie qui s'accorde parfaitement avec les enseignements de l'histoire: C'est des Grecs que les Romains ont reçu leur grande divinité, et il n'y a que de la raison et de la logique à croire qu'en transportant chez eux la figure grecque, ils y aient aussi transporté son nom qu'ils ont latinisé par l'adjonction du mot *pater*. En tous cas, l'étymologie que je donne au mot Jupiter me semble bien plus vraie que le *Juvans pater* (le père qui aide), qui nous est depuis si longtemps présenté sans satisfaire personne, parce qu'il ne s'appuie sur rien.

vent pour désigner la divinité, voilà qui est assez étrange.

C'est là cependant l'inconséquence que commettent les chrétiens latins et les chrétiens grecs.

Le mot *Dieu*, qu'ils ont emprunté au latin *Deus*, se trouve venir du grec *Zeus* (Ζεύς), génitif *Dios* (Διός), qui est la version grecque du mot égyptien *Chneph*.

19. — On peut objecter sans doute que les mots valent pour l'idée qu'ils expriment, et que, selon le cas, leur étymologie importe peu ; mais alors, cette réserve, qui a surtout besoin d'être acceptée pour le bénéfice des mots *Dios*, *Deus*, *Dieu*, doit être générale, et il faut se hâter de reconnaître qu'on a grand tort d'anathématiser les Égyptiens sous la dénomination intentionnellement injurieuse d'*adorateurs d'Ammon*, et que ce qu'il eût fallu faire avant de les damner avec l'entrain qui a été mis à ce jeu en définitive bien inoffensif pour les Pharaons et pour leur peuple, c'eût été d'étudier leur religion sans autre parti pris que celui de l'intérêt de la vérité ; alors on en serait dès longtemps venu à savoir que la religion égyptienne, ainsi que nous venons de le faire voir, a, par le culte d'Ammon, enseigné de temps immémorial, un Être suprême UN, ÉTERNEL, et CRÉATEUR DE L'UNIVERS, un Être suprême résumant en soi la sublime logique de la loi du monde, le PRINCIPE, L'ACTION, L'EFFET ; qu'elle n'était point absurde dans ses principes, ni

fétichiste par l'instrument de ses expressions, et qu'elle avait, au service de l'enseignement de la morale, des préceptes à faire prévaloir, et des exemples à faire suivre, exemples et préceptes dont l'étude de la légende d'Osiris nous démontrera la profondeur et la sagesse.

VII.

LA LÉGENDE D'OSIRIS.

1. — L'institution de la légende d'Osiris est certainement, et de beaucoup, antérieure aux temps historiques de l'Égypte, et paraît ainsi y avoir existé de toute éternité.

Elle est née dans les temps, aujourd'hui complétement obscurs, où l'Égypte fut, et pendant longtemps, exclusivement gouvernée par ses prêtres.

Dans la religion de la vallée du Nil elle tient exactement la place que tient le drame du Christ dans la religion chrétienne, elle y est l'incarnation de l'Esprit de Dieu, et l'expression de sa dernière transformation trinitaire.

Les prêtres égyptiens présentaient l'avénement de la divinité d'Osiris, et les détails de sa légende, comme l'expression d'une vérité éternelle et salutaire, surtout tout à fait hors de conteste.

Le fait est qu'elle est l'expression de la bonté divine et des enseignements de la sagesse suprême, en même temps que l'exaltation jusqu'au ciel du grand bienfait de la fécondation que le Nil apporte chaque année, avec une ponctualité qui ne s'est jamais démentie, aux populations reconnaissantes de la vieille terre de Kemé.

2. — Pour le peuple, qui saisit mal, ou pas du tout, l'idée des abstractions divines, la divinité mise à sa portée avec un corps qu'il touche et des passions nobles qu'il comprend, dut être une création sublime, à une époque où il n'existait aucun moyen de faire passer facilement et agréablement les enseignements de la science théologique dans l'esprit des populations; et les prêtres égyptiens, qui ont su satisfaire à cette nécessité de l'éducation des peuples, sont en définitive les honnêtes et habiles inventeurs de la fiction sublime sur la valeur morale de laquelle vivent toutes les religions, depuis des temps qu'il faut mesurer par cent siècles et plus[1], soit que cette fiction s'exprime en Égypte par Osiris, chez les Indiens par Bouddha, soit que l'on en reconnaisse des traces dans la consécration qui faisait descendre l'esprit de l'Être suprême dans les statues de bois ou de pierre des dieux de la Grèce et de Rome, soit qu'on l'honore dans la légende sacrée du Christ, dont les enseignements, tout remplis d'amour et de charité, s'adressent, depuis tantôt

---

[1] Hérodote, *Euterpe*, 145, consigne, d'après ce que lui racontèrent les prêtres de l'Égypte que, d'Osiris au règne du roi Amasis, — avant-dernier roi de la vingt-sixième dynastie, 568 ans avant l'ère vulgaire, — ils comptaient plus de 15,000 ans.

deux mille ans, avec des succès divers, à toutes les nations du globe.

3. — L'existence politique d'Osiris est attestée par tous les historiens anciens, mais aucun d'eux ne détermine avec précision l'époque où il vécut.

Hérodote[1] le représente, d'après les prêtres égyptiens, comme sorti de cette troisième génération de dieux[2] qui gouvernèrent l'Égypte avant l'établissement des dynasties militaires.

Son fils Horus régna sur l'Égypte après avoir vengé sur Typhon la mort de son père Osiris[3].

De son côté, Diodore de Sicile rapporte que, sur une colonne élevée en l'honneur d'Osiris, à Nysa d'Arabie[4], se lisait, gravée en caractères sacrés, — en hiéroglyphes, — l'inscription dont voici la traduction :

« Saturne, le plus jeune des dieux, est mon père.
« Je suis le roi Osiris. J'ai parcouru le monde en
« vainqueur, d'abord jusqu'au fond de l'Inde, puis
« au nord jusqu'aux sources de l'Ister (le Danube), et à
« l'occident jusqu'à l'Océan.

---

[1] Hérodote, *Euterpe*, 145.
[2] Ce mot *dieux* ne paraît pas avoir eu dans l'antiquité le sens transcendant que nous lui donnons aujourd'hui.
Moïse (*Exode*, chap. xxi, verset 6,) l'emploie dans le sens de *magistrats suprêmes*, et il me semble que c'est ainsi que nous devons l'entendre quand ce mot désigne les premiers chefs de l'Égypte sacerdotale et les Pharaons qui vinrent après eux.
[3] Hérodote, *Euterpe*, 144.
[4] Nysa d'Éthiopie, dit Hérodote, *Thalie*, 97.

« Je suis l'aîné des fils de Saturne, et le produit
« d'un germe noble et généreux, qui n'est pas celui
« d'où est sorti le genre humain.

« Je suis l'inventeur et le promoteur des arts, et
« je n'ai visité aucune contrée sans les y faire
« fleurir [1]. »

Tous les écrivains de l'antiquité célèbrent Osiris
pour avoir enseigné l'agriculture et tous les arts en
général à ses peuples, qu'il a policés en leur donnant de sages lois. Partout aussi il est peint comme
un prince intelligent, doux et pacifique.

4. — C'est autour du nom de ce prince, le héros du
dévouement, de la bonté et de l'intelligence, que les
prêtres de l'Égypte ont appelé les dévotions et les
hommages des populations de la vallée du Nil, en le
représentant comme la dernière expression des émanations divines, comme l'incarnation de la bonté et
de l'intelligence suprêmes [2].

Dégagée du fatras mythologique dont les siècles
l'ont surchargée, ramenée à ses conditions véritables d'existence, et circonscrite à l'incarnation divine, l'œuvre des prêtres de l'Égypte vit encore, on

---

[1] Diodore de Sicile, liv. I, chap. 2, 1re section.

[2] Il est à propos de répéter ici ce que dit Champollion le Jeune
de la triade divine initiale et de la triade manifestée *Osiris, Isis et
Horus* :

« Le point de départ de la mythologie égyptienne est une triade
« formée des trois parties d'Amon-Ra, savoir : Amon, le mâle et le
« père, Mouth, la femelle et la mère, et Khons, le fils enfant.

« Cette triade, s'étant manifestée sur la terre, se résout en *Osiris, Isis, Horus*..... »

peut le dire, tout entière aujourd'hui, et c'est au soin pris par eux de faire de la légende d'Osiris une constitution religieuse à l'usage exclusif des Égyptiens, que le monde doit de jouir encore des enseignements populaires de la sagesse égyptienne.

5. — La légende d'Osiris renferme en effet, outre l'expression du dogme égyptien de l'incarnation divine, la proclamation, comme une faveur céleste, de ce fait, unique dans l'histoire géographique du monde, d'un fleuve apportant périodiquement l'abondance facile et certaine dans un pays contre qui tous les éléments semblaient conjurés pour en faire une terre de désolation.

Que la légende sacrée d'Osiris, limitée dans sa mission sainte au soin de mettre l'Être suprême à la portée immédiate du peuple, ait, en s'abstenant de célébrer le Nil, négligé de se donner une valeur toute nationale, et son enseignement, devenu banal comme tous les autres enseignements professés par la docte Égypte, aurait couru le monde dès les temps les plus reculés; si bien que, le jour où les peuples de l'empire romain, impuissants contre l'oppression des Césars, s'en prirent de leur malaise à toutes leurs institutions surannées, la légende, alors usée, du dogme de l'incarnation divine, abandonnée comme bagage importun dans la profonde ornière du passé, aurait disparu avec les oracles et les dieux de bois.

Grâce, au contraire, à la physionomie toute locale

que lui donna le culte du Nil, le dogme de l'incarnation divine resté une constitution religieuse exclusivement égyptienne a, par cela même, été préservé de la destruction.

Et c'est ainsi qu'au jour où l'antique civilisation de l'Égypte sombra au choc de l'empire, comme l'âme de qui meurt, le dogme de l'incarnation divine se dépouilla de son enveloppe de limon du Nil, se dégagea, libre et indépendant du culte d'Osiris, et put ainsi, même après dix mille ans et plus d'existence, s'offrir, jeune et inviolé, à l'admiration et à l'amour du genre humain.

6. — C'est au milieu des agitations de la vie réelle que s'accomplissent les destinées légendaires d'Osiris.

Cela devait être.

Un héros de légende n'intéresse les populations, ne trouve les générations faciles à se persuader de sa valeur et à s'enthousiasmer de son souvenir qu'autant qu'il porte en soi des témoignages d'existence réelle, et que chacune des étapes de son passage en ce monde est accentuée de circonstances assez dramatiques pour en faire une grande victime de l'injustice des temps où la légende le fait vivre.

Que peut, en effet, avoir à faire des conceptions de pure fantaisie l'homme du peuple, par état et par nécessité, en tête-à-tête continuel avec la réalité?

S'il s'arrête parfois aux imaginations des poëtes, c'est pour se distraire et s'oublier, et non pour s'instruire, réfléchir et prier.

Les prêtres égyptiens qui ont édité la légende d'Osiris savaient certainement à quoi s'en tenir sur ce point; aussi n'ont-ils rien omis, dans la sainte légende, de ce qui peut réveiller l'indifférence des hommes distraits ou appeler l'attention des hommes affairés.

Osiris a réellement vécu; autour de lui et par lui tout a prospéré; comme le peuple, il a eu une famille et des serviteurs; comme lui, il a eu ses moments de faiblesse et de nobles élans; comme lui, il a souffert et il a combattu pour être, en définitive, victime de la brutalité de son frère, qui l'a fait mourir.

La légende d'Osiris, en traversant ces diverses péripéties, met en mouvement tout un personnel d'acteurs, dont les caractères variés sont les artères mêmes de la vie morale dans l'humanité. Connaissons d'abord la légende dans son ensemble, nous en étudierons ensuite les détails et les personnages.

7. — Osiris, « issu, comme le dit l'inscription de Nysa, d'un germe noble et généreux, qui n'est pas celui d'où est sorti le genre humain[1] », était l'aîné d'une famille de quatre enfants, qui sont : Osiris lui-même, Isis, sa sœur, qu'il épousa, Seth ou Typhon, son frère, qui s'unit à Nephtys, leur sœur.

Seth n'eut point d'enfants de ses œuvres.

---

[1] « Or la génération du Christ était celle-ci : Marie, sa mère, « après avoir été fiancée à Joseph, se trouva grosse avant qu'ils « eussent été ensemble, ayant conçu du Saint-Esprit. » (Saint Matthieu, chap. i, verset 18.)

Osiris, au contraire, eut d'Isis son fils Horus, complément de la triade manifestée.

Après avoir donné des lois à l'Égypte, et mis l'agriculture en honneur dans la vallée du Nil, Osiris, laissant à Isis, aidée de Thôth, son ministre fidèle, le soin du gouvernement de l'Égypte, parcourut l'univers, semant sur son passage les bienfaits de la civilisation.

Il revint en Égypte, où, à la suite d'une erreur de lit qu'il commit, Nephtys enfanta Anubis[1].

Seth, se révoltant alors contre Osiris, son roi et son frère, le tua dans sa rébellion, et, comme pour indiquer qu'en cela il se vengeait de la fécondité adultère qu'Osiris avait apportée chez lui, il mutila son corps, en arracha les parties sexuelles, les jeta dans le Nil, et abandonna le corps lui-même au courant du fleuve.

Bientôt Horus, en compagnie de Thôth, poursuivit Seth, le vainquit, s'en empara, le mit hors d'état de nuire et rétablit sur son trône Isis, sa mère, que le meurtrier de son père en avait chassée.

Maîtres du pays et délivrés de leur ennemi, Isis, Horus et Thôth se mirent à la recherche du corps d'Osiris.

Ils le trouvèrent, après de longues informations, au bas du fleuve, retenu entre les branches d'un tamarin.

Quant aux parties sexuelles d'Osiris, restées au

---

[1] Plutarque, *Isis et Osiris*, chap. xvi.

fond du Nil, elles ne purent être retrouvées, et n'en furent jamais retirées.

Horus, aidé d'Anubis, alors devenu grand, et resté attaché à Isis, qui l'avait élevé, rendit les derniers devoirs à son père Osiris.

Isis, de son côté, après avoir, avec l'assistance de Nephtys, évoqué l'âme d'Osiris, érigea à son époux des statues dans les diverses provinces de l'Égypte, pour y perpétuer sa mémoire.

8. — C'est sur ce fond dramatique, dont les circonstances n'ont en soi rien d'invraisemblable, qu'a été brodée la légende d'Isis et Osiris.

Plutarque a consacré de longs développements et de nombreux chapitres à l'interprétation du mythe dont Osiris et Isis sont devenus la personnification.

Tous les traits principaux de la vie d'Osiris sont répétés dans la légende, et les plus hardies métaphores y ont un air de vraisemblance et même de vérité qui intéresse.

Ainsi, la résurrection d'Osiris, l'évocation[1] de son âme par Isis, comme dit la légende, rend fort bien

---

[1] « Isis, lorsqu'elle est seule, est figurée, ou debout les bras pendants, ou étendant des ailes pour couvrir la momie d'Osiris pendant l'opération mystique qui doit lui redonner la vie, ou bien encore portant les mains à son front; c'est alors l'attitude du deuil pendant lequel elle avait prononcé les formules qui avaient eu le pouvoir d'évoquer l'âme d'Osiris. » (Vicomte Em. de Rougé, *Notice sommaire des monuments égyptiens du musée du Louvre.* — 1860.)

« Osiris, revenu de l'autre monde, apparut à son fils Horus. » (Plutarque, *Isis et Osiris*, chap. xx.)

le soin que prit Isis d'ériger des statues à Osiris, et de le ressusciter ainsi à la reconnaissance de son peuple.

La légende d'Osiris est, du reste, la mise en action des principes du bien et du mal; principes, moins qu'on le croit, opposés l'un à l'autre; principes dont la coexistence est la vie même, car l'activité n'est pas plus exclusivement le bien que le repos n'est exclusivement le mal; principes en définitive bons ou mauvais, mauvais ou bons, selon qu'on en sait bien ou mal tirer parti.

C'est surtout quand on envisage les traits principaux de la légende d'Osiris dans leurs rapports avec le Nil, que cette consolante moralité s'en dégage.

Nous dirons quels sont ces rapports; mais, afin de les rendre plus saisissables, il convient de connaître préalablement le régime du Nil, d'étudier la contrée qu'il arrose, les conditions dans lesquelles il exerce sur elle son action, et par là l'effet de l'ensemble du spectacle du Nil sur l'esprit des habitants de la vieille terre de Kémé.

9. — Deux rivières principales forment le Nil.

De ces deux rivières, l'une, nommée *Bahr-el-Abiad*, c'est-à-dire Rivière-Blanche, sort, d'après les récentes découvertes de MM. Speke et Grant, du lac Nyanza[1], par un point de ses rives septentrio-

---

[1] Le lac Nyanza, aussi nommé Victoria, est à une altitude de 1,200 mètres au-dessus du niveau de la mer.

Sa rive nord avoisine la Ligne, qu'elle dépasse d'un quart de de-

nales, situé à un quart de degré environ au-dessus de la ligne équinoxiale, entre le trente et unième et le trente-deuxième degré de longitude est, poursuit son cours sinueux vers le nord, en se portant dans l'ouest du trente et unième au vingt-septième degré de longitude, où, à la hauteur de la neuvième parallèle, elle reçoit l'affluent qui descend des montagnes de la Lune, — *Gebel-al-Kamar*, — à partir du point où le sixième degré de latitude nord coupe le vingt-deuxième degré de longitude est.

De son point de jonction avec ce courant, le Bahr-el-Abiad descend dans le nord en infléchissant vers l'est.

La seconde des deux rivières qui forment le Nil se nomme *Bahr-el-Azrah*, c'est-à-dire Rivière-Bleue ; elle prend naissance dans les montagnes de l'Abyssinie, à la hauteur de la onzième parallèle, et entre le trente-quatrième et le trente-cinquième degré de longitude est, traverse de l'ouest à l'est, dans sa partie la plus méridionale, le lac Dembéah, contourne les monts Mehet, en se dirigeant d'abord dans l'est, puis, de l'est au sud, et, en remontant, du sud dans le nord-ouest où, à la hauteur de la seizième parallèle, et par 30° 30' de longitude, elle se

---

gré environ. Sa partie méridionale s'étend jusqu'à la troisième parallèle de l'hémisphère sud. Il a une longueur irrégulière de quatre degrés au maximum — du 30ᵉ au 33ᵉ.

Il a été découvert, en 1858, par M. Speke, et visité de nouveau par lui, en compagnie de M. Grant, en 1862. (*Nouvelle Carte générale de l'Égypte, donnant les sources du Nil découvertes par Speke et Grant.* Paris, Lanée, 1864.)

joint, un peu au-dessous de Kartoum, à la Rivière-Blanche.

C'est la réunion dans le même bassin des eaux de ces deux rivières qui fait le Nil proprement dit.

Un peu plus dans le nord, entre la dix-septième et la dix-huitième parallèle, et par 32° de longitude est, le Nil reçoit, sur sa rive droite, les eaux du Takazzé, son unique affluent.

Le Takazzé sort également des montagnes de l'Abyssinie, et descend de celles dont les rameaux avoisinent le plus les côtes occidentales de la mer Rouge, par 12° de latitude nord, et 37° de longitude est.

Les divers points de formation de ces trois cours d'eau ainsi disséminés du vingt-deuxième au trente-septième degré de longitude est, sur une base qui, du sixième degré de latitude nord, remonte jusqu'à la ligne équinoxiale, et de là descend jusqu'à la douzième parallèle, embrassent donc, avec tous leurs systèmes de ramifications s'épanchant des montagnes et des plateaux de la Nigritie et de l'Abyssinie, un espace dont le développement équatorial n'est pas moindre de 15°, soit trois cent soixante-quinze lieues, sur une profondeur longitudinale de 12°, soit trois cents lieues, tandis qu'au contraire la direction convergente des vallées qui reçoivent leurs eaux en amène le tribut dans l'unique bassin du Nil.

Le bassin du Nil reçoit ainsi les eaux qui s'épanchent d'un territoire de trois cent soixante-quinze lieues d'ouverture sur trois cents lieues de profondeur.

Chaque année, huit mois durant, le bassin du Nil, tout étroit qu'il est, suffit cependant à l'écoulement régulier des eaux qu'il reçoit de ces vastes contrées par ses trois courants tributaires.

Mais la Rivière-Blanche, la Rivière-Bleue et le Takazzé subissent tout naturellement l'influence des circonstances atmosphériques, à l'action desquelles sont elles-mêmes assujetties les contrées dont ces cours d'eau sont les déversoirs. Aussi, quand, dans leurs parties situées au-delà de la dix-septième parallèle, ces territoires ont été imprégnés des pluies abondantes du printemps, les mille petits torrents qui, en les ravinant, se précipitent des hauts plateaux et des montagnes, vont porter aux vallées inférieures d'immenses quantités d'eau limoneuse.

10. — Le cours du Nil, de Kartoum à Assouan, première ville de l'Égypte proprement dite, est marqué par vingt cataractes ou chutes rapides motivées par les étranglements du lit du fleuve.

Ces étranglements vingt fois répétés du lit supérieur du Nil[1], les rives escarpées du fleuve en avant

---

[1] Ces vingt étranglements du lit du Nil sont comme autant de barrages partiels qui, de l'un à l'autre, font, de chacune des portions du lit du fleuve qu'ils rétrécissent, un bassin que l'écoulement insuffisant des eaux surabondantes qu'il reçoit à l'époque des crues laisse se remplir avant que la surélévation des eaux leur permette de franchir, par leur partie supérieure, les obstacles naturels qui rendent leur écoulement momentanément insuffisant.

C'est ainsi que la crue, sur le cours supérieur du Nil, ne se manifeste, pour ainsi dire, que par éclusées.

Elle est sensible à Kartoum, sous la seizième parallèle, dès le

d'Assouan, à son entrée en Égypte, opposent d'abord un obstacle tout-puissant à l'écoulement immédiat des eaux surabondantes ; mais bientôt la hauteur considérable qu'elles acquièrent par suite de leur débit insuffisant à Assouan, leur permet de franchir l'obstacle, et c'est alors que, se répandant en nappe immense dans la vallée basse du Nil, elles y créent l'inondation périodique si sagement étudiée dans ses effets par les prêtres ingénieurs de l'Égypte, et si admirablement régularisée par leur science.

11. — La contrée basse où le Nil supérieur déverse ainsi ses eaux est une vallée qui s'allonge du sud au nord, avec une déclinaison dans l'ouest estimée à deux degrés environ, sur un espace qui, d'Assouan au Caire, est de sept degrés un quart.

Les terres qui, dans ce parcours, sont susceptibles d'être mises en culture sont bornées à l'ouest par la chaîne des montagnes Libyques, à l'est par la chaîne des monts Arabiques.

Jusqu'à la trentième parallèle environ, cette partie de la vallée basse du Nil reste étroite; mais, au delà, les chaînes de montagnes qui la bordent inclinant fortement leur extrémité nord, l'une à l'ouest, l'autre à l'est, la vallée s'ouvre magnifiquement sur un espace qui s'étend en plaine jusqu'à la Méditer-

---

17 avril de chaque année; mais le 28 avril seulement, à Mcheref, sous la dix-huitième parallèle; le 16 mai, à Abou-Hamed, sous la dix-neuvième; le 27 mai, à Derr, sous la vingt-troisième; enfin, le 5 juin, à Assouan, sous la vingt-quatrième.

ranée, avec un épanouissement de côtes de plus de trois degrés.

Les eaux du Nil, divisées, un peu au-dessous du Caire, à partir de Characanié [1], en branche occidentale et en branche orientale, arrosent cette plaine à peu près dans tous les sens.

Cette plaine est la Basse-Égypte, dès longtemps devenue la contrée la plus fertile du monde.

12. — Il n'en a point toujours été ainsi.

A une époque dont la science géologique pourra sans doute un jour déterminer la date dans l'histoire de la formation de notre globe, cette plaine ne fut, paraît-il, qu'une agrégation de sables et de marécages impurs, absolument improductifs [2].

Il est vrai qu'alors le cours du Nil ne s'effectuait point dans les conditions économiques qui, depuis les temps pharaoniques au moins, règlent l'épanchement de ses eaux aux époques désormais bienheureuses de la crue.

Avant les temps des grands travaux et de la grande science en Égypte, le Nil, qui devait devenir le père nourricier de l'Égypte et, par l'abondance qu'il y provoque, parer de temps à autre à la disette dont

---

[1] Autrefois Cercasorum (Πόλις Κερκασώρου), Hérodote, *Euterpe*, 15.

[2] Du temps d'Homère l'île de Pharos, jointe aujourd'hui à la terre ferme, en était éloignée d'une distance équivalente, dit-il, à une journée de navigation, et, sur les témoignages par eux recueillis, Hérodote, Strabon et Diodore de Sicile disent que la mer, s'enfonçant dans les terres d'Égypte par divers estuaires, venait mouiller le pied des montagnes Libyques.

étaient frappées les contrées circonvoisines, n'avait pas, à beaucoup près, sous ce rapport, l'importance que les ingénieurs de l'Égypte ont su lui donner.

Aux jours de crue, ses eaux bourbeuses ne trouvaient que fort médiocrement à s'utiliser pour la fertilisation de l'Égypte, dont elles ne parcouraient alors que la partie la plus étroite et la moins susceptible d'être fécondée, parce que, parvenu dans son cours au point où la vallée s'ouvre à l'est et à l'ouest pour devenir la plaine de la Basse-Égypte, le fleuve quittait brusquement sa direction du sud au nord et, pour la plus grande partie de ses eaux, au moins durant la crue, se frayait vers l'ouest un passage à travers les anfractuosités des montagnes Libyques, courant ainsi se perdre dans les sables brûlants et toujours altérés de la Libye.

Les Arabes, dans leur langage pittoresque, nomment Mer-sans-eau, *Bahr-bela-ma*, les traces encore appréciables des eaux du Nil dans le désert à l'ouest des montagnes Libyques [1], et l'histoire a con-

---

[1] Il existe aussi, dans la Nubie inférieure, à l'ouest et à l'est de la vallée du Nil, des traces du passage des eaux du fleuve.

Les Arabes nomment également *Bahr-bela-ma*, Fleuve ou Mer-sans-eau, les traces de ces courants dès longtemps disparus.

On y trouve, comme dans le bras libyen du Fleuve-sans-eau, du bois pétrifié et des coquillages fossiles.

On ne sait pas à quelle époque de l'âge du monde les rives du fleuve, mal affermies en ces divers endroits, ont livré passage aux eaux surabondantes des crues du Nil.

C'est probablement dans une de ces vallées desséchées (à l'est) que le général portugais Alphonse d'Albuquerque, vice-roi des Indes, avait projeté (en 1500) de faire passer le Nil, pour détruire

sacré le souvenir des grands travaux exécutés pour rejeter dans le nord les eaux du fleuve, en le forçant à se diriger complétement à travers les alluvions paludéennes de ces espaces insalubres et improductifs qui devaient devenir la Basse-Égypte [1].

13. — Il semble d'abord que les eaux du Nil durent, en passant par là, se perdre tout aussi inutilement que dans les sables de la Libye; point du tout.

Cette révolution dans le régime de l'écoulement des eaux du Nil n'avait pu être provoquée à la légère; et le génie des prêtres ingénieurs de l'Égypte qui, en forçant le cours du Nil, avait sans doute déjà mûri ses plans, sut fort avantageusement tirer parti des eaux surabondantes et limoneuses des crues périodiques du Nil et de la nouvelle direction qui leur fut donnée.

Les travaux qui furent alors exécutés nous paraissent aujourd'hui tout simples et presque naïfs; mais, à l'époque éloignée où ils furent créés et où ils fonctionnèrent pour la première fois, ils constituaient l'œuvre admirable d'un génie transcendant.

En fait, il s'agissait de dominer par eux le fléau de l'inondation périodique de la vallée du Nil, et d'utiliser, pour le bien, le dévergondage passager des eaux du fleuve.

---

l'Égypte et vaincre ainsi l'islam alors triomphant, lorsqu'il en fut empêché par les Vénitiens, qui le forcèrent à s'aller défendre à Mascate, sur le golfe Persique.

[1] Hérodote, *Euterpe*, 99.

Ce but fut alors si bien atteint que depuis il n'a été rien changé aux moyens employés pour y parvenir.

Tout un vaste système de canaux, formés de chaussées d'un relief suffisant pour dominer la hauteur des plus fortes crues du Nil, fut créé sur les terrains marécageux de la Basse-Égypte.

Ces canaux, sillonnant la plaine, la fractionnent en une infinité de parcelles, encadrées par les chaussées formées des francs bords surélevés des canaux.

Ces canaux sont mis en communication directe avec le Nil, en même temps que leur extrémité supérieure s'ouvre sur les parcelles de terrain encadrées par les chaussées, et en contre-bas du lit des canaux.

Au jour de l'inondation, ces canaux reçoivent les eaux surabondantes et limoneuses du Nil, et les déversent par l'ouverture de leurs extrémités supérieures sur les espaces de terrain renfermés entre leurs chaussées.

Là, absorbées ou vaporisées, ces eaux laissent à la surface des terrains qu'elles ont recouverts d'épaisses couches d'un sédiment limoneux éminemment fertile.

C'est le colmatage des marais et des sables pratiqué avec art depuis plus de soixante-quinze siècles déjà.

Toute la Basse-Égypte, cette contrée certainement la plus fertile du globe, a été ainsi conquise à la salubrité et fertilisée, et son existence est le témoignage le plus éclatant de la valeur absolue de la science et de sa toute-puissance relative.

Sous le nom de *Hart-hat*, — *Science et Lumière*, — les Égyptiens ont rendu un culte divin à la science; il faut avouer qu'ils ont eu grandement raison. La science, si calomniée, est bien un don de Dieu.

14. — Toutes les phases du Nil ont des traits correspondants dans la légende d'Osiris.

Les rapports qui existent entre les phases du Nil et les traits de la légende d'Osiris sont comme le vernis national de la constitution religieuse de l'Égypte; il importe donc essentiellement de les connaître.

« L'invention des arts étant un droit d'aînesse,
« Nous devons l'apologue à l'ancienne Grèce, ».

a dit La Fontaine [1]. Mais, quand il écrivait ces vers, l'Égypte ne vivait dans le souvenir des peuples chrétiens que comme un synonyme de fétichisme et d'idolâtrie, et de son temps on était loin de croire que tout nous vînt de cette contrée immortelle : les lois, les sciences et la religion.

La civilisation de la Grèce et celle de Rome ne sont en effet, entre la civilisation égyptienne et la civilisation moderne, que des instruments de transmission, tant il est vrai qu'aujourd'hui, où l'Égypte ancienne commence enfin à être un peu connue, on rencontre, pour ainsi dire à chaque pas, dans ses ins-

---

[1] Liv. III, fable 1ʳᵉ. *Le Meunier, son Fils et l'Ane.*

titutions politiques et religieuses, des points de contact avec les institutions politiques et religieuses de notre époque.

Si nous tenons l'apologue des Grecs, les Grecs le tenaient des Égyptiens, chez qui ils ont puisé les principes de tout ce qu'ils ont su.

L'apologue devait être en tous cas un jeu d'esprit familier à un peuple qui écrivait en rébus, et la Grèce, peuplée et civilisée par les Égyptiens, ne peut pas avoir d'apologue antérieur à celui de la légende d'Osiris, dont l'institution a précédé de plus de quarante siècles l'époque où furent posées les premières assises de la civilisation en Grèce [1].

Le plus ancien des apologues connus est donc bien certainement la légende de l'incarnation de l'Esprit de Dieu dans Osiris personnifiant le Nil, ce fleuve de vie de l'Égypte ancienne et moderne, sur laquelle il passe comme un souffle bienfaisant de la divinité.

Dans cette même légende, Isis, c'est la terre d'Égypte à laquelle Osiris s'unit. Horus, leur fils, c'est le souverain de l'Égypte, souverain qui, en effet, n'eût point

---

[1] Les chronologistes les plus autorisés font remonter à l'année 5867 avant l'ère vulgaire l'intronisation de Ménès, premier roi de la première dynastie militaire de l'Égypte, et la chronique des Marbres de Paros dit que « de la venue de l'Égyptien Cécrops en Grèce jusqu'à l'archontat de Diognète il s'écoula 1318 années »; or Diognète devint archonte d'Athènes l'an 264 avant l'ère vulgaire. Ce fut donc en 1582 avant l'ère vulgaire que Cécrops de Saïs porta à la Grèce les premiers principes de la civilisation.

existé sans l'alliance du Nil (Osiris) et de la terre d'Égypte (Isis), puisque ce n'est qu'à la condition de cette alliance que l'Égypte existe.

Seth ou Typhon, c'est le mal en soi, indépendamment de son expression; c'est en même temps l'inondation désordonnée et l'aridité persistante. Nephtys, l'épouse de Seth, c'est la Basse-Égypte longtemps couverte de sables arides et de marécages impurs, et rendue fertile d'abord par le changement de lit que fit le Nil (Osiris), puis, aux époques de la crue, par les visites périodiques de ses eaux jusqu'aux sables du désert. Anubis est l'expression de la fécondité donnée à la Basse-Égypte (Nephtys).

Thôth, c'est la Science, le ministre d'Isis et d'Horus, dégageant le corps d'Osiris, c'est-à-dire les eaux du Nil, des obstructions qui, à son embouchure dans la mer, en empêchaient l'écoulement.

Quant aux parties sexuelles d'Osiris restées au fond du Nil, elles indiquent clairement que le principe fécondant venant du Nil supérieur doit être pour toujours l'attribut de ses eaux bienfaisantes.

Osiris qui meurt et qu'Isis ressuscite par ses évocations, c'est le Nil calme auquel succède l'active inondation provoquée par les eaux qui s'épanchent de la terre.

Enfin, cette voix mystérieuse qui, selon la légende[1], annonça dans l'espace la venue d'Osiris, « le Seigneur

---

[1] « Le jour où naquit Osiris, on entendit une voix dans l'espace annonçant aux hommes la naissance du seigneur du monde. » (Plutarque, *Isis et Osiris*, ch. XIII.)

du monde », c'est le mugissement des eaux au moment où l'inondation se précipite par les cataractes.

La légende d'Osiris est ainsi, dans chacune de ses parties, l'exaltation de la sagesse divine; le mal vaincu est utilisé et devient le bien, et on comprend dès lors le respect profond que devait jeter dans l'âme des populations égyptiennes l'enseignement de cette légende sacrée, chaque année sanctionné par des faits dont la périodicité bienfaisante les appelait à une perpétuelle reconnaissance envers la divinité.

15. — Il a été proposé de nombreuses étymologies du mot Osiris.

Plutarque en cite quelques-unes.

On prétend, dit-il [1], que le nom d'Osiris s'interprète par *Osch* (plusieurs) et *Iris* (œil). Ailleurs [2], il rapporte qu'Ariston, qui écrivit sur les *Colonies des Athéniens*, assure avoir lu, dans une lettre d'Alexarque, que les Égyptiens nommaient Bacchus non pas *Osiris*, mais *Asiris*, mot égyptien qui signifiait *force* et *puissance*. Plutarque trouve encore [3] que le mot *Osiris* est composé de *Osios* (saint) et de *Iéros* (sacré).

Diodore de Sicile [4] et Horapollon [5] disent, de leur côté, que *Osiris* s'interprète par Πολυόφθαλμος (*qui a*

---

[1] Plutarque, *Isis et Osiris*, ch. x.
[2] *Idem, ibid.*, ch. xxxii.
[3] *Idem, ibid.*, ch. lix.
[4] Livre I, chap. ii, section Iʳᵉ.
[5] *Hiéroglyphes*, liv. I.

beaucoup d'yeux), et Jablonski[1] décompose ce mot par *Osch Iri* (celui qui fait le temps).

De ces étymologies aucune n'est donnée pour être complétement et sûrement exacte.

16. — Osiris a surtout été honoré par les Égyptiens comme juge des hommes après leur mort; à ce titre il est le roi de l'*Amenthi* (résidence des âmes qui attendent leur jugement).

Ses attributs sont alors : le diadème, *atew*, le *pedum* et le *fouet sacré*. Il a les jambes unies et liées comme celles d'une momie, ce qui en fait une figure essentiellement égyptienne.

L'*atew* est une sorte de mitre flanquée de chaque côté, à la partie qui correspond à l'oreille, d'une longue plume qui se recourbe extérieurement à son sommet.

Or, comme, dans la langue sacrée des hiéroglyphes, la *plume* symbolise *vérité*, et que les deux plumes attachées à la coiffure d'Osiris s'élèvent directement au-dessus des oreilles de cette figure, cela signifie que, juge, Osiris n'écoute que la vérité.

De même, pour signifier qu'il voit tout, la figure qui le représente a toujours les yeux ouverts.

Le *pedum* symbolise és récompenses, et le fouet, les châtiments dont Osiris dispose.

Le fouet s'explique de lui-même; quant au *pedum*, qui est, comme chacun sait, le bâton pastoral,

---

[1] *Pantheon Ægyptiacum*, tome I.

il signifie ici les récompenses, en ce sens que la plus grande qui, dans les croyances égyptiennes, pût être donnée aux âmes vertueuses, était la faveur insigne de faire de l'agriculture dans les campagnes célestes de l'*Aaenrou* (paradis).

Il semblerait raisonnable de croire que les jambes de cette figure, liées à la façon de celles des momies, tout en indiquant sa valeur essentiellement égyptienne, voulussent dire que la justice divine ne fait d'avances à personne; mais Héliodore prétend [1] que les dieux de l'Égypte sont représentés avec les yeux ouverts pour indiquer qu'aucune action des hommes n'échappe à leur science, et qu'ils ont les *jambes jointes* pour faire comprendre que, lorsqu'il leur faut se porter ici ou là, ce n'est pas par l'action lente et alternative des pieds qu'ils procèdent, mais par élan vif et subit.

C'est là une explication bien hasardée, et toute faite dans le sens du paganisme.

Quoi qu'il en soit de cette particularité, comme on le voit par l'analyse de cette figure d'Osiris, chacun des traits qui la composent a sa signification, et nous devons admirer ici l'intelligente précaution de cette religion égyptienne, qui, dès ses débuts, sut mettre aux mains et sous les yeux de chacun des membres de la grande famille égyptienne un instrument de sa morale, répétant sans cesse à qui le voit, à qui le touche :

---

[1] *Éthiopiques,* ou *Amours de Théagène et de Chariclée,* liv. III.

« *Osiris, le délégué de l'Être suprême* [1], *te jugera*
« *après ta mort ; tu ne peux le tromper, car il voit*
« *tout et connaît toute la vérité*[2]. *Veille sur ta con-*
« *duite si tu veux être récompensé, si tu ne veux pas*
« *être puni* [3]. »

Très-certainement toutes les figures de la religion égyptienne avaient comme celle-ci leur signification propre, et aujourd'hui nous n'apprécions mal la pureté de l'enseignement religieux des prêtres de la vallée du Nil que parce que nous sommes, en beaucoup de cas, inhabiles, par une cause quelconque, à expliquer le sens des traits de chacun des instruments qu'ils créèrent et façonnèrent pour répéter et répandre cet enseignement.

17. — Osiris est aussi représenté court vêtu et marchant; il porte alors la couronne, *schent* — ou *pschent*, quand on accompagne ce mot de l'article P.
— Cette couronne est l'emblème de la royauté de la Haute et Basse-Égypte.

La disposition de la chevelure d'Osiris, sous cette couronne, était encore en usage sous les rois des premières dynasties Memphites [4], qui portaient, en effet, les cheveux courts et bouclés.

Sous ce costume, avec ces attributs, Osiris peut

---

[1] Comme chef de la triade manifestée.
[2] Il a les yeux et les oreilles ouverts à la vérité.
[3] Il porte le *pedum* (récompense) et le fouet (châtiment).
[4] Les dynasties Memphites sont les 3ᵉ, 4ᵉ, 6ᵉ, 7ᵉ et 8ᵉ dynasties militaires (de 5318 à 4147 avant l'ère vulgaire).

être considéré comme le *Seigneur des dynasties égyptiennes*, et son cartouche royal, qui se rencontre dans plusieurs inscriptions, lui donne tantôt le surnom de *Ounnowré*, c'est-à-dire *Être essentiellement bon*, tantôt celui de *Nowre-Hotep*, qui se traduit par *bon-pacifique*.

18. — Dans les derniers temps de la nationalité égyptienne, quand, sous les rois grecs, elle n'était plus, pour ainsi dire, que nominale, le culte d'Osiris a été complétement confondu avec le culte plus directement rendu au *Nil divinisé*, et plusieurs villes de l'Égypte, Alexandrie des premières, ont vu s'élever des temples à *Osiris-Sérapis* ou simplement à *Sérapis*.

Sous la domination romaine on a même dit *Jupiter-Sérapis*, comme déjà l'on disait *Jupiter-Ammon*.

Le bœuf *Apis* a été, dans les cérémonies du culte égyptien, la personnification d'Osiris, sa seconde vie, de la même manière que dans le culte chrétien l'*Agneau* personnifie le *Christ*, et la *Colombe* le *Saint-Esprit*.

Toutes les religions ont leurs hiéroglyphes sacrés et leurs mythes vénérés.

VIII.

ISIS.

1. — La *génisse* désigne *Isis*, épouse et sœur d'Osiris.

Épouse d'abord, car, pour caractériser par une image d'une incomparable énergie le travail de perpétuel enfantement de la nature, qui, dans la semence qu'elle fait mûrir, dépose le principe d'une reproduction nouvelle, la légende dit qu'Osiris et Isis furent amoureux l'un de l'autre dans le sein de leur mère, et que de leur commerce à huis clos naquit Aroéris [1].

Isis, dans les mythes religieux de l'Égypte, symbolise la grâce et la bonté divines, et, de toutes les figures emblématiques des croyances égyptiennes, elle est celle dont le tempérament s'assouplit le mieux aux exigences multiples du rôle de divinité.

Sa mission, toute de paix et d'abnégation, l'appelle partout et la rend accessible à tous.

Il semble même que, sans cesse en quête de services à rendre, elle se transforme à plaisir pour plaire à chacun. Elle a des sourires pour les grands, des affections pour les petits et pour les malheureux, et, comme un miroir à facettes, elle multiplie sur tous

---

[1] Plutarque, *Isis et Osiris*, ch. XIII.

et pour tous les rayons sans nombre de son inépuisable bonté.

Elle préside à la naissance de l'homme, l'assiste à ses derniers moments, elle a même pour lui des soins d'outre-tombe, et il n'est pas, d'ailleurs, un seul acte important de la vie dans lequel elle ne joue, sous un nom ou sous un autre, un rôle considérable et gracieusement empressé.

Isis enfin serait, par ses perfections, une copie exacte et fidèle de la vierge Marie des croyances chrétiennes, si la vierge Marie l'eût précédée.

2. — Il y a des rapprochements possibles entre ces deux figures jusque dans les circonstances en apparence indifférentes.

Ainsi, sous la dénomination bien modeste de *Résidante*, nous trouvons Isis patronne locale, comme la vierge Marie sous le titre de *Notre-Dame*.

Une inscription gravée sur les parois intérieures des murs d'un sanctuaire situé près de Thèbes porte, à la suite de la qualification générale « Isis la grande, Mère divine, » les mots : « *Hitem Ptóouen-ement* » ; et, dans un temple de Philæ, on lit, après les mêmes qualifications générales données à Isis : « *Hitem Manlak* ». Ce que Champollion le Jeune traduit par : *Résidant dans la montagne de l'occident, Résidant à Philæ* : ce qui, s'appliquant à la vierge Marie, s'écrirait : *Notre-Dame de la montagne de l'ouest, Notre-Dame de Philæ.*

Du reste, sans beaucoup chercher, il serait possible de composer en l'honneur d'Isis, avec les appellations diverses que lui valent ses nombreuses et sympathiques transformations, une litanie aussi riche que les litanies de la Vierge et faite de dénominations aussi nobles et plus intelligibles que celles de : « *Rose mystique, Tour d'ivoire, Porte du ciel, Arche sainte*, etc., » emphatiquement prodiguées, sans attribution réelle correspondante, à la Vierge des chrétiens.

Isis en effet avait été surnommée la *Myrionyme*, c'est-à-dire la divinité aux dix mille noms [1], et ces noms correspondaient par leur signification aux fonctions mystiques qu'elle remplissait dans l'ordre de ses multiples attributions divines.

Il ne peut être question d'enregistrer ici cette longue litanie des qualifications d'Isis; nous parlerons seulement de celles qui sont le plus communément attribuées à Isis, en en donnant la signification aussi souvent qu'il sera possible, et en indiquant la valeur correspondante qu'elles ont dans les religions venues à la suite de la religion égyptienne.

3. — Comme promotrice et protectrice de l'agriculture, Isis, — la terre sacrée de l'Égypte, — est devenue la *Déesse de la terre* (Δημήτηρ) chez les Grecs et la *Cérès* des Romains.

Sati, cette personnification d'Isis que les Égyptiens appelaient la *Fille du soleil, la Dame du ciel, Régente*

---

[1] Du grec μύριοι (dix mille), ὄνυμα (nom).

des mondes, et qui symbolise pour eux la *Majesté divine* et la *Vertu génératrice*, est la *Reine des cieux* ('Ηρα) des Grecs et l'impérieuse *Junon* des Romains.

Hathor ou *Athyr* est une des toutes primitives personnifications d'Isis.

Dans des mines de cuivre de la presqu'île de Sinaï, dont Isis fut instituée la patronne dès les temps de la quatrième dynastie (5ooo ans avant l'ère vulgaire), il a, en effet, été trouvé des traces du culte fervent rendu là à Isis sous le nom d'Hathor, et Plutarque, à propos de cette dénomination, s'explique ainsi [1] :

« Tantôt Isis est appelée *Mouth*, c'est-à-dire *Mère*; « tantôt elle est nommée *Athyr*, qui signifie *demeure* « *d'Horus*. » Isis, la terre d'Égypte, est en effet la demeure de l'Horus, c'est-à-dire, du souverain.

La tête d'Hathor est ordinairement surmontée d'une coiffure symbolique qui est l'hiéroglyphe même de son nom. C'est un *naos* [2] renfermant un Horus.

Quand Isis est représentée dans son rôle de mère, elle est coiffée d'un disque placé entre deux cornes de vache, elle tient sur ses genoux son fils Horus à qui elle présente le sein.

Les Égyptiens, qui donnaient à Hathor des traits pleins de grâce, de finesse et de douceur, la pourvoyaient de fort beaux yeux et en faisaient leur *Reine de beauté*.

Mais, de toutes les expressions renfermées dans

---

[1] Plutarque, *Isis et Osiris*, ch. LVI.

[2] Ναΐς (niche). Ici, c'est la niche où se plaçait la figurine d'Horus.

l'hiéroglyphe du mot Hathor, il n'en est point de plus profondes et de plus amples que celle qui la désigne comme la personnification de la Nuit enfantant mystérieusement le monde qu'elle portait dans son sein. Hathor est alors la même que *Bouto*.

En ce sens ce mot renferme tout le premier chapitre de la Genèse :

« Au commencement Dieu créa le ciel et la terre.

« La terre était informe et toute nue, les TÉNÈBRES « COUVRAIENT LA SURFACE DE L'ABIME ; l'esprit de Dieu « était porté sur les eaux.

« Or Dieu dit : Que la lumière soit, et la lumière « fut.

« Dieu vit que la lumière était bonne, et il sépara « la lumière d'avec les ténèbres.

« Il donna à la lumière le nom de Jour et aux ténè- « bres le nom de Nuit, ET DU SOIR ET DU MATIN SE FIT « LE PREMIER JOUR [1]. »

---

[1] A côté de cet extrait de la Genèse, notons ici, sur le même sujet, (la Création), deux passages extraits, l'un du *Pimander*, ouvrage d'Hermès Trismégiste, l'autre des ouvrages généralement attribués à Orphée.

D'abord celui de *Pimander*. — Pimander est l'intelligence suprême, il s'entretient avec Thôth, — Hermès Trismégiste.

Thôth : « ..... Peu après une ombre effroyable qui se termi- « nait en obliques replis, et se revêtait d'une nature humide, s'a- « gitait avec un fracas terrible. Une fumée s'en échappait avec bruit. « Une voix sortait de ce bruit; elle me semblait être la voix de la « lumière, et le Verbe sortit de cette voix de la lumière.

« Ce Verbe était porté sur un principe humide, et il en sortit le « feu pur et léger, qui, s'élevant, se perdit dans les airs. L'air lé- « ger, semblable à l'esprit, occupe le milieu entre l'eau et le feu ; « et la terre et les eaux étaient tellement mêlées ensemble que la

D'*Hathor* les Grecs ont fait leur *Aphrodite* ('Ἀφρο-δίτη), qui est la même que *Vénus* chez les Romains.

Anouké, c'est *Vesta*, le feu, l'âme de l'univers.

Pascht, ainsi que les figures dont nous venons de parler, fait partie de la collection d'Ernest Godard.

La chatte est l'animal consacré à Pascht, qui ne se rencontre que sous le masque de cet animal.

« surface de la terre, enveloppée par les eaux, n'apparaissait en
« aucun point. Elles furent toutes deux agitées par le Verbe de
« l'Esprit, parce qu'il était porté au-dessus d'elles. »
Pimander : « As-tu bien compris ce que signifie ce spectacle? »
Thôth : « Je le connaîtrai. »
Pimander : « Cette lumière, c'est moi : je suis l'intelligence, je
« suis ton Dieu, et je suis bien plus ancien que le principe humide
« qui s'échappe de l'ombre. Je suis le germe de la pensée, le Verbe
« resplendissant, le fils de Dieu...... »

Voici maintenant comment, toujours sur le même sujet (la création), parle Orphée, le confident des prêtres de l'Égypte :

« Au commencement du monde apparut l'éther, créé par Dieu ;
« de son sein sortirent le chaos et la nuit ténébreuse. Elle couvrit
« tout ce qui était au-dessous de l'éther. »

Et, dans le dialogue de Jupiter et de la Nuit, Orphée les fait ainsi parler :

Jupiter : « Nourrice des dieux, Nuit immortelle...... comment
« procéderai-je avec sagesse à la création des dieux immortels?
« Comment ferai-je que l'univers forme un seul tout et que chaque
« chose existe séparément? »
La Nuit : « Environne la création de l'éther immense, place le
« ciel au milieu, et dans le ciel la terre, entourée de la mer et des
« astres qui composent ta couronne. »

A propos des livres hermétiques, auxquels est emprunté le passage du *Pimander*, Champollion-Figeac s'exprime ainsi : « Champollion
« le Jeune les a étudiés à fond, et il a déclaré publiquement, malgré
« les jugements hardis ou hasardés qu'en ont portés quelques cri-
« tiques modernes, que ces livres renferment réellement une masse
« de traditions purement égyptiennes, et constamment d'accord
« avec les monuments les plus authentiques de l'Égypte. »

Pascht est ordinairement représentée un sistre à la main, et elle paraît prendre plaisir à l'agiter.

Le sistre est une sorte de crécelle. Il est fait de disques métalliques traversés à leur centre par un axe sur lequel ils ne peuvent se mouvoir sans se heurter bruyamment dès que le sistre est agité, mais seulement quand il est agité.

Aux mains de Pascht le sistre est le symbole de l'harmonie du monde.

Il n'y a pas en effet de mouvement sans vie, et l'humanité, à travers mille et mille efforts contraires, arrive à une seule et même fin, de même que le sistre, malgré les bruits multiples produits par le heurtement de ses disques nombreux, ne rend qu'un seul et même son.

Pascht est la même que *Beset*, *Butis* et *Bubastis*.

Jablonski interprète Bubastis par *Lune nouvelle* et Butis par *Mère de la rosée*[1].

Mais Bubastis et Butis sont des surnoms donnés à Pascht par les Grecs, et il importerait bien plus de connaître la signification du mot égyptien *Pascht*.

Bubastis est la même que l'*Artemis* ("Ἄρτεμις) des Grecs et la *Diane* des Romains.

Quand Pascht est représentée avec une tête de lionne, elle est la divinité *Vengeresse des crimes*.

Sous ce masque, les figures de Pascht prennent généralement des proportions plus qu'humaines.

---

[1] C'est-à-dire la *Nuit*, qui, en Égypte, surtout pendant l'été, est marquée par des rosées fort abondantes.

Ces grandes figures léontocéphales s'installaient ordinairement, comme menaces aux mauvais instincts, aux carrefours des chemins et à ceux des rues dans les grandes villes [1]; et, de cette installation, Diane avait reçu le surnom de *Trivia*[2].

Isis sous le nom de *Nouv* remplit un rôle funéraire; elle reçoit le défunt arrivant à l'*occident*, c'est-à-dire au *tombeau*.

Cette qualification est presque synonyme de résurrection. Elle s'entend de l'action régénératrice de la tombe, du fond de laquelle, selon les croyances

---

[1] Dans les temps modernes et chez les peuples chrétiens la Croix, aux carrefours des rues et des chemins, a remplacé l'image menaçante de Pascht.

[2] Cette représentation de la colère divine, sous la figure féline du lion, n'est pas particulière à l'Égypte.

Le prophète Osée, annonçant à Israël et à Juda les effets prochains de la colère céleste, met dans la bouche du Tout-Puissant ces redoutables paroles :

« Car je serai comme une lionne à Éphraïm, et comme un jeune
« lion à la maison de Juda. J'irai moi-même prendre ma proie, je
« l'enlèverai, et personne ne l'enlèvera de nos mains. » (Chap. v, verset 14.)

Isaïe, menaçant Babylone de la colère divine, emploie la même image :

« Car voici ce que le Seigneur m'a dit : Allez poser une senti-
« nelle qui vous vienne dire tout ce qu'elle verra. . . . . . .
« Et comme un lion elle (la sentinelle) s'écria (*et clamavit leo*) :
« Je fais sentinelle pour le Seigneur et je veille pour lui jour et
« nuit. » (Chap. xxi, versets 6 et 8.)

Enfin Jérémie (chap. iv, verset 7) menace le peuple de Dieu, toujours infidèle, de la rage du lion :

« Le lion s'est élancé hors de sa tanière, le dévastateur des na-
« tions s'est élevé. Il est sorti de son pays pour réduire votre terre
« en un désert, et de vos villes détruites il ne restera pas un seul
« habitant. »

égyptiennes, le germe humain doit s'élever et reprendre un jour sa forme première.

Noun est encore ici la nature en travail perpétuel qui de la mort fait sortir la vie : *E morte vita*.

IX.

LA JUSTICE ET LE JUGEMENT DES AMES.

1. — A propos de la justice, nous sommes encore avec Isis.

Les Égyptiens nommaient *Ma* ou *Thméï* cette vertu que nous nommons la Justice, et que les Grecs et les Romains ont produite en grandes figures sous le nom de *Thémis*.

L'hiéroglyphe du mot « justice » était une « plume »; aussi la figure égyptienne de la Justice est-elle toujours représentée portant à la tête une plume qui s'élève verticalement par l'un des côtés.

La sagesse égyptienne n'a pas séparé la Justice de la Vérité.

La plume est aussi l'hiéroglyphe du mot « Vérité », et la même figure hiéroglyphique exprime « Justice et Vérité ».

Une des plus actives fonctions qu'ait eu à remplir la Thméï des croyances égyptiennes était la présentation de l'âme des morts au tribunal de l'Amenthi, et l'assistance à lui donner pendant le jugement.

Dans cette circonstance spéciale la figure égyptienne abandonne sa dualité. Chacune des vertus dont elle est l'ensemble personnifié s'isole dans la forme qui d'ordinaire les réunit, et c'est, placée entre la Justice et la Vérité, que l'âme se présente au tribunal de l'Amenthi.

Les bras de Thméï sont ordinairement chargés de longues rémiges qu'elle étend et dont elle enveloppe l'âme comme garantie efficace de protection contre l'erreur.

C'est là une image vraiment belle, et la Thémis des Grecs et des Romains, avec son glaive et sa balance traditionnels, est bien loin de rendre le sentiment exquis de la figure égyptienne, dont elle est la contrefaçon.

Cette balance que nous retrouvons aux mains de toutes les figures allégoriques de la Justice est d'ailleurs un attribut d'origine essentiellement égyptienne.

A l'Amenthi, où la balance reste dressée en permanence, c'est l'instrument de conviction consulté par le tribunal suprême qui juge l'âme des morts.

Cette scène du jugement, ordinairement reproduite à la fin de la seconde section du rituel funéraire complet, et qui sert de terminaison à tous les rituels funéraires abrégés, mérite au surplus d'être rapportée.

Elle est un des nombreux témoignages des emprunts faits par la religion chrétienne à la religion égyptienne, soit dans les dogmes, soit dans l'expression des croyances.

2. — Tous les livres chrétiens, en parlant des ré-

compenses et des peines qui, après la mort, doivent, dans les espaces où s'exercent la justice divine, réjouir ou tourmenter l'âme selon ses mérites, font intervenir la balance comme le meilleur moyen, pour Dieu, d'être édifié sur le mérite de chacun.

La représentation du pesage des âmes dans les limbes de la chrétienté est même, pour que personne n'en ignore, le tableau le plus complet et le plus apparent que rencontre l'œil des visiteurs dans toutes les églises de la catholicité et en particulier à Notre-Dame de Paris. Eh bien, à en croire les légendes égyptiennes, le jugement de l'âme aux limbes égyptiens ne diffère point essentiellement, quant aux moyens de constatation, du jugement de l'âme aux limbes de la chrétienté.

Ici et là, en effet, ce sont les oscillations de la balance qui éclairent les juges célestes sur l'état réel de l'âme, dont la conduite est soumise à leur appréciation.

Dans l'image égyptienne l'âme est figurée par un « épervier à tête humaine » ou par un « cœur »[1], et placée sur l'un des plateaux de la balance du juge-

---

[1] Dans les légendes égyptiennes, il n'est point de signe exprimé qui n'ait sa signification et sa raison d'être.

Si donc l'*épervier* représente l'*âme*, c'est que cet oiseau en est l'emblème parlant, l'*hiéroglyphe figuratif*. Son nom, BAIETH, se décompose, en effet, par B, article, AI, sa première syllabe, qui signifie *âme*, et EITH, qui signifie *cœur*; et comme, d'ailleurs, les Égyptiens professaient que le *cœur* est le siége de l'*âme*, l'image seule du *cœur* pouvait aussi représenter l'*âme*.

ment, tandis que sur l'autre plateau figure en contre-poids une plume, emblème de la vérité.

Au sommet du poteau de suspension de la balance est assis un *singe cynocéphale*, expression du parfait équilibre.

L'instrument de preuve se dresse devant Osiris, assisté de Thôth, le secrétaire divin; d'Anubis, le messager de l'Amenthi, et d'un personnel de quarante-deux juges qui, la plume symbolique à la tête et figurés sous les traits d'animaux dont les instincts connus indiquent suffisamment l'esprit et le caractère, composent un jury habile à prononcer, *ex professo*, sur les défauts et les qualités des comparants.

Horus, fils d'Isis, toujours placé près de la balance fatale, prête parfois à l'âme du défunt son concours obligeant.

Enfin, comme des serviteurs bons à tout faire, les quatre génies infernaux *Amset*, *Hapi*, — ce mot signifie *mesure*, — *Tiou-Mautew* et *Kevah-Senouw*, se tiennent aux ordres de l'auguste tribunal, auprès de qui chacun d'eux, à en juger par la signification connue du mot *Hapi*, paraît avoir eu une mission spéciale.

3. — Aussi bien dans la religion égyptienne que dans la religion chrétienne, ces images du jugement de l'âme ne sont sans doute que des allégories; mais, grâce à la préexistence considérable des enseignements égyptiens sur les enseignements chrétiens, il

faut bien reconnaître que le christianisme est ici tributaire des doctrines et des enseignements des prêtres de Thèbes et de Memphis, sans qu'il y ait la moindre objection possible à élever à ce sujet.

La même remarque peut être faite sur la distribution des récompenses et des châtiments.

La vue éternelle de Dieu, les moissons du paradis réservées aux bons; les tortures et les ténèbres promises aux méchants; tout cela est un enseignement que les chrétiens, après les païens, ont bien certainement calqué sur les enseignements de la religion égyptienne.

L'unité de Dieu, son incarnation dans l'humanité, prêchées avant l'ère chrétienne et de temps immémorial sur les bords du Nil, sont également une doctrine que les chrétiens ont accommodée à leur usage, et nous allons voir, en poursuivant notre examen des litanies d'Isis, les emprunts faits à la religion égyptienne s'accuser toujours davantage et s'affirmer par l'identité des détails les plus intimes, non-seulement dans le christianisme, mais encore dans le mosaïsme et jusque dans les religions de l'Inde, à ce point qu'il n'y a guère, entre les enseignements égyptiens, ceux du mosaïsme et des croyances chrétiennes et indiennes, d'autre différence que celle qui résulte de la diversité des langues.

X.

NEITH. — LA VIERGE. — LA TRINITÉ.

1. — *Isis Myrionyme*, parmi ses nombreuses transfigurations, n'en a point qui soit d'un aspect plus imposant et plus magnifique que celui dont la revêt son rôle de *Vierge génératrice*, sous le nom de *Neith*.

Neith, c'est la *Mère divine*, la seconde personne de la trinité égyptienne, l'éternelle puissance génératrice de l'Être suprême, Ammon.

De toutes les religions qui ont emprunté à l'Égypte cette magique figure, il n'en est pas une qui lui ait conservé son ampleur et sa majesté natives.

Ce n'est pas sans doute la nuée mystérieuse et protectrice qui recèle Dieu dans son sein [1], que le mosaïsme pourra mettre en présence de *Neith-génératrice*.

La *Minerve-Athènè* [2] du paganisme, malgré sa belle et grande figure, n'est qu'un simulacre grimaçant de

---

[1] *Exode*, chap. XL, v. 32, 33, 34, 35, 36.

[2] Le dictionnaire grec de M. Alexandre indique, comme étymologie probable du mot Ἀθήνη (Athènè), ἀ privatif, et τιθήνη, nourrice (sans nourrice). Je trouve que l'étymologie de ce mot est tout naturellement indiquée par la contraction des deux noms égyptiens de la Vierge, ATHYR-NEITH d'où ATHÈNÈ.

Cette étymologie a l'avantage de ne point commettre d'anachronisme et de s'accorder avec l'origine égyptienne de Minerve-Athènè.

la Vierge égyptienne, et ce n'est qu'à grand renfort de conciles et de bulles que la vierge Marie a, peu à peu, été hissée au pied du trône de l'Être suprême [1], où, sous le nom de *Mouth*, s'assied Neith, comme membre de la grande trinité égyptienne.

2. — Un autre nom égyptien de Neith-Isis, *Minerve*, signifie : *Je suis venue de moi-même* [2].

Voilà certes une origine qui s'annonce fièrement et qui est incontestablement immaculée.

Qu'est auprès de cette existence spontanée, c'est-à-dire auprès de cette existence éternelle, la naissance de la Minerve-Athènè, poussée à coups de hache hors du cerveau de Jupiter?

Qu'est la naissance vulgaire de la vierge Marie, née d'une femme et d'un homme de la famille de David, auprès de l'éternité de Neith sortant du sein de l'Être suprême? Qu'est surtout, avec son retard de 1870 ans [3], la bulle décrétale de l'Immaculée Conception, auprès de l'éternité doctrinale de Neith?

Dans le langage figuré des légendes sacrées de l'antique Égypte, Neith s'intitule la *Mère du soleil*, et les légendes ajoutent qu'elle est restée *vierge*.

Son temple le plus renommé, celui de Saïs, portait en effet cette inscription significative :

---

[1] Ce n'est qu'en 431, au concile d'Éphèse, — troisième concile général, — que la Vierge a été affirmée *mère de Dieu;* la fête de la *Purification* date de 542, et l'institution de l'*Assomption* de 813.

[2] Plutarque, *Isis et Osiris*, chap. LX.

[3] La bulle décrétale de l'Immaculée Conception est du 8 dé-

« Je suis tout ce qui a été, tout ce qui est, tout ce
« qui doit être; nul n'a soulevé le voile qui me cou-
« vre. Le fruit que j'ai enfanté est le soleil [1] ».

Or le soleil symbolise l'Être suprême, et, comme Neith enfante par l'opération d'un rayon solaire [2], il se trouve que la religion égyptienne enseigne que Dieu s'est engendré lui-même [3].

Cette doctrine, tout le monde le sait, est exactement celle de la religion chrétienne, qui enseigne que Dieu s'est reproduit lui-même dans l'incarnation du Christ par l'opération du Saint-Esprit, qui participe de Dieu lui-même.

Et il suit de là que, dès qu'on accuse d'absurdité la religion égyptienne, on insulte en réalité la religion chrétienne, venue dans le monde à la suite de la religion égyptienne.

3. — La religion de Bouddha, qui est le brahmaïsme réformé, parle de l'éternelle puissance créatrice de Dieu, sinon dans les mêmes termes, au moins dans le même sens que la religion égyptienne et la religion chrétienne :

« La mère de Bouddha était Mâyâ, épouse de
« Soudhadanas, mais *vierge immaculée*, et appelée

---

cembre 1855. A ce dernier chiffre, il faut ajouter les quinze ans qu'avait la Vierge lorsqu'elle donna le Christ au monde.

[1] Plutarque, *Isis et Osiris*, chap. VIII.
[2] Plutarque, *Isis et Osiris*, chap. XXXVII.
[3] C'est là l'expression du second terme de la proposition qui définit l'Être suprême dans les rituels funéraires.

« pour cela *Succhi* ou la *Pure*. Elle produisit Gau-
« tamas, surnommé *Bouddha*, c'est-à-dire le *sage*,
« par le côté droit. En d'autres termes, Gautamas
« émanait de Dieu ; car Màyâ, qui signifie littérale-
« ment *illusion*, *image*, *imagination*, sert, dans le
« langage philosophique de la doctrine indienne de
« Vedanti, à exprimer tout ce qui existe sur la terre,
« parce que Dieu seul existe en réalité. La Màyâ est
« aussi l'*imagination créatrice* à l'aide de laquelle
« l'Être suprême a créé tout, lorsqu'il forma, pour
« parler avec les Védas, l'être du néant ; elle est
« considérée surtout comme la mère d'*êtres supé-*
« *rieurs* et de tous les phénomènes dont l'origine est
« difficile à pénétrer. La Màyâ, en tant que mère de
« Bouddha, apparaît ici comme *vierge*, d'après la
« croyance des peuples de l'Asie, selon laquelle il
« est humiliant pour de grands hommes, surtout
« pour les fondateurs de religions et de dynasties,
« de naître comme nous autres hommes, *per sordes*
« *et squalores*[1]. »

N'ajoutons rien à ces indications ; les analogies qu'elles accusent avec la doctrine égyptienne et la doctrine chrétienne sont assez accentuées pour qu'il ne soit point utile de les relever.

4. — Dans le mosaïsme il y a plus de subtilité ; on n'y voit point d'abord de ces agents intermédiaires que font agir les doctrines égyptiennes, indiennes et

---

[1] *Inde antique* de Bahlen, *Résumé* de H. Ahrens, de Gœttingue.

chrétiennes; il y en existe pourtant; et si les Juifs, pour rester fidèles observateurs des prescriptions du Décalogue, n'ont fait *aucune image taillée de ce qui vit sur la terre, dans l'air ou dans l'eau*[1], ils ont pour exprimer l'idée de l'action éternelle et mystérieuse de la génération universelle, leur nombre *sept*, si excellent, dit Philon[2], qu'il est comparable à la *Victoire-Vierge* (Minerve), et qu'il le compare[3] lui-même, après Pythagore, Xénocrate et Platon, dont il a ressuscité les doctrines, au CRÉATEUR DE L'UNIVERS, parce que, dit-il, ce nombre sept n'est divisible que par l'unité, et UN c'est Dieu unique[4]; qu'il est composé de *trois*, nom du jour[5] où, par la volonté de Dieu, la terre se couvrit d'herbes portant des grains, d'arbres portant des fruits; grains et fruits qui recélaient les germes de reproduction[6]; et de *quatre*, nom du jour où Dieu attacha à la *voûte du ciel*[7] les astres qui de-

---

[1] *Exode*, chap. xx, v. 4.
[2] Il ne faut pas s'attendre à voir Philon citer les Égyptiens et s'appuyer de leurs préceptes. Il les déteste de tout son cœur.
[3] Philon, *Création du monde.* — *Allégories des saintes lois.*
[4] Philon, *Création du monde.*
[5] Les Juifs désignaient les jours de la création, non pas par une qualification empruntée aux adjectifs ordinaux, premier, deuxième, troisième, etc., mais en donnant à chaque jour, comme nom propre, le nom de nombre qui lui est afférent; ainsi ils disaient : le jour un, le jour deux, le jour trois, etc.
[6] *Genèse*, chap. i, v. 11, 12, 13. — Philon, *Création du monde.*
[7] La *Genèse*, chap. i, v. 17, dit expressément : « *Et* POSUIT *eas* (*stellas*) *in firmament*O *cœli,* » ce qui indique que Dieu donna à ces astres une place fixe sur la paroi concave du ciel, que l'on croyait autrefois être une enveloppe solide.

vaient marquer la succession des temps et des saisons, des jours et des années [1].

Philon trouve d'ailleurs que le nombre sept est inscrit au ciel, et par les phases de la lune marquées de sept en sept jours, et par les sept Pléiades, et par les sept étoiles de la grande Ourse, et par les sept planètes [2]; phases, étoiles, planètes, que leur révolution

[1] *Genèse*, chap. 1, v. 14, 15, 16, 17, 18.
[2] Les Juifs, qui paraissent avoir été fanatiques du nombre *sept*, l'ont consacré dans toutes les occasions solennelles, et par une foule de circonstances mystérieuses.

Ainsi, Dieu créa le monde dans l'espace de *sept* jours, le *septième* jour est consacré au repos.

Les terres doivent se reposer tous les *sept* ans.

Sous le nom d'année sabbatique, les Hébreux solennisent, par leur jubilé, la dernière année de leur semaine de *sept* années, c'est-à-dire la quarante-neuvième.

Le chandelier d'or du temple a *sept* branches, dont les *sept* lumières représentent les *sept* planètes.

C'est au bruit de *sept* trompettes, sonnées par *sept* prêtres durant *sept* jours, que s'écroulent les murailles de Jéricho, après que les Israélites eurent fait, le *septième* jour, *sept* fois le tour de la ville. (*Josué*, chap. VI.)

Jean, dans l'Apocalypse, parle de *sept* églises, *sept* chandeliers, *sept* étoiles, *sept* lampes, *sept* sceaux, *sept* anges, *sept* fioles, *sept* plaies.

Ainsi revient toujours le nombre *sept* dans les Saintes Écritures, avec des intentions mystiques qui se laissent assez deviner, intentions qu'Isaïe rend tout à fait claires et manifestes lorsque, voulant donner l'idée de l'éclat de la gloire de Dieu, il dit (chap. XXX, v. 26, 27) qu'elle est *sept* fois plus grande que la lumière du soleil, comme serait la lumière de *sept* jours ensemble.

Philon ne va donc pas trop loin dans l'exaltation du nombre *sept* ; ce nombre avait bien, chez les Juifs, la portée immense et mystique qu'il lui attribue.

C'est encore sur le nombre fixe de *sept* planètes, nombre mensonger, comme chacun sait, et aussi parce que *sept* jours sont le quart juste des vingt-huit jours d'une lunaison, qu'a été arrêté le nombre des

continuelle fait incessamment disparaître et reparaître, de sorte que, pour n'être point une image

jours de la semaine, et ce sont les noms de ces planètes, se répétant dans un certain ordre de roulement, qui ont été donnés aux jours de la semaine.

Voici comment, au dire de Dion Cassius, il a été procédé pour dénommer les jours de cette semaine, devenue chrétienne, quoique toute faite et tout imprégnée de paganisme et de sabéisme.

Le jour, chez les anciens, se décomposait en quatre parties. Chacune de ces parties était mise sous la protection d'une planète, et le jour tirait son nom de celui de la planète sous la protection de laquelle se trouvait être sa première partie.

Les *sept* planètes se présentaient dans l'ordre astronomique suivant : 1° la Lune, 2° Mercure, 3° Vénus, 4° le Soleil, 5° Mars, 6° Jupiter, 7° Saturne, et le roulement des *sept* planètes à travers les vingt-huit divisions des *sept* jours de la semaine donnait le résultat suivant :

Lundi, *Lunæ dies*,	la Lune, Mercure, Vénus, le Soleil,
Mardi, *Martis dies*,	Mars, Jupiter, Saturne, la Lune,
Mercredi, *Mercurii dies*,	Mercure, Vénus, le Soleil, Mars,
Jeudi, *Jovis dies*,	Jupiter, Saturne, la Lune, Mercure,
Vendredi, *Veneris dies*,	Vénus, le Soleil, Mars, Jupiter,
Samedi, *Saturni dies*,	Saturne, la Lune, Mercure, Vénus,
Dimanche, ou jour du Soleil, en anglais, *Sunday*, en allemand, *Sonntag*, *Dominica dies*,	le Soleil, Mars, Jupiter, Saturne.

Ainsi se complète la série, quatre fois répétée, des *sept* planètes, et cette quadruple répétition fournit le nombre astronomique vingt-huit, nombre des jours d'une lunaison.

Le nombre des jours de la semaine, basé sur le nombre des planètes, n'en est pas moins une erreur que les découvertes de la science astronomique aggravent chaque jour davantage.

taillée de ce qui vit sur la terre, dans l'air et dans l'eau, le nombre sept n'exprime pas moins, pour les Juifs, le mystère de la génération universelle et perpétuelle [1].

5. — Cette coïncidence des croyances égyptiennes, indiennes et juives avec un des points les plus délicats des croyances chrétiennes, n'est point un fait isolé dans les dogmes de ces diverses croyances, et, tandis que Égyptiens, Indiens, Juifs et Chrétiens célèbrent, chacun à leur façon, ce qui peut être appelé le *mystère de la création*, Égyptiens, Indiens, Juifs et Chrétiens ont chacun leur trinité qui est, comme nous l'avons dit, l'expression de la logique générale du monde.

Les Égyptiens ont leur triade, que nous connaissons, et dont AMMON, l'ÊTRE SUPRÊME, est le résumé.

Les Indiens ont leurs trimurtis [2], s'échelonnant comme les triades égyptiennes; trimurtis qui indiquent les diverses attributions ordinairement données aux trois personnifications ou émanations de

---

[1] Ajoutons *éternelle*. Le monde, en effet, ne doit point finir. Pourquoi finirait-il? Serait-ce pour être refait purement et simplement? En ce cas, il n'est point nécessaire de détruire ce qui existe, et, dans sa *suprême sagesse*, Dieu n'a point de défaillance d'esprit chagrin. Serait-ce pour le refaire mieux que Dieu détruirait le monde? Mais cette supposition est un blasphème, car Dieu est la *suprême sagesse*, et il a dû faire tout d'abord aussi bien que possible. Serait-ce pour faire moins bien? Encore un blasphème, car cette supposition dégrade Dieu, la *suprême sagesse*. Serait-ce enfin pour se reposer que Dieu détruirait le monde? Mais le repos, c'est la négation de la vie, et, dans cette supposition, on nie Dieu.

[2] Tri, *trois*; murti, *type*.

Brahma; trimurtis nombreuses dont la principale est faite de *Brahma-Vishnou-Sivas,* — *créateur, conservateur, destructeur,* — et qui se résume dans PARA-BRAHMA, l'ÊTRE SUPRÊME [1].

6. — Platon, qui, après Pythagore et bien d'autres philosophes de l'antiquité grecque, avait connu la définition que les prêtres égyptiens ont donnée de l'Être suprême, analyse cette définition et la commente dans son traité de la République.

La nature divine, dit-il, est un composé de trois éléments : l'*Intelligence,* la *Matière,* et le *Monde* qui est le produit de l'*Intelligence* unie à la *Matière,* et il nomme l'*Intelligence* le *Père,* la *Matière* la *Mère,* et le produit de leur union l'*Engendré.*

---

[1] Comme nation civilisée, l'Égypte apparaît, sur le fond des arrière-plans des siècles passés, aussi loin que puissent porter les souvenirs historiques.

Elle est certainement la mère institutrice de notre vieux monde occidental.

Quelques écrivains, entre autres M. de Guignes, de l'Académie des belles-lettres, et après lui l'abbé Lenglet-Dufresnoy (1763), dans ses *Tablettes chronologiques de l'histoire universelle* (tome I, *Histoire profane*), assurent que l'Égypte a, par ses émigrations, fourni l'extrême Orient d'une partie de ses habitants, et qu'elle y a porté sa civilisation.

L'inscription de Nysa, qui exalte la gloire d'Osiris, dit en effet qu'il pénétra jusqu'au fond de l'Inde.

Mais, que ce soit au figuré, comme expression des institutions égyptiennes, ou au propre, en tant que conquérant, qu'Osiris a visité l'extrême Orient, puisque tout concorde à dire que l'Inde a emprunté sa civilisation à l'Égypte, il n'y a pas lieu de s'étonner des similitudes qui se manifestent entre les croyances égyptiennes et les croyances indiennes.

Pour donner un corps à cette définition, il la traduit géométriquement, et la représente par un *triangle rectangle* dont il fait, selon l'expression de Plutarque[1], une figure nuptiale ; désignant la *perpendiculaire* comme le *mâle;* la *base* sur laquelle tombe la perpendiculaire comme la *femelle*, et l'*hypoténuse* comme le *produit des deux;* ce qui, on le sait, est une vérité géométriquement démontrée [2].

Poussant plus loin encore le jeu de cette démonstration, Platon, ce Platon dont la philosophie, dit Clément d'Alexandrie [3], prépara les Grecs à l'Evangile, assigne à chacun des côtés de son triangle trinitaire des chiffres auxquels, longtemps avant lui, du reste, avaient été attribuées des significations quelque peu forcées. Ainsi, il représente la perpendiculaire par trois, premier nombre impair, réputé parfait[4], nombre *mâle;* la base par quatre, qui est le carré de deux, nombre *femelle;* l'hypoténuse par cinq, nombre fait de trois, nombre *mâle*, et de deux, nombre *femelle*. En somme, il obtient arithmétique-

---

[1] Plutarque, *Isis et Osiris*, chap. LV.

[2] Le carré fait sur l'hypoténuse d'un triangle rectangle est égal à la somme des carrés faits sur les deux autres côtés.

[3] Dans ses *Stromates*.

[4] Ce n'est pas seulement chez les platoniciens que l'on pense ainsi : les poëtes de tous les pays ont dès longtemps préconisé le nombre trois.

Terna tibi hæc primum *triplici* diversa colore
Licia circumdo, *terque* hæc altaria circum
Effigiem duco : *numero deus impare gaudet.*
(VIRGILE, *Bucoliques, Églogue VIII.*)

ment un résultat qui correspond à celui de la proposition géométrique[1].

7. — Les lois de la trinité renfermées dans le seul mot : Λόγος grec, *Verbum* latin, *Verbe* français; lois dont on ne peut faire abstraction dès qu'on cherche à se rendre compte de l'idée de Dieu, lois souveraines de la logique constitutive de *tout ce qui est*, exactement, semblablement exprimées par la *triade*, la *trimurti*, la *trinité* et le *triangle trinitaire* de Platon, ont une puissance d'exposition et d'exactitude telle qu'elles s'imposent à toutes les religions et en deviennent la base nécessaire, soit comme expression, soit comme conséquence.

Les Juifs et avec eux les Mahométans, qui sont des Juifs réformés, ont, malgré leur prétention contraire[2], subi ces mêmes lois enseignées il y a plus de 7000 ans par les prêtres de Thèbes et de Memphis, et l'historien philosophe juif Philon a beau prendre toutes ses précautions contre cet aveu, l'explication qu'il donne de Dieu en commentant le troisième et le quatrième chapitre de l'Exode, trahit l'emprunt fait par le législateur des Hébreux à la théologie égyptienne, en même temps qu'elle dénonce le tribut payé par les Juifs à cette trinité qu'ils dénient, tout

---

[1] La proposition arithmétique donne en effet :

$(3 \times 3) + (4 \times 4) = 5 \times 5$, soit 25.

[2] Tout l'Exode est écrit, en effet, en haine des Égyptiens et de leurs institutions.

en la laissant survivre à leurs dénégations dans ces paroles que Dieu, sur le mont Horeb, aurait dites à Moïse : « JE SUIS CELUI QUI EST, le *Dieu d'Abraham*, le *Dieu d'Isaac*, le *Dieu de Jacob*[1] ». Le Dieu de trois personnes qui tirent leur nom de la vertu, ajoute Philon[2] :

Le Dieu d'Abraham,   type de la sagesse acquise ;
Le Dieu d'Isaac,   type de la sagesse naturelle ;
Le Dieu de Jacob,   type de la sagesse active ;

et, comme l'historien juif professe, après Moïse, que la sagesse est l'esprit de Dieu[3], on peut croire que, sous le couvert d'Abraham, Isaac et Jacob, les Juifs reconnaissent la triple essence divine.

Cette conséquence, déjà bien accusée dans l'exposé qui précède, apparaît plus vive encore quand Philon, après avoir dit que le *Verbe*, c'est *Dieu invisible*[4], ajoute que la vraie sagesse est celle qui s'appuie sur les trois termes qui mènent à la félicité, savoir : la *pensée*, la *parole*, le *fait*[5] ; de sorte qu'en définitive, en y réfléchissant un peu, on trouve qu'au fond il n'y a pas de l'Égyptien à l'Indou, de l'Indou au Chrétien et réciproquement, ainsi que du Juif au Chrétien, toute la distance qu'a mise entre eux l'expression réciproque de leurs croyances, et que, n'étaient certaines spéculations, les religions, chez tous les

---

[1] *Exode*, chap. III, v. 14, 15.
[2] Philon, *Histoire de Moïse*, livre I.
[3] *Allégorie des saintes lois*.
[4] *Création du monde*.
[5] *Vie de Moïse*, liv. III.

peuples civilisés, pourraient bien, en regardant un peu au-dessus de la barrière de mots élevée entre elles, finir par se comprendre, et, se voyant les mêmes sous des habits différents, finir aussi par s'embrasser et se donner la main.

XI.

LES LITANIES D'ISIS.

1. — Mais si, comme nous venons de le voir, toutes les religions sont basées sur la banalité trinitaire de la logique, toutes n'ont pas eu ou n'ont pas à un même degré le luxe du culte extérieur.

La religion juive, d'ailleurs solennelle et dogmatique, ne remet point à la diligence d'une foule d'agents subalternes le soin de porter jusqu'à Dieu l'expression de la reconnaissance de ses adeptes; elle s'adresse directement à lui, et cette pratique, interprétation doctrinale de la prétention affichée par Moïse de s'être directement entretenu avec Dieu [1], exclut l'idée de ces fêtes multipliées inscrites en faveur des saints au calendrier de la chrétienté.

Les anciens Égyptiens, au contraire, paraissent avoir eu un goût particulier pour la pompe des solennités religieuses, et leurs prêtres, attentifs à ca-

---

[1] *Exode*, chap. III, v. 2; chap. IV; chap. XIX, v. 8, 9; chap. XXV, XXVI, XXVII, XXVIII, XXIX, XXX, XXXI.

resser les instincts de ces populations, n'ont pas manqué de leur donner satisfaction sous ce rapport.

Dans le culte égyptien, chacune des perfections de l'Être suprême avait ses jours d'exaltation aussi bien réglés, aussi bien observés par le régime du calendrier égyptien, que le sont, chez les chrétiens, les fêtes des saints et des saintes.

« Il nous reste, dit Champollion-Figeac[1], quel« ques débris du calendrier des fêtes religieuses de
« l'Égypte. Le grand temple d'Esuèh nous en offre
« un exemple ; on y lit encore l'ordre des princi« pales fêtes célébrées dans ce magnifique édifice en
« l'honneur des trois principales divinités qui étaient
« *Chnouphis*, *Neith* et le jeune *Haké*.

« Il y est dit que le 23 du mois d'Athyr on célé« brait la fête de la déesse *Tnébouaou;* le 25 du
« même mois celle de la déesse *Menhi*, — formes de
« Neith, — et le 30 celle d'Isis, tertiaire de cette
« même Neith . . . . »

2. — Pour ne parler que d'Isis, qui seule ici nous occupe, rien que dans ce petit bout du calendrier égyptien, et seulement pour trois jours d'un même mois, nous nous trouvons en présence de deux personnifications d'Isis qui nous étaient inconnues. L'ensemble du calendrier de l'antique Égypte nous en révélerait certainement d'autres; et il n'y a nulle

---

[1] *Égypte ancienne*, § XVIII, calendrier.

témérité à assurer que ce serait par centaines que nous les verrions apparaître.

Neith-Isis, la Vierge génératrice, le symbole de toutes les vertus dans le culte intelligent et savant de l'antique terre de Kémé, n'a pas eu moins de vogue que la Vierge Marie, symbole de toutes les vertus, dans le culte catholique.

Comme la Vierge Marie, mais avant elle, la Vierge génératrice s'est multipliée sous les appellations les plus diverses, et l'étrangeté qu'ont aujourd'hui pour nous quelques-unes de ces appellations, telles que *Tnébouaou* et *Menhi* que nous venons de rencontrer, ne les rend pas plus coupables d'idolâtrie et de fétichisme que ne le sont ou que ne le seraient, aux yeux des personnes étrangères à la langue française et mal façonnées au style figuré du langage catholique, certaines appellations, telles que : *Tour d'ivoire*, *Lampe céleste*, données à la Vierge Marie par l'enthousiasme des chrétiens [1].

---

[1] Il existe à l'église Notre-Dame de Paris une grande image de la Vierge Marie adossée à la paroi latérale du mur de la première travée du bas-côté nord de l'église métropolitaine.

Cette image de la Vierge se détache du fond d'un cadre ovale.

A droite et à gauche sont deux montants de peintures formés chacun par une série de petits tableaux allégoriques alternant avec des médaillons où se trouve écrit en lettres d'or : *Ora pro nobis*.

Chacun des petits tableaux allégoriques est la transcription hiéroglyphique d'une des perfections mystiques de la Vierge Marie, ainsi : *Porte du ciel*, *Tour d'ivoire*, *Lis céleste*, *Arche sainte*, etc., à la suite de chacune desquelles se trouve le médaillon portant : *Ora pro nobis*.

Les fidèles qui passent par là se prosternent et se signent devant

3. — Pour témoigner en faveur de cette assertion, il suffira de donner, traduites en français, les appellations d'Isis dont le sens et la valeur nous ont été révélés. Le connu répond ici de l'inconnu.

Du reste, si les litanies d'Isis se trouvent peu nombreuses en comparaison des litanies de la Vierge, il faut accuser notre ignorance, mais non le culte égyptien. Les hommes ont, de tout temps, été prodigues de compliments envers la divinité et la toute-puissance.

Voici quelques-uns de ceux que les Égyptiens adressaient à Isis :

Isis,	*Mouth,*	Mère universelle.
—	*Neith,*	Vierge génératrice.
—	*Isis,*	Terre sacrée de l'Égypte.
—	*Sati,*	Reine des cieux.
—	*Athyr,*	Mère de Dieu.
—	*Hathor,*	Modèle des mères.
—	*Hathor,*	Beauté céleste.
—	*Bouto,*	Mère mystérieuse du monde.
—	*Anouké,*	Ame de l'univers.
—	*Thmëi,*	Reine de justice.
—	*Thmëi,*	Miroir de vérité.
—	*Pascht,*	Effroi des méchants.

cette image de la Vierge Marie en répétant *in petto* les nombreuses perfections de la Vierge qu'ils lisent écrites en hiéroglyphes, et personne ne s'avise, à propos de ces adorations, de crier à l'idolâtrie et au fétichisme.

Les catholiques pour prier Dieu, c'est-à-dire *Zeus, l'éternel,* agissent là cependant exactement comme les Égyptiens, qui, pour prier Ammon, c'est-à-dire *l'Être suprême,* prenaient occasion de la rencontre de leurs hiéroglyphes sacrés.

4. — Ecartons du tableau qui précède les mots égyptiens qui pourraient les effrayer et, pour peu qu'ils y veuillent mettre de bonne grâce et de franchise, les catholiques les plus orthodoxes seront bien forcés de reconnaître que les litanies d'Isis peuvent, sans la blesser, s'adresser à la Vierge Marie.

C'est que, comme la Mayâ des Indous, Isis et Marie sont les créations enchanteresses de la reconnaissance et de l'admiration des hommes pour la bonté céleste.

Seulement, par droit d'aînesse, le modèle de toutes ces ingénieuses créations, c'est Isis l'Egyptienne.

J'en aurais fini ici avec Isis, mais il y a dans la figure de *Soven* ou *Souan*, — la *Lucine* égyptienne, — dans celle de *Sothis*, la *Stella matutina*, — l'Étoile du matin, — des litanies d'Isis, des enseignements qu'il importe de faire connaître.

XII.

SOVEN. — LES MAMMISI. — L'ANNONCIATION. — LA VISITATION. — LA NATIVITÉ. — L'ADORATION.

1. — *Soven* ou *Souan* préside aux accouchements. C'est la *Notre-Dame de la Chandeleur* du pays d'Égypte. Son image se rencontre surtout parmi celles des personnages divins ou royaux qui figurent aux tableaux peints ou gravés dans les *mammisi* où l'appelle son rôle de matrone.

2. — Les grands temples de l'Égypte, du moins ceux qui, étant les temples principaux des nomes, y avaient l'importance qu'ont, de nos jours, les cathédrales des diocèses, étaient immédiatement précédés ou avoisinés d'un petit sanctuaire, sur les parois intérieures du mur duquel des tableaux, peints ou gravés en bas-reliefs, exprimaient, hiéroglyphiquement, l'acte mystique par lequel se complétait la triade patronale de chaque nome, c'est-à-dire des tableaux qui traduisaient aux yeux l'idée que de l'union de deux perfections divines naît une troisième perfection qui participe des deux autres et complète la triade.

Ces tableaux hiéroglyphiques empruntaient nécessairement aux faits ordinaires de la vie courante les images à l'aide desquelles ils devaient traduire la pensée à exprimer.

Ainsi c'était par le mariage de deux figures hiéroglyphiques, l'une masculine, l'autre féminine, que se rendait l'idée de l'union de deux perfections divines.

Les premières conséquences de cette union s'exprimaient par la représentation de la grossesse de la figure féminine, et la conséquence finale par la naissance d'un petit enfant qui complétait la triade, qui en était la troisième personne, c'est-à-dire la perfection divine, résultat de l'union des deux autres perfections.

Ainsi serait, pour donner un exemple, la CERTITUDE *naissant de la* SCIENCE *unie au* JUGEMENT.

3. — La flatterie, qui de tout temps a été le bénéfice le plus immédiat de la grandeur, avait établi, dans le beau pays d'Égypte, l'usage de donner aux figures des perfections divines représentées, en peinture ou en bas-relief, dans les tableaux des sanctuaires, dont nous parlons, la ressemblance des membres de la famille royale sous le règne de laquelle avaient été édifiés ces sanctuaires ou les temples dont ils étaient une dépendance.

C'est ainsi que, entre autres souverains de l'Égypte, Aménophis III, — Memnon, — à Thèbes, Cæsarion à Hermunthis, se trouvent, à leur naissance, recevoir les honneurs divins.

C'est en effet sous leurs traits que sont représentées les perfections divines qui complètent les triades patronales des nomes, dont Thèbes et Hermunthis étaient les chefs-lieux.

4. — Les sanctuaires en question se nommaient *Mammisi*, c'est-à-dire, Salles de l'accouchement.

Les scènes ordinairement représentées dans les mammisi sont :

1° L'*Annonciation*. Spécialement, au palais de Karnac, fondé par Aménophis III, Thôth, le messager divin, annonce à la reine, c'est-à-dire à la perfection divine figurée sous ses traits, qu'Amon-Ra lui accorde un fils, et ce fils est représenté sous les traits du futur souverain ;

2° La *Visitation*. Hathor vient féliciter la reine divine, de qui l'aspect décèle visiblement son état voisin de la maternité;

3° La *Nativité* du jeune Dieu-roi exprimée dans ses détails les plus intimes;

4° L'*Adoration*, non de mages et de bergers, mais du Dieu-Nil sous ses deux aspects, — hautes et basses eaux, — et des figures hiéroglyphiques des nomes.

C'est à toutes ces scènes que se mêle Soven, la matrone divine, scènes qui, on le sait, ont été transportées dans le culte chrétien, pour célébrer la venue du Messie.

XIII.

STELLA MATUTINA.

1. — Sous le nom de *Sothis* l'âme d'Isis réside dans l'étoile que nous nommons Sirius et que les Egyptiens nommaient *Étoile d'Isis*.

Le mot *Sothis* a, comme celui d'Isis, une signification qui se rapporte à la génération[1].

Le rôle que jouent les phases de l'Étoile d'Isis pour la succession des années, chez les Égyptiens, est très-important, et, en raison du glorieux patronage qui le couvre, je dois donner ici l'explication de ce rôle.

2. — Les Égyptiens mesuraient le temps par la

---

[1] Plutarque, *Isis et Osiris*, chap. XXXVII, LII, LIII, LIX.

marche simultanée de deux années qui, commencées un jour au même instant, allaient éloignant, chaque année, d'un quart de jour de plus, le point initial de leur parcours respectif renouvelé.

De ces deux années l'une, l'année *fixe* ou année *solaire*, avait une durée de 365 jours et un quart, c'est-à-dire que tous les quatre ans elle s'ajoutait un jour, et cette quatrième année était ce que nous nommons aujourd'hui l'*année bissextile*; l'autre, l'année *vague*, ne comptait que 365 jours, et se trouvait ainsi tous les quatre ans en arrière d'un jour sur l'année solaire.

Le temps nécessaire pour que, de rétrogradations en rétrogradations, le commencement de l'année vague arrivât à coïncider exactement au moment initial de l'année solaire, était d'une durée de 1461 ans.

Cette période de 1461 années vagues se trouvait être de 1460 années solaires, et se nommait *Période sothiaque*.

3. — Les Égyptiens, dit Hérodote [1], ont les premiers divisé l'année en douze mois de trente jours [2]. Chacun de ces douze mois était mis sous le patronage d'une des perfections divines de qui il recevait son

---

[1] *Euterpe*, 4.
[2] L'année égyptienne se partageait en trois saisons : l'*Inondation*, — la *Végétation*, — la *Récolte*.

nom[1]. Ces douze mois formaient un ensemble de 360 jours[2], à la suite desquels venaient cinq jours complémentaires, — les *épagomènes* ou *épactes*, c'est-à-dire *ajoutés*, — que les Égyptiens nommaient *jours célestes*, et désignaient par leur ordre numérique.

Le premier jour de l'année fixe ou solaire des Égyptiens était aussi le premier jour du mois de Thôth. La naissance de ce premier jour était déterminée par l'instant du lever héliaque de l'Étoile d'Isis, c'est-à-dire par l'instant où l'Étoile d'Isis se montrait à l'horizon avec le soleil levant. Ce moment correspondait, pour l'Égypte, à notre 20 juillet; et, comme il était immédiatement suivi des premières crues du Nil, crues dont les Égyptiens faisaient aussi honneur à Isis, le lever héliaque de l'Étoile d'Isis avait pour l'Égypte la portée d'un fait doublement considérable.

4. — Si maintenant, par circonstance, j'ajoute qu'au défaut d'une ère fixe qui leur fût propre, les Égyptiens, à l'avénement de chaque Pharaon, renouvelaient leur comput chronologique, qu'ils appliquaient, dans ces conditions, à tous les événe-

---

[1] Les douze mois se nommaient :

1. Thoth.	5. Tybi.	9. Pachôm.
2. Paôphi.	6. Méchir.	10. Payni.
3. Athyr.	7. Phaménoth.	11. Epiphi.
4. Choïak.	8. Pharmouthi.	12. Mésori.

[2] Ils avaient aussi une subdivision de sept jours, et les noms de ces sept jours étaient, en langue égyptienne, exactement ceux qu'ils portent aujourd'hui. Nous avons eu l'occasion de faire connaître par suite de quelles combinaisons ces noms leur sont échus.

ments de la vie publique et de la vie privée, on comprendra tout ce que la chronologie des temps anciens de l'histoire de l'Égypte renferme de difficultés et peut excuser d'erreurs commises antérieurement aux découvertes de Champollion le jeune.

Le double calendrier égyptien a subsisté en Égypte pendant des périodes de temps qu'il ne m'est point possible de déterminer. Ce fut Auguste qui, après avoir corrigé, sur les indications de Sosigène d'Alexandrie, les irrégularités du calendrier romain, supprima l'ancien calendrier de l'Égypte à qui il imposa le calendrier romain réformé.

5. — Le culte d'Isis ne persista pas moins, mais ce ne fut plus que pour s'éteindre insensiblement. La nationalité égyptienne, en succombant, l'avait laissé exposé aux intempéries, toujours malsaines, de la domination étrangère.

Le culte d'Isis, — hors de l'Égypte culte dégénéré, — a couru le monde romain.

Isis a eu des temples à Rome, à Bénévent. Pompéi renferme les ruines d'un de ses temples.

Le village d'Issy, près Paris, a aussi eu son temple d'Isis, et c'est à cette circonstance que le village d'Issy devrait son nom.

Une statue d'Isis, sortie du temple d'Issy, est restée obscurément confinée dans l'église de Saint-Germain-des-Prés jusqu'en 1514, époque où Brissonet, abbé de Saint-Germain-des-Prés, et depuis cardinal, la fit briser, par excès de zèle catholique.

Auguste avait donné, au troisième quartier de Rome, le nom de : Isis et Sérapis.

6. — Un trône symbolise Isis. C'est l'hiéroglyphe de son nom, hiéroglyphe qui pendant plus de six mille ans n'a cessé de répéter aux Égyptiens que leur Isis myrionyme, en définitive la Nature fécondée par la volonté de Dieu et belle de tous ses dons, était la Reine-Mère du monde, et l'astre resplendissant de toutes les vertus.

XIV.

HORUS.

1. — *Horus* est le personnage complémentaire de la triade manifestée.

Dans la légende d'Osiris il figure comme le génie du bien, en opposition avec Seth, le génie du mal; c'est en ce sens qu'il est représenté aux prises avec des crocodiles, des lions et des scorpions, et qu'on le rencontre armé d'un javelot dont il frappe l'énorme serpent Apophis, chez les Égyptiens emblème de Seth, c'est-à-dire du mal, bien longtemps avant qu'il figurât à ce titre dans les premiers chapitres de la Genèse.

2. — Mais la mission vraiment grande et belle

d'Horus est cette mission de justice et de bienveillance qu'il remplit aux limbes égyptiens, auprès du tribunal de l'Amenthi.

Ici, il est toujours représenté avec une tête d'*épervier*, ce qui, en raison de la vue vive et pénétrante attribuée à cet oiseau, fait de cette figure d'Horus un hiéroglyphe indicateur de la perspicacité de Dieu qui sait voir jusqu'au fond de la conscience des hommes.

Cette prérogative, qui lui permet d'absoudre les apparences fâcheuses en faveur des bonnes intentions, rend Horus l'arbitre du sort des âmes malheureuses; aussi le voit-on, dans les dessins allégoriques du jugement de l'âme, agir charitablement sur la balance fatale.

Horus, au tribunal de l'Amenthi, c'est aux Enfers l'esprit charitable du Christ intercédant pour les pécheurs repentants.

3. — Une autre personnification fait d'Horus le protecteur de l'enfance. Sous cette forme, Horus a pour attribut distinctif une tresse de ses cheveux pendant à l'un des côtés de sa tête, et, comme les enfants, il porte un doigt à sa bouche.

4. — Au nombre des figures d'Horus représentées à la collection Godard, et parmi celles qui se rencontrent le plus fréquemment, est Horus, le héros du silence. Il tient un anneau fixé sur sa bouche, et in-

dique par là que le silence est une vertu. Il symbolise cette vertu [1].

C'est de cette figure d'Horus que les Grecs ont tiré leur *Harpocrate*.

5. — L'âme d'Horus et, sous le nom de *Sahou*, l'âme d'Osiris son père, ont été placées, par la vénération des Égyptiens, dans la constellation d'Orion.

XV.

THOTH. — LE SAINT-ESPRIT. — LES ANGES. — MERCURE.

1. — Osiris régnant, Thôth avait été son ministre intelligent et dévoué. A l'Amenthi il est son assesseur le plus intime et le mandataire empressé qui veille à l'exécution des jugements du tribunal sacré.

Les saintes formules désignent Thôth sous le titre de : *Écrivain des dieux, seigneur de la parole divine.*

Par une pieuse déférence les Égyptiens, pour exprimer qu'ils rapportent à Dieu tous les biens qui leur sont échus, ont fait honneur à Thôth de toutes les découvertes utiles.

Ainsi, pour eux, Thôth est l'inventeur des carac-

---

[1] Plutarque, *Isis et Osiris*, chap. LXVIII.
Parmi les défauts dont toute âme doit la confession, est-il dit aux rituels funéraires, se trouve l'*abus des paroles trop nombreuses*.

tères de l'écriture; et, pour les Égyptiens, il n'est point de livres sacrés dont Thôth ne soit l'auteur ou à la rédaction desquels il n'ait directement concouru[1].

2. — Au-dessus de ce Thôth, qui appartient à la légende d'Osiris, tout près d'Amon-Ra se trouve, au nombre des divines transformations de l'Être suprême, un autre Thôth, un *Alter ego* d'Amon-Ra, un être divinement inspiré, comme le Saint-Esprit des croyances chrétiennes.

Dans ses rapports avec lui Ammon le nomme en effet : *Ame de mon âme, intelligence sacrée de mon intelligence.*

C'est là, comme je l'ai déjà fait observer, une des transfigurations de Khons ; c'est l'Esprit de Dieu, *Harthat*, Science et Lumière.

C'est lui qui, précurseur de l'ange Gabriel et de Mercure, remplit aux Mammisi, dans les scènes de l'Annonciation, l'office d'ambassadeur divin.

3. — Toute l'antiquité religieuse, juive, païenne ou chrétienne, a imité ce mythe des croyances égyptiennes.

Du Thôth des Égyptiens, les païens ont fait Mercure, et sur ce même modèle les Juifs ont imaginé les anges, et les chrétiens le Saint-Esprit.

---

[1] Il est à remarquer qu'il en est du Christ comme de Thôth : tout lui est attribué dans les enseignements fondamentaux du christianisme, et cependant il n'a rien écrit.

Moïse, dit Philon[1], nomme *anges* les êtres divins ou divinisés que les Grecs appellent *héros*.

Nous connaissons d'ailleurs, par le livre de Moïse, commun aux Hébreux, aux chrétiens et aux mahométans, l'active intervention de la milice des anges dans les affaires humaines.

Depuis Adam, qui le premier éprouva, dit-on, par l'intermédiaire des anges, les effets de la colère divine, jusqu'à Mahomet, qui reçut un à un des mains de l'ange Gabriel[2] les cent quatorze chapitres du Coran, les annales de l'histoire des anges offrent de riches états de services.

Notons ici, en première ligne, que c'est à un ange, à l'ange Asléel, dit Dom Calmet d'après l'auteur du livre d'Hénoch, que les dames doivent l'art malsain et traîtreux de se farder.

Dès avant le déluge cet ange du bon Dieu avait appris aux jeunes filles à préparer l'antimoine dont l'emploi ingénieux fait les yeux plus grands et leur donne de l'éclat.

On sait quelles ont été, entre bien d'autres, les missions spéciales des anges près d'Abraham[3], d'Agar[4], de Lot[5], de Jacob[6], de Moïse[7], de Tobie[8].

---

[1] Dans l'Hexaméron.

[2] Les musulmans assurent, de plus, que c'est l'ange Gabriel qui a révélé le *café* à Mahomet.

[3] *Genèse*, chap. xviii, v. 2, et chap. xxii, v. 11.

[4] *Genèse*, chap. xvi, verset 7, et chap. xxi, v. 17.

[5] *Genèse*, chap. xix.

[6] *Genèse*, chap. xxxi, v. 11, et chap. xxxii, v. 24 à 29.

[7] *Exode*, chap. xiv, v. 19, et *Nombres*, chap. xx, v. 16.

[8] *Tobie*, chap. v, v. 6 à 21.

On sait les missions hardies ou simplement confidentielles de l'ange Gabriel auprès de Daniel[1], de Zacharie[2], et nous, chrétiens, nous savons surtout sa glorieuse intervention entre Joseph et Marie, au moment de leur union[3]. « Ne craignez pas, vint-il « dire à Joseph, de prendre Marie pour votre épouse, « car ce qui est en elle est du Saint-Esprit[4]. »

4. — Thôth, qui a inspiré l'idée des anges, est l'Hermès-Trismégiste des Grecs, comme le Mercure des Romains.

Ce Mercure, chez les Gentils le prince de la parole en même temps que le génie du commerce, accepte aussi très-bien d'être, à l'occasion, le messager des amourettes divines, et c'est bien lui, en effet, qui fut chargé d'informer Amphitryon que sa royale épouse, Alcmène, portait en son sein l'*engendré* de Jupiter, et qu'il ne devait pas se formaliser du fait.

5. — L'*Ibis* est l'oiseau emblématique de Thôth, de qui les figurines sont généralement *ibiocéphales*.

Comme signe hiéroglyphique, l'Ibis signifie : *cœur* et *intelligence;* de sorte que les figures ibiocéphales de Thôth sont des hiéroglyphes emblématiques qui disent à qui les voit, à qui les touche : *L'Esprit de l'Être suprême est bon et intelligent.*

---

[1] Daniel, chap. viii, v. 16, 17, et chap. ix, v. 21 à 27.
[2] Luc, chap. i, v. 11 à 20.
[3] Matthieu, chap. i, v. 20 à 25.
[4] Matthieu, chap. i, v. 20.

Tout cela n'est pas, ce me semble, du fétichisme, quoiqu'on l'ait dit et qu'on l'enseigne encore.

XVI.

ANUBIS.

1. — Dans l'esquisse précédemment tracée de la légende d'*Osiris*, nous avons vu comment Nephtys, sa sœur et l'épouse de Seth, son frère, donna naissance à Anubis ; comment Anubis fut élevé par Isis, et comment, avec Horus, il rendit à Osiris les derniers devoirs.

C'est en témoignage de ces bons offices, tout spéciaux, qu'Anubis doit de remplir sa mission divine à l'Amenthi.

Le rôle d'Anubis est, en effet, complétement funéraire.

Le rituel lui attribue la garde des tombeaux et le soin de diriger l'âme des morts à travers les espaces qu'ils ont à parcourir pour arriver, après jugement, à une vie nouvelle, toute de quiétude et de préférence dans les champs célestes de l'Aaenrou, si l'âme du défunt a été jugée digne de goûter les délices de ce paradis.

2. — Les figurines d'Anubis le représentent invariablement coiffé d'une tête de *chacal*.

Disons tout de suite qu'il ne faut pas s'effrayer de

ce masque. Le chacal n'est qu'un chien à l'état sauvage, et c'est seulement les nobles et bons instincts de l'animal qui sont la symbolisation du caractère d'Anubis.

Plutarque a soin, du reste, de prémunir ses lecteurs contre toute fâcheuse impression à propos de cette figure de chien sauvage donnée à Anubis. Par trois fois il s'en exprime de manière à ne point laisser de doute sur la valeur de l'intention qui a présidé à la confection de cet hiéroglyphe.

« Il ne faut pas croire, dit-il[1], qu'Anubis soit un « chien. Il a seulement le caractère spécial de cet « animal, c'est-à-dire qu'il est vigilant, qu'il est ha-« bile à chercher et à discerner, à estimer et à juger, « qu'il sait choisir entre l'ami et l'ennemi, entre la « famille et l'étranger. » Et plus loin[2], revenant sur cette figure de chien, que n'abandonne jamais Anubis, il insinue qu'elle peut lui avoir été donnée comme expression de l'attachement vif et constant qu'il témoigna à Isis, sa bienfaitrice.

Platon[3] dit expressément que c'est seulement à ces conditions-là que les Égyptiens ont comparé le chien au plus docte des dieux, Mercure.

3. — Il me semble qu'en rapprochant les intelligentes et saines réserves faites par Platon et Plutarque, en faveur d'Anubis, du rôle funèbre que le rituel funéraire lui attribue exclusivement, on arrive à recon-

---

[1] *Isis et Osiris*, chap. XI.
[2] *Isis et Osiris*, chap. XVI.
[3] Platon, liv. II de la *République*.

naître très-clairement, dans ce rôle, l'expression poétisée du fait tout simple et tout naturel de l'emploi, par les préposés aux hypogées, de chiens dressés à en faire respecter les abords [1], et à guider dans le dédale obscur des catacombes, ou à travers les allées du bois sacré qui abritait les tombeaux particuliers, soit les familles, soit les personnes admises à déposer les momies des leurs, tantôt dans les chambres publiques des catacombes, tantôt dans les chambres réservées, tantôt dans quelque tombeau particulier [2].

Les chiens dressés à cette triple mission sont devenus, dans le langage figuré d'Orphée, le *Cerbère à trois têtes* qui depuis est censé garder les enfers.

L'office de conducteurs que, pour les porteurs de momies, les chiens remplissaient aux hypogées, Anubis, d'après le texte du rituel funéraire, le remplissait,

---

[1] L'application que je fais des chiens à la garde des cimetières de l'Égypte ne doit étonner personne : il n'y a pas bien longtemps que les conservateurs des cimetières de Paris avaient encore auprès d'eux, pour le même office, de ces intelligents et vigilants auxiliaires.

[2] Pour cet emploi spécial, l'éducation des chiens était facile. Il suffisait, par exemple, pour qu'ils se dirigeassent invariablement vers un point fixe, qu'ils reçussent leur pâture seulement à ce point.

Les préposés aux hypogées pouvaient avoir autant de chiens que de directions à faire suivre.

Ainsi, un pour les tombeaux particuliers, un pour les chambres communes dans les catacombes, un autre pour les chambres réservées.

Ces chiens conduisaient les porteurs de momies aux préposés de chaque section dans les hypogées. Ces préposés, de leur côté, agissaient, pour toutes les momies, en raison d'instructions générales.

Quant aux chiens de garde, je n'ai pas besoin, je pense, d'expliquer leur éducation.

pour les âmes, dans les espaces imaginaires qui conduisaient à l'Aaenrou.

De là, par analogie, la tête de chacal ou chien sauvage donnée à Anubis.

4. — Cette explication du symbolisme d'Anubis fournit du même coup les raisons d'être de l'industrie particulière et sacrée des habitants de Cynopolis[1], qui s'appliquaient à l'éducation des chiens et qui les tenaient en grande vénération.

La position de Cynopolis ajoute encore à la valeur de l'interprétation qui vient d'être fournie.

Cynopolis[2] paraît, en effet, avoir occupé un emplacement voisin de la ville aujourd'hui florissante de Miniéh, sur la rive gauche du Nil, à une distance à peu près égale de Thèbes et de Memphis, dont les hypogées, avec leurs dépendances, formaient, aussi bien qu'à Saïs, un territoire très-étendu, et qui possédaient des chambres souterraines multipliées et fort profondes.

Cynopolis éleva des chiens, parce que Thèbes, Memphis, Saïs, et peut-être aussi d'autres centres d'hypogées, en ont eu besoin; et c'est ainsi que dans cette Égypte, que la Bible nous représente sans cesse comme le pays maudit de la fantaisie et de l'idolâtrie, tout concourait à la satisfaction de la raison et au bien-être physique et moral du peuple.

---

[1] Cynopolis (Κυνῶν πόλις), Ville des chiens.
[2] Strabon, liv. XVII.

LES DIVINITÉS ÉGYPTIENNES.   193

5. — Plutarque, revenant une troisième fois sur la figure de chien que porte Anubis, consigne dans la légende d'Osiris[1] que Nephtys, qui venait d'enfanter, craignant la fureur de Seth, tout à fait étranger à l'œuvre qui avait provoqué cet enfantement, s'était cachée avec le petit Anubis, et que ce fut par des chiens qu'elle put être découverte à Isis, qui la cherchait pour la protéger.

Mais cette circonstance qui peut, une fois de plus, parler en faveur de l'intelligence du chien, et fournir encore un motif de s'y intéresser, n'a rien de commun avec le rôle funèbre attribué à Anubis.

Je m'en tiens donc à l'explication toute naturelle que j'ai donnée de son rôle et de sa figure.

6. — En sa qualité d'être divin, Anubis devait habiter quelque coin du ciel. C'est à l'horizon qu'il réside. Aussi, comme le soleil à l'horizon y répand une teinte dorée, les statuettes d'Anubis étaient-elles d'or ou dorées. Et Jablonski trouve que le mot Anubis a pour racine *Nub* (or), ou *Anub* (doré)[2].

Quant à la raison qui fait attribuer à Anubis l'horizon pour domicile, Plutarque[3] explique qu'Isis représentant l'hémisphère supérieur et Nephtys l'hémisphère inférieur, Anubis, qui reçut des soins égaux de l'une et de l'autre, doit se trouver placé entre elles,

---

[1] Plutarque, *Isis et Osiris*, chap. XVI.
[2] Jablonski, *Pantheon ægyptiacum*, tome III.
[3] Plutarque, *Isis et Osiris*, chap. XXXVIII.

et pour cela il est assis à l'horizon, qui est le point de contact des deux hémisphères.

Dans ses Stromates [1], Clément d'Alexandrie répète la même explication, en nous apprenant de plus qu'Anubis est aussi pris pour les tropiques, qui sont comme les limites auxquelles paraît atteindre le soleil par suite de l'inclinaison de la terre sur l'écliptique.

7. — En terminant le chapitre d'Anubis par cette explication que nous fournit Clément d'Alexandrie, consignons ici, comme observation générale, que la persistance intéressée mise, depuis près de vingt siècles, à démontrer que le culte égyptien n'est guère autre chose qu'un peu d'astronomie érigée en croyances religieuses, a fait trouver aux chercheurs obstinés, pour les appliquer aux rites de la religion égyptienne, les explications les plus étranges en même temps que les plus étrangères à la vérité.

Plus on examine et plus on réfléchit sur les croyances égyptiennes, en se dégageant l'esprit des préventions dont elles ont été avec soin obscurcies, plus on trouve qu'elles sont l'application et la source d'une morale saine et élevée, qui a l'unité de Dieu pour point de départ et d'arrivée.

[1] Livre V.

XVII.

NEPHTYS.

1. — Dans la légende d'Osiris, Nephtys, la mère d'Anubis, est l'épouse stérile de Seth, et la sœur d'Osiris et d'Isis.

En exposant la légende d'Osiris j'ai déjà dit les principales circonstances de la vie de Nephtys; je suis revenu sur quelques-unes de ces circonstances tout à l'heure en parlant d'Anubis, de sorte qu'il n'y a plus guère à faire connaître ici d'autres particularités sur Nephtys que celles de ses attributs et de ses attributions.

2. — Nephtys est la compagne constante d'Isis dans le rôle funéraire qui lui est dévolu. Elle partagea les fatigues d'Isis à la recherche du corps d'Osiris, et ses prières jointes aux invocations d'Isis aboutirent à la résurrection d'Osiris. Aussi auprès de la momie d'Osiris a-t-elle la même attitude de douleur qu'Isis. Comme elle, en effet, elle est représentée portant la main à son front.

Nephtys a aussi aidé Isis dans les soins qu'elle prit de l'éducation d'Horus, et pour cela on la trouve en compagnie d'Horus et d'Isis, comme sainte Anne en compagnie de Jésus et de la Vierge.

3. — Représentée seule, Nephtys est figurée debout,

coiffée d'une *corbeille*, qui est l'hiéroglyphe de son nom égyptien *Nevti*.

Cette corbeille est vide, circonstance qui donne à la figure de Nephtys la signification particulière de *stérilité relative*, que lui attribue la légende.

XVIII.

TYPHON. — SETH. — BÈS.

1. — Les diverses figures de Typhon ont une immense portée philosophique et religieuse, une grande profondeur d'intention politique et sociale.

Des sarcasmes retentissants les accueillent généralement dès qu'elles paraissent; mais, comme tant d'autres figures d'abord ridiculisées parce que le sens en était méconnu ou inconnu, celles que prend Typhon dans ses transformations diverses méritent d'être prises au sérieux, et l'étude attentive qui en est faite réconcilie bientôt avec l'étrangeté des traits qu'elles portent.

En rapprochant, en effet, certaines circonstances historiques du fait même de l'existence, dans des conditions variées, des figures de Typhon, on verra leurs traits, d'aspect brutalement laids, grotesques et odieux, prendre une valeur historique et critique, en même temps que de grandes proportions d'enseignement pratique.

2. — C'est par le mot *Seth* qu'est désignée, dans les croyances égyptiennes, la personnification du Génie du mal ; mais, si ce mot *Seth* a eu tout d'abord cette portée générale, il semble qu'à une certaine époque cette signification ait été restreinte à l'expression particulière de la grande calamité qui frappa l'Égypte près de vingt et un siècles avant l'ère vulgaire, et c'est pour ne pas jeter de confusion dans les développements qui vont suivre que j'ai usé, pour désigner la personnification générique du Génie du mal, du mot grec *Typhon*, que Plutarque, dans son traité d'*Isis et Osiris*, emploie expressément en ce sens général[1], primitivement celui du mot Seth, comme l'indiquent plusieurs particularités.

3. — Seth, le meurtrier d'Osiris son frère, n'est qu'avec réserve, dans les mythes égyptiens, le Génie du mal. C'est l'excès même du bien quand cet excès fait du bien le mal[2].

Ainsi Seth tuant Osiris pour régner à sa place, c'est, tournant au crime, l'ambition, sans les saints élans de laquelle l'homme vit terre à terre ; c'est l'ange superbe voulant détrôner Dieu au lieu de le servir, et sous ces traits Seth peut être un enseignement donné aux princes de se prémunir contre l'appétit désordonné des ambitions qui gravitent autour d'eux.

---

[1] Plutarque, *Isis et Osiris*, ch. XL.
[2] *Id., ibid.*

La figure de Seth devient ainsi l'expression du mal qui, par le fait de son existence connue, enseigne aux hommes la nécessité de s'en garer.

C'est l'ilote ivre offert en spectacle aux Spartiates pour leur faire détester l'intempérance.

Partant, l'attention dont les figures de Seth furent l'objet de la part des Égyptiens, c'est simplement le respect dû aux poteaux indicateurs des précipices à éviter, et le culte qui lui fut rendu, si tant est que l'on puisse s'exprimer ainsi à propos de Seth, c'est cette sorte d'immunité dont jouirent en Égypte les voleurs assez habiles pour ne point se laisser prendre en flagrant délit. L'habileté connue de ces voleurs émérites était un avis permanent donné aux Égyptiens de se garder et de se garer contre cette habileté toujours en quête de la négligence.

C'est en ce sens seulement que doit s'entendre l'existence des images diverses de Typhon parmi les si nombreuses images qui se rencontrent dans les ruines du monde égyptien. Elles y sont, comme sont dans l'histoire des dates funestes, des souvenirs néfastes et de cuisants enseignements.

L'expression diverse des figures hiéroglyphiques de Typhon, ses symboles vivants, la consécration historique des uns, l'admission des autres dans les temples, sont sur ce point autant de preuves, dont il faut déterminer la valeur positive comme témoignage du sens exact et droit de l'avis qui vient d'être ouvert sur la signification des figures de Typhon et sur la portée qu'elles eurent dans les mœurs égyptiennes.

4. — Ainsi que le Bien, le Mal s'offre partout sous des aspects fort multipliés.

Cependant, au lieu des nombreuses transformations de Typhon, dont alors nous devrions croire le culte égyptien encombré, nous ne trouvons de Typhon, dans le catalogue de ce qui est appelé *divinités égyptiennes*, que deux figures : *Seth* et *Bès*.

C'est déjà une victoire pour cette pauvre religion égyptienne accusée de tant d'absurdités, qu'il ne soit possible de mettre à sa charge que deux démons adorés; mais cette heureuse victoire deviendra un triomphe, s'il est vrai que ces deux figures, Seth et Bès, plutôt historiques que religieuses, soient, dans leurs traits grotesques ou laids, de nobles et sages enseignements, bien loin d'être le but marqué d'adorations stupides.

J'espère pouvoir démontrer l'exactitude de cette proposition, et, au moment d'entrer dans les développements nécessaires pour arriver à cette fin, je réclame toute l'attention de mes lecteurs.

5. — Le mot *Seth*, dit Plutarque[1], signifie : *qui surprend, qui supplante, qui domine*. Plutarque dit encore que Seth a pour surnom *Bebon*, c'est-à-dire *empêchement, obstacle mis en travers d'une affaire qui s'achemine à bien*. C'est pourquoi, continue Plutarque, les Égyptiens ont dédié à Seth

---

[1] *Isis et Osiris*, chap. XLVII.

l'*Âne*, qui, de tous les animaux domestiques, est le plus lourd et le plus entêté[1].

Seth est en effet représenté avec une *tête d'âne*.

Dans un autre chapitre[2], Plutarque raconte que Seth, vaincu par Horus, s'enfuit sur un âne sept jours durant, et qu'ayant ainsi échappé à son vainqueur il devint par la suite père de *Ierosolymus* et de *Judæus*; mais il est évident, dit Plutarque, que par ce conte les Égyptiens entendent donner aux Juifs une origine fâcheuse[3].

Les figures de Seth à tête d'âne sont fort rares aujourd'hui. Le musée égyptien du Louvre n'en possède qu'une seule. Elle est en pierre dure très-finement sculptée. Elle est mutilée dans sa partie inférieure, mais en bon état de conservation dans sa partie supérieure : ce qui est pour nous le plus essentiel.

Seth est ici en compagnie de Nephtys, coiffée de la corbeille vide, emblème de la *stérilité*.

« Le culte de Seth eut une grande vogue sous

---

[1] *Isis et Osiris*, chap. XLVII.
[2] *Isis et Osiris*, chap. XXVIII.
[3] C'est sans doute cette légende égyptienne de l'origine des Juifs qui a donné lieu contre eux, au bruit calomnieux dès longtemps fort répandu, qu'ils adoraient une tête d'âne.
Tacite le dit expressément. Après avoir raconté (*Histor.*, lib. V, cap. III) que Moïse, cherchant dans le désert une source où rafraîchir la caravane des Hébreux, qui sous sa conduite quittaient l'Égypte, rencontra à l'écart et suivit de loin un troupeau d'ânes sauvages qu'il vit bientôt se désaltérer à une source abondante, ajoute (*Histor.*, lib. V, cap. IV) que les Juifs avaient consacré une figure d'âne, dans le sanctuaire de leur temple, en souvenir de ce service : *Effigiem animalis, quo monstrante errorem sitimque depulerant, penetrali sacravere.*

« divers souverains de la dix-huitième dynastie ;
« mais plus tard une réaction violente s'opéra, car
« les figures de ce dieu furent détruites et mutilées
« avec soin, ce qui les rend extrêmement rares dans
« nos musées [1]. »

Ce groupe en pierre, représentant Seth à tête d'âne en compagnie de Nephtys, groupe qui existe au musée égyptien du Louvre, porte au dos une inscription qui constate que ce morceau de sculpture appartient au règne de Rhamsès II [2].

Après ces indications particulières relatives à la figure de Seth à tête d'âne, relatons les circonstances historiques qui, par l'ensemble des faits et les dates dont elles relèvent, se rapportent nécessairement aux temps qui virent se multiplier et disparaître les figures de Seth à tête d'âne.

6. — Vers l'an 2082 avant l'ère vulgaire, l'Égypte fut inopinément envahie par des hordes barbares qui, détruisant tout sur leur passage, culbutèrent les Égyptiens qui leur résistèrent, et les poursuivirent jusqu'en Nubie. Là les Égyptiens prirent haleine et, se ruant à leur tour sur les envahisseurs, ils les ramenèrent vigoureusement vers la Basse-Égypte. Mais leur succès ne put les porter plus loin, et les envahisseurs s'établirent militairement dans la contrée

---

[1] Vicomte E. de Rougé, *Notice sommaire sur les monuments égyptiens du Musée du Louvre* (1860).

[2] Douzième roi de la dix-huitième dynastie, de 1577 à 1571.

de l'Égypte comprise entre la Méditerranée et Memphis, dont ils firent leur capitale.

Manéthon, le prêtre historiographe du roi Ptolémée-Philadelphe, assure que ces barbares venaient des régions orientales, ce qui indique clairement qu'ils partirent, pour envahir l'Égypte, des territoires qui de tout temps furent les territoires arabes, territoires compris entre l'Euphrate, — depuis sa source jusqu'à son embouchure dans le golfe Persique, — le golfe Persique, la mer des Indes et la mer Rouge; et l'historien juif Josèphe, tout en confirmant expressément les indications de Manéthon, dit de ces mêmes envahisseurs de l'Égypte, qu'ils sont les ancêtres des Juifs[1].

Manéthon appelle ces farouches peuplades *Hik-sos;* nous les nommons *Pasteurs*.

7. — L'occupation souveraine de la Basse-Égypte par les Pasteurs a duré 260 ans, répartis entre les règnes des six rois dont se compose la dynastie des Rois Pasteurs.

Cette dynastie des Rois Pasteurs correspond à la

---

[1] Cette opinion de l'historien Josèphe, sur l'origine des Juifs, est chaque jour confirmée par les appréciations de la science moderne; elle l'est surtout par le passage suivant de la Genèse :

« En ce jour-là le Seigneur fit alliance avec Abram, en lui di-
« sant : Je donnerai ce pays à ta race, depuis le fleuve d'Égypte
« jusqu'au grand fleuve d'Euphrate,

« Tout ce que possèdent les Cinéens, les Cénézéens, les Cedmo-
« néens, les Héthéens, les Phérézéens, les Raphaïtes, les Amor-
« rhéens, les Chananéens, les Gergéséens et les Jébuséens. »
(Chap. xv, v. 18, 19, 20, 21.)

dix-septième dynastie nationale de l'Égypte, également composée de six rois qui, durant la domination des Pasteurs, n'exercèrent leur autorité que sur la Haute-Égypte et la Nubie.

C'est pendant le règne d'Apophis, quatrième roi de la dynastie des Pasteurs, que Joseph, puis Jacob et toute sa famille, vinrent, dans les circonstances connues, s'établir dans la Basse-Égypte.

Nous savons l'origine de Jacob. Il descendait d'Abraham, qui était Chaldéen de naissance, et la Chaldée, partie méridionale de la Babylonie, relevait, aussi bien que la Mésopotamie et le pays de Chanaan qu'avait habités Jacob, du territoire arabe proprement dit.

Pasteurs et Israélites avaient donc une commune origine, et, à un jour donné, les Égyptiens nationaux les confondirent dans la même haine.

8. — Ahmôsis, sixième et dernier roi de la dix-septième dynastie nationale de l'Egypte, après des luttes longues et sanglantes contre les Pasteurs, fut assez heureux pour les vaincre, et pour remettre les Égyptiens en possession de la Basse-Égypte, de cette Basse-Égypte qu'ils avaient primitivement conquise sur les sables du désert et sur les alluvions du Nil, et dont ils avaient rendu les terres éminemment fertiles à force de science et de travaux intelligents.

De ce moment, ceux des Pasteurs qui restèrent en Égypte, et les Israélites, qui avec eux, aux yeux des Égyptiens, ne formaient qu'une seule et même population, furent esclaves chez les Égyptiens; et ce ne fut que sous le règne de l'un des derniers rois de la dix-huitième dynastie [1] que Moïse, en entraînant les Israélites, alors fort multipliés, vers la presqu'île de Sinaï, purgea la Basse-Égypte de la présence de la *Race maudite* [2] qui l'avait inopinément envahie, et tenue sous le joug ou en alerte pendant plus de 500 ans.

L'histoire a consigné un retour offensif des Pasteurs durant le règne du premier pharaon de la dix-neuvième dynastie, Rhamsès IV, — Mëiamoun. — Mais les Pasteurs, alors rudement châtiés et repoussés, ne tentèrent plus rien isolément [3] contre l'Égypte jusqu'aux premiers temps de l'Hégire, où ce pays devint de nouveau leur proie [4].

9. — Rapprochons maintenant les indications précédemment fournies à propos de la figure de Seth à

---

[1] C'est sous le règne de Rhamsès III, dit le Grand, — Sésostris, — treizième roi de la dix-huitième dynastie, que les chronologistes les plus autorisés placent la sortie des Hébreux de l'Égypte.

[2] Les inscriptions égyptiennes qui se rapportent aux Pasteurs ne les désignent jamais autrement. Dans ces inscriptions, en effet, c'est toujours la *race maudite de Schet,* ou la *méchante race de Schet,* ou la *plaie de Schet.*

[3] Nous retrouvons les *Pasteurs,* — les Arabes, — dans l'armée de Darius pour qui ils combattirent à Issus.

Cecidere Persarum Arabumque circa decem millia. «Ils (les soldats d'Alexandre) tuèrent environ dix mille Perses et Arabes.» (QUINTE-CURCE, liv. IV, chap. VI.)

Cambyse les trouva complaisants pour lui et pour son armée quand, en 525 avant l'ère vulgaire, il marcha à la conquête de l'Égypte. (HÉRODOTE, *Thalie,* chap. 7, 8, 9.)

[4] La prise d'Alexandrie par Amrou, général du calife Omar, pren date à la vingtième année de l'hégire, l'an 651 de notre ère.

tête d'âne, des circonstances historiques que la chronologie indique comme devant se rapporter à cette figure, et nous verrons cette image grotesque prendre instantanément les proportions grandioses d'un des plus émouvants chapitres de l'histoire de l'Égypte, et retentir en cri de ralliement noble et beau comme notre *Mont-joie Saint-Denis* des temps passés, comme notre *Honneur et Patrie* des temps présents.

Le mot *Seth* signifie *qui supplante*.

L'*âne* était chez les Égyptiens l'animal symbolique de Seth, et Seth, selon l'expression figurée qu'avait suscitée aux Égyptiens la haine qu'ils portaient aux Juifs, était le père de la *race maudite de Schet,* — les Pasteurs, les Juifs.

Seth à tête d'âne, c'est donc ici les Juifs ou les gens de même race, — les Pasteurs envahisseurs.

Nephtys, nous l'avons vu, symbolise la terre de la Basse-Égypte, qu'Osiris, c'est-à-dire le Nil, peut seul rendre fertile.

Seth à tête d'âne en compagnie de Nephtys, c'est alors les Pasteurs occupant la Basse-Égypte.

Cette image de Seth en compagnie de Nephtys pullule aux temps de la dix-septième et de la dix-huitième dynastie.

Aux temps de la dix-septième et de la dix-huitième dynastie les Pasteurs, à un titre quelconque, sont établis sur les terres de la Basse-Égypte.

Vers la fin de la dix-huitième dynastie, les Pasteurs, —les Israélites, —quittent l'Égypte, et quand, sous le premier roi de la dix-neuvième dynastie, ils ten-

tent contre elle un retour offensif, ils sont vigoureusement repoussés et cessent d'inquiéter l'Égypte ; aussi c'est sous la dix-neuvième dynastie, alors que les Pasteurs ont disparu, que l'image de Seth à tête d'âne en compagnie de Nephtys disparaît et s'efface des mœurs de l'Égypte.

La conclusion à tirer de la coïncidence qui existe entre le fait de la vogue de l'image de Seth à tête d'âne en compagnie de Nephtys et le fait de la présence des Pasteurs dans la Basse-Égypte, et du fait de la disparition simultanée des Pasteurs et des figures de Seth à tête d'âne en compagnie de Nephtys, quand d'ailleurs nous savons les significations du mot Seth, de la figure de l'âne et de celle de Nephtys, c'est que, dans les conditions spécifiées, la prétendue divinité égyptienne connue sous le nom de Seth est tout simplement une exclamation d'horreur et un cri de ralliement poussés par les Égyptiens contre les Pasteurs, cri hiéroglyphiquement exprimé et circulant en Égypte aussi longtemps que le rend nécessaire la présence des Pasteurs sur la terre des Pharaons.

Ainsi comprise, la figure de Seth à tête d'âne cesse d'être la stupide idole qui nous étonne ou qui fait rire, et elle devient aux yeux de tous, malgré sa laideur, ce qu'elle fut réellement du temps de sa création, un symbole sacré poussant à l'indépendance et à la vengeance contre un ennemi abhorré.

10. — L'étude de la seconde transformation de

Typhon, *Bès*, confirmera l'exactitude de ce qui vient d'être dit sur la valeur de la figure de Seth à tête d'âne.

La figure de Bès est une grossière caricature d'Hercule.

Le choix de l'original est déjà une circonstance assez caractéristique du motif qui peut se trouver dans la mise en circulation de cette figure; mais les difformités dont elle a été faite ont, quant à l'intention de ridiculiser l'original, une éloquence indispensablement persuasive.

Les Égyptiens ont en effet rembruni les traits du héros grec de toutes les laideurs que leur imagination a pu dépister.

Une tête énorme éclairée par de gros yeux ronds, un nez épaté, une bouche à se parler à l'oreille et des oreilles qui semblent se prêter très-volontiers à la circonstance, tant leur pavillon se renverse vers les angles de la bouche; un buste obèse, court et sans forme, avec un abdomen tombant qui ne laisse apercevoir pour jambes que des moignons bouffis; sur le tout une peau de lion, et, pour doubler la laideur du grotesque, des airs satisfaits de matamore.

L'équivoque n'est point ici possible.

Cette image de Bès, c'est l'expression figurée, l'hiéroglyphe plastique, de la haine des Égyptiens contre les Grecs personnifiés dans leur héros.

Elle n'existait pas sous ces traits avant l'avénement des Lagides au trône de l'Égypte, ou du moins il ne s'en rencontre pas qui portent une date antérieure à cet événement, soit par elles-mêmes, soit par les monuments auxquels elles purent se trouver attachées.

Les traits caricaturés d'Hercule donnés à cette figure expriment d'ailleurs une date qu'il n'est pas possible de faire remonter au-delà de l'intronisation des rois grecs en Égypte.

Cette caricature d'Hercule ne peut en effet être faite que contre les Grecs, à qui seulement elle peut faire échec, puisqu'elle ne peut désigner que le héros qui les personnifie.

Il est, de plus, pour quelques-unes de ces mêmes figures de Bès, certaines particularités qui s'y trouvent être un accent historique et chronologique tout à fait expressif.

Ainsi, il en est rencontré dont la coiffure est un naos où se voit le bœuf Apis.

Cette coiffure est la critique de la conduite de Ptolémée-Soter provoquant, pour se jouer du peu d'empressement des prêtres égyptiens, la manifestation spontanée d'un Apis.

D'autres images de Bès le représentent, — toujours sous les traits d'Hercule, — en adoration devant le soleil levant.

C'est la critique d'Alexandre le Grand allant à la conquête de l'Inde.

Toutes ces diverses circonstances accessoires ramènent donc invinciblement à l'époque grecque de l'histoire de l'Égypte la création de la figure de Bès-Hercule.

Dans ces conditions, la figure de Bès ne peut être que le cri de ralliement contre les Grecs, et en confirmant l'interprétation donnée à l'existence passagère des figures de Seth à tête d'âne, elle se trouve avoir ainsi elle-même une signification et une raison d'être qui s'accordent avec l'histoire de son temps et avec les traits qu'elle porte : aussi la voit-on persister pendant la domination des Romains, qui, comme les Grecs, avaient Hercule en grand honneur.

11. — Ce qu'il y a de piquant dans ce fait, c'est que ce fut au nez, à la barbe de leurs envahisseurs, presque sous leur protection, que les prêtres de l'Égypte ou leurs initiés instituèrent accidentellement ce jeu d'images provocatrices à la résistance ou à la révolte; jeu dangereux, — les prêtres et ceux de leur caste l'ont souvent éprouvé, — jeu de politique qui, malgré ses chances fâcheuses, a eu, dans tous les temps et dans tous les pays, maintenant comme autrefois, d'ardents partisans en raison de l'enjeu d'ambition sainte ou simplement égoïste, pour qui le martyre ou le succès est toujours une sanction légitime[1].

---

[1] Nos temps modernes ont eu et ont également leurs hiéroglyphes de haine ou d'aspiration politiques.

Sous la Restauration, la *violette* symbolisa l'espérance du retour de l'empereur, reparu déjà au mois de mars avec la violette; et sous la Restauration aussi bien que sous le règne du roi Louis-Philippe le *petit chapeau* évoquait, contre les Bourbons, toute l'épopée militaire de l'Empire.

De nos jours la *fleur de lis*, façonnée en bijou, gravée ou bro-

Cette explication de la figure de Seth à tête d'âne et de celle de Bès-Hercule, prise aux circonstances historiques de leur apparition et à celles de l'époque où elles s'installèrent dans les mœurs de l'Égypte, a encore sa confirmation dans le caractère éminemment frondeur des Égyptiens.

Les Égyptiens étaient caricaturistes.

On voit, parmi les plans et les dessins relevés en Égypte dans quelques tombeaux, des images où l'*Ane*, — c'est-à-dire les Pasteurs, — n'est point épargné.

Une de ces images le représente jouant de la harpe.

Cette critique charmante de l'esprit grossier ou sauvage aux prises avec les arts de la civilisation doit être l'œuvre de quelqu'un de la classe sacerdotale.

En Égypte, cette seule classe de citoyens, par son érudition et ses aptitudes toujours cultivées, avait le monopole des choses de l'esprit.

12. — Il existe de Bès d'autres images que celle qui le figure sous les traits grotesques d'Hercule, mais elles sont rares et ne se rencontrent que fort peu sur les monuments anciens, néanmoins « elles existent depuis la plus haute antiquité[1]. »

Ici les traits de Bès sont d'une brutalité féroce. Sa

---

dée, est l'hiéroglyphe du regret et de l'espérance des hommes politiques attachés au souvenir des Bourbons.

[1] Vicomte de Rougé, *Notice sommaire des monuments égyptiens du musée du Louvre* (1860).

langue pendante ajoute encore à sa laideur ; sur sa tête il porte une touffe de plumes d'autruche.

Il prend sous ces traits une attitude guerrière, se couvre d'un bouclier, brandit son épée ou tire de l'arc.

Bès ainsi représenté reste, évidemment, dans les conditions d'existence de Seth et de Bès-Hercule, c'est-à-dire qu'avec des attributs et des traits qui caractérisent l'époque où il apparut, et les ennemis contre qui il fut institué, il est encore l'expression hiéroglyphique d'un cri de guerre chez les Égyptiens.

Ses attributs indiquent que le cri de guerre qu'ils expriment était dirigé contre les Libyens.

La langue haletante de Bès le représente, en effet, venant du pays de la soif : la Libye n'a pas d'eau. La touffe de plumes d'autruche qui surmonte sa tête désigne encore la Libye qui, dans ses sables, voit éclore les échassiers-géants dont ce Bès porte la dépouille. Le bouclier est une armure défensive qui était familière aux Libyens [1].

Sous ces traits et avec cette valeur, cette figure de Bès peut exister dès la plus haute antiquité, car, de tout temps, les Égyptiens ont eu maille à partir avec les Libyens que le Nil attire, comme les climats doux et tempérés attirent les Cosaques du Don.

---

[1] « Les Perses, les Éthiopiens, et ceux de Libye, seront avec eux, tout couverts de boucliers (*scutati*) et le casque en tête. » (Ézéchiel, chap. xxxviii, v. 5.)

13. — Le soin que prenait ainsi la classe des prêtres d'entretenir dans le peuple égyptien l'élan des instincts nationaux ne la détournait point du soin de remplir ses devoirs, non moins sacrés, de conscience. Comme la patrie, la religion, aux jours de deuil, avait ses cris d'alarme ; et ses angoisses étaient publiquement dénoncées et énergiquement signalées à l'attention et à l'indignation des Égyptiens par des moyens analogues à ceux qui signalaient aux citoyens les malheurs de la patrie et qui les appelaient aux armes.

La démonstration de ce fait nous éclairera sur la signification et la valeur qu'eurent dans le culte égyptien les animaux que nous savons avoir été nourris dans le sanctuaire des temples de l'Égypte, et elle sera comme le complément de ce qui nous reste à dire d'important à propos de Typhon.

Avant d'entrer dans les développements nécessaires pour bien asseoir cette démonstration, consignons ici les quelques particularités accessoires qui relèvent de Typhon ou Seth.

14. — Les Égyptiens placent l'âme de Typhon dans la Grande-Ourse [1] ; elle est là reléguée aux confins de l'univers : les Égyptiens semblent ainsi avoir éloigné le plus possible le centre d'action du génie du mal.

Ils confient la garde de l'Amenthi à un animal fantastique qu'ils nomment *Oms* ou *Chien de Typhon*,

---

[1] Plutarque, *Isis et Osiris*, chap. xxi.

et qui tient à la fois du *crocodile*, du *lion* et de l'*hippopotame*, emblèmes les plus ordinaires de Typhon.

Enfin, il faut noter ici comme une image pleine de force et de vérité philosophiques que la légende égyptienne nous donne la naissance de Typhon, c'est-à-dire du Mal, comme entachée d'irrégularités et de violences.

Il devança son terme, dit la légende, et, pour donner satisfaction à son désir de venir prématurément au jour, il prit, pour y arriver, des voies détournées et déchira le sein de sa mère [1].

Cette image est fort belle, et serait, au besoin, un témoignage de plus contre l'idée du culte prétendument rendu à Typhon.

XIX.

LES ANIMAUX SACRÉS.

1. — Considéré comme le génie du mal, Seth ou Typhon était symbolisé par un animal carnassier, pourvu d'un museau allongé, un peu busqué, et de deux oreilles droites épanouies à leur extrémité supérieure [2].

---

[1] Plutarque, *Isis et Osiris*, chap. XIII.
[2] Vicomte de Rougé, *Notice sommaire des monuments égyptiens du musée du Louvre* (1860).

De son côté, Plutarque enseigne[1] que le *crocodile* et l'*hippopotame* furent, entre autres animaux sauvages, les animaux emblématiques de Typhon.

Longtemps avant Plutarque[2], Hérodote avait été témoin des soins et des coquetteries dont les crocodiles sacrés étaient l'objet[3]; il explique, du reste, que c'était seulement les Égyptiens des environs de Thèbes et ceux des bords du lac Mœris qui tenaient le crocodile pour animal sacré[4].

---

[1] *Isis et Osiris,* chap. XLVII.

[2] La naissance d'Hérodote est de l'an 484 avant l'ère vulgaire, celle de Plutarque est de l'an 50 de l'ère vulgaire.

[3] Τοῖσι μὲν δὴ τῶν Αἰγυπτίων ἱροί εἰσι οἱ κροκόδειλοι, τοῖσι δὲ οὔ, ἀλλ' ἅτε πολεμίους περιέπουσι. Οἱ δὲ περί τε Θήβας καὶ τὴν Μοίριος λίμνην οἰκέοντες καὶ κάρτα ἥγηνται αὐτοὺς εἶναι ἱρούς. Ἐκ πάντων δὲ ἕνα ἑκάτεροι τρέφουσι κροκόδειλον δεδιδαγμένον εἶναι χειροήθεα· ἀρτήματά τε λίθινα χυτὰ καὶ χρύσεα ἐς τὰ ὦτα ἐνθέντες, καὶ ἀμφιθέας περὶ τοὺς ἐμπροσθίους πόδας, καὶ σιτία ἀπότακτα διδόντες, καὶ ἱρήϊα, καὶ περιέποντες ὡς κάλλιστα ζῶντας· ἀποθανόντας δὲ ταριχεύοντες, θάπτουσι ἐν ἱρῇσι θήκῃσι.

Si, pour quelques Égyptiens, les crocodiles sont sacrés, il en est qui ne les considèrent point comme tels, et qui, bien au contraire, les pourchassent comme des animaux dangereux. Les habitants du territoire de Thèbes et ceux des environs du lac Mœris tiennent les crocodiles pour sacrés, et, pour eux, on en dresse un à se laisser caresser avec la main, à souffrir qu'il lui soit mis des pendants d'oreilles, des colliers de verroterie ou de perles d'or, qu'on lui passe aux pattes des chaînes et des anneaux. Du reste, sa nourriture est réglée ainsi que les cérémonies dont il est l'occasion; on prend le plus grand soin, enfin, pour qu'il vive bien agréablement; mais dès qu'il meurt il est momifié, puis enseveli dans un lieu consacré. (Hérodote, *Euterpe*, 69.)

[4] Et cela, parce que, d'une part, les temples de Thèbes, qui était la capitale religieuse de l'Égypte, reçurent d'abord, et longtemps seuls, des crocodiles dans leur sanctuaire, et que, d'autre part, ce fut dans la famille des crocodiles du lac Mœris que furent choisis les crocodiles sacrés.

L'hippopotame, cet autre symbole de Typhon, avait également, selon le même historien [1], ses domaines particuliers de révérence.

Enfin, Clément d'Alexandrie, dans ses *Stromates*, donne clairement à entendre qu'il a vu des animaux sauvages somptueusement traités dans le sanctuaire des temples de l'Égypte [2].

Il n'y a donc pas plus à douter du fait de la valeur emblématique, soit en image, soit en nature, de certains animaux sauvages, comme expression du Mal et des mauvais instincts, et du fait de leur présence en nature dans certains temples de l'Égypte, qu'il n'y a lieu de douter du fait, plus généralement connu, de la valeur emblématique, soit en image, soit en nature, de certains autres animaux, tels que le *bœuf* et l'*ibis*, comme expression du Bien et des bons instincts, et du fait également bien connu de leur présence en nature dans certains temples de l'Égypte.

---

[1] Οἱ δὲ ἵπποι οἱ ποτάμιοι νομῷ μὲν τῷ Παπρημίτῃ ἱροί εἰσι, τοῖσι δὲ ἄλλοισι Αἰγυπτίοισι οὐκ ἱροί. — Les hippopotames sont considérés comme sacrés par les habitants de la plage Papriémitaine, et non ailleurs en Égypte. (Hérodote, *Euterpe*, 71.)

[2] « Les sanctuaires des temples, dit Clément d'Alexandrie, sont
« ombragés par des voiles tissus d'or ; mais si vous avancez dans
« le fond du temple et que vous cherchiez la *statue*, un employé
« du temple s'avance d'un air grave en chantant un hymne en
« langue égyptienne et soulève un peu le voile, comme pour vous
« montrer le dieu. Que voyez-vous alors ? Un chat, un crocodile, un
« serpent indigène ou quelque autre animal dangereux ! Le dieu des
« Égyptiens paraît..... c'est une bête sauvage se vautrant sur un
« tapis de pourpre. » (*Stromates*.)

Mais, tandis qu'Hérodote et Plutarque, qui ont pu être aussi bien, sinon mieux, renseignés sur ce chapitre que Clément d'Alexandrie, constatent seulement la présence des animaux sacrés dans les temples et les soins dont ils étaient l'objet; Clément d'Alexandrie conclut avec une sainte horreur, de la présence des animaux sauvages dans les temples de l'Égypte, à l'adoration réelle de ces animaux par les Égyptiens.

C'est à peu près tout le contraire que, malgré les apparences, il faut, pour être juste, considérer comme la vérité.

Sur ce point, l'histoire et la chronologie nous fournissent, pour nous éclaircir, de précieuses lumières. Mais, pour faire briller ces lumières de tout leur éclat, quelques explications préliminaires sont indispensables.

2. — Il ne reste point de livres originairement et purement égyptiens qui soient des annales historiques du peuple de la vallée du Nil, et, par suite des exécutions incendiaires dont l'Égypte, à la naissance du Christianisme, a eu le trop fréquent spectacle, au détriment de ses incomparables trésors de livres de sciences et d'histoire[1], les écrits de Moïse sont restés

---

[1] Clément d'Alexandrie (liv. VI, *Stromates*) affirme cependant que de son temps, — il est né l'an 215 de l'ère vulgaire, — les livres antiques, dont la note suit, se trouvaient encore aux mains des Égyptiens :

Trente-trois livres de la philosophie égyptienne;

Six livres de la médecine égyptienne;

les écrits les plus anciens parmi ceux qui parlent de l'Égypte.

On sait avec quelle dénigrante partialité Moïse, dans son livre, porte ses jugements sur le gouvernement, les mœurs et les croyances religieuses du peuple de la vallée du Nil.

En dépit de ce parti pris contre l'Égypte et les Égyptiens, le livre de Moïse vaut cependant mieux que le silence absolu, et, pour la circonstance spéciale où il va intervenir, le témoignage que nous en pourrons tirer aura, en faveur de la vérité, une valeur d'autant moins contestable que ce témoignage s'offre de lui-même et parle, par le silence, le langage accentué de la passion.

Suivons donc Moïse dans les accusations qu'il porte contre l'Égypte et les Égyptiens, afin d'avoir la valeur de ce qu'il n'en dit pas par ce qu'il prend soin d'en dire. Nous rechercherons ensuite au milieu de

Dix livres des choses sacerdotales;
Quatre livres d'astronomie.
Mais Jamblique estime à vingt mille le nombre des livres attribués à Hermès, c'est-à-dire à la classe sacerdotale qu'il personnifiait, et selon Manéthon les livres de ce genre et de cette provenance seraient bien plus nombreux.

Ce fut sur les livres d'histoire conservés dans les temples, livres dont une grande partie remonte bien au-delà de Moïse, que le prêtre historiographe de Ptolémée-Philadelphe rédigea son abrégé chronologique de l'histoire des Pharaons, ouvrage dont il ne nous reste que des lambeaux par citation, souvent défigurés et toujours sans suite.

Du reste tous les livres dont il est ici question ont péri, brûlés ou lacérés, dès les premiers temps du christianisme, et bon nombre d'autres avec eux.

quelles circonstances historiques les animaux symboliques de Typhon ont fait leur apparition dans les temples de l'Égypte, puis, rapprochant les constatations qui relèvent de chaque époque, nous verrons quelle est la conséquence à tirer de ce rapprochement.

3. — La mission réelle donnée à Moïse, ou sollicitée par lui, était la régénération du peuple hébreu abruti par trois siècles de servitude chez les Égyptiens.

Pour mener à bien cette œuvre immense de réhabilitation d'un peuple, trois conditions essentielles étaient indispensables, à savoir : un chef, homme de génie, de persévérance et de courage; l'émigration du peuple hébreu hors d'Égypte; l'effacement complet, chez les Hébreux, des habitudes et des mœurs par eux contractées durant leur servitude en Égypte.

Le chef, homme de génie, de persévérance et de courage, Moïse le fut à tous égards, et l'émigration du peuple hébreu qu'il sut provoquer et réaliser marque la première étape de la vaste entreprise au succès de laquelle son nom est resté attaché.

4. — Devenu chef d'une nation à qui il avait le devoir d'inculquer des idées d'indépendance et le sentiment national, Moïse n'avait point à hésiter sur le choix des moyens à mettre en œuvre pour atteindre ce but.

Il devait, de rigueur et avant tout, travailler à

débarrasser les Hébreux des mœurs et des habitudes par eux contractées en Égypte, et, pour y parvenir, il lui fallait s'ingénier à faire détester aux Hébreux le langage, les mœurs, les lois et la religion des Égyptiens, en un mot tout ce qui constituait, par l'usage général qui en était fait en Égypte, le caractère moral et physique de la nation égyptienne.

Laisser les Hébreux vivre suivant les lois, les préjugés et les aspirations de la société égyptienne dans une contrée où tout était à créer, culture et industrie, c'eût été, de la part de Moïse, préparer à sa légitime ambition une déception inévitable et prochaine, puisque l'impossibilité de continuer sur les terres de la presqu'île de Sinaï des coutumes basées sur les avantages acquis de la civilisation égyptienne, aurait infailliblement ramené vers l'Égypte les Hébreux frustrés dans leurs espérances et dans leurs désirs.

Il y eut donc bien réellement chez Moïse nécessité politique, c'est-à-dire absolue, de faire comprendre aux Hébreux rassemblés au pied du mont Sinaï que tout était mal, mauvais, dangereux et blasphématoire dans les mœurs et dans le pays d'Égypte ; que tout, au contraire, était beau, bon et délicieux dans le pays qu'il s'agissait alors pour les Hébreux d'atteindre et de conquérir, et que tous les efforts qui seraient faits pour parvenir au but seraient agréables à Dieu et particulièrement méritoires.

L'enseignement de Moïse aux Hébreux dut donc être et fut, de fait, un dénigrement systématique des mœurs, des lois et de la religion des Égyptiens, et cet enseignement eut d'autant plus de chance de réussir qu'il s'adressait à des hommes prédisposés, ceux-ci par une cause, ceux-là par une autre, à tout accepter.

Il y avait, en effet, dans cette multitude innombrable dont Moïse s'était fait le chef, ce qu'il y a dans toutes les grandes agglomérations d'hommes.

Il y avait la classe, toujours la plus nombreuse, des gens naïfs sur l'esprit de qui les miroitements d'un bien-être facile et prochain exercent toujours une fascination souveraine. Il y avait celle des aventuriers qui, pour donner carrière à leur activité et à leurs aspirations excentriques, acceptent tout ce qui est mouvement et changement. Il y avait enfin la classe des hommes de cœur et de raison, qui préfèrent la vie indépendante avec le travail même excessif à l'esclavage le plus adouci.

L'œuvre de Moïse ne pouvait dès lors manquer d'avoir, dans de telles conditions, à un titre quelconque, des soutiens réels et nombreux parmi les Hébreux.

Il lui fut donc loisible de dire tout ce qu'il jugerait profitable à son entreprise, sûr, d'ailleurs, de trouver dans les masses israélites des esprits disposés d'avance à tout accepter.

Il n'y manqua point.

5. — La religion égyptienne planant sur tout le système gouvernemental de l'Égypte, par conséquent

réglementant tout, avait, bien ou mal interprétée par les Hébreux, pris pied dans leurs habitudes et dans leurs mœurs, et, par imitation, ils usaient, au nom de la religion, des hiéroglyphes sacrés bien qu'ils ne les comprissent pas, ou mieux, qu'ils ne les comprissent plus depuis qu'ils étaient tombés en esclavage. Ce fut donc à la religion que Moïse s'en prit d'abord, et, à peine avait-il conduit les Hébreux sur le territoire de la presqu'île de Sinaï, qu'avant même de leur distribuer des terres qu'ils pussent mettre en culture pour en tirer au plus tôt leur subsistance, il déclare ses rapports directs avec Dieu invisible, et en prend occasion d'anathématiser la religion égyptienne, dont il connaissait pourtant bien à fond les principes et les sages enseignements, l'attaquant, du reste, moins dans l'esprit de ses enseignements, — peu ou point connus, en tout cas mal connus des Hébreux, — que dans les instruments matériels de leur expression, instruments dont les Hébreux usaient depuis longtemps en Égypte tout machinalement et par imitation des Égyptiens, sans y rien comprendre.

C'est ainsi que Moïse condamna avec un grand luxe de colère l'usage, chez les Hébreux, des hiéroglyphes plastiques des Égyptiens comme œuvre sacrilége, et qu'il n'hésita pas à représenter ces instruments primitifs de la pensée, naïfs essais de l'art graphique, comme des idoles impures et détestables.

Par la même raison il s'éleva avec indignation contre le bœuf Apis et, sous le titre, qu'il savait mensonger¹, de *Culte du veau d'or*, il tourna en ridicule le respect dont Apis était l'objet chez les Égyptiens comme expression emblématique du Bien.

Moïse enfin, dans le but tout politique d'avilir les Égyptiens et de les rendre odieux ou méprisables aux yeux des Hébreux, se déchaîna avec aigreur contre tout ce qui était égyptien. Il n'est pas, en effet, une institution de ce pays de la grande science qu'il n'ait honnie, il n'est pas une vérité venue des bords du Nil à laquelle il n'ait, au moins en apparence, infligé un démenti ; et quand on compare à l'abjection sociale dont Moïse accuse les Égyptiens les prodiges de bien-être moral et matériel de son temps éclos en Égypte, quand on compare la splendeur de la cour des Pharaons au rôle d'êtres superstitieux et imbéciles qu'il fait jouer au Pharaon, à ses ministres et au peuple égyptien, on reconnaît que le législateur des Hébreux a su développer avec un art prodigieux son thème obligé de perfidie contre l'Égypte ; on juge aisément qu'il y a été aussi complet que possible, et cependant, dans ce dévergondage d'accusations intéressées, il ne se trouve pas un mot, pas un seul mot concernant le culte prétendu des bêtes féroces chez les Égyptiens.

---

¹ « On ne doute pas que le *Veau d'or* qu'Aaron fit aux Israé-
« lites dans le désert, et que les veaux que Jéroboam proposa aux
« dix tribus dans son royaume pour les adorer ne fussent une imi-
« tation du culte superstitieux que les Égyptiens rendaient au tau-
« reau Apis. » (Dom CALMET.)

Ce n'est pas sans doute l'ignorance qui motive le silence de Moïse sur ce point, puisque l'instruction toute royale qu'il avait reçue des prêtres de Memphis [1], à la cour d'Égypte, l'avait mis dans le secret de tous les détails du culte et des mystères de la religion égyptienne.

Il savait bien, d'ailleurs, ce qu'était le crocodile, puisqu'il le signale dans le Lévitique [2] comme un des animaux impurs dont les Hébreux doivent s'abstenir de manger, et qu'ils ne doivent pas même toucher.

Le silence que garde Moïse sur le culte prétendument rendu aux animaux sauvages par les Égyptiens, quand il avait un si grand intérêt à le dénoncer et à apporter contre eux une accusation aussi accablante, dit donc bien expressément que, du temps de Moïse, ce culte n'existait pas.

6. — Mais, si les animaux sauvages, tels que le crocodile et l'hippopotame, ne figurent point dans le sanctuaire des temples à titre d'animaux sacrés dès le temps de Moïse, au contraire, ils s'y trouvaient

---

[1] « La fille de Pharaon lui (à la mère de Moïse) dit : Prenez cet
« enfant (Moïse) et me le nourrissez, et je vous en récompenserai.
« La mère prit l'enfant et le nourrit, et lorsqu'il fut assez fort elle
« le donna à la fille de Pharaon, qui l'adopta pour son fils...... »
(*Exode*, chap. II, v. 9 et 10.)

« . . . . On instruisait les jeunes princes dans les préceptes et
« les cérémonies de la religion, dans les lettres et les arts...... »
(Champollion-Figeac, *Égypte ancienne. État de la famille royale.*)

[2] Chap. XI, v. 29.

à ce titre, nous le savons pertinemment, au temps où Hérodote visita l'Égypte, c'est-à-dire onze siècles environ après Moïse, plus de 400 ans avant l'ère vulgaire. Il faut donc ou expliquer d'une manière satisfaisante cette circonstance nouvelle, ou marcher à la suite de Clément d'Alexandrie et croire à l'adoration des animaux sauvages en Égypte.

Au nom de la raison, je me refuse à croire à une semblable aberration d'esprit chez un peuple tel que les Égyptiens, et, l'histoire aidant, j'espère, en dépit des préventions et de la sanction que leur a donnée le temps, ranger à l'avis de la raison tous les esprits sages et impartiaux.

7. — Les faits, les faits historiques surtout, n'ont jamais de valeur absolue.

Leur signification et leur importance relèvent toujours, par les causes qui les ont provoqués et par les effets qu'ils produisent, de l'ensemble d'autres faits qui les précèdent et qui les suivent.

Tout fait historique, pour être jugé convenablement, doit donc être considéré dans ses rapports avec les lieux, les temps et les circonstances au milieu et sous l'influence desquels il a pris naissance et se perpétue.

C'est ainsi que j'entends examiner le fait de la présence des animaux dans le sanctuaire des temples de l'Égypte, et c'est pourquoi je demande la permission de noter ici quelques circonstances historiques au milieu desquelles s'encadre ce fait.

8. — A l'époque où vivait Moïse, — quinze siècles avant l'ère vulgaire, — l'Égypte était au faîte de la grandeur et de la gloire.

Depuis près de trois siècles elle avait dompté les Pasteurs, et, Moïse venu, elle s'était débarrassée par son intermédiaire de cette population parasite, — Israélites et Pasteurs, — dont la présence sur ses terres la tenait en perpétuelle perplexité.

Dans ces temps-là, comme à l'envi l'un de l'autre, les dix-sept souverains de la dix-huitième dynastie nationale des pharaons s'étaient mis à l'œuvre avec ardeur pour effacer les ruines dont les Pasteurs avaient semé l'Égypte, et cette terre promise de la science et des grands travaux s'était de nouveau couverte d'édifices somptueux, monuments de la reconnaissance des hommes envers Dieu, ou témoignages de la grandeur et de l'ambition des rois.

Le lac Mœris avait été creusé et aménagé, les canaux d'irrigation avaient été nettoyés ou approfondis, leurs rameaux s'étaient multipliés et étendus pour porter la fertilité, désormais réglée et organisée, sur tous les points accessibles de la vallée du Nil, et, dans les sables de la Basse-Égypte, aussi loin que les eaux du fleuve pouvaient utilement atteindre.

L'activité de l'Égypte n'avait pas été moindre pour ses intérêts du dehors. A l'ouest, Thouthmosis IV avait châtié les Libyens trop entreprenants ; au midi, Aménophis III (Memnon) avait refoulé les Éthiopiens ; au levant, Rhamsès III (Sésostris), brisant devant lui tous les obstacles, avait traversé l'Asie Mineure et était venu jusque dans la Thrace porter la gloire de ses armes.

Rhamsès IV (Méiamoun) avait inauguré avec splendeur les règnes encore glorieux des rois de la dix-neuvième dynastie.

L'Égypte était alors la plus belle, la plus forte et la plus riche contrée du monde.

9. — En ces temps-là, nous l'avons constaté par le témoignage de Moïse, les animaux symboliques de Typhon, c'est-à-dire du mal, n'existaient point dans les temples de l'Égypte; les manifestations d'Apis se produisaient au contraire régulièrement et à leur heure, aucun signe de sinistre intelligence ne circulait parmi le peuple, et, bien loin qu'il en fût ainsi, on avait alors vu disparaître, avec les Pasteurs, cette fâcheuse figure de Seth à tête d'âne qui dénonçait ces hôtes compromettants à la sollicitude ombrageuse des Égyptiens.

Mais cette prospérité inouïe dont jouit l'Égypte pendant plus de cinq siècles[1] ne se maintint guère au-delà des derniers rois de la dix-neuvième dynastie, et, après de pénibles péripéties à l'encontre desquelles les pharaons nationaux se montrèrent fort inférieurs aux exigences de la position qui leur était faite par les événements, l'Égypte dut subir des souverains étrangers.

10. — La vingt-cinquième dynastie de ses rois est éthiopienne.

---

[1] Durant 542 ans, de 1822 à 1475 avant l'ère vulgaire.

Elle sort de cette Éthiopie que l'Égypte s'était habituée à mépriser[1] et à considérer comme sa tributaire obligée, et son avénement à la souveraine puissance sur les bords du Nil inférieur, en raison des circonstances intimes qui lui permirent de fournir ainsi à l'Égypte trois rois consécutifs, marque les premiers pas faits par les Égyptiens dans la voie de la décadence[2].

[1] Les inscriptions légendaires des Égyptiens désignent toujours les Éthiopiens par cette périphrase injurieuse, la *mauvaise race de Kousch*.

[2] L'avénement de la dynastie des rois éthiopiens au trône de l'Égypte, accompli au milieu des troubles dont l'empire des Pharaons fut le théâtre sous le règne de Bocchoris, seul roi de la première dynastie saïte, troubles nés surtout de l'ambition des nombreuses familles nationales qui pouvaient alors aspirer au trône de l'Égypte, semble le fait d'une politique aventureuse mise en ce moment là en jeu par les membres de la caste sacerdotale de l'Égypte, qui crurent sans doute l'heure venue de ressaisir l'autorité gouvernementale que le roi Ménès leur avait enlevée au profit de la caste militaire.

Les Éthiopiens, dès longtemps sujets ou tributaires des Pharaons, n'étaient pas en effet dans des conditions de force et de puissance politiques telles qu'il leur fût possible d'imposer leurs rois à l'Égypte sans qu'il y existât quelque intrigue pour leur venir en aide.

Il est des circonstances historiques qui appuient cette opinion.

A l'époque où nous nous plaçons, les rois d'Éthiopie étaient si complétement sous la dépendance des prêtres de l'empire de Méroé que, sur un ordre venu du grand prêtre, ces faibles monarques se hâtaient de résigner leurs pouvoirs entre ses mains.

Mettre sur le trône de l'Égypte un roi façonné par une semblable éducation dut paraître à la classe sacerdotale de l'Égypte un moyen facile de ressaisir le pouvoir qui, représenté par un roi qu'elle pourrait déposer à son gré, lui reviendrait tout entier, quand elle le jugerait opportun.

Tel paraît donc avoir été le plan de l'intrigue politique qui plaça les rois éthiopiens sur le trône des Pharaons.

Mais si Sabacôn, le chef de la dynastie éthiopienne, s'est d'abord

Après le règne des trois rois éthiopiens, un coup de main heureux remit, il est vrai, une famille nationale d'Égypte sur le trône des Pharaons [1] ; mais ce retour à sa complète indépendance ne dura pour l'Égypte que cent cinquante ans, passé lesquels ce pays fameux tomba sous le joug dégradant des rois de Perse, pour aller ensuite de chute en chute, après quelques instants de répit sous les premiers Lagides, s'abîmer définitivement dans l'immensité de l'empire romain.

Cette période de décadence embrasse une durée de 688 ans, qui commence avec l'année 718, date de l'intronisation de Sabacôn, chef de la dynastie

prêté au rôle que s'en promettait la caste sacerdotale de l'Égypte, il paraît aussi que le moment vint pour lui d'agir par l'intimidation sur l'esprit des prêtres égyptiens pour les tenir en respect.

Hérodote (*Euterpe*, 139) rapporte en effet que, sur un songe qu'il prétendit lui être venu, Sabacôn menaça tous les prêtres de l'Égypte de les faire couper en deux (μέσους διαταμεῖν).

Que ce soit d'ailleurs politique ou crainte, les prêtres égyptiens, en s'abstenant de toute opposition contre l'intronisation des rois éthiopiens, ont fait faire à l'Égypte sa première étape vers la décadence.

Disons ici, par circonstance, et pour compléter cette note en ce qui concerne l'empire de Méroé, que, suivant Diodore de Sicile, le triste régime auquel l'arrogance des prêtres éthiopiens soumettait les rois d'Éthiopie se continua jusqu'au temps où Ergamène (vers 240 avant l'ère vulgaire), au lieu d'obéir à l'ordre des prêtres qui lui enjoignaient de résigner ses pouvoirs et de mourir, se mit à la tête de ses troupes, s'empara du collége des prêtres, nommé le *Temple d'Or*, et mit à mort la gent sacerdotale qui l'habitait.

La résistance de Sabacôn aux aspirations des prêtres de l'Égypte est de quatre siècles et demi environ antérieure à l'acte de vigueur du roi Ergamène.

[1] C'est la seconde dynastie saïte et la vingt-sixième dynastie des rois d'Égypte. Elle a fourni neuf rois, qui ont occupé le trône depuis 674 jusqu'à 525 avant l'ère vulgaire.

éthiopienne, et s'achève à l'année 30 avant l'ère vulgaire, époque de la mort de Cléopâtre[1].

Elle est féconde en enseignements de tous genres, et parmi les événements dont elle est semée il en est qui ont une grande valeur historique, quoique ordinairement donnés en pâture à l'esprit des jeunes gens comme distraction à leurs études sérieuses.

11. — Au nombre de ces derniers, et un des plus connus, est le meurtre du bœuf Apis par Cambyse[2].

Pris isolément, cet acte de matador accompli par Cambyse ne ressemble guère en effet qu'à une méchanceté gratuite à l'adresse de gens naïfs qui ont la faiblesse de s'ébattre à bon marché, et c'est d'ordinaire avec cette couleur qu'il figure comme épisode complémentaire dans le récit des exécutions sanguinaires dont est chargé le règne de Cambyse.

Présenté au contraire avec le cortége des faits au milieu desquels il s'est produit, cet acte de Cambyse, en restituant au bœuf Apis toute son importance traditionnelle dans les mœurs des Égyptiens, acquiert la valeur politique de premier ordre d'un

---

[1] Cléopâtre mourut, on sait assez comment, vers le 15 du mois d'août de l'an 30 avant l'ère vulgaire, après vingt-deux années d'un règne des plus accidentés.

Octave était entré à Alexandrie le premier jour de ce même mois d'août.

[2] Apis mourut des suites de la blessure que lui fit Cambyse à la cuisse, dit Hérodote (*Thalie*, chap. 29); mais il serait plus exact de croire que, pour conserver au bœuf Apis tout son prestige, les prêtres l'achevèrent, afin qu'il ne survécût pas au malheur public.

acte souverain de grande énergie. Pourtant il n'y aurait pas lieu de s'en occuper ici si dans les détails qui vont suivre ne se trouvaient des renseignements capables de nous conduire à la connaissance exacte du rôle des animaux sacrés chez les Égyptiens.

12. — Au temps où Cambyse s'empara de l'Égypte, le bœuf Apis mourut, et, tant que dura la fortune de Cambyse en Égypte, aucun Apis nouveau ne se manifesta[1].

Mais, déjà dans ces temps reculés, les potentats heureux se berçaient assez volontiers de l'idée qu'ils peuvent tout exiger de la fortune sans la fatiguer; et Cambyse, après avoir soumis l'Égypte, voulut soumettre l'Éthiopie, d'où les Égyptiens tiraient l'or, l'ivoire et les bois précieux, et, dans le même temps, aller ravir à l'oasis d'Ammon, où les prêtres de Thèbes, à l'approche de Cambyse, s'étaient hâtés de les aller mettre en sûreté, les trésors immenses représentés par les hiéroglyphes sacrés tout d'or, d'argent et de pierreries des temples de Thèbes.

Deux expéditions furent organisées à l'effet d'atteindre ce double but.

L'une, forte de cinquante mille hommes environ, partit de Thèbes et se dirigea à travers les sables de la Libye vers l'oasis d'Ammon; l'autre, composée des troupes dont Cambyse pouvait encore disposer, marcha sous sa conduite contre l'Éthiopie[2].

---

[1] Hérodote, *Thalie*, chap. 27.
[2] *Id., ibid.*, chap. 25.

13. — Égyptiens, Perses et auxiliaires, chacun en Égypte était, selon ses sentiments, dans l'attente des événements, quand le bruit se répand que les deux expéditions des Perses ont échoué. Il se confirme bientôt que l'armée des Perses envoyée contre l'oasis d'Ammon a été complétement détruite dans le désert par une tempête de vent et de sable, et que, de l'expédition commandée par Cambyse, il ne reste que le chef et quelques hommes affamés[1].

Aux yeux des Égyptiens, l'anéantissement des forces de Cambyse ne pouvait être que le prélude d'une prochaine délivrance, c'est-à-dire un événement heureux. Aussi, comme par enchantement, un nouvel Apis se manifeste, et lorsque Cambyse, exténué de faim et de fatigue, privé à la fois de son armée de l'oasis d'Ammon et de son armée d'Éthiopie, arriva à Memphis, il y trouva le peuple en liesse, acclamant Apis et célébrant sa bienvenue[2].

14. — La conduite que tint alors Cambyse témoigne jusqu'à l'évidence qu'il ne se méprit point sur la signification de la manifestation d'Apis; mais il faut le faire voir clairement par l'exposé des faits, et une fois cette vérité mise en lumière, en même temps que nous devrons reconnaître que la façon dont en usa Cambyse vis-à-vis d'Apis, des prêtres et du peuple égyptien, tout terrible qu'elle peut paraître, ne fut cependant en somme qu'un acte intel-

---

[1] Hérodote, *Thalie*, 25 et 26.
[2] *Id.*, *ibid.*, 27.

ligent et nécessaire de sagesse politique commandé impérieusement par les circonstances, nous serons initiés avec exactitude à la connaissance du rôle véritable d'Apis dans les mœurs de l'Égypte.

15. — « Cambyse, dit Hérodote, tout à fait per-
« suadé (πάγχυ σφέας καταδόξας) que les Égyptiens ne
« se livraient à la joie qu'en conséquence de l'état
« malheureux de ses affaires, fit venir devant lui les
« principaux citoyens de Memphis et leur demanda
« comment il se faisait que leur ville, qui s'était abs-
« tenue de démonstrations joyeuses alors qu'il y
« résidait, se trouvât en fête quand il y rentrait après
« avoir perdu ses troupes. Il lui fut répondu que la
« joie qui animait les Égyptiens était motivée unique-
« ment par l'apparition d'un dieu; que, comme ce
« n'est qu'à de longs intervalles que ce dieu se mon-
« tre ainsi, il est d'usage, lorsque la circonstance se
« présente, que tous les Égyptiens se livrent à la plus
« grande joie. Cambyse taxa de mensonge la réponse
« qui lui était faite, et, sous ce prétexte, fit mettre
« à mort ses interlocuteurs.

« Il manda alors les prêtres, et, ayant reçu d'eux
« une réponse semblable à celle des principaux de
« la ville, il fit observer que, puisqu'un dieu de
« joie était apparu aux Égyptiens, il ne fallait pas
« qu'on le lui cachât, et il ordonna qu'Apis lui fût
« amené.....

« Apis parut, conduit par ses prêtres. Cambyse, à
« sa vue, feignant une plus vive irritation (οἷα ἐὼν

« ὑπομαργότερος), tira son poignard contre Apis et pa-
« rut vouloir l'en frapper au ventre; mais il le blessa
« à l'épaule, tout en apostrophant injurieusement
« les prêtres en ces termes : O tristes têtes! est-ce
« qu'il existe des dieux faits de chair et de sang, et
« sensibles à l'action du fer? Voilà un dieu bien
« digne des Égyptiens! Il vous en cuira pour vous
« être moqués de moi!

« Il ordonna en effet que les prêtres fussent fouet-
« tés et que l'on mît à mort tout Égyptien qui serait
« surpris se réjouissant.

« Le peuple, voyant ses prêtres maltraités, s'abs-
« tint sagement de toute démonstration de joie.

« Quant au bœuf Apis, il dépérit dans son étable,
« et à sa mort il fut enseveli par les prêtres selon les
« rites égyptiens à l'insu de Cambyse (ἔθαψαν οἱ ἱρέες
« λάθρῃ Καμβύσεω)[1]. »

16. — Ce récit d'Hérodote renferme le double enseignement que nous cherchons.

D'une part, en effet, il détermine le sens véritable
de la conduite de Cambyse vis-à-vis des Égyptiens,
de leurs prêtres et d'Apis à l'occasion des faits et dans
les circonstances que nous connaissons, en faisant
bien clairement comprendre que Cambyse, loin d'a-
voir été gratuitement, ou le stupide trouble-fête que
l'on a dit, ou le héros intempestif de la raison bles-
sée par les pratiques de la superstition, ainsi qu'on

---

[1] Hérodote, *Thalie*, chap. 27, 28 et 29.

l'a dit encore, fut en réalité le chef habile qui, dans une circonstance grave et pressante pour lui-même et pour les siens, alors que les événements avaient ébranlé sa position et qu'il pouvait être débordé par le flot de ses ennemis, sut, pour conserver son autorité prépondérante et l'imposer intacte autour de lui et devant lui, user heureusement tout à la fois d'adresse, d'audace et de sévérité, faute d'avoir à sa disposition une force armée suffisante pour agir par une action purement démonstrative à l'encontre des projets d'une rébellion qui pouvait devenir instantanément redoutable.

D'autre part, en établissant d'une manière précise, par la coïncidence des faits et par le sentiment de Cambyse sur ce point, que la manifestation d'un nouvel Apis, au moment où l'insuccès de ses campagnes contre l'oasis d'Ammon et l'Éthiopie affaiblissait sensiblement la position stratégique de Cambyse en Égypte, doit être considérée comme l'expression exacte de la satisfaction bien naturelle ressentie par les Égyptiens à propos d'un événement qui ne pouvait que leur paraître heureux, le récit d'Hérodote détermine le sens vrai à attacher aux manifestations d'Apis et aux phases diverses de son culte prétendu ; et nous voyons par là que manifestations et phases de la vie d'Apis, au lieu d'être, comme on l'enseigne, un jeu de folles pratiques superstitieuses, sont en réalité l'expression conventionnelle des vicissitudes nationales, expression, avec tous ses modes, passée dans les mœurs de l'Égypte au même titre que chez nous l'usage des proclamations, tantôt exaltant avec emphase les événements de bonne fortune pour la nation, tantôt au contraire réclamant ses efforts ou l'invitant à la patience et à la résignation dans les temps calamiteux.

17. — Les phases imposées au rôle d'Apis correspondent en effet aux situations générales indiquées par la raison comme devant se produire dans la vie d'une nation.

Ainsi l'existence d'un Apis sagement mesurée à une durée maximum de vingt-cinq ans, au terme desquels il était nécessairement mis à mort, enseignait à l'Égypte qu'une nation ne doit pas compter sur des chances heureuses indéfiniment prolongées.

La mort plus ou moins hâtive d'Apis, — mort naturelle ou provoquée, — était, suivant le cas, ou simplement le pronostic d'un grand malheur public que conjurait la manifestation immédiate d'un nouvel Apis, ou le signe solennellement indicateur d'une calamité publique effective.

L'obstination d'Apis à ne pas se manifester de nouveau indiquait la persistance des circonstances fâcheuses dont sa mort avait marqué l'éclosion.

De même la manifestation d'un nouvel Apis, manifestation bien certainement facultative, mais toujours présentée comme un symptôme précurseur, spontané, libre et gracieux, signalait le retour de la prospérité publique.

Apis enfin était par sa mort, par son absence, par

sa réapparition, par son existence, l'hiéroglyphe proclamant les diverses phases alternatives du bien et du mal qui incombaient à l'Égypte[1].

Il était ainsi le héraut de la situation politique de l'empire des Pharaons, à ce titre fort bien en cour chez les Égyptiens, mais n'ayant en somme dans l'esprit de la nation qu'un grade d'oriflamme[2].

18. — Les conditions d'existence d'Apis, désormais historiquement déterminées, nous aideront d'une manière efficace à estimer ce que peuvent avoir été,

---

[1] Nous ne connaissons ni le nombre de toutes les manifestations d'Apis, ni toutes les circonstances heureuses dont ces manifestations ont annoncé ou salué la bienvenue; mais aussi, nous ne connaissons pas de faits qui, convenablement étudiés, viennent contredire la signification donnée ici à l'institution d'Apis.

Si, en effet, comme contrôle, remontant aussi haut que possible dans les époques lointaines de la nationalité égyptienne, nous interrogeons son histoire, nous trouverons, ainsi que le constate M. le vicomte E. de Rougé (*Notice sommaire des monuments égyptiens du musée du Louvre*, 1860), qu'aux siècles qui précèdent et suivent immédiatement celui où vécut Moïse, et qui furent l'époque la plus glorieuse et la plus prospère de l'existence de l'Égypte, les manifestations d'Apis furent régulières.

Si, revenant sur nos pas, nous interrogeons les fastes égyptiens des temps qui nous avoisinent le plus, nous trouverons que, sous le règne de l'empereur Julien (vers 370 de l'ère vulgaire), l'histoire enregistre la manifestation d'un Apis en même temps qu'elle constate la politique de conciliation dont Julien usa envers les Égyptiens, restés fidèles aux croyances primitives de la vallée du Nil.

[2] Nous avons, nous aussi, nos hiéroglyphes d'allégresse et de deuil. Ainsi, suivant les circonstances, nous pavoisons nos maisons ou bien nous en fermons avec soin toutes les ouvertures extérieures.

N'avons-nous pas aussi l'hiéroglyphe sacré de l'honneur militaire de la France : le pavillon et le drapeau, que l'empereur salue et pour qui les tambours battent aux champs?

dans le culte égyptien, le crocodile, l'hippopotame et tous les animaux sauvages qui, comme eux, ont figuré dans le sanctuaire des temples de l'Égypte.

Il ne sera besoin, pour former notre conviction sur ce point, que de simples rapprochements de circonstances et de dates.

Le crocodile et l'hippopotame, nous l'avons déjà vu, sont les figures emblématiques du génie du mal, Typhon.

Nous savons par le témoignage de Moïse que, de son temps, temps magnifiquement prospère pour l'Égypte, ces animaux sauvages n'affligèrent point par leur présence les sanctuaires religieux de la vallée du Nil.

Hérodote nous apprend au contraire qu'au temps où il visita l'Égypte, alors passée depuis trois quarts de siècle sous la domination des Perses, le crocodile et l'hippopotame faisaient partie du mobilier des temples.

Près de sept siècles plus tard Clément d'Alexandrie les y a vus aussi; il y a même vu d'autres animaux féroces.

Mais, aux époques dont parlent Hérodote et Clément d'Alexandrie, ainsi que dans l'intervalle du temps compris entre les points extrêmes qu'ils déterminent, la terre des Pharaons était plongée dans le deuil et dans la désolation.

Son territoire était occupé par des étrangers, son armée était anéantie, sa nationalité effacée, et il ne restait aux Égyptiens aucun coin de terre indépendante où pouvoir organiser la résistance.

19. — Cette résistance exista pourtant, elle exista même à l'état permanent depuis le jour de la conquête de l'Égypte par Cambyse jusqu'à celui de l'effacement complet de la nationalité égyptienne. Elle fut l'œuvre sainte des prêtres, toujours et avant tout restés, au nom de la religion et par la religion, les premiers et les plus grands citoyens de leur pays.

En ces temps malheureux, malgré les foudres toujours suspendues sur leur tête et souvent éclatant sur eux, l'esprit d'à-propos ne leur fit pas défaut.

Pour arriver au but méritoire qu'ils se proposaient, pour nourrir au cœur des Égyptiens la haine des étrangers et l'amour de la patrie, ils surent, tout en spéculant sur leur existence elle-même, tirer parti de toutes les circonstances un peu favorables de leur savoir et de leur position.

L'écriture sacrée des hiéroglyphes, comprise seulement des Égyptiens, permettant aux prêtres de se mettre en communion d'intention avec leurs compatriotes sans qu'il leur fût besoin de signes éclatants et de démonstrations actives trop immédiatement compromettantes, les prêtres usèrent des figures de leur écriture sacrée comme instrument d'intelligence et de protestation politique.

Le fait contre lequel ils appelaient le ressentiment de la nation étant actuel et vivant, ils donnèrent à leur instrument de protestation l'accent de l'actualité, c'est-à-dire la vie.

Exclusivement nationale à cause de son expression toute particulière aux Égyptiens, leur religion était, pour ainsi dire, le symbolisme de leur nationalité ; ce fut dans le sanctuaire des temples que les prêtres égyptiens firent figurer l'expression vivante du mal existant contre lequel il fallait entretenir le ressentiment des populations.

Si donc, à partir des temps de la conquête de l'Égypte par Cambyse, nous voyons l'expression vivante du mal encombrer le sanctuaire des temples de l'Égypte, c'est que le sanctuaire des temples de l'Égypte fut le dernier refuge de la nationalité égyptienne, et que les animaux symboliques du mal y furent installés, nourris et soigneusement entretenus comme une protestation en permanence, protestation vivante, destinée à fixer l'attention des populations nationales sur l'existence du mal qui ronge le pays, à les tenir toujours éveillées à l'indignation et prêtes, au moment opportun, à tirer vengeance de leurs oppresseurs et des profanations par eux commises.

20. — L'état de rébellion où se maintint l'Égypte sous la domination des Perses est un éclatant témoignage de cette vérité[1].

Des hécatombes de prêtres égyptiens, victimes généreuses de leurs convictions et de leurs aspirations

[1] « Tout fut sédition et guerre intestine durant la domination « des Perses ; la religion animait contre eux ce qui restait encore « dans les cœurs de l'antique patriotisme, et de cruelles repré- « sailles anéantissaient peu à peu l'ancienne caste sacerdotale. » (Champollion-Figeac, *Égypte ancienne*, § XVI, *de la Classe populaire*.)

nationales, tombèrent alors sous les coups des ennemis de l'Égypte, sans que pour cela la caste sacerdotale déviât de la voie sainte où elle s'était engagée.

Nous la retrouvons en effet, sous le premier des Ptolémées, protestant, par le retard indéfini mis par elle à la manifestation d'un nouvel Apis, contre l'intronisation en Égypte d'une race royale étrangère ; et, sous la domination romaine, grâce aux provocations incessamment présentes à l'esprit des populations par le fait des animaux emblématiques qu'elles rencontraient alors dans le sanctuaire de tous les temples de l'Égypte, ce pays, toujours en émoi, ne laissa de repos aux légions de l'empire qu'au jour où, de la nation égyptienne usée au jeu sanglant des séditions impuissantes et des exécutions en masse, il ne resta que des citoyens invalides ou dégénérés [1].

[1] Si on consulte l'histoire de la domination romaine en Égypte, on n'y voit en effet qu'une succession continuelle de révoltes et de répressions.

Le premier préfet de l'Égypte, Cornélius Gallus, n'y est pas plutôt installé qu'il se trouve en face d'une rébellion dont le centre est à Thèbes, où il dut porter le carnage et la désolation pour faire de la terreur salutaire.

Le second préfet de l'Égypte, Pétronius, n'est pas plus heureux que son prédécesseur, et, dès les premiers jours de son installation, Alexandrie se révolte.

Sous le règne de Caligula, le préfet Avillius Flaccus a assez à faire à réprimer l'effervescence des Alexandrins, à tout propos prêts à courir aux armes.

Sous Vespasien, nouvelles prises d'armes, et ce n'est que par les massacres et les confiscations que les Romains peuvent réduire les Égyptiens.

Trajan et Hadrien sont encore dans la nécessité de sévir contre les Égyptiens révoltés.

Les Antonins ne sont pas plus heureux en Égypte que les Césars,

21. — Bien loin donc d'avoir jamais été l'occasion ou la raison d'un culte insensé rendu aux bêtes féroces par les Égyptiens, les animaux sauvages nourris dans le sanctuaire des temples n'y furent que les hiéroglyphes de l'appel aux armes, que des levains de haine contre l'étranger, levains déposés là comme dans le for intérieur de la conscience nationale.

Cette institution des animaux sacrés, ramenée ainsi à la valeur réelle de l'intention qui l'a fait naître, porte bien en soi du reste le signe caractéristique de son origine.

Elle est égyptienne et ne peut être qu'égyptienne ; elle a été mise en pratique par les prêtres de l'Égypte, et elle ne pouvait être que l'œuvre des prêtres de l'Égypte.

L'Égypte seule en effet a écrit avec des hiéroglyphes, et, seuls, les prêtres de l'Égypte ont possédé à fond la langue des hiéroglyphes, dont l'institution des animaux sacrés n'est qu'un dérivé direct.

et même durant le règne tout paternel de Marc-Aurèle, la révolte lève encore la tête en Égypte, et c'est un prêtre égyptien qui la dirige.

Quand Probus prend les rênes de l'empire, il trouve toute la Haute-Égypte en armes contre les Romains, et ce n'est que par des exécutions en masse, faites à Coptos et à Ptolémaïs, qu'il peut enfin dominer cette levée de boucliers.

A l'avènement de Dioclétien au trône, Alexandrie se révolte encore, et ce n'est que dans des ruisseaux de sang que peut s'éteindre le feu de cette nouvelle sédition.

A ce moment nous sommes, il est vrai, en pleine réaction religieuse contre l'empire, et Dieu sait ce que l'établissement du Christianisme a coûté à l'Égypte de sang et de trésors de toute sorte.

Cette institution est la langue des hiéroglyphes vivant, marchant, mangeant, grondant et grimaçant, aux yeux des populations, comme les auteurs des méfaits dont ces mêmes populations ont à souffrir.

Les animaux sacrés sont des hiéroglyphes en action, et désormais leur institution bien comprise restera, entre tous les titres que peut avoir la classe sacerdotale de l'Égypte à l'admiration bien méritée de la postérité, comme un des plus beaux et des plus nobles, puisqu'elle lui a valu la gloire du martyre, et qu'elle est aujourd'hui l'attestation sans équivoque et sans réplique que les prêtres d'Amon-Ra, — l'Être suprême, Lumière du monde, — sont restés les derniers et les plus intrépides survivants de la grande nationalité égyptienne.

XX.

AROËRIS.

1. — *Aroëris* ou *Arouëris*, fils d'Osiris et d'Isis, est, dit la légende, le fruit des tendresses secrètement échangées entre eux dans le sein même de leur mère, tendresses dont ils pratiquèrent sans doute de fort bonne heure les douceurs, puisque la naissance d'Aroëris est de deux jours seulement postérieure à celle d'Isis sa mère [1].

---

[1] Plutarque, *Isis et Osiris*, chap. xiii.

C'est là tout ce que la légende nous apprend d'Aroëris ; mais, quelque étrange que semble être sa courte histoire, elle est cependant l'expression pleine de grâce et d'énergie de cet axiome de toute saine philosophie : La cause contient en elle-même les conséquences de l'effet, en même temps qu'elle est, comme expression légendaire, la définition du travail intime de la nature en perpétuel enfantement.

2. — C'est sans doute avec le sens de cette double interprétation que le nom d'Aroëris accompagne l'appellation prénominale de la plupart des Pharaons, alternant assez ordinairement, dans la succession des souverains, avec ces autres qualifications : l'*Osirien*, l'*Horus*.

L'*Osirien*, on le comprend, signifie : *serviteur d'Osiris*, comme *chrétien* signifie : *serviteur du Christ*. L'*Horus*, en raison de la conduite que tint Horus après la mort d'Osiris, répond à *défenseur d'Osiris*; et, par rapport aux croyances égyptiennes, il y équivalait au titre catholique de *défenseur du Christ*; mais le titre d'Aroëris donné aux Pharaons ne paraît avoir d'analogue dans nos usages que celui de *Fils aîné de l'Église*, auquel s'ajouterait : *né et façonné dans son sein*.

Ainsi interprété, ce titre mystique d'Aroëris, porté par les Pharaons, est du reste fort bien justifié par les faits.

L'éducation des princes royaux était en effet

l'œuvre dévolue à la classe des prêtres attachés à la famille royale. Ces prêtres instruisaient les jeunes princes de toutes les pratiques de la religion, et les initiaient à tous les mystères[1]; de sorte que, né d'un prince façonné par les prêtres et lui-même façonné par eux, le Pharaon futur méritait bien son titre d'Aroëris.

Aux yeux du peuple, ce titre l'égalait aux dieux et consacrait ainsi son origine sacrée, en même temps qu'il était pour les Pharaons qui s'en revêtaient une sorte d'engagement solennellement accepté de protéger et d'aimer la religion à l'égal d'une mère dont ils seraient les premiers-nés.

3. — Ces titres d'Aroëris, d'Osirien et d'Horus, qui faisaient briller sur la tête du chef politique de la nation une auréole de mysticisme, furent ainsi en Égypte le trait d'union de la religion et de la politique, l'expression intime de l'alliance féconde de l'Église et de l'État, alliance entourant la religion de tout le lustre et de tout le respect qui lui sont dus, mais laissant à la politique toute l'importance dont elle a besoin pour accomplir sa mission délicate de gouvernement des intérêts économiques des peuples, sans la juste satisfaction desquels il n'y a pas de société possible et par conséquent plus de nation, plus de religion.

Quelques Pharaons ont, dans leurs appellations

---

[1] Plutarque, *Isis et Osiris,* chap. VII, et Champollion-Figeac, *Égypte ancienne,* § XIII, *État de la famille royale.*

prénominales, cumulé ces titres divers en s'intitulant tantôt : Aroëris et Osirien, tantôt : Aroëris et Horus.

Ces qualifications ainsi cumulées rappellent les qualifications similaires de *Très-Chrétien* et de *Fils aîné de l'Église*, léguées aux souverains de la France par Clovis et par son fils Childebert, qualifications qui sont un lustre pour les souverains de la France, mais qui malheureusement sont invoquées par ailleurs comme un titre accepté de subordination directe, plutôt que comme le symbole intelligent d'une alliance intime et féconde de l'État et de l'Église, alliance aux bonnes fins de laquelle devraient enfin être sacrifiées les aspirations désormais caduques à un saint empire universel, que les papes ont trop longtemps caressées.

XXI.

COUP D'ŒIL RÉTROSPECTIF.

1. — Nous en avons fini avec les figures de la légende d'Osiris, et si, après l'avoir étudiée dans chacune de ses parties et sous ses aspects les plus accusés, nous cherchons à nous rendre compte de la morale qui ressort de son ensemble, nous reconnaîtrons facilement que le drame qui s'y déroule est en réalité l'exaltation de la suprême sagesse de Dieu et la pré-

conisation des vertus qui sont la gloire de l'humanité et qui font son bonheur.

Dans les conditions où il se présente, avec l'esprit qui l'éclaire, il sera tout naturel de voir en lui la minute de cet autre drame religieux dont la morale depuis près de dix-neuf siècles régit la conscience du monde chrétien.

Le drame antérieur d'Osiris a en effet, comme celui du Christ, sa grande victime, ses suprêmes douleurs, ses séductions et ses dévouements, ses grandes joies de la vertu et la réprobation éternelle du mal ; il a eu comme lui la lutte et la victoire.

Comme le drame du Christ, le drame antérieur d'Osiris revêt ce relief de grandeur et de majesté souveraine qui, dans la profondeur des siècles, hors de la portée des mains et des yeux des hommes, montre les héros des légendes marchant sur la terre avec la tête dans les cieux.

Il y a enfin dans cette légende consolante d'Osiris, qui résume la science philosophique de l'Égypte, une exquise harmonie de morale dont les gammes et les tons peuvent répondre à toutes les situations de l'âme humaine pour la défendre contre les entraînements pervers et l'encourager dans ses nobles élans, pour l'appeler vers les horizons du bien et lui signaler les précipices à éviter, pour l'exciter si elle languit, pour la calmer si elle s'emporte.

2. — C'est ainsi que la figure d'Osiris, avec ses yeux ouverts sur tous les actes des hommes, avec ses oreilles

complaisantes seulement à la vérité, avec ses attributs des récompenses et des châtiments, nous apparaît au tribunal de l'Amenthi comme l'hiéroglyphe figuratif des qualités du juge suprême, hiéroglyphe mis aux mains et sous les yeux des Égyptiens, non comme un fétiche à adorer, mais comme une sentence dont il faut méditer les profonds enseignements et les sages conseils.

C'est ainsi qu'Isis, qui se transforme de mille façons, nous fait comprendre que les Égyptiens enseignaient que la bonté divine est inépuisable et qu'elle peut se multiplier à l'infini et parer à tout.

C'est ainsi qu'Horus exprime la miséricorde céleste, la bienveillance acquise à toutes les bonnes intentions, la protection du faible et la défense de l'opprimé ; que Thôth est l'intelligence donnée aux hommes pour discerner le Bien du Mal ; qu'Anubis est, comme le fils d'Agar, l'œuvre sainte d'une erreur honnête, charitable ou nécessaire ; que Nephtys exprime la résignation qui tôt ou tard reçoit sa récompense ; que Seth, enfin, est l'expression du mal, du mal nécessaire à la bonne harmonie des choses de la terre, comme l'ombre dans les tableaux, mal dont il faut savoir tirer parti, comme dans les sociétés les gouvernants tirent parti de la vanité des hommes ; mal que, selon l'occasion, il faut savoir utiliser, comme les Égyptiens utilisèrent les eaux dévastatrices que leur porta périodiquement le Nil ; mal qu'il faut savoir combattre et éviter, mal qui est en somme la pierre de touche de la sagesse humaine, et qui par cela même est, dans la vie du monde, aussi indispensablement nécessaire que le bien.

3. — L'expression courante des enseignements de l'intervention divine dans l'humanité paraît avoir été à peu près exclusivement réservée à l'institution des hiéroglyphes plastiques de la légende d'Osiris.

La classe des hiéroglyphes sacrés qui expriment passivement les perfections infinies de la divinité, tels que *Chneph* (l'Éternel), *Horammon* (le Créateur), et les perfections sortant, comme nous l'avons vu, une à une du jeu des triades divines secondaires, n'a point la mission d'active propagande de la morale. Les hiéroglyphes qui la composent sont simplement des mots exprimant les manières d'être de la divinité, et n'ayant entre eux d'autre lien commun que cette chaîne sans fin des triades qui les font sortir du sein de l'Être suprême et qui les y ramènent.

La nomenclature qu'on en pourrait dresser, l'énumération que l'on en pourrait faire, ne produiraient qu'une longue litanie fort peu différente par son interprétation, — ainsi que nous l'avons vu à propos des litanies d'Isis, — des litanies que nous fournissent les livres actuels de prières.

Dans l'expression de sa soumission profonde à l'Être suprême, la religion égyptienne ne procède point en effet avec moins d'effusion dévouée et admirative que la religion chrétienne.

Avant elle et comme elle, elle a reconnu à l'Être suprême toutes les perfections qui le font éternel, infini et tout-puissant, et dans les temps primitifs où elle a vécu le cœur de l'homme n'a pas dû avoir moins de reconnaissance et moins d'amour pour la divinité qu'il en peut avoir aujourd'hui.

La variété si considérable qui règne dans les hiéroglyphes plastiques comme expression du produit des triades divines secondaires, est une preuve du nombre infini de perfections que la religion égyptienne attribue à la divinité.

En cela il n'y a pas de doute possible, et, comme d'ailleurs les hiéroglyphes plastiques qui expriment ces perfections ne sont que des mots écrits à la façon de l'Égypte, il se trouve que la religion égyptienne n'est pas, comme on l'a dit, un culte d'idoles, et que tout au contraire elle a professé que l'Être suprême est UN et PUR ESPRIT.

4. — Je n'aurais donc plus à parler de ce qu'on est convenu de nommer les Divinités égyptiennes, si des circonstances historiques d'une haute et solennelle antiquité n'avaient fait apparaître dans les cérémonies du culte égyptien quelques figurines spéciales, dont la principale, *Phtah*, n'est bien assurément que l'expression unipersonnelle de la dynastie des prêtres fondateurs de la nationalité égyptienne.

XXII.

PHTAH.

1. — Dans le catéchisme des croyances religieuses de l'Égypte, *Phtah* est l'*Ouvrier divin*, l'*Esprit créateur actif* qui dès l'origine des choses se mit à l'œuvre et façonna l'univers; et, comme les Égyptiens se vantaient que la vallée du Nil avait été l'œuvre première et immédiate de Dieu[1], ils ont dit que Phtah fut le premier de leurs rois divins.

Au fond c'est là toute la légende de cette grave figure, et c'est encore la logique de l'histoire qui nous en donnera l'explication.

Ce sera en effet en éclairant la physionomie et les attributs de Phtah des premières lueurs de l'histoire de l'Égypte que nous verrons cette figure se dépouiller de ses airs mystérieux et nous apprendre une fois de plus avec quel art charmant les Égyptiens surent illuminer leur origine d'une auréole de divine institution.

2. — Notons d'abord ici les particularités que nous connaissons sur les prêtres fondateurs de la nationalité égyptienne : nous verrons ensuite en quoi les particularités de la figure de Phtah peuvent s'y

---

[1] Hérodote, *Euterpe*, 15.

rapporter, et comment elle personnifie cette dynastie des prêtres fondateurs de la nationalité égyptienne.

Les premiers chefs des Égyptiens furent leurs prêtres, et le gouvernement de la vieille terre de Kémé est resté pendant bien des siècles purement théocratique.

C'est donc par conséquent à leurs prêtres que les peuplades sauvages qui s'établirent dans la vallée du Nil doivent l'honneur d'avoir été constituées en corps de nation.

Les prêtres égyptiens avaient la tête nue et rasée[1], et ne se vêtaient jamais que d'une tunique blanche[2] en tissu de *byssus*, — lin ou coton.

Thèbes, la plus ancienne capitale de l'Égypte, celle qui, en dépit de toutes les révolutions, en est demeurée la capitale religieuse, est antérieure à Memphis de toute la longue période de temps pendant laquelle se maintint le gouvernement sacerdotal de l'Égypte.

Memphis a été fondée par Ménès, le premier roi de la première dynastie militaire, celui qui confisqua le pouvoir au préjudice de la caste sacerdotale.

C'est à Memphis que Phtah a eu son temple, longtemps sinon toujours unique, et ce temple remonte à la fondation de Memphis.

Telles sont les particularités historiques qui se rapportent aux prêtres fondateurs de la nationalité

---

[1] Hérodote, *Euterpe*, 36.
[2] *Id., ibid.*, 37.

égyptienne ; rapprochons-en maintenant celles de la figure de Phtah.

La figure de Phtah nous le représente avec des traits fins ; il a la tête rasée et nue ; les formes de son corps disparaissent dans sa robe comme dans une gaîne.

Il porte un sceptre.

Cette figure de *Phtah, l'Ouvrier divin qui façonna le monde*, — et le monde, pour le primitif Égyptien, c'est la vallée du Nil, — résume ainsi le double caractère du prêtre et du souverain, double caractère que revêtait, avant le temps du gouvernement militaire fondé par Ménès, le grand prêtre d'Ammon, chef du gouvernement.

Comme prêtre, en effet, Phtah a la tête nue et rasée, le corps perdu dans sa robe.

Comme souverain, il porte un sceptre, et ce sceptre est précisément le sceptre d'Ammon.

Dans ces conditions Phtah apparaît donc bien clairement comme la personnification des dynasties sacerdotales qui fondèrent la nationalité égyptienne et gouvernèrent souverainement l'Égypte.

3. — Si, après avoir ainsi éclairé les traits de la figure de Phtah par les faits historiques, nous rappelons que le premier temple ouvert à Phtah a été édifié à Memphis, et que Memphis est l'œuvre du premier roi des dynasties militaires, nous serons amenés à pouvoir affirmer que le culte de Phtah ne remonte pas au-delà de l'époque de la fondation de

Memphis, et qu'il y a été établi par Ménès comme un tribut d'hommage dû aux fondateurs de la nationalité égyptienne.

Le culte rendu à Phtah est ainsi un témoignage de reconnaissance, et il fut en Égypte saint et légitime, à l'égal du culte aujourd'hui rendu aux apôtres, fondateurs du Christianisme.

4. — Parmi les titres nombreux que les légendes sacrées donnent à Phtah se trouve celui de : *Seigneur de la Justice et Roi des mondes.*

Quelquefois Phtah est identifié avec le Soleil et avec Osiris ; sa figure porte alors une tête d'épervier surmontée d'un disque solaire, et il est désigné sous le nom de *Phtah-Sakar-Osiris*.

De Phtah, les Grecs, en rabaissant fort les attributions de cette personnification divine des dynasties sacerdotales, fondatrices de la nationalité égyptienne, ont fait leur *Hephaistos* (Ἥφαιστος), et les Romains leur *Vulcain.*

XXIII.

SEV.

1. — *Sev*, ou *Sevek*, est le *Kronos* (Κρόνος) des Grecs, le *Saturne* des Romains.

C'est la personnification du *Temps*, — du temps qui est une puissance avec laquelle toutes les puissances du monde ont à compter.

Le temps, sans qui rien ne peut être fait, les domine toutes en effet de la manière la plus absolue.

Cette suprématie, que nul ne peut vaincre et que les Égyptiens ont éprouvée des premiers, a fourni à la sagesse égyptienne l'occasion d'un enseignement, tribut de reconnaissance vis-à-vis de cet agent de l'existence sans lequel il n'y a pas d'existence possible.

C'est là un enseignement profondément sage qui semble manquer complétement à l'éducation moderne.

2. — Les légendes sacrées de l'Égypte disent que Sev régna sur la vallée du Nil, — qui est ici le monde, — immédiatement après le Soleil; ce qui signifie que, dans l'ordre constitutif de l'existence du monde, le temps, dont est faite la vie de l'univers, commença après la dispersion des ténèbres, c'est-à-dire aussitôt après le premier lever du soleil.

Ces mêmes légendes le font chef d'une dynastie de douze dieux dont elles ne nous apprennent point les noms, mais qui pourraient bien être ceux qui ont été attribués aux douze mois de l'année égyptienne, mois qui mesurent le temps de chaque révolution solaire par douze fractions de trente jours.

3. — Les symboles de Sev sont ou l'*Étoile* ou l'*Oie* dont les noms égyptiens se prononcent aussi *Sev*.

C'est l'hiéroglyphe phonétique de cette personnification divine.

Sev figure surtout parmi les personnages des triades du nome Ombite (Ombos capitale).

On le trouve quelquefois représenté avec une tête de *crocodile*. Sous ces traits il est sans doute l'expression de quelque époque néfaste.

Il se lit avec une tête de *lièvre* sur un des plafonds du tombeau de Rhamsès V dans la vallée de Biban-el-Molouck.

Sous ces traits il monte la barque du soleil qui mesure la vie du Pharaon Rhamsès V.

Sa présence, sa figure surtout, semblent indiquer la rapidité du temps. Il faut alors faire observer à cette occasion que, si le temps fut rapide pour Rhamsès V, il le fut pendant longtemps.

Ce prince en effet a régné pendant soixante et un ans. C'est un des plus longs règnes qu'ait enregistrés l'histoire des Pharaons.

4. — Les hiéroglyphes plastiques de Sev sont, paraît-il, fort rares. Cependant, sous le numéro 234, le livre d'achat du Dr Ernest Godard mentionne l'acquisition par lui faite de l'une de ces rares images.

Cette acquisition est d'autant plus précieuse que l'hiéroglyphe plastique de Sev manque encore à l'incomparable collection du musée égyptien du Louvre.

XXIV.

LES EMBLÈMES.

1. — L'Égypte religieuse est enterrée depuis deux mille ans. Depuis deux mille ans les âmes charitables intéressées à sa mort ont jeté des décombres sur sa tombe, et depuis deux mille ans elles y piétinent à qui mieux mieux.

La calomnie a facilement raison des morts, elle a surtout beau jeu avec eux. C'est là sans doute ce qu'ont voulu les bonnes âmes qui ont si bien inhumé la religion égyptienne.

Aussi que d'absurdités n'ont pas été mises au compte religieux de la savante Égypte!

On lui a fait adorer comme fétiches les mots plastiquement écrits de son vocabulaire religieux; on lui a fait adorer les animaux sauvages, expression intime de son indignation et de son ressentiment contre ses ennemis; on lui donne par milliers de saints amulettes sous prétexte d'emblèmes religieux; on lui fait adorer jusqu'aux légumes de son jardin potager, et, parce que depuis deux mille ans toutes ces absurdités, inventées par des spéculations intéressées, ont été répétées et affirmées par des sectes religieuses qui ont bénéficié de la calomnie, il se trouve encore de bonnes âmes assez dévotes aux *Clément d'Alexandrie* de l'histoire religieuse de l'Égypte pour donner toute leur foi à de semblables billevesées, et des têtes fortes assez peu confiantes dans la sagesse égyptienne, qu'elles proclament cependant, pour ne pas nier carrément et absolument toutes les calomnies dont est victime la mémoire de l'Égypte, comme s'il ne suffisait pas, pour qu'une assertion doive être niée et rejetée, qu'elle soit absurde et injurieuse à la majesté d'un peuple tel que le peuple égyptien.

2. — Les emblèmes religieux de l'Égypte sont nombreux. Il n'en pouvait point être autrement en Égypte, où la langue sacrée de la religion était toute faite d'emblèmes.

Mais ces emblèmes, qui font partie des signes plastiques ou graphiques de la langue des hiéroglyphes, ne sont pas plus des fétiches que les figurines plastiques, expressions d'Amon-Ra, — l'Être suprême lumière du monde, — et de ses perfections infinies, ne sont des idoles.

Ces emblèmes sont l'expression de pensées qui relèvent de la religion égyptienne, sans être pour cela l'objet d'un culte à eux rendu par les Égyptiens.

3. — Les signes emblématiques en usage dans la langue sacrée de la religion égyptienne ont leur modèle un peu pris partout.

La nature lui en a fourni un bon nombre, elle en a pris parmi les instruments de la vie courante, enfin elle en a fabriqué quelques-uns pour son usage intime.

Il faut donc s'attendre à voir de tout un peu dans les chapitres qui vont suivre.

XXV.

LE SOLEIL. — PHRÉ. — L'URÆUS.

1. — Le *Soleil*, dont l'éclatante lumière éveille le monde, dont la chaleur bienfaisante anime ou féconde tout dans la nature, semble avoir été, à ce titre, le symbole de la divinité suprême chez les Égyptiens.

Aussi le disque solaire ailé, accompagné des *Uræus*[1] ou *serpents sacrés*, est-il pour les Égyptiens l'emblème qui prime tous leurs emblèmes.

Ils le plaçaient au fronton de tous leurs temples, comme pour dire à tout venant que l'hommage à rendre à l'Être suprême, dont il est le symbole, est le premier devoir de chacun.

Au fronton des temples le disque solaire est généralement accompagné de deux longues ailes.

Ces ailes qu'il porte marquent les deux grandes divisions du ciel, le *nord* et le *midi*, et indiquent ainsi, combinées avec la marche apparente du soleil d'orient en occident, *l'ubiquité* de l'Être suprême.

Les *serpents* désignent la *perpétuité;* parce qu'en

---

[1] C'est la vipère, appelée aujourd'hui en Égypte *hajé*. Ce reptile a la faculté de dilater la partie antérieure de son corps en le redressant et en rampant sur le reste.

voyant le serpent revêtir à chaque printemps une enveloppe nouvelle, les Égyptiens pensaient qu'il ne vieillit pas plus que le soleil, qui chaque matin sort jeune et nouveau des ténèbres.

Comme le soleil encore, le serpent chemine sans instruments apparents de locomotion.

2. — Considéré comme personnage divin, le Soleil est nommé *Phré*, et, ainsi que nous l'avons vu, il est désigné par le monosyllabe *Ra* quand son nom accompagne celui de la divinité suprême, AMON-RA.

3. — Le serpent *Uræus*, déjà désigné comme accessoire important de l'emblème de la divinité suprême, est de plus un insigne royal.

Il marque au front les statues des Pharaons et y figure la tête haute et présentant la partie antérieure de son corps redressée et dilatée.

XXVI.

LE PHALLUS. — LES PHALLIQUES. — LA CONFESSION.

1. — Le *Phallus* n'est à mon sens que l'hiéroglyphe abrégé du mot *Harammon*, le Créateur, et j'aurais borné là mes observations sur cet emblème, si je ne devais compte à mes lecteurs du rôle que lui font jouer, non pas précisément les légendes égyp-

tiennes, mais des variantes, mises au compte de l'E-gypte depuis si longtemps qu'elles paraissent lui appartenir.

Aussi vais-je ici parler comme les variantes ajoutées à la légende d'Osiris.

2. — Nous avons déjà dit l'histoire du meurtre d'Osiris tué par Typhon ou Seth, la dispersion de ses membres et la perte définitive de ses parties sexuelles, prétendûment mangées par de certains poissons de la branche droite du bas Nil, où les avait jetées Typhon [1].

Cette dernière circonstance, — la perte des parties sexuelles d'Osiris, — qui fut si sensible à dame Isis, a, dit-on, donné lieu à l'institution, par elle, du culte, chaudement accepté et très-suivi, du Phallus ; et il faut convenir que, pour un qu'elle a perdu, c'est par milliers que les fervents en ont mis d'autres à sa disposition.

3. — Ici vient tout naturellement se placer la mention du dessin que je crois être, ainsi que je l'ai déjà dit, la reproduction d'un tableau peint dans quelque tombeau.

Que l'œuvre de ce dessin soit moderne, cela n'est pas douteux, il est sur papier ; mais le style correctement égyptien qui le distingue m'autorise à le

---

[1] Les poissons coupables de cette destruction sont le *lépidote*, le *phagre* et l'*oxyrhynque*. Plutarque (*Isis et Osiris*, chap. xix).

croire une copie fort intelligemment faite. Une main qui n'a que des intentions pour la guider dans l'imitation n'approche pas d'une manière aussi satisfaisante de la réalité de style qu'accuse cette pièce.

Si j'ai bonne mémoire, ce dessin mesure deux mètres de développement avec une hauteur de trente centimètres.

La scène qu'il représente semble être une de celles dont les *Phalliques* ont dû souvent donner l'occasion d'étaler la lubricité.

C'est une guirlande d'êtres humains, des deux sexes, nus et dans toutes les attitudes. Ils sont reliés les uns aux autres, sans solution de continuité, par toutes les extrémités, les pieds, les mains et le *reste*. Et ce *reste* étale effrontément ici les formes hyperboliques qu'exagère encore la colère du prophète en dénonçant Ooliba[1], la grande prostituée, qui recherchait les hommes chez qui l'ampleur bestiale de ce *reste* lui promettait l'effluve abondant des étalons[2].

Dans de telles conditions, le tableau primitif que répète ce dessin ne peut pas n'avoir été qu'une œuvre de gratuite lubricité : il a dû exister au même titre que tant d'autres tableaux que les tombeaux ont recélés, et aujourd'hui il reste comme un témoignage historique du culte de Phallus, culte également pra-

---

[1] Ooliba n'est qu'une figure. C'est de *Jérusalem la sainte* que le prophète Ézéchiel parle d'une si noble façon.
[2] *Et insanivit libidine super concubitum eorum quorum carnes sunt ut carnes asinorum, et sicut fluxus equorum fluxus eorum.* (*Ézéchiel*, chap. XXIII, v. 20.)

tiqué en Grèce, mais surtout et d'abord dans la primitive Égypte, où il s'adressait au Créateur.

4. — Il ne faut point s'étonner d'ailleurs du lustre et de la persistance de ce culte, même dégénéré.

Fondé d'abord simplement au nom de la religion ou des souvenirs, il a dû bientôt prendre toute la valeur d'une institution civile.

Et, en effet, si on veut bien considérer qu'au temps de sa plus grande prospérité, l'Egypte, le pays le plus fertile du monde, et qui, avec la Nubie sa constante tributaire, mesure une étendue de plus de 500 lieues en longueur, et prenait en largeur une réelle importance par les oasis, alors fort habitées, qui émergent des mers de sable à gauche et à droite du Nil; si l'on veut bien considérer, dis-je, que dans sa plus grande prospérité ce pays n'a jamais compté plus de sept millions d'habitants, on comprendra l'institution, le maintien et la faveur politiques d'une fête, dont les approches et les souvenirs devaient commander les devoirs de la génération.

Ce n'est là du reste qu'une appréciation personnelle sur une institution dont l'intention ne nous est que mal connue.

5. — Nos mœurs épurées et l'extrême délicatesse de l'esprit moderne ne s'accommoderaient point sans doute, même dans un but légitime, de semblables obscénités. Il faut pourtant dire que, dans un pays où la loi n'a pas de sévérités contre un mari qui venge

par la mort l'affront qui lui est fait, il existe une classe de citoyens célibataires qui peuvent, dans un tête-à-tête absolu, s'enquérir auprès des femmes de la façon dont leurs maris en usent envers elles dans l'intimité de l'alcôve [1].

[1] « Il faut leur (aux époux) conseiller de se priver de l'usage du « mariage pour se disposer à recevoir l'Agneau sans tache. » (P. 85.)
« A l'égard des personnes mariées, on leur demandera si elles « n'ont point eu ensemble de différend qui ait troublé la paix. Si « elles conviennent d'en avoir eu, on demandera si les dissensions « n'ont point été cause que *debitum conjugale sine causa nega-* « *verint*, en général, *an circa usum matrimonii aliquid fecerint* « *minus honestum, unde gravetur conscientia.* » (Pages 230, 231.)
« *Deneganda est absolutio conjugibus qui matrimonium frau-* « *dant et ab hac flagitiosa agendi ratione recedere nolunt.* »
« *Deneganda est absolutio mulieri quæ fuit complex hujusce* « *criminis, et voluntatem contrariam non manifestavit com-* « *pari, ut scandalum emendet, et sponsum reducat, quantum* « *in se est, ad christianam agendi rationem.* »
« *Deneganda videtur absolutio mulieri quæ doluit de præfata* « *agendi ratione, et sponso manifestavit desiderium matrimo-* « *nio uti christiane, sed nullam habet rationem reddendi debi-* « *tum sponso quem experientia scit matrimonium fraudaturum:* « *non enim licet cooperari ad crimen alterius, etiam utendo jure* « *suo, quin adsit grave motivum agendi.* »
« *Absolvi potest, juxta sententiam probabiliorem, mulier quæ* « *habet voluntatem veram et sinceram procreandi filios, et de-* « *bitum reddit viro quem scit matrimonio abusurum, modo* « *tamen habeat motivum grave non denegandi debitum : si,* « *verbi gratia, timenda haberet mortem, verbera, etc., etc.*
« *Interrogandi sunt conjuges quos Confessarius suspicatur ob-* « *noxios vitio huic exitiali ; at caute, imo cautissime agant* « *juniores sacerdotes, quando interrogant de sexto decalogi præ-* « *cepto, et de usu matrimonii, ne aliis et sibimetipsis occasio-* « *nem peccandi præbeant. Sanæ experientiæ indulget qui, ve-* « *rens de re tam periculosa sermonem habere, et anxius circa* « *agendi rationem mulierum nuper ligamine vinctarum, illas* « *demittit ad ætate provectiores, quas scit virtute præditas, ut* « *ab ipsis teneant quod agere vel omittere debent, et quomodo*

La seule pensée qu'un homme peut procéder auprès d'une femme à une pareille enquête, révolte l'âme la plus bénigne, et on se demande d'ailleurs comment il se fait que les hommes qui, au nom de Dieu, se préoccupent si vivement du franc jeu de la génération, soient précisément ceux qui, pour plaire à Dieu, font profession de s'en abstenir.

Les prêtres Phallophores des Égyptiens et des Grecs avaient au moins le soin d'appuyer par le fait de leur mariage l'enseignement renfermé dans les cérémonies auxquelles ils présidaient.

XXVII.

LE SCARABÉE.

1. — Qu'un étranger, ignorant de la topographie d'une ville, entreprenne d'y rechercher sans guide les édifices intéressants qu'elle renferme, et il est bien certain qu'il se fatiguera beaucoup et perdra beaucoup de temps pour arriver à voir mal les édifices qu'un guide expérimenté lui eût fait connaître bien, en peu de temps et sans fatigue.

De même notre ignorance de la signification propre

« se accusare in tribunali convenit ; eodem modo se gerant
« quando agitur de nupturis.....» (Pages 333, 334.) (*Rituel du diocèse d'Évreux*, revu, corrigé et augmenté par Mgr Charles-Louis DE SALMON DU CHATELLIER, évêque d'Évreux. — Dijon, imprimerie de Douillier, 1833.

d'un mot nous jette dans de dédaliques suppositions, quand nous nous lançons sans guide à la recherche de la valeur de ce mot.

Le sens connu du mot égyptien *Sev* nous a donné sans ambages et sans sous-entendu la raison de la figure d'oie que porte l'hiéroglyphe de Sev, et il a suffi de même de la signification connue du mot par lequel les Égyptiens désignaient l'Ibis pour nous faire envisager sans surprise la figure qu'ils ont donnée à l'hiéroglyphe de Thôth.

Malheureusement nous sommes loin d'avoir sur tous les traits hiéroglyphiques des figurines égyptiennes des indications aussi précises que celles qui nous ont éclairé la physionomie de Sev à tête d'oie et celle de Thôth à tête d'Ibis; et, par exemple, le Scarabée et la Chatte, qui sont cependant des images égyptiennes bien répandues, ne nous apparaissent, quant aux raisons qui les ont fait choisir comme signes hiéroglyphiques, qu'au milieu des indications laborieusement conçues et tout à fait nébuleuses que je vais faire connaître, et que, pour l'honneur des Égyptiens, il faut bien se garder d'accepter pour exactes et certaines.

2. — Le *Scarabée*, qui fut chez les Égyptiens le symbole de la régénération des êtres, était aussi l'emblème du soleil générateur. Et voici les raisons qui sont données de ce double symbolisme.

Le scarabée est le symbole de la régénération des êtres, parce que chaque individu de cette famille, que les Égyptiens croyaient privée de *femelle*, devait alors nécessairement se suffire à lui-même pour la perpétuation de son espèce.

Il est l'emblème du soleil générateur parce que, dit un commentateur de Pline[1], cet insecte dépose sa semence dans une certaine matière dont il fait une boule, qu'il pousse à reculons ; ce que, en courant d'orient en occident, selon la science cosmographique du temps, le soleil semble faire par rapport à la terre.

On dit encore que le scarabée fut consacré au soleil à cause des trente doigts de ses pattes, qui correspondent aux trente jours du mois solaire, et Clément d'Alexandrie[2], après avoir indiqué les raisons fournies par Plutarque et par le commentateur de Pline, qui sans doute lui a emprunté ses arguments, ajoute que le scarabée, comme le soleil[3], passe six mois sous terre et six mois sur terre. « Φασὶ δὲ καὶ ἑξάμηνον μὲν ὑπὸ γῆς · θάτερον δὲ τοῦ ἔτους τμῆμα, τὸ ζῶον τοῦτο ὑπὲρ γῆς διαιτᾶσθαι. »

3. — Comme symbole de la régénération des êtres, le scarabée faisait partie du mobilier obligé dû à tous les morts ; aussi est-ce un souvenir de la primitive Égypte qui est loin d'être rare.

---

[1] Note sur le chapitre xxx, livre XXX.
[2] *Stromates*, § 4.
[3] Encore l'astronomie. Les Pères de l'Église et les autres écrivains chrétiens n'ont cherché dans la religion égyptienne que l'astronomie et le fétichisme, et ils n'y ont trouvé que ce qu'ils y cherchaient.

Sur leurs élytres, et le plus souvent sur la surface inférieure de la base sur laquelle ils reposent, les scarabées sacrés portent, écrites en hiéroglyphes, des devises qui se rapportent au symbole de la régénération des corps qu'ils représentent.

Le scarabée était le sceau de la caste militaire[1].

XXVIII.

LA CHATTE.

1. — La *Chatte*, qui prête sa figure à l'hiéroglyphe sacré de Pascht, est aussi l'emblème de la Lune; et les raisons qui, selon Plutarque, ont porté les prêtres égyptiens à le lui attribuer, sont assez originales pour être dites.

Par la chatte ils entendent la Lune, dit Plutarque, à cause des taches de sa robe; parce qu'elle court la nuit; parce que ses sept premières portées, — chacune d'elles fournissant un nombre de chatons égal au chiffre de son numéro d'ordre, — donnent, par l'addition des sept chiffres 1, 2, 3, 4, 5, 6, 7, un total de vingt-huit chatons, total qui est le nombre exact des jours d'une lunaison. Ceci, d'aventure, est fabuleux, ajoute Plutarque; tandis que, selon lui, la véritable circonstance qui donne à la chatte de réelles affinités avec la lune, c'est la propriété qu'a la pupille de ses

---

[1] Plutarque, *Isis et Osiris*, chap. x.

yeux de se dilater pendant la période de la croissance de la lune et de se contracter pendant celle du déclin[1].

Si tant est que les yeux de la chatte offrent cette double particularité de la dilatation et de la contraction alternatives de la pupille, il y a sans doute à la production de ce phénomène une cause autre que les cornes plus ou moins effilées du croissant de la lune.

2. — Quelque étranges et quelque incertaines que m'aient paru ces explications du symbolisme de la chatte, j'ai cru devoir cependant les relater.

Ces naïvetés prêtées aux Égyptiens nous prouvent du moins le soin jaloux que mirent les prêtres de l'Égypte à faire ignorer la science des hiéroglyphes aux étrangers qui visitèrent la vallée du Nil, alors que la nationalité égyptienne y était supprimée, et que cette science était, pour les Égyptiens nationaux et initiés à la caste sacerdotale, le meilleur instrument de reconnaissance et d'intelligence entre eux[2].

---

[1] Plutarque, *Isis et Osiris*, chap. LXI.

[2] C'est dans le voisinage du village actuel de Beni-Hassan-el-Aamar (Basse-Égypte) qu'était le lieu de la sépulture des *Chats sacrés*. Champollion le jeune y a reconnu l'ancien *Spéos-Artémidos, Grotte de Diane* (Bubastis); ce temple souterrain fut commencé par Thouthmosis IV, septième roi de la dix-huitième dynastie, vers 1700 avant l'ère vulgaire, et continué par Menephtha Ier; onzième roi de la même dynastie, vers 1600 avant l'ère vulgaire.

Toutes les collines qui avoisinent ce Spéos sont percées de galeries où se trouvent par milliers des momies de chats.

XXIX.

L'IBIS.

Pour l'*Ibis*, c'est mieux. La signification connue du mot égyptien qui le désigne lui donne tout de suite de l'intérêt à nos yeux; d'ailleurs le respect soutenu dont cet oiseau fut l'objet chez les Égyptiens a, en même temps qu'une origine toute naturelle bien établie, une senteur poétique des plus douces.

Les migrations de l'Ibis, de la Nubie vers la Basse-Égypte, correspondant à l'époque de la crue périodique du Nil[1], crue que les Égyptiens disaient motivée par l'abondance des larmes d'Isis à chaque *bout de l'an* commémoratif du meurtre de son cher Osiris, l'Ibis était considéré comme le messager précurseur du bienfait périodique que déversait sur l'Égypte le souvenir attendri d'Isis, sa protectrice aimée.

C'est bien là une des plus poétiques images des croyances religieuses du peuple primitif de la vallée du Nil.

L'Ibis était l'oiseau symbolique de Thôth, Esprit de Dieu, expression des sciences exactes et des arts.

Le port magistral de cet oiseau, son allure compassée, lui avaient valu cet honneur, auquel son nom,

---

[1] Hérodote, *Euterpe*, 22.

qui signifie : *cœur, intelligence,* le désignait tout naturellement.

Aussi Thôth est-il toujours représenté avec une tête d'Ibis.

Dans la collection d'Ernest Godard, l'Ibis figure en momie et en statuette.

XXX.

LE NIL ET SÉRAPIS. — LE TAT OU NILOMÈTRE.

1. — La légende d'Osiris nous a fait savoir dans quelles conditions le Nil est divinisé chez les Egyptiens.

Cette pieuse condescendance est bien l'expression du sentiment profondément religieux de cette grande nation.

Tout ce qui lui arrivait de bon, dans sa pensée émanant de la libéralité de l'Être suprême, devenait pour elle l'occasion d'actions de grâce ; et les Égyptiens spécialisaient, pour ainsi dire, ces actions de grâce, en honorant l'Être suprême dans chacune des expressions de sa bonté, ou dans chacun des instruments de sa puissance.

2. — Le Nil, quand il est représenté sous forme humaine, couronné de lotus et tenant à la main une urne d'où l'eau s'épanche, n'est, malgré la physionomie égyptienne donnée aux accessoires qui accom-

pagnent sa figure, qu'une allégorie presque banale et sans grand caractère.

Aux temps purement égyptiens, le Nil, qui déverse périodiquement la fécondité sur l'Égypte, étant assimilé par elle à l'Être suprême, dont il dispense les faveurs, a été représenté portant, comme Ammon, une tête de bélier sur un corps humain.

Cette figure est ordinairement posée sur un trône élevé.

Les couleurs plates dont elle est enluminée sont l'expression des divers états du Nil.

Peinte en vert, c'est tout simplement le Nil; peinte en bleu, c'est le Nil au temps des basses eaux [1]; en rouge, c'est le Nil pendant l'inondation [2].

Les Romains l'ont figuré sous forme humaine, en lui donnant de colossales proportions et en l'accompagnant de seize figures d'enfants, qui jouent entre ses jambes et ses bras.

Ces seize figures d'enfants signifient les seize coudées de crue que doit fournir le Nil pour porter la fécondation convenablement loin de son lit [3].

3. — Dans des inscriptions hiéroglyphiques de quelques sanctuaires, dont l'édification remonte à Rhamsès II [4], le Nil est nommé Hapi-Moou, *Père*

[1] Le *bleu*, à cause de la transparence des eaux du Nil pendant les basses eaux.
[2] Le *rouge*, à cause de la teinte ocrée que donne aux eaux du Nil le limon qu'il charrie pendant l'inondation.
[3] Pline, liv. XXXVI.
[4] C'est à Silsilis, dans une chapelle creusée dans le roc, que se

vivificateur de tout ce qui existe, *Père des Dieux.*

Les mythes religieux de l'Égypte feignent un Nil qui arrose les campagnes aériennes de l'Aaenrou (Paradis). C'est le Nil céleste, Nen-Moou, *l'Eau primordiale*, qui a tout produit, ou du moins qui est la source de toutes choses[1].

4. — Le Nil n'eut primitivement d'autre nom que celui de Iaro, c'est-à-dire le Fleuve[2], le *fleuve par excellence*; comme Urbs, la *ville*, signifia autrefois Rome, la *ville par excellence*.

C'est en effet tout simplement sous le nom générique de *Fleuve* que le Nil est désigné dans la Genèse et dans l'Exode.

Pharaon voit au bord du *Fleuve* les sept vaches maigres[3]. Les Hébreux, par ordre de Pharaon, devront jeter leurs enfants mâles dans le *Fleuve*[4]. La mère de Moïse place entre les roseaux du *Fleuve* la cor-

---

lisent ces inscriptions. Elles sont datées de « l'an 4, le dixième jour
« de mésori, sous la majesté de l'Aroëris puissant, ami de la vérité
« et fils du soleil Rhamsès, chéri d'Hapi-Moou, le père des dieux. »
Ce Rhamsès est le deuxième du nom, douzième roi de la dix-huitième dynastie. Il régna de 1577 à 1571 avant notre ère.

[1] Les bénéfices qui leur venaient du Nil et de ses crues devaient tout naturellement porter les Égyptiens à voir dans l'humidité le principe des choses; aussi Moïse, l'élève des prêtres de Memphis, n'a pas manqué de consigner cette pensée : « L'esprit de Dieu était « porté sur les eaux, *Spiritus Dei ferebatur super aquas*, » dit-il, v. 2, chap. i de la *Genèse*, en parlant de la création du monde.

[2] Jablonski, *Pantheon Ægyptiacum*, t. II.

[3] *Genèse*, chap. xli, v. 17.

[4] *Exode*, chap. i, v. 22.

beille qui porte son enfant [1], et la fille de Pharaon venait se baigner dans le *Fleuve* quand elle vit flotter cette corbeille [2].

Ézéchiel nomme les *Fleuves* l'ensemble du Nil et de ses canaux [3].

Ailleurs les saintes Écritures désignent le Nil par cette périphrase : le *Torrent d'Égypte* [4].

Le nom de *Nil* qui a été donné au *Fleuve* vient des deux mots égyptiens, *Nei alei*, dont la signification est : *qui croît à époque fixe* [5].

5. — Le culte rendu au Nil était primitivement confondu avec celui d'Osiris, et c'est dans des temps presque modernes que ce culte a été plus spécialement connu sous le vocable de Sérapis.

L'expérience nous ayant déjà démontré que les mots égyptiens ont en soi une valeur étymologique qui témoigne de la raison d'être des faits que ces mots dénoncent, il importe de nous rendre compte de l'étymologie du mot Sérapis, pour mieux apprécier la portée du culte rendu au Nil sous ce vocable.

Les indications étymologiques du mot Sérapis sont nombreuses. Nous allons examiner les plus sérieuses.

« Pour les Égyptiens, Sérapis n'était autre chose
« que l'Apis mort; car, chaque mort étant assimilé à

---

[1] *Exode*, chap. ii, v. 3.
[2] *Id., ibid.*, v. 5.
[3] *Ézéchiel*, chap. xxix, v. 3, 4, 10.
[4] *Nombres*, chap. xxxiv, v. 5; *Josué*, chap. xv, v. 4, 47; *Isaïe*, chap. xxvii, v. 12.
[5] Jablonski, *Pantheon Ægyptiacum*, t. II.

« Osiris, Apis mort devenait *Osiris-Apis* ou *Osar-*
« *Hapi*, d'où est venu par abréviation *Sarapis*[1]. »

Cette étymologie du mot Sérapis est sans doute très-savante et fort ingénieuse, et, dans les conditions d'essence égyptienne où elle se présente, si elle est exacte, le nom de Sérapis ou Sarapis a dû exister dès les temps les plus reculés dans l'antiquité égyptienne ; car le culte d'Osiris et l'institution d'Apis sont aussi anciens que l'Égypte elle-même.

Il ne paraît pas cependant qu'il en ait été ainsi.

Hérodote, né en 484, a pu écrire sur l'Égypte environ 450 ans avant l'ère vulgaire. Dans le deuxième et le troisième livre de ses histoires, — *Euterpe* et *Thalie*, — revenant à plusieurs reprises sur le compte d'Apis, il fait connaître les circonstances conventionnelles de la naissance du Taureau sacré ; il indique minutieusement les marques particulières qui le font reconnaître ; il a occasion de parler souvent de la mort d'Apis, et jamais cependant il ne prononce le mot de Sérapis.

Le silence du père de l'histoire sur ce point infirme donc d'une manière assez sensible, sinon absolue, l'origine, indiquée par la *Notice sommaire des monuments égyptiens du Louvre*, comme étant celle du mot Sérapis, et donne positivement à croire que ce mot et le culte particulier qu'il désigne sont d'institution postérieure à la visite d'Hérodote en

---

[1] Vicomte de Rougé, *Notice sommaire des monuments égyptiens du musée du Louvre* (1860).

Égypte. Il est certain d'ailleurs que les saintes Écritures, dans leurs parties antérieures à Hérodote, ne parlent ni de Sérapis, ni d'un culte désigné sous ce vocable.

L'origine du mot Sérapis présentée par la *Notice* semble en outre manquer d'exactitude en ce sens que, basée sur un ordre d'idées étrangères au *Tat* ou *Nilomètre*, elle ne tient nul compte de celle que représente ce signe qui, dans les temples de Sérapis, figura comme aujourd'hui la croix dans les temples chrétiens.

Toute autre étymologie du mot Sérapis basée sur l'existence du Tat semblera donc être plus près de la vérité, et il s'en présente trois qui sont dans cette condition.

Dans toutes les trois, le mot égyptien *Hapi*, qui entre dans la composition du mot Sérapis, est interprété par le sens qu'il avait en Égypte dans le langage courant et y signifie : *nombre, quantité*.

C'est donc à l'une de ces trois versions étymologiques du mot Sérapis que doivent revenir nos préférences.

6. — Plutarque[1] pense que, dans le mot Sérapis, se trouve le mot égyptien *Sairei*, qui signifie *fête, liesse*, de sorte que l'ensemble du mot Sarapis, — Sairei Hapi, — voudrait dire *fête de la crue*. Hapi signifie *quantité*.

Mais il y a dans cette étymologie quelque chose

---

[1] *Isis et Osiris*, chap. XXVII.

de forcé et de vague qui ne satisfait point l'esprit, tant s'en faut.

Denys le Périégète, de son côté, en parlant du cours du Nil, ne fait qu'indiquer une étymologie du mot Sérapis quand il dit : « Le fleuve qui arrose l'Éthiopie y est appelé *Siris*, mais dès qu'il entre en Égypte il prend le nom de *Nil*. »

Le Sérapis, — Siris Hapi, — serait alors la mesure des eaux venant d'Éthiopie.

Mais il n'est pas probable que les Égyptiens aient jamais pensé à appeler leur fleuve sacré d'un nom étranger.

Il reste à faire connaître une troisième version de l'étymologie du mot Sérapis, où le mot égyptien *Hapi* est aussi employé dans le sens littéral que nous lui savons.

Je vais tâcher de la bien faire comprendre dans toutes ses nuances, et d'expliquer par des raisons qui me semblent souveraines quelle est des trois étymologies celle que je crois être la plus exacte.

7. — Dès les temps les plus reculés et certainement avant Mœris (Thouthmosis III), il exista sur le parcours du Nil, en Égypte, des observatoires où les prêtres-ingénieurs des Pharaons suivaient presque heure par heure les progrès de la crue du Nil.

Héliodore[1], racontant les fêtes antiques qui se cé-

---

[1] *Éthiopiques*, ou *Amours de Théagène et de Chariclée*, liv. IX. — Héliodore était évêque de Tricca, en Thessalie ; il vivait au quatrième siècle, sous Théodose.

lébraient de temps immémorial en Égypte à l'occasion de la crue périodique du Nil, cite, comme existant encore de son temps, le puits nilométrique établi à Syène[1], dans l'île Éléphantine, puits dont il y avait des répétitions sur plusieurs points du cours du Nil, et notamment dans une île voisine de Memphis, la même que l'île aujourd'hui nommée Raouda[2], où existe encore un Nilomètre que les Arabes appellent aujourd'hui *Mekias*[3].

Ces puits portaient sur leurs parois intérieures ou sur une colonne élevée à leur centre une échelle de crue, divisée par coudées et par doigts.

Les Égyptiens nommaient leurs observatoires des crues du Nil par un mot composé que Jablonski traduit par *colonne du mesurage*, et qui n'est autre que *Sari-Hapi*, mot d'où serait venu d'abord Sarapis, puis Sérapis[4].

Dans cette interprétation du mot Sérapis les deux mots qui le forment, tous les deux égyptiens, sont à leur place, et chacun d'eux a sa signification propre, rendue d'une manière précise, sans qu'il soit besoin

---

[1] Aujourd'hui *Assouan*. Cette position indique assez que ce puits nilométrique est le même qui a été vu par Strabon, et dont il parle livre XVII.

[2] L'île de Raouda est située un peu au-dessus du vieux Caire (Boulac); on la rencontre avant d'atteindre à la hauteur de la position du village de *Menf*, qui est l'ancienne Memphis.

Le mot arabe *Raouda* signifie *des Jardins*. L'île est, en effet, couverte de jardins délicieux.

[3] Mot arabe qui signifie *mesure*.

[4] *Pantheon Ægyptiacum*, tom. II.

de recourir à un sens métaphorique plus ou moins détourné.

Sari-Hapi, c'est la colonne de mesurage des crues du Nil, comme les indicateurs gradués tracés ou gravés aujourd'hui sur les piles des ponts, sur les murs des quais ou sur les parois des écluses, sont les échelles d'altitude des eaux des fleuves, des rivières et des canaux.

Voilà donc ici, comme application directe du mot Sérapis, une première satisfaction d'esprit obtenue.

Cette satisfaction va s'étendre et devenir plus vive encore par les conquêtes sur l'inconnu que provoque spontanément l'étude du Sérapis, comme pour nous édifier plus complètement sur sa valeur, tant comme signification mystique que comme emblème justement considéré, sous le nom de *Tat* ou *Nilomètre*.

Mais ici encore il me faut, avant d'aller plus loin, rappeler des faits du temps passé et les présenter avec quelque détail. Je prie donc mes lecteurs de me suivre sans s'impatienter.

8. — Une série d'observations longtemps et fréquemment répétées, observations sévères et d'ailleurs minutieusement consignées, ayant fait reconnaître que les crues du Nil hautes de seize coudées étaient de tout point les plus avantageuses pour la fertilisation de la Basse-Égypte, le génie égyptien s'employa à soumettre l'inondation de chaque année au régime uniforme de seize coudées.

A cet effet, le lac Mœris, destiné, suivant le cas, ou

à recevoir et à retenir les eaux surabondantes des crues du Nil, ou à parer, par ses réserves, au déficit des crues insuffisantes, fut aménagé avec soin[1].

Le succès de ce travail, — création ou simple appropriation du lac Mœris comme réservoir du Nil, — fut complet; chaque année, dans ses soixante lieues carrées de superficie avec des profondeurs variables, il recevait les premières eaux de la crue, et ces eaux, d'abord y retenues, servaient ultérieurement à combler le déficit, si la crue n'atteignait pas un niveau convenable, ou bien y restaient captives pour s'écouler peu à peu au temps des basses eaux, si la crue avait été suffisante; durant plus de trois mille ans, le lac Mœris, qui régularisait à seize coudées la hauteur des eaux des crues du Nil, a rendu à l'Égypte tous les services que s'en étaient promis les ingénieurs des Pharaons.

La régularité mathématique de l'inondation périodique du Nil ainsi obtenue, les Égyptiens, qui révéraient l'Être suprême jusque dans la science, ne manquèrent point de faire remonter ce succès jusqu'à lui; et la preuve qu'il en fut ainsi, c'est la création incon-

---

[1] Le lac Mœris avait une superficie de soixante lieues carrées. Il a été creusé, achevé ou aménagé près de 1,700 ans avant l'ère vulgaire, sous le règne du Pharaon Thouthmosis III (Mœris). Il se nomme aujourd'hui lac du Fayoum, nom qu'il tient de la province où il se trouve.

Le mot francisé Fayoum est le même que le mot arabe-égyptien *Phaïom*, qui signifie : *marais, marécage*, expression qui peint exactement le triste état dans lequel est tombé l'antique et superbe lac Mœris, dont le nom propre arabe est *Birk-el-Karoun*.

testable, puisqu'il existe encore, d'un signe spécial, hiéroglyphe sacré résumant à la fois la reconnaissance, pour ce cas particulier, des populations envers l'Être suprême et la constatation exacte du succès obtenu.

Cet hiéroglyphe est justement le *Tat*, ou *Nilomètre*, dont il a été déjà question.

9.—Le Tat, ou Nilomètre, est une figure fort simple. C'est une croix à quatre branches horizontales, et rien de plus; mais une courte démonstration va dire comment cette figure si simple est en même temps une expression de gratitude envers l'Être suprême et la constatation du succès obtenu par l'aménagement du lac Mœris.

Dans la langue des hiéroglyphes, l'angle droit signifie : *adoration, mystère*[1], et, parlant précédemment du triangle rectangle, nous avons vu que les anciens, Égyptiens et Grecs, soumettant cette figure à la théorie philosophique de l'harmonie et des nombres, affectaient le nombre quatre à la base de l'angle droit du triangle rectangle, assimilant cette base à Neith-Isis, partie féminine de l'Être suprême, représentant la génération de la bonté divine.

Or, par rapport à la tige verticale du Tat, les quatre branches horizontales qui coupent cette tige forment les quatre bases de quatre angles droits.

Si donc, par une application toute conséquente du système philosophique de l'harmonie et des nombres,

---

[1] Vicomte de Rougé, *Notice sommaire des monuments égyptiens du musée du Louvre* (1860.)

application dont la pensée a certainement présidé à la confection, relativement récente, du Tat, nous attribuons le nombre quatre à chacune des quatre branches horizontales du Tat, — branches qui, je le répète, coupent sa tige verticale à angle droit, — nous nous trouverons avoir par le Tat l'expression hiéroglyphique du plus grand bienfait que la divinité ait étendu sur l'Égypte, puisque la valeur par lui exprimée n'est rien moins que la *bonté divine portée à sa seconde puissance*, valeur dont la formule mathématique s'énoncerait par : 4 (nombre attribué à la base des angles droits comme représentant la bonté divine) × 4 (nombre des bases d'angles droits du Tat) = 16; seize, qui est le nombre de coudées que doit atteindre la crue du Nil pour être aussi profitable que possible; et, comme sur la figure du Tat ce résultat se répète à gauche et à droite de sa tige verticale, l'ensemble de cette figure exprime que le bienfait de l'inondation réglée à une hauteur fixe de seize coudées est obtenu aussi bien dans le cas d'insuffisance que dans le cas de surabondance des eaux de l'inondation.

Cette même figure du Tat exprime, portée à sa seconde puissance, la gratitude des Égyptiens envers la divinité, parce que l'angle droit, — adoration, — quatre fois répété à gauche de la tige verticale du Tat, se multipliant par la même valeur quatre fois répétée à droite de la même verticale, donne, mathématiquement parlant, le carré de la gratitude[1].

[1] Tant d'importance, donnée à un instrument populaire de

10. — Le Tat, avec cette valeur, est bien un hiéroglyphe sacré.

A ce titre, comme tous les autres hiéroglyphes sacrés de l'Égypte, le Tat a eu son type original déposé dans le sanctuaire des temples, et ce dut être dans les temples ouverts au culte particulier rendu au Nil que le type officiel du Tat vint figurer, sous son nom égyptien *Sari-Hapi*, c'est-à-dire colonne du mesurage.

Les temples qui le reçurent en prirent bientôt le titre de : Temple du Sari-Hapi, mot que l'usage a converti d'abord en Sarapis, puis en Sérapis.

Le Sérapis, qui constatait les bienfaits de l'inondation du Nil, symbolisa alors le Nil lui-même, et de proche en proche le culte de Sérapis se confondit dans le culte d'Osiris que les Égyptiens, ainsi que nous l'avons vu, assimilaient au Nil.

Voilà par quelles successions de transformations, qui s'indiquent d'elles-mêmes, le culte de Sérapis est passé dans les mœurs de l'Égypte avec la valeur du culte du Nil et de celui d'Osiris, et aussi avec un sens éminemment saint et religieux; comment d'ailleurs le signe indicateur de ce culte, relativement moderne, n'étant qu'un hiéroglyphe comme tous ceux de la langue sacrée de la religion égyptienne, Héro-

croyance religieuse, peut aujourd'hui sembler bien transcendant; mais il faut noter que cet instrument avait cours chez un peuple où les sciences mathématiques étaient d'un usage journalier et surtout très-répandu à cause du bouleversement que la crue du Nil apportait chaque année dans les limites des propriétés territoriales.

dote, qui n'en a pas parlé parce que de son temps ce signe n'était pas encore l'expression d'un culte spécial, n'a pas eu à le citer plus qu'aucun autre hiéroglyphe.

11. — Le Tat surmonté d'un diadème est un des emblèmes d'Osiris.

Dans l'écriture sacrée des hiéroglyphes, le Tat « désigne la stabilité parfaite et probablement le « *plérôme*, c'est-à-dire le but final et parfait que « l'âme devait atteindre à l'imitation d'Osiris[1]. »

Cette exquise définition du Tat, comme instrument de moralisation chez les Égyptiens, confirme de tout point ce qu'en lui j'ai découvert par le raisonnement comme valeur interprétative du Sérapis.

Le Tat, par sa double signification, relève ainsi de la légende d'Osiris, et quant à l'assimilation d'Osiris au Nil, et quant à l'incarnation de l'esprit de Dieu dans Osiris; pour l'un et l'autre cas il est l'expression de l'*Excellence*.

Dans de telles conditions, il me sera sans doute permis de faire observer que le Tat, pour les Égyptiens, fut un instrument de religion tout aussi vénérable que peut l'être la Croix pour les chrétiens, avec cette réserve, tout en faveur de l'hiéroglyphe égyptien, qu'il ne paraît point avoir jamais été chez les Égyptiens un instrument d'ambition comme l'a trop souvent été la Croix chez les chrétiens.

---

[1] Vicomte de Rougé. *Notice sommaire sur les monuments égyptiens du musée du Louvre* (1860).

« *Hoc signo vinces*[1], tu vaincras par ce signe, » a dit en faveur d'un ambitieux la légende byzantine du *Labarum*, inventée par Eusèbe de Césarée pour la glorification spéculative du vainqueur de Saxa-Rubra[2].

« *Hoc signo vives*, tu vivras par ce signe, » disait tout simplement, en faveur d'un peuple industrieux et intelligent, la légende égyptienne du Sérapis, dont chaque année voyait se vérifier la bienveillante promesse.

XXXI.

APIS.

1. — Le rôle mythique du taureau Apis[3] dans l'ensemble du culte égyptien, rôle que nous connaissons, exigeait, comme c'est l'ordinaire en pareil cas, qu'Apis se présentât dans des conditions toutes particulières d'apparition surnaturelle, et qu'il fût accentué de marques qui attestassent son origine sacrée.

Toutes ces conditions ont été comprises et rem-

---

[1] Ἐν τούτῳ νικᾷ. — Eusèbe de Césarée, *Vie de Constantin*.

[2] On sait qu'à la bataille de *Saxa-Rubra* (312), il s'agissait de décider qui, de Constantin ou de Maxence, gouvernerait l'empire, et que le conte pieux de l'apparition du *Labarum* fut un appeau à l'adresse des princes ambitieux. — Saxa-Rubra est une colline au nord-ouest de Rome, sur la rive droite du Tibre.

[3] L'usage a consacré l'expression de bœuf Apis, mais en réalité Apis était bien un taureau.

plies, et les prêtres de l'Égypte ont toujours su trouver à leur gré et à leur moment des Apis selon la formule.

« Apis naît d'une génisse qui ne doit jamais pro« duire que lui seul, et les Égyptiens disent que c'est
« le feu du ciel qui la féconde.

« Les signes distinctifs d'Apis sont : une robe par« faitement noire, un carré blanc sur le front, l'image
« d'un aigle sur le dos, une double touffe terminale
« de crins à sa queue, une figure de scarabée sur la
« langue [1]. »

Le nom grec d'Apis est Ἔπαφος, — *Épaphos*[2].

2. — C'est le Pharaon Choüs, deuxième roi de la deuxième dynastie, qui régla, dit-on, les cérémonies du culte des *Taureaux sacrés* au nombre de trois.

Apis, le plus connu, avait sa résidence établie à Memphis ; *Mnévis*, autre taureau sacré, l'eut à Héliopolis.

Il est aussi question du troisième taureau sacré institué sous le nom d'*Onuphée*, mais le culte seul d'Apis a prévalu dans les souvenirs de l'histoire. Il se pourrait bien d'ailleurs que ces trois taureaux, Apis, Mnévis, Onuphée, ne fussent que l'expression de trois états différents d'un même taureau sacré. En effet, nous allons voir, tout à l'heure, qu'Apis, avant de venir à Memphis prendre possession de son temple, devait passer et séjourner à Héliopolis.

[1] Hérodote, *Thalie*, 28.
[2] Id., *Euterpe*, 153.

3. — Les fêtes en l'honneur de la consécration d'un Apis duraient sept jours. Elles étaient l'occasion de processions où le taureau figurait conduit par des prêtres [1].

C'était alors à qui pourrait avoir l'honneur et le bonheur de le recevoir dans sa maison.

Son haleine, croyait-on, gratifiait du don de prophétie, et les mères à qui mieux mieux s'empressaient d'approcher le plus possible leurs enfants du museau de l'animal.

A la mort d'Apis solennellement annoncée, tout le peuple égyptien prenait le deuil. C'était l'annonce d'un malheur public.

C'est à Memphis, dans les caveaux que nous nommons le Sérapéum, que les prêtres déposaient les Apis après leur mort.

La réapparition d'Apis comblait les Égyptiens de joie. Sa venue était pour la nation un témoignage de retour à la prospérité.

Avant de conduire le nouvel Apis à Memphis, on le laissait pendant quarante jours en stage à Héliopolis.

Là il était exclusivement servi par des femmes à qui les rites du culte d'Apis laissaient le soin de certains attouchements qui nous sembleraient aujourd'hui fort indécents.

---

[1] Nos fêtes et les promenades du bœuf gras, accompagné de ses *sacrificateurs*, et des divinités mythologiques, semblent une réminiscence des fêtes d'Apis.

XXXII.

LE CROCODILE. — L'ÉPERVIER.

1. — Puisqu'une longue dissertation nous a fait connaître la valeur du *Crocodile* comme animal sacré, je n'aurai plus ici qu'à consigner les diverses raisons, indiquées de çà et de là par les auteurs, pour faire excuser le culte prétendu dont cet animal aurait été l'objet.

Hérodote, notant l'erreur du temps, dit [1] que de tous les animaux le crocodile est le seul qui n'ait pas de langue, et Plutarque tire de cette particularité la conclusion qu'en cela le crocodile ressemble à l'Être suprême, qui pour manifester sa pensée n'a pas besoin de la voix [2].

On a dit encore que la transparence des paupières du crocodile lui donne une certaine affinité avec la Divinité, en ce sens que le crocodile, grâce à la transparence de ses paupières, peut voir même ayant les yeux fermés.

2. — Quant à l'*Épervier*, il a la vue, même de loin, très-pénétrante, il vole haut avec une légèreté qui charme; comme Dieu lui-même il peut fixer le soleil, et semble, dans son vol, planer sur l'univers.

---

[1] Hérodote, *Euterpe*, 68.
[2] *Isis et Osiris*, chap. LXXVI.

Représenté avec une tête humaine, il signifie *l'Ame*, parce que le mot égyptien BAIETH, — Épervier, — se décompose par BAI, — qui signifie *l'Ame*, et ETH, qui signifie *Cœur*, et que les Égyptiens professaient que le cœur est le siége de l'âme.

Il est bien d'autres raisons données pour motiver l'emploi de l'Épervier comme animal sacré, mais ces raisons ne sont guère que des tours de force d'imagination pour expliquer un fait faux en soi, à savoir l'adoration par les Égyptiens de quelques animaux domestiques ou sauvages.

Encore une fois, dans le sanctuaire des temples, les animaux qui y furent admis n'avaient qu'une valeur d'hiéroglyphes, et, suivant qu'ils étaient bons, familiers et intelligents comme le taureau et l'ibis, ou cruels, méchants et sauvages comme le crocodile et l'hippopotame, ils exprimaient le bien ou le mal actuel.

XXXIII.

QUELQUES FIGURES EMBLÉMATIQUES.

1. — Un *sceptre* surmonté d'un *œil* signifie Osiris [1].

L'*œil droit* désigne le Soleil, l'*œil gauche* désigne la Lune; ces yeux isolés sont nommés les *yeux d'Horus*, leur emploi est très-fréquent.

---

[1] Plutarque, *Isis et Osiris*, chap. x.

Les *yeux* servent aussi à indiquer les deux grandes divisions du ciel, le nord et le midi. Dans ce sens ils accompagnent le disque solaire, près duquel alors ils remplacent les ailes dont nous avons parlé.

L'*Éventail* était l'emblème du repos et du bonheur célestes[1].

En attendant qu'elle devînt pour les chrétiens le symbole de la rédemption, la *Croix*, mais la *Croix ansée*, était chez les Égyptiens le symbole de la *vie divine*.

2. — Le *Sphinx*, à l'entrée des temples, signifiait *mystère et sagesse*[2].

Mais il y avait en Égypte d'autres statues sphinxiformes que ces figures emblématiques.

Sur le modèle des sphinx, et le plus souvent dans de gigantesques proportions, les Égyptiens ont en effet taillé un genre de statues où ils ont excellé, et, par exemple, celles de la fameuse allée de Sphinx, qui relie Karnak à Louqsor, — Thèbes — sont chacune un monument historique de premier ordre.

Toutes, en effet, portent une inscription qui relate l'époque de leur installation, le nom du Pharaon qui les a fait ériger, et celui du Pharaon que chacune d'elles représente, car les figures humaines que portent les Sphinx de Karnak sont des portraits.

---

[1] L'éventail est encore aujourd'hui un emblème de même valeur, et le pape ne paraît point en grand cérémonial sans être couvert des éventails symboliques.

[2] Plutarque, *Isis et Osiris*, chap. vii.

Les corps de ces statues sphinxiformes sont des corps de lion.

C'est alors, ici, l'Intelligence et la Majesté unies à la Force.

Il n'y a de sphinx d'aucune sorte dans la collection d'Ernest Godard.

XXXIV.

QUELQUES VÉGÉTAUX EMBLÉMATIQUES.

1. — L'accusation de stupide adoration poursuit la mémoire des Égyptiens jusque dans les raisons hygiéniques et climatériques qu'ils ont pu avoir de préférer la culture de tels ou tels végétaux, soit pour la nourriture des populations, soit pour celle des animaux domestiques, soit pour les services qu'ils en pouvaient attendre.

C'est surtout Juvénal qui propage cette ridicule accusation. Sa satire contre les Égyptiens, mise aux mains des jeunes gens au moment où s'achèvent leurs études, jette dans l'erreur leur esprit alors facile à convaincre et fait de chacun d'eux un apôtre calomniateur de la haute raison des Égyptiens.

Après s'être en effet moqué des Égyptiens qui, dans leur folie, méprisant Diane, adorent, les uns le crocodile, les autres l'ibis, ceux-ci les poissons, ceux-là des chiens, Juvénal faisant allusion, à la présence de quelques végétaux dans les cérémonies du culte égyptien, à leur emploi solennel et à la culture privilégiée qui en était la conséquence, s'écrie avec ironie : « O excellentes populations, dans le jardin de qui poussent de tels dieux [1] ! »

Mais ce que l'on devrait alors dire aux jeunes gens, et ce qu'on ne leur dit pas, c'est que Juvénal n'a jamais été connu des Égyptiens que comme chef de cohorte dans l'armée romaine [2], et que les Égyptiens, à qui ce titre ne pouvait pas être agréable, n'étaient pas gens à s'ouvrir des secrets de leur science emblématique à leurs ennemis, contre qui, tout au contraire, ils employaient, pour conspirer entre eux, le langage figuré de leurs emblèmes.

Juvénal, officier de l'armée des Romains en Égypte, comme tous ceux qui furent dans sa position, ignorant des usages égyptiens, s'est laissé prendre aux apparences, et, vienne le moment, nous verrons qu'en effet les apparences l'ont trompé.

2. — Parmi les végétaux, le *Lotus*, — *nymphæa cærulea*, — a surtout joui chez les Égyptiens d'une grande faveur.

Sur le Nil, le lotus est en continuelle activité de végétation.

Ses fleurs, d'un bleu clair, répandent une odeur doucement pénétrante et agréable.

[1] *O sanctas gentes, quibus hæc nascuntur in hortis Numina !...* (Satire xv, liv. V.)
[2] C'est en expiation d'une épigramme lancée contre l'entourage d'Hadrien que Juvénal avait été exilé à Syène, au fond de la Haute-Égypte, avec le titre de chef de cohorte. (Voir satire vii, liv. III.)

Pendant les quatre ou cinq jours que dure chacune d'elles, s'accomplit de leur part une évolution d'une exquise délicatesse. Elles ne s'ouvrent que vers six ou sept heures du matin, se referment vers quatre heures de l'après-midi, et, à l'approche de la nuit, elles descendent au fond de leur demeure aquatique pour n'en sortir que le matin.

A la surface de l'eau, elles ne sont jamais qu'à demi ouvertes, et, sur la nappe de verdure qu'y forment les feuilles de ce végétal, ses fleurs se dressent avec une coquetterie pleine de fierté.

Après la retraite des eaux de la crue du Nil, le lotus croît en grande abondance sur les sédiments limoneux du fleuve et dans les canaux. Autrefois il était arraché, et ses tiges et ses racines desséchées devenaient un aliment savoureux. De ses graines broyées il se faisait un pain qui était recherché [1].

Une plante si intelligente, si gracieuse, si utile, méritait, sans contredit, qu'on lui fît quelque honneur ; et l'honneur que lui firent les Égyptiens en l'employant dans les offrandes qu'ils présentaient à la Divinité n'est pas plus fétichiste que la consécration du lis à la vierge Marie.

Les fleurs du lotus accompagnaient généralement les offrandes faites dans les temples, et, à cause de leur retraite au coucher du soleil et de leur réapparition au lever de cet astre, elles lui furent assimilées.

Elles sont en effet l'emblème du Soleil ; et Horus,

---

[1] Hérodote, *Euterpe*, 92.

l'expression de l'éternelle jeunesse, est le plus souvent représenté sortant d'une fleur de lotus.

Ce végétal a servi de motifs à une foule de gracieux ornements, et ses fleurs de modèle à un grand nombre d'objets de petite ébénisterie égyptienne, tels que boîtes, et cuillers à parfums.

Ses fleurs ont été reproduites en chapiteaux de colonnes, et ses feuilles avec ses fleurs ont inspiré aux architectes des ornements courants d'une extrême souplesse.

3. — La *Grenade*, mariée aux fleurs du lotus, figurait aussi dans les offrandes religieuses.

Elle y symbolisait la Terre, non point en raison de sa sphéricité, qui ne pouvait pas être l'expression symbolique de la forme, alors inconnue, de la terre, mais parce que ses petits fruits intérieurs sont comme les sources des fleuves qui s'épanchent du sein de la terre.

Des temples de l'Égypte, la grenade est passée dans ceux des Hébreux, et elle figure au bas de la robe d'hyacinthe du grand-prêtre, alternant avec des clochettes [1].

4. — La couronne tressée en feuilles de *Papyrus* était le prix de la vertu de toute une vie. C'était l'expression de l'hommage le plus honorable qui pût être

---

[1] *Exode*, chap. xxviii, v. 33, 34.

rendu aux hommes, et ce prix n'était décerné qu'après l'information d'un procès sévère [1].

L'emploi du papyrus était du reste très-varié en Égypte. Ainsi on trouve que, vers l'an 480 avant l'ère vulgaire, Xerxès, qui venait de soumettre de nouveau l'Égypte révoltée sous Darius Ier, fit faire une grande quantité de câbles de papyrus dont il construisit des ponts. Ces ponts étaient probablement des ouvrages analogues à nos ponts suspendus.

Avec les feuilles de papyrus, les Égyptiens faisaient des chaussures pour leurs prêtres. Ces chaussures se nommaient *tabtebs*. C'étaient les seules qu'ils dussent porter [2].

Les feuilles du papyrus servaient encore aux Égyptiens à fabriquer de légers bateaux d'un fréquent usage sur le Nil, et surtout sur leurs nombreux canaux ; ces sortes de nacelles étaient enduites de bitume.

Enfin, Hérodote dit [3] que les tiges de papyrus, cuites au four, étaient un mets très-goûté des Égyptiens.

Les *Fèves*, au contraire, étaient un légume impur. Les Égyptiens ne souffraient point qu'elles crussent dans leurs jardins, ils les arrachaient avec soin et ne

---

[1] Les cérémonies de la béatification des saints personnages offrent aujourd'hui, à la cour de Rome, des analogies frappantes avec ces mêmes cérémonies égyptiennes.
La béatification n'est accordée qu'après un débat contradictoire.
[2] Hérodote, *Euterpe*, 37.
[3] *Id., ibid.*, 92.

les mangeaient ni crues ni cuites. Les prêtres n'en pouvaient pas même supporter la vue[1].

5. — L'*Oignon* et l'*Ail* n'ont point été chez les Égyptiens, ainsi que le prétend Juvénal[2], l'objet d'un culte superstitieux.

C'est plutôt le contraire que l'on est amené à croire quand on considère les faits.

D'une part, en effet, Hérodote[3], à propos de la construction de la grande pyramide de Gizèh, celle de Chéops, rapporte que les légumes, — et au nombre de ces légumes figurent des oignons et de l'ail (κρόμμυα καὶ σκόροδα), — que les légumes dont furent nourris les ouvriers qui travaillèrent à l'édification de cette pyramide, coûtèrent seize cents talents[4]. D'autre part, nous savons que les Israélites, devenus esclaves en Égypte, s'y nourrissaient de viandes et de légumes parmi lesquels se comptent les oignons.

Or les Égyptiens employaient, comme manœuvres, leurs esclaves à l'accomplissement de leurs grands travaux d'édification et de terrassement, et les Israélites furent esclaves chez les Égyptiens.

---

[1] Hérodote, *Euterpe*, 92.
[2] Livre V, satire xv.
[3] *Euterpe*, 125.
[4] Le talent antique valait selon son poids ou la matière dont il était fait. Le talent de 60 mines, en or, valait fr. 6,000. Mais il paraît que c'est d'un talent valant environ 4,000 francs dont il est ici question. C'est alors, à ce compte, pour 6,400,000 francs de carottes, d'ail et d'oignons que consommèrent les ouvriers de la grande pyramide.

Les esclaves mangeaient donc des oignons et de l'ail, tandis qu'au contraire les Égyptiens s'abstenaient d'y mordre, comme dit Juvénal [1].

D'où il faut conclure que les Égyptiens, en s'abstenant de manger de l'ail et des oignons, avaient, pour ces légumes, dont ils faisaient la nourriture de leurs esclaves, non du respect, mais du dédain et de l'aversion, parce que l'ail et l'oignon étaient des aliments grossiers qu'ils regardaient comme indignes d'eux.

6. — Quant aux autres végétaux que la tradition nous dit avoir été, de la part des Égyptiens, l'objet d'une sorte de vénération superstitieuse, je ne veux point ici en passer la revue; mais il est bon, je crois, d'indiquer les motifs qui en firent des emblèmes respectables.

Une fable fort ancienne, inventée dans le triple but de donner aux Égyptiens eux-mêmes une très-grande idée de leur pays, de les mettre toujours et partout en présence de la divinité, par conséquent de les porter à la vertu, enfin de favoriser la culture de tels ou tels légumes nécessaires à l'alimentation du peuple, cette fable apprenait aux Égyptiens que les Dieux, irrités contre les peuples des autres contrées en raison des crimes qui s'y commettaient, s'étaient réfugiés en Égypte, où ils se plaisaient à vivre dans de certains végétaux.

---

[1] *Porrum et cepe nefas violare et frangere morsu.* (Sat. xv, vers 9.)

Sous l'empire de cette haute et ingénieuse morale, la culture en général prit dans l'Égypte pharaonique un tel développement, acquit un si grand perfectionnement, qu'au dire de Diodore de Sicile, la nourriture et les vêtements d'un enfant jusqu'à l'adolescence ne coûtaient pas une somme équivalente à vingt francs de notre monnaie.

7. — En quittant ce chapitre des Emblèmes, qu'il me soit permis d'exprimer le regret que la signification des symboles égyptiens ne soit pas vulgarisée autant qu'elle le mérite, et dans un sens avouable et historique.

Pour la plupart des visiteurs des musées égyptiens, même parmi ceux qui se piquent de quelque instruction, Sphinx, Divinités, Emblèmes, à cause de leur étrangeté muette, ne sont que des comparses grotesques d'une religion ridicule.

Tout incomplète que soit encore, même pour les savants, l'histoire de l'Égypte des Pharaons, elle offre pourtant, dans ses parties connues, des points de repère instructifs et bien arrêtés, qui se relieraient assez les uns aux autres pour former un ensemble capable, à mon avis, de figurer dans l'enseignement, même avec quelque avantage, auprès de l'histoire pieusement scabreuse de *Joseph et madame Putiphar*, et de la relation hasardée des *complaisances* tour à tour bienveillantes et terribles de la mer Rouge.

XXXV.

LES STATUETTES FUNÉRAIRES ET LES CANOPES.

1. — Des *Statuettes funéraires* il n'y a pas long à dire.

Leur usage est un et bien déterminé.

Dans les cérémonies funèbres des Égyptiens elles ont le rôle, mais avec des variantes en leur faveur, des couronnes que nous déposons sur la tombe de nos parents et de nos amis.

Ces variantes imposaient aux Egyptiens de véritables et sérieuses obligations.

Les pauvres, il est vrai, tenus à se conformer à l'usage seulement selon leurs moyens, ne déposaient auprès de leurs morts que des *statuettes-momies* en terre cuite, sortant toutes à peu près du même moule ; mais les riches et les grands devaient plus strictement remplir leur devoir envers le défunt.

Ainsi, dès que la fortune des survivants le leur permet, les statuettes funéraires par eux déposées doivent être ou des portraits du défunt, ou le leur propre.

Elles portent alors, avec des inscriptions où s'allient des sentences qui toutes roulent sur le dogme de la vie nouvelle, le nom du défunt, ses titres et la date de sa mort.

A cause de ces dernières particularités, les statuettes funéraires peuvent avoir une valeur archéologique de premier ordre.

Les statuettes funéraires étaient déposées dans des *coffrets* placés vers la tête de la momie.

La collection d'Ernest Godard compte bon nombre de *statuettes funéraires* ; elle n'a qu'un *coffret*.

2. — Les *Canopes* sont des vases ovoïdes de dimensions diverses. Ils sont faits d'albâtre, de basalte, de grès ou de terre cuite. Leur couvercle porte la figure d'un des quatre génies infernaux, celle de *Nouv*, protectrice des entrailles, ainsi que celle d'*Anubis* et la *tête d'Épervier d'Horus*.

Le nom de Canope leur vient, semble-t-il, de celui de la ville égyptienne de même nom, où se fabriquaient surtout ces sortes de poteries ; mais le mot Canope, par lequel on désigne ces vases, est aussi un surnom d'Osiris[1].

N'est-il pas permis, en faisant ce rapprochement, de penser que ces vases peuvent alors être eux-mêmes des emblèmes ?

C'est en effet dans ces vases que les momificateurs déposaient les yeux, le cerveau, le cœur et les entrailles enlevés au défunt avant l'opération de la momification ; nous avons vu d'autre part qu'Osiris est le juge des hommes après leur mort.

Déposer ainsi les cœurs dans les canopes, c'est les remettre à Osiris.

---

[1] Plutarque, *Isis et Osiris*, ch. XXI.

Les canopes portent généralement sur la panse des inscriptions gravées ou écrites, et, à cause des noms et des dates que ces inscriptions consignent, ceux de ces vases qui portent des inscriptions peuvent être précieux pour l'histoire.

Les canopes, au nombre de quatre, se plaçaient, par deux, à gauche et à droite du défunt, et, comme il a été dit, ils contenaient ses entrailles, son cœur, son cerveau et aussi ses yeux, qui étaient remplacés, sur la momie, par des yeux faits en terre cuite émaillée ou en autre matière.

XXXVI.

LES TABLETTES D'ÉCRIVAIN.

1. — Dès la plus haute antiquité, les Égyptiens ont écrit sur des feuilles de papyrus[1]; à l'occasion ils ont écrit sur des tissus légers, sur la pierre et jusque sur leur poterie.

[1] Voici, d'après Pline, comment se préparait le papyrus : on divisait en minces feuillets la tige du papyrus en ouvrant les tuniques dont elle se compose; ces feuillets, mis à plat, étaient superposés les uns aux autres, en observant de les étendre et de les encoller de manière que les fibres s'entre-croisassent et se soutinssent ainsi mutuellement. On les pressait, puis on les faisait sécher au soleil, et on les enduisait d'huile de cèdre pour les conserver.

Cette plante ne croît plus guère aujourd'hui en Égypte, mais elle est encore commune dans l'Abyssinie.

Leur outil d'écrivain, leur *Palette*, est d'une intéressante simplicité.

C'est le plus souvent une tablette en bois[1], formant un parallélogramme, dont la longueur varie de 25 à 30 centimètres, la largeur de 8 à 10. Vers la partie supérieure de cette tablette, dont l'épaisseur est de 2 à 3 centimètres, sont creusées de petites cuvettes au nombre de deux, trois et même quatre. Ces cuvettes recevaient de petits pains d'encre que l'écrivain délayait selon ses besoins.

Au-dessous des cuvettes, s'enfonçant diagonalement de haut en bas, une excavation carrée loge les *calames*, tiges de roseau[2] qui étaient les plumes à écrire des scribes égyptiens.

Pour varier leurs écritures et enluminer les vignettes, dont ils marquaient les têtes de chapitre de leurs livres, les Égyptiens usaient d'encres de diverses couleurs.

Ils en avaient notamment de la noire, de la rouge, de la bleue, de la blanche.

On ne connaît pas au juste le liquide dont ils se servaient pour étendre et fixer ces encres, dont les traces persistent encore nettes et vives quarante siècles après avoir été appliquées.

---

[1] Il y en a aussi en marbre et en terre cuite.

[2] *Kasch* est le nom égyptien du roseau taillé pour écrire, du *calame* des hiérogrammates ou scribes sacrés. Ces fonctionnaires portaient le calame comme insigne de leur fonction; et c'était, horizontalement placé entre le côté droit de la tête et la partie supérieure du pavillon de l'oreille, que les hiérogrammates portaient cet insigne.

Le climat sec de l'Égypte est, il est vrai, pour beaucoup dans les causes de cette conservation.

2. — Les Grecs et les Romains importèrent en Égypte les tablettes enduites de cire, sur lesquelles ils écrivaient surtout leur correspondance.

Auprès des feuilles de papyrus et des feuilles de palmier, qui furent aussi employées par les Égyptiens à l'imitation des Indiens, les tablettes gréco-romaines semblent un instrument barbare.

En réalité, lorsque l'emploi en devint courant en Égypte, elles y furent, sinon un progrès, au moins un secours très-positif et généralement apprécié dont les circonstances firent un bienfait.

En effet, à l'époque où les Grecs et les Romains imposèrent leur civilisation à l'Égypte, la terre des Pharaons, fatiguée par les dissensions dont elle avait été le théâtre depuis près de trois siècles, déchue d'ailleurs, et depuis longtemps, de l'énergie qui en avait fait la plus belle contrée du monde, et l'avait rendue pendant plus de dix siècles l'objet de l'admiration ou de la convoitise de tous les peuples qui la connurent, avait vu dépérir son agriculture et s'effacer son industrie.

Dans ces conditions, la production du papyrus avait, comme celle de tant d'autres végétaux utiles, cessé d'être provoquée, et, désormais abandonnée à la bonne volonté du sol, elle n'atteignait plus, tant s'en faut, la proportion réclamée par une consommation devenue plus générale.

Il se faisait d'ailleurs un commerce excessif de papyrus pour l'exportation[1].

Il semble toutefois que les prêtres égyptiens aient de tout temps protesté contre l'importation et l'emploi des tablettes de cire. On les voit, en effet, pour économiser le papyrus, écrire sur des tissus, sur des débris de poterie, sur des tuiles et des briques ; du moins, on trouve, en assez grande quantité, de tous ces objets chargés d'écriture hiératique.

Il n'y a, dans la collection d'Ernest Godard, ni tissus, ni pierres, ni briques, portant des caractères d'écriture ; mais, puisque j'avais occasion de parler des palettes d'écrivain qui s'y trouvent, il m'a paru opportun de consigner ici les observations qui précèdent.

XXXVII.

LA MÉDECINE ET LES MÉDECINS EN ÉGYPTE.

1. — C'est un devoir de parler ici de la médecine et des médecins en Égypte, et de consigner les indications que nous avons recueillies sur l'exercice de leur art divin[2].

---

[1] En l'an 272 de notre ère, le fabricant de papyrus Firmus d'Alexandrie avait acquis, dans l'exercice de cette industrie, une fortune telle qu'elle lui inspira l'ambition la plus désordonnée. Il leva des armées, prit la pourpre et le titre d'Auguste ; mais il fut vaincu et mis à mort.

[2] Ce mot, *divin*, n'est point seulement ici une qualification de

L'exercice de la médecine était réglementé, chez les Égyptiens, de telle sorte qu'il y avait des médecins spéciaux aux maladies de chaque organe, et, paraît-il, sans autorisation de cumul (καὶ οὐ πλεόνων).

Ainsi on distinguait les médecins des maladies de la tête, ceux des maladies des yeux, ceux des maladies des entrailles, ceux des maladies des dents, ceux des maladies internes (οἱ δὲ τῶν ἀφανέων νούσων[1]).

La médecine et la chirurgie étaient exercées par des membres de la caste sacerdotale.

Les médecins de l'Égypte étaient l'objet d'une grande vénération, et la renommée dont jouissait le corps médical égyptien attirait les patients de très-loin, et engageait le plus souvent les princes étrangers à appeler près d'eux les médecins égyptiens.

Leur science leur valait, de la part des populations, le titre de *Dieu*, et comme témoignage, je

---

convenance et de sentiment personnel, il est là aussi comme une expression que le temps et les saintes Écritures ont consacrée.

Jésus, fils de Sirach, parlant des médecins et de la médecine, s'exprime ainsi :

« *Honora medicum propter necessitatem; et enim illum creavit Altissimus.*	« Honore le médecin à cause du besoin que tu en as, c'est le Très-Haut qui l'a créé.
« *A Deo est enim omnis medela et a Rege accipiet donationem.*	« Toute guérison vient de Dieu par son intermédiaire, et elle sera rétribuée par le Roi.
« *Disciplina medici exaltabit caput illius, et in conspectu magnatorum collaudabitur.* »	« La science du médecin l'élèvera en honneur, et il sera loué devant les grands. »

(*Ecclésiastique*, xxxviii, versets 1, 2, 3.)

[2] Hérodote, *Euterpe*, 84.

rappellerai qu'un monument trouvé à Thèbes nous montre un prince de la Mésopotamie qui envoie solennellement chercher un *Dieu* thébain, pour venir au secours de sa fille possédée du malin esprit[1].

2. — L'étude de la science médicale est des plus anciennes en Égypte.

Athôthis, second roi de la première dynastie des rois d'Egypte, le même qui fonda les palais de Memphis, a écrit un ouvrage d'anatomie [2].

Cela dut se passer plus de 5800 ans avant l'ère vulgaire, et plus de 4000 ans avant Moïse.

Homère dit des médecins de l'Égypte qu'ils étaient les premiers médecins du monde.

Philon [3] nous montre Moïse acquérant des prêtres de l'Égypte toutes les sciences dont se composait la sagesse des Égyptiens, et au nombre de ces sciences était la médecine.

Saint Étienne [4] porte Moïse aux nues parce qu'il était instruit dans toute la sagesse des Égyptiens.

Clément d'Alexandrie [5] dit de la manière la plus positive que Moïse étudia la médecine près des plus savants maîtres qu'eut alors l'Égypte.

Mais tous ces témoignages, qui disent assez clairement que les Égyptiens ont créé cet art divin, n'em-

---

[1] Vicomte E. de Rougé, *Notice sommaire sur les monuments égyptiens du musée du Louvre* (1860).
[2] Champollion-Figeac, *Égypte ancienne*, §xx, Précis historique.
[3] Philon, *Vie de Moïse*, liv. 1.
[4] *Actes des Apôtres*, chap. vii, verset 22.
[5] *Stromates*, liv. V.

pêchent point certains écrivains de la chrétienté, entre autres le Père Dom Calmet[1], de faire remonter l'honneur de cette création au premier des patriarches, à Adam, et d'appeler dédaigneusement *magiciens* et *devins des païens* les médecins de l'Égypte dont les découvertes et les enseignements ont préparé et formé tous les Esculapes de l'antiquité.

XXXVIII.

BIJOUX ET MONNAIES.

1. — Les bijoux de la collection Godard sont d'abord des scarabées montés en bagues.

Le scarabée forme le chaton et sert de sceau.

---

[1] Voici en quels termes s'en explique Dom Calmet : « Encore que « l'Écriture ne parle pas expressément de médecin ni de médecine « avant le temps du patriarche Joseph, qui commanda à ses méde-« cins d'embaumer le corps de Jacob, son père, on n'en doit pas « pas conclure que l'art de la médecine soit nouveau dans le « monde. Adam, qui avoit reçu une connoissance si parfaite et si « étendue des choses naturelles, de la force des simples, des vertus « des sucs, des liqueurs et des métaux, ne manqua pas sans doute « de cultiver et de perfectionner cette connoissance depuis qu'il se « vit condamné à la maladie et à la mort par un arrêt irrévocable. « Le besoin où il se trouva de réparer ses forces et de conserver sa « santé le mit dans la nécessité de recourir aux remèdes naturels, « et par conséquent à celle d'en étudier la nature, les effets et les « propriétés. Une science si utile ne demeura pas ensevelie dans « l'oubli ; Adam l'enseigna à ses enfants, et l'on doit croire que « ceux-ci la cultivèrent et la transmirent à la postérité. »

C'était là, comme nous l'avons déjà dit, le sceau de la caste militaire [1].

La gravure hiéroglyphique qu'on y lit est une devise ou un nom.

Il y a ensuite : des pendants d'oreilles, des bagues, des pectoraux de collier, des uræus et des serpents, emblèmes qui ont dû, comme les pectoraux de collier, appartenir à des colliers de momie.

Je mentionne seulement l'existence des objets de l'époque gréco-romaine, non pas que ces objets soient sans valeur, mais parce que, sous la touche artistique de leur époque, ils ne sont guère, à part quelques bustes sur la signification desquels je suis sans indication précise, que la répétition des symboles déjà cités.

2. — Les monnaies ne peuvent être que de l'époque gréco-romaine.

Darius Ier, fils d'Hystaspe, 500 ans environ avant l'ère vulgaire, fit le premier frapper des monnaies en Égypte. C'étaient des pièces d'or : elles sont connues sous le nom de *dariques* [2].

Avant lui les Égyptiens n'avaient pas de monnaie dans le sens ordinaire que nous attachons à ce mot, si ce n'est de menues oboles, espèces de jetons d'une

---

[1] Plutarque, *Isis et Osiris*, chap. x.

[2] Les dariques sont devenues fort rares. On les reconnaît à un archer décochant une flèche : l'archer est agenouillé, suivant l'usage antique.

valeur de convention, avec lesquels on soldait les toutes petites transactions journalières.

Les grands marchés, quand ils ne se faisaient pas par échange, se réglaient avec des anneaux d'or et d'argent, — peu de ceux-ci, — d'un diamètre et d'un poids déterminés.

On a quelques raisons de croire que les petits scarabées, qui se trouvent en si grand nombre comme souvenir de la primitive Égypte, — surtout ceux qui portent des noms de rois, — ont servi de monnaie courante [1].

XXXIX.

VÊTEMENTS MODERNES ET TALISMANS.

1. — Les vêtements des dames du harem, les objets modernes de la moderne Égypte et de la Nubie, qui marquent dans la collection d'Ernest Godard, ont sans doute une grande valeur ethnologique, et doivent, sous ce rapport, intéresser vivement les visiteurs des musées; mais l'inventaire que j'en ferais, la description que j'en donnerais, n'auraient ici, je crois, qu'un attrait secondaire.

Après donc avoir dit, à propos des vêtements des dames du harem, que ceux dont je parle ne sont que des copies, parce que les musulmans égyptiens

---

[1] Champollion-Figeac, *Égypte ancienne*, § XVIII.

ont la superstition d'attribuer une influence absolue sur leurs facultés à quiconque détient un objet dont ils ont été propriétaires, je n'arrêterai l'attention de mes lecteurs que sur une des pièces de cette catégorie, pièce qui paraît la plus infime de toutes, mais dont l'usage, très-répandu chez les Arabes, est un trait caractéristique de leurs mœurs.

C'est du *Talisman* que je veux parler.

2. — Le talisman, tel qu'il se rencontre chez les Arabes égyptiens, est fait d'un sachet de cuir, qui renferme un papier sur lequel ont été tracés quelques mots, soit par un cheik, soit par un ami, soit par quelque autre personne en renom de piété ou de sagesse, voire juive ou chrétienne.

Les talismans se portent attachés à la partie supérieure du bras, et rien ne s'oppose à ce qu'une même personne cumule le bénéfice de plusieurs talismans, pour peu qu'elle y tienne.

Ces singuliers outils de la superstition ont une grande ressemblance avec les scapulaires dont les prêtres catholiques préconisent l'usage en les consacrant par la prière. Les seules différences qui distinguent le talisman du scapulaire gisent dans l'étoffe et dans le mode de consécration. Au demeurant, talismans et scapulaires ne sont que de tristes témoignages d'une croyance aveugle et fataliste, qui est, au fond, le penchant naturel des populations privées des enseignements de la science.

Les Pharisiens sont accusés d'être les inventeurs

du Talisman, et c'est Moïse qui, en prescrivant aux Hébreux d'avoir sans cesse présents à la mémoire les commandements de Dieu[1], aurait fourni aux Pharisiens le motif de leur invention.

Les talismans que fit naître le zèle religieux des Pharisiens étaient dans l'origine des bandes d'étoffe ou de parchemin, sur lesquelles on écrivait certains passages de la Loi.

Ces bandes se portèrent d'abord autour la tête, et à la façon des bracelets. Leur nom générique hébreu est *Thephillim*, c'est-à-dire *Instrument de prière;* on leur a donné plus tard, quand l'usage s'en est généralisé, le nom grec de *Phylactère*, — Φυλακτήριον, — qui signifie *Préservatif*.

Chez certaines tribus arabes des contrées qui avoisinent la vallée du Nil, le culte du talisman a pris un instant des allures assez originales.

L'expédition française en Égypte (1798) avait, paraît-il, vivement impressionné l'esprit de ces populations, et M. Frédéric Cailliaud, de Nantes, qui parcourait les déserts, à l'est et à l'ouest de la Thébaïde, dans les années 1815, 1816, 1817 et 1818, rapporte

---

[1] « Ceci sera comme un signe en votre main, et comme une chose
« suspendue devant vos yeux pour exciter votre souvenir. » (*Exode,* chap. xiii, v. 16.)

« Vous les (les commandements de Dieu) lirez comme un signe
« dans votre main, vous les porterez comme un tableau entre vos
« yeux... » (*Deutéronome,* chap. vi, v. 8.)

« Gravez ces paroles, que je vous dis, dans vos cœurs et dans vos
« esprits; tenez-les suspendues comme un signe dans vos mains, et
« placez-les entre vos yeux. » (*Deutéronome,* chap. xi, v. 18.)

qu'alors les Arabes de ces contrées recueillaient avec une sorte de vénération les moindres parcelles de journaux français[1]. Ils en usaient comme de talismans, en les attachant aux oreilles de leurs chameaux, ou en les portant sur eux comme préservatif d'accidents fâcheux[2].

3. — J'ai maintenant accompli le travail d'examen de la collection archéologique et ethnologique faite en Égypte par Ernest Godard.

On le voit assez, les souvenirs religieux, — figurines dites des divinités égyptiennes et autres signes emblématiques, — sont la principale fortune de cette collection.

Ces sortes d'objets, tout minces qu'ils sont, à cause du vernis de mysticisme qui les recouvre, à cause de leur existence contemporaine de la civilisation la plus imposante de l'antiquité, sont en réalité bien dignes de fixer l'attention des esprits sérieux.

Aussi, bien que je me sois déjà longuement expliqué sur leur valeur et leur signification; bien que j'aie fait voir comment chacun de ces objets, loin d'avoir été formé dans un but d'adoration di-

---

[1] Il convient de dire que ce culte des souvenirs de l'invasion française en Égypte tient moins à l'estime que les Arabes surent cependant fort bien faire de nos soldats, qu'à la haine qu'ils ont toujours nourrie contre les Turcs et les mamelucks, ennemis de leur indépendance.
[2] *Voyage à l'Oasis de Thèbes et dans les déserts à l'orient et à l'occident de la Thébaïde.* (Imprimerie royale, 1821.)

recte, comme l'énonce le titre ridicule dont ils sont injustement affublés, n'est, en réalité, que l'expression de la doctrine de l'unité de Dieu et des enseignements de la plus sage morale, au même titre que les mots à l'aide desquels nous proclamons aujourd'hui l'excellence de ces mêmes doctrines; bien que j'aie montré tous ces objets formant dans leur ensemble le faisceau des plus saines aspirations de l'âme vers l'Être suprême, je suis loin d'avoir rempli la tâche que je me suis imposée à leur égard, et, après avoir réhabilité ces premières victimes de la confusion des langues, je dois démontrer comment, ayant été créées, telles que nous les connaissons, les figurines égyptiennes ont dû nécessairement persister dans leur forme primitive.

Ce nouveau travail sera l'histoire de l'origine des figurines égyptiennes, et dira la raison de leur emploi dans le culte divin.

Mais, comme c'est seulement à travers les ruines de l'Égypte qu'il est possible de remonter à la source que nous cherchons, il ne faudra pas s'étonner de la somme de travaux de déblaiement préliminaire qui va signaler les débuts de notre nouvelle exploration.

TROISIÈME PARTIE.

ORIGINE ET CULTE DES DIVINITÉS ÉGYPTIENNES.

I. Les Pyramides d'Égypte et la Religion égyptienne. — II. Moïse, les Livres et les Bibliothèques en Égypte. — III. Les Perses, les Grecs, les Romains et les Chrétiens en Égypte. — IV. Le Matériel de la Religion catholique, dans quatre mille ans, devant la science. — V. La Forme de l'expression matérielle des enseignements religieux importe peu. — VI. La Consécration. — VII. La Religion. — VIII. La Prédication. — IX. Idolâtrie et Fétichisme. — Le Culte égyptien.

I.

LES PYRAMIDES D'ÉGYPTE ET LA RELIGION ÉGYPTIENNE.

1. — Plus de sept mille ans ont passé sur les pyramides d'Égypte, elles sont encore debout, et, sinon belles et lustrées comme au premier jour, au moins aussi fières et aussi solides qu'elles le furent jamais.

De leur aspect imposant, de leur aplomb général, en qui se résument toutes les conditions de solidité et de bonne édification désirables, nous concluons, avec une grande justesse d'appréciation, que les ingénieurs qui érigèrent les pyramides en ont admirablement établi les fondations, qu'ils ont su proportionner l'assiette de ces fondations dans toutes leurs parties, au poids et au développement extérieurs des édifices qu'elles devaient porter; et, bien que la forme donnée à ces édifices ne soit pas celle que nos inspirations artistiques eussent probablement imaginée, nous n'hésitons pas à déclarer que les constructeurs des pyramides furent, en somme, de prévoyants architectes et d'habiles ingénieurs.

2. — Mais, supposons qu'au lieu de vivre entières et superbes, ces pyramides, sans qu'il nous en soit d'ailleurs resté ni vue perspective d'ensemble, ni plan de détail, aient été, depuis longtemps, détruites de fond en comble et démontées pierre à pierre.

Ces pierres qui, pour être assemblées et former un tout harmonieux et solide, avaient dû nécessairement recevoir chacune une coupe particulière, vues maintenant à nu et isolément nous paraîtraient, cela est bien certain, toutes inégales et de formes bizarres.

De la difformité apparente de chacune de ces pierres, serions-nous raisonnablement fondés à conclure que l'édifice dont elles constituaient l'ensemble était difforme et mal solide, et que les ingénieurs qui les firent tailler étaient des imbéciles et des maladroits?

Évidemment non.

Pourquoi donc alors, faisant litière des enseignements du passé, s'est-on plu à décréter, à la vue d'épaves religieuses qu'on a pris le plus grand soin de travestir et de ne pas comprendre, que la religion qui a laissé ces épaves derrière elle fut ridicule dans ses détails et ridicule encore dans son ensemble ; que ses propagateurs furent gens de mauvaise foi, et ses adeptes de pauvres diables si faibles d'esprit qu'ils acceptaient pour dieux des objets infimes qu'il était en leur pouvoir de détruire et de reconstituer facultativement ?

C'est bien là, en effet, sinon dans ses termes exprès, au moins dans son sens direct, le jugement charitablement porté, au nom du vrai Dieu et par ses ministres les plus autorisés[1], sur la religion égyptienne, aujourd'hui impuissante à se défendre, grâce, du reste, aux soins minutieusement pris de faire disparaître d'une ou d'autre manière les témoignages interprétatifs de ses saines doctrines et de sa sainteté.

3. — Quant à moi, dès longtemps familiarisé par la rencontre journalière des plâtres grands et petits

---

[1] « Mais, dans le temps de Moïse, ces nations s'étoient perverties.
« Le vrai Dieu n'étoit plus connu en Égypte comme le Dieu de tous
« les peuples de l'Univers, mais *comme le Dieu des Hébreux*. On
« adoroit jusqu'aux bêtes et jusqu'aux reptiles. Tout étoit dieu ex-
« cepté Dieu même ; et le monde que Dieu avoit fait pour mani-
« fester sa puissance, sembloit être devenu un temple d'idoles. Le
« genre humain s'égara jusqu'à adorer ses vices et ses passions ;
« et il ne faut pas s'en étonner. Il n'y avoit point de puissance
« plus inévitable ni plus tyrannique que la leur. L'homme, accou-
« tumé à croire divin tout ce qui étoit puissant, comme il se sen-
« toit entraîné au vice par une force inévitable, crut aisément que
« cette force étoit hors de lui et s'en fit bientôt un dieu..... »
(Bossuet, *Discours sur l'Histoire universelle*, II⁰ partie, chap. III.)

que l'on trouve couramment sous des appellations saintes, aux figures grotesques employées comme enseignement religieux, du jour où les circonstances m'ont invité à l'étude des figurines égyptiennes, envisageant sans trop d'horreur ces revenants du pays des Pharaons, je n'ai cessé d'interroger leur physionomie impassible qu'à l'instant où j'y ai lu une confidence digne de cette sagesse égyptienne si justement et si universellement vantée[1], confidence qui m'a convaincu que la religion de la vallée du Nil, dont les figurines, dites divinités égyptiennes, furent non l'objet, mais l'expression, avait, comme les pyramides d'Égypte, une base bien étudiée et solidement établie; base, d'ailleurs, conséquente avec

---

[1] « . . . . . Ce n'étoit pas sur les choses inanimées que l'Égypte
« travailloit le plus. Ses plus nobles travaux et son plus bel art
« consistoient à former des hommes. La Grèce en étoit si persuadée
« que ses plus grands hommes, un Homère, un Pythagore, un
« Platon, Lycurgue même et Solon, ses deux grands législateurs,
« et les autres, qu'il n'est pas besoin de nommer, allèrent ap-
« prendre la sagesse en Égypte. Dieu a voulu que Moïse même *fût*
« *instruit dans toute la sagesse des Égyptiens;* c'est par là qu'il
« a commencé *à être puissant en paroles et en œuvres.* La vraie
« sagesse se sert de tout, et Dieu ne veut pas que ceux qu'il inspire
« négligent les moyens humains qui viennent aussi de lui à leur
« manière..

« Ces sages Égyptiens avoient étudié le régime qui fait les esprits
« solides, les corps robustes, les femmes fécondes et les enfants
« vigoureux. Par ce moyen, le peuple croissoit en nombre et en
« force. Le pays étoit sain naturellement, mais la philosophie lui
« avoit appris que la nature veut être aidée. Il y a un art de former
« les corps aussi bien que les esprits. Cet art, que notre noncha-
« lance nous a fait perdre, étoit bien connu des anciens, et l'Égypte
« l'avoit trouvé.... » (Bossuet, *Discours sur l'histoire universelle*,
IIIe partie, chap. III.)

l'édifice qu'elle devait porter et, dans toutes ses parties, harmoniée avec son poids et ses développements; que chacune de ces figurines était à l'ensemble de la religion égyptienne comme chaque pierre d'une pyramide démantelée serait à l'ensemble de l'édifice; qu'il ne fallait, pour enlever à ces objets leur aspect difforme ou ridicule que les comprendre et les savoir mettre à la place pour laquelle chacun d'eux avait été préparé; et, de cette conviction désormais bien acquise, j'ai pu conclure de la manière la plus sensée et la plus absolue que le ridicule jeté, à l'occasion des figurines, sur la religion égyptienne, ne pouvait être qu'une grossière calomnie éclose sous la cendre des livres sacrés de Thèbes et de Memphis, cendre sans cesse renouvelée et réchauffée au feu des incendies successifs où se sont abîmées les bibliothèques de l'antique Égypte.

II.

MOISE, LES LIVRES ET LES BIBLIOTHÈQUES EN ÉGYPTE.

1. — L'Égypte a eu des livres dès la plus haute antiquité.

Ces livres n'étaient point, sans doute, tels que nous les font aujourd'hui l'imprimerie et la reliure.

C'étaient des manuscrits originaux ou des copies, couvrant de longues bandes de papyrus, qui se roulaient sur elles-mêmes.

Ces bandes de papyrus avaient, comme développement, une longueur indéterminée, sur une hauteur qui ne paraît guère avoir dépassé quarante ou cinquante centimètres.

Ces livres égyptiens, comme cela se pratique encore pour tous ceux qui sont écrits en langues orientales, et notamment en hébreu, se lisaient de droite à gauche.

2. — L'époque de l'apparition des livres en Égypte est un problème qui n'a pas encore eu de solution.

Sans donc chercher à remonter à ce sujet jusqu'à l'âge naissant d'un passé dont il est, quant à présent, impossible de constater les débuts, je rappellerai, comme témoignage, ici suffisant, de la haute antiquité des livres en Égypte, ce livre de morale dont il a déjà été parlé, livre que possède la Bibliothèque impériale, livre qui a été écrit par un sage égyptien, Phtah-Hotep, plus de deux mille ans avant l'ère vulgaire, c'est-à-dire plus de cinq cents ans avant Moïse.

Ce livre, qui n'est pas le seul de son âge encore existant aujourd'hui [1], est, il est vrai, parmi les livres qui ont survécu à l'Égypte pharaonique, un de ceux dont l'âge remonte le plus haut. Mais, d'une part, il suffit qu'il existe pour que d'autres aient pu exister à l'époque de son apparition

[1] Il en existe en effet plusieurs autres de même antiquité au musée égyptien de Berlin, ainsi que nous l'avons déjà fait observer.

première, et, d'autre part, comme il est bien certain que l'art graphique ne s'est pas manifesté tout d'un coup tel qu'il s'offre dans ce livre, on comprend qu'il ne peut pas avoir été exactement le premier livre qu'ait possédé l'Égypte.

Ce n'est plus alors par cinq siècles d'antériorité à Moïse que se peut mesurer l'antique usage des livres en Égypte, mais bien par des mille ans.

3. — L'abondance des livres en Égypte, à des époques antérieures à Moïse, est un fait tout aussi positif que l'antique existence de ces mêmes livres.

Le témoignage de l'abondance des livres en Égypte se trouve dans l'existence certaine, à une époque qui a de beaucoup précédé Moïse, de salles d'étude et de dépôt où les livres égyptiens furent réunis, tant pour en assurer l'usage commode que pour en perpétuer la durée.

Des bibliothèques ont, en effet, existé en Égypte longtemps avant que les Hébreux n'existassent en corps de nation, et il est de ces bibliothèques où certainement Moïse a pu lire et méditer les enseignements saints et profonds de la docte Égypte, et se pénétrer ainsi, selon l'expression de saint Étienne[1], « de toute la sagesse des Égyptiens. »

Les travaux et les découvertes de Champollion le

---

[1] « Ainsi, Moïse fut instruit dans toute la sagesse des Égyptiens, « et il était puissant en paroles et en œuvres. » (*Actes des Apôtres*, chap. VII, v. 22.)

jeune nous sont une garantie de cette affirmation absolue.

Les ruines du Rhamesséum de Thèbes qu'il a interrogées renferment encore quelques constructions très-nettement révélatrices de l'existence d'une bibliothèque considérable dans cette résidence royale.

Sur les jambages de la porte qui, du promenoir, donne accès à la salle qui fut la bibliothèque, Champollion le jeune a reconnu, à gauche, l'hiéroglyphe de celle des perfections divines qui est désignée sous le nom de Thôth, — l'*Esprit de Dieu, Science* et *Lumière;* — il est figuré là avec sa tête symbolique d'Ibis tournée vers la salle, et suivi de la personnification de la *Vue*, figure humaine portant sur la tête un œil immense.

Sur le jambage de droite de cette même porte, Champollion a lu l'hiéroglyphe de l'*Étude*,—*Saf*,— compagne de Thôth, qualifiée du titre de *Dame des lettres, Présidente de la salle des Livres*, tenant à la main tous les instruments propres à écrire, et suivie de la personnification de l'*Ouïe*, figure humaine surmontée d'une large et haute oreille.

« Est-il possible, dit Champollion le jeune, de « mieux annoncer que par de tels bas-reliefs l'entrée « d'une bibliothèque?

4. — L'ensemble des constructions qui constituent les palais de Médinet-Habou, — Thèbes, rive gauche du Nil, — est précisément le Rhamesséum dont il vient d'être question.

Ces palais, œuvre des Pharaons de la dix-huitième dynastie, furent achevés, dans quelques-unes de leurs parties décoratives, par Rhamsès IV,—Méïamoun, — chef de la dix-neuvième dynastie.

« Les plus anciennes constructions de Médinet-« Habou, dit Champollion-Figeac [1], remontent au « règne de Thouthmosis I [2]. Mœris [3] fit exécuter la « plus grande partie des décorations ; mais toutes les « sculptures des façades supérieures, sud et nord, « furent ordonnées par Rhamsès-Méïamoun [4] ; et il « paraît que ce roi se proposa, par ces travaux, de « relier le temple de Mœris avec le grand palais dont « il couvrit la butte de Médinet-Habou [5]. »

C'est dans ces temples-palais que se trouvait être la salle des livres dont Champollion le Jeune a constaté l'existence.

Or, d'une part, les règnes de la dix-huitième dynastie des rois d'Égypte embrassent une période de 348 ans, qui commence en 1822 et s'achève en 1474 avant l'ère vulgaire ; d'autre part, Moïse, adopté par la fille de Pharaon [6], élevé à la cour de Memphis, où il réside pendant quarante ans,—de 1608 à 1568,

---

[1] *Égypte ancienne.* § xx. *Précis historique.*
[2] Deuxième roi de la dix-huitième dynastie, il régna de 1791 à 1778.
[3] Le même que Thouthmosis III, cinquième roi de la dix-huitième dynastie ; il régna de 1736 à 1723 avant l'ère vulgaire.
[4] Ce chef de la dix-neuvième dynastie régna de 1444 à 1419.
[5] Il n'y a pas à se méprendre sur l'époque à laquelle se rapporte chacune des constructions qui forment l'ensemble de ces palais ; l'œuvre de chaque Pharaon, suivant l'usage invariablement adopté, est datée et signée.
[6] *Exode*, chap. II, v. 10.

— comme prince royal[1], dirige, en 1528[2] avant l'ère vulgaire, la sortie des Hébreux d'Égypte.

Moïse, qui a vécu dans le palais des Pharaons avec le titre de Prince royal, a donc pu étudier sous la direction des prêtres préposés à l'éducation des princes égyptiens dans les livres rassemblés au palais de Médinet-Habou.

5. — Mais dès qu'il est certain que dans le palais des Pharaons à Thèbes il avait été réservé une vaste salle pour les livres d'étude, il ne peut pas être douteux un seul instant que dans les colléges des prêtres, dès longtemps alors existant à Thèbes, à Memphis, à Héliopolis et à Saïs, il n'y ait eu des bibliothèques.

La renommée de haute science, qui est l'apanage sans conteste du souvenir de la classe sacerdotale de l'Égypte, ne permet pas, sur ce point, la plus légère objection.

Il paraîtra, en outre, tout à fait exact d'admettre que l'ensemble des livres renfermés dans chacune de ces diverses bibliothèques, ait compris toutes les branches du savoir humain, si on veut bien se rappeler que la classe sacerdotale de l'Égypte lui fournissait ses prêtres, ses magistrats de l'ordre administratif et de l'ordre judicaire, ses médecins et ses ingénieurs.

De plus chaque temple avait ses archives parti-

---

[1] *Actes des Apôtres*, chap. VII, v. 21.
[2] Il avait alors quatre-vingts ans.

culières. L'histoire de la nation, de ses rois, de ses grands hommes, était considérée comme chose sainte et sacrée, et c'est dans les archives des temples que se conservaient ces annales de l'Égypte.

Manéthon dit positivement qu'il a trouvé dans ces archives les livres qui l'ont guidé dans le résumé historique et chronologique qu'il a fait, par ordre du roi Ptolémée Philadelphe, des fastes de l'Égypte depuis les temps les plus reculés.

Les bibliothèques de l'antique Égypte ont donc bien certainement été nombreuses; chacune d'elles a été riche en livres sacrés, en livres de sciences, en livres d'histoire, et c'est par eux que Moïse a été instruit dans toute la sagesse des Égyptiens.

En somme donc, si la connaissance complète de l'Égypte pharaonique nous échappe aujourd'hui, il n'est pas le moins du monde possible de prétendre que ce soit parce que l'Égypte a voulu se dérober par le silence aux investigations des générations à venir; et il faut rechercher dans les événements qui ont précédé sa chute, dans ceux qui l'ont immédiatement préparée, dans ceux surtout qui l'ont définitivement réalisée, les causes du vide fait dans le souvenir trop effacé des institutions politiques et religieuses qui ont été la gloire et la force de l'empire des Pharaons; afin qu'après les avoir bien déterminées nous puissions, sans être taxés de fantaisie ou d'erreur, conclure sur ce point par l'axiome bien connu : *Is fecit cui prodest*, l'auteur du fait est celui qui avait intérêt à ce qu'il se réalisât.

III.

LES PERSES, LES GRECS, LES ROMAINS ET LES CHRÉTIENS EN ÉGYPTE.

1. — Il n'est pas d'une politique saine et intelligente qu'une nation, si puissante qu'elle soit, se réserve exclusivement les bénéfices d'une situation exceptionnellement favorable, soit que, s'isolant fièrement dans sa bonne fortune, elle s'en gorge chez elle avec une suffisance toute sensuelle et égoïste; soit que, trop ardente à tirer parti du luxe de ses prospérités, elle en vende chèrement la participation à ceux de ses voisins qu'elle consent, comme par grâce, à admettre à son splendide festin.

Un jour ou l'autre, les convoitises extérieures auxquelles la direction trop personnelle de sa politique la rend, en apparence du moins, justement en butte, ameutent contre elle les appétits mécontents; et il est alors bien rare que la ligue des intérêts froissés et des impatiences surexcitées ne lui devienne pas en définitive dangereuse et fatale.

Ce sera un des plus grands titres de gloire pour l'empereur Napoléon III, un des sujets les plus légitimes de juste reconnaissance envers lui dans un avenir prochain, que le soin qu'il a pris d'ouvrir à deux battants la porte des marchés de la France à tous les peuples jaloux ou inquiets de sa prospérité.

Le jour où par cette mesure si sagement prévoyante il provoqua le génie industriel de la France à des efforts qui certainement lui profiteront, il a, sans mot dire, signifié aux nations rivales ou jalouses qu'il ne pouvait plus y avoir de motifs d'envier à la France sa prospérité ; puisque toutes les nations étaient conviées à y prendre part.

2. — Pour n'avoir pas su comprendre que d'autres nations grandissaient auprès de l'Égypte, les successeurs de ces Pharaons de la dix-huitième dynastie, qui firent l'Égypte si belle et si puissante qu'elle fut jalousée de tous les peuples qui la connurent, ont insensiblement conduit à sa perte leur noble et riche empire.

Cambyse se rua sur l'Égypte et la conquit sous le plus frivole prétexte[1]; il pilla Thèbes et Memphis pour enrichir tout d'un coup ses soldats; il ravagea l'Égypte pour l'affaiblir et la dominer.

Les Satrapes qui, durant cent vingt ans à peu près, — de 525 à 404 avant l'ère vulgaire, — gouvernèrent l'Égypte au nom des rois de Perse, ne s'employèrent guère qu'à faire rendre à la terre de Kémé le plus possible de grosses contributions pour leur maître.

Un instant rendue à elle-même par l'avénement d'Amyrthée au trône des anciens Pharaons, c'est à peine si, pendant les règnes des onze rois de la vingt-neuvième et de la trentième dynastie, — de 404 à 339, — l'Égypte, toujours harcelée par ses voi-

---

[1] Hérodote, *Thalie*, 1.

sins, avait eu le temps de se reconnaître, lorsqu'elle tomba de nouveau sous le joug écrasant de la Perse.

Alors à bien d'autres pertes matérielles se joignit la perte d'une partie de ses livres et de ses archives.

La seconde occupation de l'Égypte par les successeurs impitoyables de Cambyse ne dura que huit ans, mais pendant ce temps leurs lieutenants, habiles à trouver des motifs d'exaction, forcèrent plusieurs fois l'Égypte à racheter, au poids de l'or, et fort diminués, ses livres sacrés et ses annales.

En somme, pendant les deux occupations de l'Égypte par les Perses, Thèbes et Memphis avaient été pillées et saccagées, les annales de l'Égypte fortement compromises et leur ensemble fort amoindri.

3. — Le premier d'entre les Pharaons nationaux, Psammétick Ier, — quatrième roi de la vingt-sixième dynastie, vers 650, — avait ouvert l'Égypte aux étrangers; et les Grecs, — Cariens et Ioniens, — avaient reçu de lui un accueil particulièrement favorable. Il les avait traités à l'égal de la caste militaire égyptienne, à laquelle ils furent adjoints comme appoint dans l'armée.

Depuis cette époque les relations entre l'Égypte et la Grèce avaient été fort suivies, et une politique d'intérêt commun avait créé entre les deux peuples une certaine solidarité d'existence, car ils avaient alors à combattre les mêmes ennemis, les Perses.

En dernier lieu,—339,—Nectanèbe II,—trentième dynastie, dernier roi d'origine égyptienne, — s'était rallié aux Grecs du Péloponnèse dans la guerre qu'ils soutenaient contre la Perse; il avait, il est vrai, succombé avec eux, mais le souvenir des travaux et des fatigues supportés en commun restait au cœur des Égyptiens comme un germe d'alliance et d'amitié toujours favorable aux Grecs, de sorte qu'à la nouvelle de la défaite infligée, près d'Issus, par Alexandre le Grand aux Perses de Darius, les Égyptiens reprirent courage et leur esprit, sans cesse ouvert aux idées d'indépendance nationale, se berça un instant des plus douces illusions.

4. — S'imaginant que la victoire d'Alexandre allait leur profiter d'une manière directe et désintéressée, les Égyptiens se portèrent en foule vers Péluse[1] par où l'on supposait qu'Alexandre devait entrer en Égypte.

Accueilli en libérateur sur la terre des Pharaons, Alexandre remonta la branche orientale du Nil, reçut, avant d'arriver à Memphis, la soumission de Mazacès, lieutenant de Darius en Égypte; et, après avoir décrété le rétablissement sur la terre de Kémé de tous les usages nationaux[2], de Memphis il pénétra par le Nil aux confins de la Haute-Égypte, puis

---

[1] « *Igitur ingens multitudo Pelusium qua intraturus rex videbatur, convenerat.* » (Quinte-Curce, liv. IV, chap. VII.)

[2] « *A Memphi eodem flumine vectus, ad interiora Ægypti pe-*
« *netrat compositisque rebus ita, ut nihil ex patria Ægyptiorum*
« *more mutaret, adire Jovis-Hammonis oraculum statuit.* »
(Quinte-Curce, liv. IV, chap. VII.)

se rendit au temple d'Ammon dans l'Oasis du désert Libyen, qui était resté le sanctuaire religieux inviolé par les Perses.

Ces actes de déférence à leur sentiment national et à leur religion gagnèrent les Égyptiens au nouveau conquérant de la terre des Pharaons.

5. — Mais ce n'est jamais impunément qu'une nation accepte un maître étranger, quelle que soit d'ailleurs la condescendance que ce maître lui témoigne aux premiers jours de son installation, en respectant ou en faisant revivre les institutions qui lui sont chères.

Un conquérant ne peut en effet manquer à son origine; son intérêt seul l'inspire, ses aspirations le dominent, et tout en lui, jusqu'à ses bienfaits, trahit son œuvre de méfiance et sent le conquérant.

La fondation d'Alexandrie fut sans doute un bienfait pour l'Égypte; elle l'ouvrit au commerce du monde, et lui facilita le commerce avec le monde : mais aussi, — et c'était là bien certainement le but politique de la fondation d'Alexandrie, — cette ville effaça bientôt, par la liberté de conscience qui s'y pratiquait, le prestige de Thèbes, l'antique capitale religieuse de l'Égypte, et détruisit la prépondérance nationale de Memphis, qu'elle dépouilla à son profit de l'action administrative, tout en étant, selon les sages prévisions de son fondateur, la porte toujours ouverte par où le conquérant recevait ou pourrait recevoir les troupes grecques, à l'aide desquelles les Égyptiens étaient ou seraient tenus en respect.

Tout ce qui donna du lustre à Alexandrie, — ce cadeau perfide fait par Alexandre à l'Égypte, — fut donc en réalité préjudiciable à la valeur nationale du pays des Pharaons; et, de fait, à un jour donné, tombée entre des mains incapables et débiles, Alexandrie fut la brèche par où pénétrèrent en Égypte ces légions envahissantes qui, sept cents ans auparavant, parties des bords du Tibre, avaient successivement porté l'accablante domination de Rome chez tous les peuples de l'ancien monde.

6. — Ptolémée Philadelphe, second roi de la dynastie grecque des Lagides, que, bon gré mal gré, Ptolémée Soter avait fait agréer des Égyptiens, est surtout fameux par la protection toute spéciale dont il continua à entourer le commerce, les arts, les sciences et les lettres, que Soter avait mis en honneur.

La Bibliothèque d'Alexandrie, le plus fameux trésor de livres d'histoire, de science et de littérature qui eût alors jamais existé, lui devait la plus notable partie de ses richesses, et tous les Ptolémées qui se succédèrent ayant encore ajouté de nouvelles richesses à ces trésors, la Bibliothèque d'Alexandrie devint, pour ainsi dire, le dépôt central de la fortune intellectuelle de l'Égypte et du monde.

Malheureusement, de chacun des ouvrages renfermés dans la Bibliothèque d'Alexandrie il n'existait que peu ou point de copies; aussi quand, pour les beaux yeux de Cléopâtre, les Romains prirent d'assaut la ville d'Alexandrie, le pillage et l'incendie qui s'ensuivirent, en anéantissant la fameuse bibliothèque, privèrent à jamais les générations de l'avenir des trésors de science et d'histoire si intelligemment recueillis pour elles par les successeurs grecs des Pharaons.

Après les pertes sensibles qu'avaient déjà subies les annales égyptiennes, lors de l'envahissement de l'Égypte par les Perses, l'incendie de la bibliothèque fut un véritable désastre.

Ce désastre ne fut cependant pas le dernier, et l'Égypte était si riche en livres qu'elle put encore voir se renouveler souvent et longtemps de ces désastres, avant d'être tout à fait épuisée de ses trésors.

7. — En effet, à peine définitivement au pouvoir des Romains, la terre des Pharaons vit se renouveler en détail la guerre d'effacement désormais déclarée aux témoignages de son antique splendeur, et le désastre de la première bibliothèque d'Alexandrie s'aggrava promptement du succès de la chasse aux annales nationales faite, par ordre impérial, sur la terre d'Égypte, depuis Alexandrie jusqu'à Syène.

Les conquérants du monde, par une préoccupation d'orgueil aussi peu digne de leurs succès que de l'importance de leur empire, craignirent de voir leurs propres annales humiliées au contact de celles de l'Égypte, et sur ce point l'appréhension fut telle dans les hautes régions du pouvoir, qu'Auguste, se réservant l'Égypte comme une acquisition particulière, n'en permit l'accès que selon son bon vouloir aux sénateurs et aux chevaliers romains de distinction, et n'en confia le gouvernement qu'à des hommes, peut-être habiles, mais d'un rang fort secondaire[1].

Cette politique se continua pendant près de deux siècles, et ce fut seulement l'an 202 de l'ère vulgaire que l'empereur Septime Sévère confia pour la première fois à un sénateur le gouvernement de l'Égypte.

8. — Cependant, alors que Cléopâtre régnait encore sur l'Égypte, grâce au charme qu'elle exerça successivement sur les yeux de César et sur le cœur d'Antoine, le mouvement intellectuel, dont Alexandrie était devenue le centre d'action depuis près de trois siècles, avait réclamé la reconstitution d'une bibliothèque.

Cette nouvelle bibliothèque formée, pour la majeure partie, des livres de la bibliothèque de Pergame, donnés à la reine Cléopâtre par Antoine, pour elle affolé d'amour, avait été, en dernier lieu, installée dans le temple de *Jupiter-Sérapis*.

Elle y subsista riche et fréquentée jusqu'au jour

---

[1] «*Nam Augustus, inter alia dominationis arcana, vetitis nisi permissu, ingredi senatoribus aut equitibus romanis illustribus, seposuit Ægyptum.*» (Tacite, *Annales*, liv. II, chap. LIX.)

où Théodose le Grand¹, pris, comme c'est l'ordinaire chez tous les néophytes, d'un malheureux accès de zèle religieux, ordonna, —vers l'an 380 de l'ère vulgaire, — la destruction des temples païens dans toute l'étendue de l'empire romain.

Transformé en bibliothèque, le temple de *Sérapis*² à Alexandrie ne relevait plus, c'est bien clair, de la religion païenne que par un souvenir effacé, et il semblait alors qu'il dût être épargné ; mais à la voix provoquante de l'évêque Théophile³, qui avait ses raisons pour agir aussi énergiquement contre l'ancien temple de *Sérapis*, la bibliothèque fut envahie par les chrétiens fanatisés qui détruisirent l'édifice et brûlèrent les livres qu'il renfermait ⁴.

9. — Environ un siècle avant l'accomplissement

¹ Ce Théodose, que l'histoire appelle *le Grand*, est pourtant cet empereur qui subit si tristement l'humiliation que lui infligea saint Ambroise, en même temps qu'il sévissait impitoyablement contre les païens.

² Déjà brûlé en 182, sous l'empereur Commode.

³ Théophile d'Alexandrie, qui y dirigea, comme on le voit, les âmes chrétiennes vers le bien public, s'est aussi quelque peu acharné contre saint Jean Chrysostome, à qui, dit un pieux historien,—Pierre Aubert, sieur de Rochy, *Recueil des Gestes*, etc., 1622, — il prit plaisir de susciter un million de traverses dans sa charge d'évêque de Constantinople.

L'Église honore ces deux personnages, et c'est sans doute pour le mal qu'a fait l'un, pour le bien qu'a fait l'autre.

Je comprends cette double affection de l'Église, mais l'histoire doit être plus sévère.

⁴ C'est cet incendie dont les chrétiens ont ingénieusement déchargé leur conscience, en le portant charitablement au compte du calife Omar, qui ne devint maître d'Alexandrie que deux siècles et demi plus tard environ.

de cette exécution sacrilége,—vers 283,—l'empereur Dioclétien, qui avait déjà dû sévir contre les Alexandrins révoltés, inquiet de trouver les Égyptiens sans cesse éveillés aux idées d'indépendance, crut qu'en les appauvrissant il pourrait plus sûrement les assouplir à sa domination, et par son ordre tous les livres de chimie qui traitaient de la préparation de l'or et de l'argent furent recherchés et brûlés.

Quant aux livres mythiques des Égyptiens, livres que, dans ses indécisions de conscience, l'empereur Alexandre Sévère[1] avait pris soin de faire recueillir

[1] Lampride, qui a écrit l'histoire d'Alexandre Sévère, assure que cet empereur avait une si bonne opinion de Jésus-Christ qu'il voulut le mettre au rang des dieux et parla de lui élever des temples.

Ce sentiment, assez mal défini, qu'eut l'empereur Alexandre Sévère sur la personnalité de Jésus-Christ, prouve au moins qu'alors le fils de la Vierge ne jouissait pas de toute la notoriété qu'il a acquise depuis, et qu'à cette époque, encore voisine des temps apostoliques, la divinité du Christ était loin d'être présentée comme un fait sur la valeur duquel il n'y ait aucun doute possible. Depuis, la foi a fait son chemin. Il faut, en effet, donner aux faits le temps de se produire et de s'affirmer.

Toujours est-il que tout ce qu'Alexandre Sévère crut pouvoir faire de plus grand pour la mémoire du Christ, fut de placer son image dans son oratoire particulier, en compagnie de celles d'Abraham, d'Orphée, d'Achille, de Virgile, de Cicéron, d'Apollonius de Tyane, et de celles d'autres grands hommes de confessions diverses.

Pour colorer plus complétement ce tableau déjà assez original, notons ici que Pontien, dix-neuvième pape indiqué par l'Église et mis par elle au nombre des saints, figure, dans Lampride comme ami particulier de l'empereur Alexandre Sévère, qui, par testament, lui donna tout son trésor ; et convenons qu'à ce compte, saint Pontien fut bien peu persuasif ou bien ingrat, puisqu'il ne sut pas ou ne voulut pas faire jouir son illustre ami des trésors de science divine qu'il possédait certainement comme pape, et qu'il était de son devoir de répandre à profusion.

et déposer dans le tombeau d'Alexandre le Grand, — vers 225, — pour qu'ils fussent ainsi soustraits à l'étude, ils ont eu le sort du palais et du tombeau qui renfermèrent les restes du héros macédonien.

Disparus dans quelqu'une de ces séditions religieuses si fréquentes à Alexandrie[1] à l'époque du laborieux enfantement des croyances et des dogmes de l'Église chrétienne; disparus dans quelques-unes de ces tourmentes où les masses populaires fanatisées s'acharnaient préférablement aux témoignages de science et de sagesse laissés par l'antique Égypte, à un jour donné il n'a plus été possible de les retrouver nulle part.

De ce moment la nuit tant désirée fut complétement faite sur les doctrines religieuses de l'Égypte.

10. —Après le travail de destruction accompli sur les annales égyptiennes par les Romains intéressés surtout à amoindrir dans l'esprit du peuple égyptien lui-même sa valeur intellectuelle et nationale; après le travail d'anéantissement opéré au préjudice des souvenirs, pourtant bien méritants, de la religion égyptienne par les hommes ardents qui, à l'exclusion

---

[1] L'inimitié qui existait entre les Grecs et les Juifs était une cause permanente de désordre. Les préfets de Rome en Égypte avaient presque assez à faire de les apaiser, et les annales d'Alexandrie son sans cesse attristées du récit de ces querelles souvent sanglantes.

Sous Dioclétien, l'apparition du christianisme, qui jeta ses premières lueurs à Alexandrie, vint ajouter aux causes toujours vivaces des désordres religieux, qui se continuèrent avec des chances variées pour les différentes croyances jusqu'au jour du triomphe définitif du christianisme en Égypte vers 370.

de tout autre, préconisaient le dogme rajeuni de l'Être suprême appliqué à la pensée de charité enseignée au nom du Christ, il devenait facile en effet de dénigrer la religion de la vallée du Nil, de couvrir ses bienfaits et ses enseignements saints d'une couche épaisse de médisance et de calomnie dont aucun témoignage ne pourrait plus la laver, ce qui permettait de faire remonter aux seuls principes des croyances religieuses prétendues nouvelles tous les enseignements dès longtemps empruntés à l'Égypte.

11. — Je veux faire comprendre combien, dans les circonstances désormais connues, c'est-à-dire alors qu'il ne restait plus de la religion égyptienne que le matériel de ses temples et ses hiéroglyphes muets, il fut aisé d'ameuter contre elle l'esprit des populations d'ailleurs crédules et ignorantes.

Il suffira pour cela de faire voir ce que devient la plus préconisée des religions privée, comme l'est aujourd'hui la religion égyptienne, de l'appoint indispensable de ses enseignements fondamentaux, et de répéter les confidences qui échappent aux religions surprises en déshabillé de mort sous un linceul vingt-cinq fois séculaire.

Les religions n'étant en somme que des formules de la morale générale, que quelques-uns de ses instruments courants, les indications plus ou moins précises qui se peuvent exhumer du champ de celles qui sont éteintes, aussi bien que les signes bons ou mauvais qui marquent le cours de celles qui existent me semblent être un ordre de faits qu'il est bon de signaler.

En bonne chrétienne, la religion des opprimés ne peut que vouloir se prêter à rendre un bon office au souvenir d'un grand peuple, à qui, après tout, pour jouir des avantages spirituels de la *Grâce* et de la *Révélation*, il n'a manqué que la volonté de Dieu.

Il demeure d'ailleurs bien entendu que, dans l'exposé qui va suivre, il n'entre aucune arrière-pensée d'irrévérence.

IV.

LE MATÉRIEL DE LA RELIGION CATHOLIQUE DANS QUATRE MILLE ANS DEVANT LA SCIENCE.

1. — *E morte vita.* De la mort supposée de la religion chrétienne, va, j'espère, sortir la vie, je veux dire la réhabilitation de la religion des Pharaons.

Pour un instant donc, supposons qu'un jour, par impossible, avec les chapitres écrits de notre histoire nationale, disparaissent *urbe et orbe* les textes écrits et enseignés de nos légendes sacrées, et que le sol de nos contrées, dépouillé de ses habitants actuels, reste jonché des débris épars de notre civilisation éteinte.

De ces débris, les uns seront ceux de nos monuments historiques, avec leurs inscriptions précises, motivées, accentuées, datées; les autres, ceux de nos édifices religieux avec leurs emblèmes et leurs devises mystiques, avec leurs inscriptions par lambeaux de textes grecs, latins et hébreux.

Supposons encore que les savants d'une nation à venir dans quatre mille ans appliquent à l'étude de notre histoire et de notre religion la méthode dont nous usons, et qui consiste surtout dans la prétention de faire de notre religion, de notre civilisation, les pierres de touche de toutes les religions, de toutes les civilisations, et comme le *criterium* que nous opposons à la valeur que peuvent avoir eue les religions et les civilisations qui ont précédé les nôtres.

Une fois la clef de notre langage retrouvée par les Champollion de l'avenir, pour les générations nouvelles que dans quatre mille ans le flux et reflux des mouvements de l'humanité aura amenées sur le champ bouleversé de notre civilisation, les inscriptions de nos monuments historiques seront de véritables pages d'histoire avec tous les caractères d'authenticité et de précision désirables.

C'est là justement ce qui arrive pour les monuments historiques de la primitive Égypte.

Là, pas plus d'hésitation pour nous que les inscriptions de nos monuments historiques n'en feront naître dans quatre mille ans, une fois notre langue retrouvée.

Je doute que des débris de nos édifices religieux sorte, pour les archéologues à naître dans quarante siècles, une satisfaction aussi complète.

Ici rien de défini; des citations tronquées et des

appellations mystiques, des statues et des peintures qui ne sont que des symboles; l'idée matérialisée, l'image intentionnelle de la vérité peut-être, la réalité nulle part; enfin le matériel babélique, et pour ainsi dire passé à l'état fossile, d'une religion dont il ne reste que des lambeaux de vagues allégories.

2. — Par la pensée, posons au milieu des ruines de nos édifices religieux, devant celles de l'église de *Notre-Dame* de Paris, par exemple, un de ces archéologues à naître.

Le bas-relief du tympan de la porte principale, pour commencer par le commencement, lui offrira tout naturellement un premier sujet d'étude.

Ce bas-relief est une allégorie de la résurrection et du jugement dernier.

Il me semble qu'en voyant les morts sortir de leur tombeau, le pesage de chacun d'eux se faire dans une balance tenue par un personnage à face vénérable, notre néo-savant, recueillant ses idées, après plusieurs mois d'un travail opiniâtre sur ce seul tableau, écrira un beau matin, dans une langue à naître, qu'il vient de faire une précieuse découverte en fouillant les ruines d'un édifice immense, qui paraît avoir eu une destination religieuse, et, à propos du bas-relief en question, il s'exprimera à peu près dans ces termes :

« Le peuple de ces contrées de l'extrême Occi-
« dent, qui, à en juger par les restes de ses mo-

« numents historiques, paraît avoir fait une certaine
« figure dans le monde, les Français enfin, ont cru
« qu'après leur mort ils ressusciteraient dans leur
« propre corps, et que, pour juger du mérite de cha-
« cun d'eux et les récompenser en conséquence, leur
« Dieu ou un de ses agents les passe un à un sur
« une balance ; que, suivant les résultats qu'accuse
« cet instrument, ceux qu'il a indiqués comme Bons
« ont pour récompense la liberté de s'aller promener
« à leur aise avec les Génies du bien, que les Fran-
« çais croyaient être perpétuellement jeunes, de
« bonne tenue, d'agréable figure, et portant des
« ailes au dos. — Les Mauvais, au contraire, sont,
« d'après les mêmes croyances, attachés, pour être
« emmenés je ne sais où, aux anneaux nombreux
« d'une chaîne sans fin que traînent après eux les
« Génies du mal, représentés avec des ailes de
« chauve-souris au dos, une queue de bouc, des
« cornes au front, une figure aux yeux écarquillés,
« au rire sauvage, et des griffes aux pieds et aux
« mains.

« Chez les Français, cette croyance est absolue ;
« pour eux la vie future est tout entière dans les
« idées exprimées à ce bas-relief ; c'est à n'en pas
« douter, car cette même pensée se trouve assez
« exactement répétée, sans variante bien sensible,
« dans leurs temples principaux, soit en sculpture,
« soit en peinture. »

Du coup, nous sommes décrétés superstitieux ni
plus ni moins que les Égyptiens avec *Osiris*, *Horus*,

Anubis, les *Singes Cynocéphales* et tout l'attirail de leurs divinités funéraires.

3. — Pour la légende de la Mère du Christ, les savants de l'avenir auront bien autrement à faire.

Je vois d'ici une commission nommée pour étudier une collection complète des Madones qui la représentent et pour en dire ensuite son mot.

Nous, qui sommes sur les lieux, et qui savons à quoi nous en tenir, nous pouvons sans exagération porter à quelques centaines le nombre de figures nécessaires pour parfaire une semblable collection.

Eh bien, je dis qu'après avoir laborieusement traduit dans leur langue les quelques centaines d'appellations latines et françaises, par lesquelles nous désignons la mère du Christ, les savants de la commission, renonçant à découvrir ce que la Révélation seule a pu nous apprendre, malgré leurs indécisions, n'en feront pas moins à l'Académie des *Inscriptions et Belles-lettres* de leur temps et de leur pays, un rapport en gros in-folio, qui dira en substance :

« Les Français adoraient, sous les traits d'une
« femme généralement belle, une Divinité dont les
« fonctions ne nous ont pas paru bien définies dans
« leur Mythologie, à en juger par les appellations
« multiples et fréquemment contradictoires qu'ils lui
« donnent, et, dans ce dernier cas, sans égard à la
« parfaite identité des figures.

« C'est ainsi que nous trouvons des statues de la
« Madone, les mêmes exactement trait pour trait,

« désignées par les dénominations si opposées de :
« *Notre-Dame des Neiges*, *Notre-Dame des Flam-*
« *mes*, *Notre-Dame des Flots*, *Notre-Dame des Grè-*
« *ves*, *Notre-Dame de Bon-Secours*, *Notre-Dame*
« *des Tempêtes*.

« Sous cette dernière dénomination aurait-elle
« donc été la patronne de cette classe d'affreux in-
« dustriels, qui, sur le bord de la mer, spéculent sur
« les épaves des navires naufragés ?

« Il semble, en tout cas, que les Français ont re-
« gardé la Madone comme une intermédiaire à tous
« usages entre eux et un être supérieur, que, dans
« leur manie des appellations heurtées, ils nomment
« *Dieu bon*, *Dieu terrible*, *Dieu de paix*, *Dieu des ar-*
« *mées*.

« Quant à l'apothéose de la Madone, qu'ils appel-
« lent aussi *Notre-Dame*, *Marie*, *Tour de David*,
« *Tour d'ivoire*, *Maison d'or*, *Rose mystique*, *Étoile du*
« *matin*, *Porte du ciel*, *Miroir de justice*, etc., etc.,
« nous n'en avons pas bien saisi les causes.

« Les Français la représentent quelquefois dans un
« rôle de mère ; elle tient alors, sur ses genoux ou
« dans ses bras, un enfant bien venant, — son fils
« sans doute, — qui porte un globe dans la main,
« et qui a la tête ceinte de rayons.

« A voir la tête de cet enfant ainsi ceinte de rayons,
« on juge aisément qu'il est le *Dieu de la jeunesse*,
« et qu'il a pour symbole le *soleil levant*.

« Dans son ensemble, ce groupe gracieux pour-
« rait être considéré comme un *emblème fort at-*

« *trayant de la génération*, mais on trouve cette
« même image, sans exception, dans les niches de
« spacieuses maisons indiquées, par quelques ins-
« criptions, comme ayant renfermé spécialement,
« les unes, une classe de femmes qui faisaient le
« vœu, aujourd'hui homicide, de n'être jamais mères;
« les autres, une classe d'hommes qui jouaient aux
« eunuques, ce qui, chez nous, est un crime de
« lèse-nation.

« Nous ne pouvons donc pas expliquer d'une ma-
« nière précise le symbolisme de cette *Idole* des an-
« ciens Français dans le cas spécial de ce groupe.

« D'autres fois la *Madone* est vue voguant dans
« l'espace, soutenue par des *Génies*, qui ne sont le
« plus souvent que des faces bouffies emmanchées
« de petites ailes; elle doit être alors considérée
« comme une *Divinité de l'air*.

« Elle est encore représentée debout, posée sur
« un croissant de la lune, porté par des nuages. La
« *Madone* étend vers la terre ses mains ouvertes;
« les extrémités de ses doigts sont radiées. En ce cas,
« elle est bien certainement l'*Emblème de la lune*,
« distribuant sa lumière aux hommes, et nous avons
« trouvé en effet parmi ses nombreuses qualifica-
« tions, celle-ci : *Pulchra quam luna*, Belle comme
« la lune. »

Bon nombre d'autres indications et interprétations
de la même valeur viendront encore, puis enfin,
comme justification de leurs conclusions un peu
flottantes, et aussi pour l'édification de l'Institut, les

savants donneront les litanies complètes de la *sainte Vierge*, et cette partie de leur rapport ne sera ni la moins longue, ni la plus claire. En tous cas, ce rapport se terminera bien certainement par cette injurieuse appréciation qui court toutes les mythologies :

« *Le culte de cette Idole paraît avoir été très-ré-*
« *pandu.* »

4. — Les savants de l'avenir, pour croire en Dieu et l'honorer, se tenant pour satisfaits de la sublimité de ses œuvres, pourront bien ne pas penser au *surnaturel* et au *merveilleux*. Je laisse alors à deviner ce que, sans la Révélation, pourra faire naître dans leur esprit ce qu'ils appelleront irrévérencieusement le *Mythe de l'Homme en croix*, dont ils trouveront partout des images et des figures, en grand, en moyen et en petit, en bois, en pierre, en terre cuite et en métal.

Tout au plus, après l'étude attentive des péripéties lamentables que les *Chemins de Croix* donnent de la passion du Christ, pourront-ils, en voyant son image crucifiée placée au-dessus des autels dans nos temples, au sommet des tours de nos églises, au fronton de nos édifices religieux, tout au plus, dis-je, pourront-ils comprendre que les Français ont honoré en lui un *citoyen* recommandable injustement condamné, mais dont la mémoire réhabilitée dut être, à cause des services par lui rendus, l'objet d'un culte particulier.

N'accuseront-ils pas le culte si répandu, dont fut

l'objet la mémoire d'un homme toujours représenté nu, de blesser, rien que par la pensée, leurs mœurs sévères et épurées?

A propos de cette image sacrée, ne renouvelleront-ils pas contre les dames françaises l'accusation stupide de culte du libertinage portée contre les dames égyptiennes à propos du *Phallus?*

5. — Que pourront dire les savants à naître dans quarante siècles de la *Crèche vénérée,* qui se présentera à eux inévitablement flanquée de l'Ane et du Bœuf traditionnels?

Verront-ils *Dieu* comme nous dans l'*Agneau* symbolique?

Reconnaîtront-ils *Dieu* dans le *Pigeon* à tête radiée?

Devineront-ils dans cet oiseau le messager de ses volontés et l'agent de ses désirs?

Comme il a été fait pour les animaux emblématiques que nous trouvons mêlés aux autres figures hiéroglyphiques dans la religion égyptienne, ne chercheront-ils pas à expliquer la présence de l'*Agneau* et du *Pigeon* dans la nôtre par les qualités purement physiques de ces animaux?

Les légendes si variées de nos saints leur seront encore bien plus impénétrables que celles de la Vierge et du Christ, et la multitude de leurs statues, qu'ils rencontreront dans nos temples, devra nécessairement faire dire aux savants de l'avenir que, « si « les anciens Français parlent quelquefois dans leurs

« inscriptions d'un Dieu unique, ils adoraient cepen-
« dant une foule de *Dieux subalternes*, dont les
« *idoles* ont obtenu, en beaucoup d'endroits, des
« temples et des autels aussi riches, aussi beaux,
« que les temples et les autels de leur principale
« idole, qu'il n'est du reste point possible de bien
« définir, tant ils lui ont donné de formes, tant ils
« lui ont prodigué de noms divers. »

6. — Quant à nos emblèmes, pour n'en citer qu'un ; en voyant la tête du Christ *radiée*, la tête de son divin Père *radiée*, la tête de la Vierge *radiée*, la tête de la colombe, — symbole du Saint-Esprit, — *radiée*, l'agneau mystique *radié*, le triangle trinitaire *radié*, nos ostensoirs d'or représentant invariablement le *soleil*; les savants de l'avenir seront tout naturellement portés à croire, à affirmer, à proclamer qu'à travers tous nos *mythes*, dont la plupart, diront-ils, défient les efforts de l'intelligence la mieux organisée, nos adorations reviennent invinciblement à une divinité unique, que notre emblème le plus positif, le plus éclatant, le plus répandu et le plus généralement appliqué, indique bien clairement avoir été le Soleil.

7. — C'est, bien certainement, à cette conclusion que seraient conduits les savants qui, dans quatre mille ans, viendraient sur les débris de nos édifices religieux étudier les croyances de notre temps ; et il faut bien reconnaître que si, dans les circonstances

données, leur conclusion, plausible en apparence, est cependant une calomnie contre la religion catholique, il n'y a pas de raisons absolues pour qu'il en soit autrement du jugement jusqu'ici porté contre la religion égyptienne, puisque, la jugeant sur son matériel muet et incompris, comme les savants à naître dans quatre mille ans jugeant la religion catholique sur son matériel muet et incompris, avec les mêmes arguments nous aboutissons à la même conclusion.

8. — Ce témoignage de la facilité avec laquelle les apparences peuvent très-logiquement conduire l'esprit le moins mal intentionné à une confusion regrettable, doit être pour nous un avertissement de nous tenir en garde contre la logique menteuse des apparences, dans tout travail d'appréciation que nous pouvons avoir à faire du matériel des religions que l'éloignement, les mœurs et surtout l'obscurité soigneusement faite sur la valeur de leurs enseignements, nous rendent étranges et étrangères; il nous montre comment la pensée peut être souvent confondue avec le signe qui en est l'expression, bien que nous sachions cependant, par expérience, que dans le commerce spirituel d'une même croyance religieuse, l'expression matérielle des maximes ou des enseignements qui constituent cette croyance soit aussi indispensable pour sa propagation, que la parole et l'écriture le sont dans le commerce du monde pour échanger et faire comprendre nos pensées.

9. — Il n'est point en effet de pensée, si sublime qu'elle soit, qui puisse être vulgarisée et faire son chemin sans qu'une expression matérielle la rende sensible et la fasse circuler.

Cette expression ne peut du reste jamais être et n'est jamais que ce que les circonstances permettent de la faire.

Elle est simple et naïve, savante et perfectionnée selon qu'elle émane d'un esprit primitif ou cultivé, mais, en définitive, sa forme toute conventionnelle n'affecte pas plus la valeur de la pensée qu'elle représente que la forme du vase n'affecte le goût de la liqueur qu'il renferme.

La forme des symboles religieux, c'est-à-dire la forme des expressions matérielles de la pensée religieuse, importe donc fort peu, et toute la valeur qu'ils peuvent avoir est dans l'intention que recèlent ces sortes de symboles.

C'est là sans doute une vérité banale et incontestable, cependant il importe d'en appuyer le témoignage par une éclatante démonstration.

V.

LA FORME DE L'EXPRESSION MATÉRIELLE DES ENSEIGNEMENTS RELIGIEUX IMPORTE PEU.

1. — Tout homme peut naître privé de plusieurs de ses sens et vivre malgré cette infirmité compliquée.

Cet invalide à plusieurs degrés n'en est pas moins cependant une créature du bon Dieu, à laquelle sont dus soins et respect.

La charité chrétienne, aussi bien que les lois vulgaires de l'humanité, veulent donc qu'il lui soit donné une instruction aussi convenable que possible, et en tête des objets dont il est nécessaire de l'instruire se place la religion.

Qu'un homme donc vienne au monde privé à la fois de l'ouïe, de la vue et du tact, ce sera, de toute nécessité, ou à l'odorat ou au goût de ce triple invalide, qu'il faudra s'adresser pour parler à son esprit et recevoir de lui l'expression de ses sentiments.

Si l'odorat est pris pour sens intermédiaire, les odeurs seront alors les agents chargés de provoquer la sensation dont la manifestation extérieure sera l'expression des désirs et des pensées de l'invalide.

Dans ce cas des gammes d'odeurs variées à l'infini deviendront, dans leur ensemble, le vocabulaire des mots de ce langage par le nez, et la nécessité de tenir ce vocabulaire, en permanence près de l'invalide, à la disposition de quiconque aura à s'entretenir avec lui, motivera l'emploi de globules renfermant une à une les odeurs qui seront les mots de ce vocabulaire.

Pour la commodité des interlocuteurs, ces globules auront des formes aussi variées que les odeurs dont ils seront les enveloppes.

Si les circonstances accessoires de l'invention exigent que l'odeur exprimant l'idée de Dieu soit renfermée dans un globule affectant la forme de l'abricot, l'idée de la Vierge dans une pomme, celle du Christ dans un coing, il arrivera qu'à l'approche de l'odeur renfermée dans l'enveloppe affectant la forme de la pomme, de l'abricot ou du coing, les gestes de l'invalide traduiront des témoignages de respect et d'admiration, sans que pour cela le pauvre diable puisse être valablement accusé d'adorer des fruits au lieu de Dieu.

Les fruits en effet ne sont point ici l'objet des sentiments d'adoration de l'invalide, ils sont seulement, par l'odeur qu'ils renferment, les instruments provocateurs de ces sentiments. Comme le papier d'une correspondance, ils portent des signes qui expriment des pensées et ne sont point les pensées qu'ils portent; mais, en donnant à la pensée, impalpable et fugitive par sa nature, un corps et un caractère de permanence, ils deviennent des intermédiaires précieux et respectables.

2. — « *Ego sum lux mundi*, je suis la lumière du monde, » a fait dire au Christ l'Évangéliste Jean, et, dans le culte chrétien, l'image du soleil, qui est le flambeau du monde, répète aux yeux de tous le mot divin qui lui-même est emblématique; ici, comme les fruits à odeur, l'image du soleil est l'expression matérielle et parlante de la pensée prêtée au Christ.

Il en est de même des figurines que nous nommons divinités égyptiennes. Elles sont comme le globule à odeur, comme le papier de correspondance, comme le soleil de l'ostensoir, elles portent la pensée qui leur a été confiée et la font circuler.

3. — Toutes les religions ont employé et emploient de ces intermédiaires pour propager leurs enseignements, mais il faut dire ici bien haut que l'antique religion égyptienne accusée, si fort et depuis si longtemps, d'avoir abusé du système, est de toutes les religions celle qui eut le plus raison d'en user, puisque seule entre toutes elle s'est trouvée dans l'impossibilité de faire autrement.

La primitive écriture de l'Égypte, celle de son enfance, celle dont l'invention remonte à l'époque où sa religion a été fondée, ne fut en effet qu'un système de figures combinées; si bien qu'alors il n'était pas possible en Égypte d'écrire un seul mot qui ne fût une figure.

Aussi la religion égyptienne ayant professé, comme la religion catholique et dans le même sens figuré, que Dieu est la lumière du monde, elle a exprimé cette pensée par une figure dont l'attitude et les attributs se lisent : AMON-RA, — l'Être suprême-soleil, — c'est-à-dire DIEU LUMIÈRE DU MONDE. C'est encore par une figure accentuée du signe de la faculté de créer qu'elle a écrit HORAMMON, — le Créateur. CHNEPH, — l'Éternel, — est encore exprimé par une figure spéciale; et tous les mots qui dans l'écriture sacrée des hiéroglyphes expriment les perfections divines sont des figures; de sorte que ce qui doit nous étonner le plus dans le matériel survivant à la religion égyptienne, ce n'est pas le grand nombre de ses figures emblématiques dites divinités, mais bien leur nombre restreint, eu égard à tout ce que les prêtres de la religion de Thèbes et de Memphis eurent à enseigner aux populations égyptiennes pour leur faire comprendre Dieu dans ses perfections infinies.

4. — Cessons donc de critiquer et la forme et le nombre des emblèmes religieux de l'Égypte ; forme et nombre ont été ce que la nécessité des temps a voulu qu'ils fussent.

Tels qu'ils furent d'ailleurs, ils ont fait comprendre et ont su propager une morale à la fois élevée, noble et sage, et, puisque c'était le but de leur institution et que les faits ont démontré leur excellence, admirons comment ces instruments primitifs ont pu faire si bien et pendant si longtemps ce que nous ne faisons guère mieux avec les moyens, autrement actifs et puissants, dont nous disposons.

Cet empire, que les emblèmes religieux de l'Égypte ont exercé sur l'esprit des populations de la vallée du Nil, est la conséquence de l'intelligente direction imprimée aux enseignements de la religion égyptienne ; il est aussi le résultat du respect que firent naître pour ces emblèmes, d'une part, leur consécration dans les temples, d'autre part, la fixité traditionnelle de leurs formes, dont nous aurons à nous entretenir ; mais parlons d'abord de la consécration.

VI.

LA CONSÉCRATION.

1. — Dans toutes les religions on distingue entre la croyance qui est le fond même de chaque religion, et le culte qui est l'hommage public rendu à la croyance.

La croyance s'exprime par la parole et par les symboles.

Le culte se traduit en cérémonies où figurent à de certaines conditions et dans de certaines conditions les expressions de la croyance.

Dans la religion catholique, le culte a des règles auxquelles ses ministres sont tenus de se soumettre et qu'ils doivent observer *sub grave*, c'est-à-dire sous peine de péché mortel, dans la plupart des cas.

Les règles du culte en dirigent les pratiques, et en tête de ces pratiques du culte est la consécration.

La consécration est la destination expresse et absolue des hommes et des choses au culte divin ; elle se fait par les prières et les cérémonies que prescrit à cet effet le dogme.

Tout ministre du culte, tout objet servant directement au culte, depuis les vêtements sacerdotaux, le temple, les autels, les vases du sacrifice, jusqu'aux moindres symboles, doivent être consacrés.

Nul ne peut être appelé à l'exercice du culte, aucun objet n'y peut être employé directement et intimement s'il n'a au préalable été consacré [1].

Dans la religion catholique, c'est le fait de la consécration qui donne au calice, à la patène, cette valeur mystique qui les traduit en vases sacrés.

C'est la consécration qui appelle dans l'hostie l'essence même de la divinité, et c'est ainsi qu'en courbant le front devant le Saint-Sacrement les catholiques croient courber le front devant Dieu lui-même.

Il est donc bien vrai que c'est la consécration qui donne toute leur valeur aux personnes et aux choses qui interviennent activement dans le culte catholique.

2. — Mais l'idée de la consécration n'est pas nouvelle, et toutes les religions anciennes, pour revêtir leurs ministres d'un caractère sacré, pour donner aux objets du culte une signification capable d'imposer du respect aux populations, ont largement pratiqué la consécration.

Les temples de Rome païenne et ceux de la Grèce étaient consacrés; et dans ces temples, les statues des dieux, les victimes qui leur étaient offertes, l'autel, le couteau et la hache des sacrifices, les bandelettes, les vases des libations, les prêtres et les sacrificateurs,

---

[1] Il ne peut être question ici des chantres et des enfants de chœur. Dans les cérémonies de la religion catholique ils font l'office réservé aux assistants dont ils ne sont alors que les représentants.

les vêtements sacerdotaux, tout ce qui servait à l'usage de la religion était consacré et se trouvait ainsi revêtu d'une vertu sacrée qui rendait sacrilége le profane qui osait porter la main sur les objets consacrés.

Sous cette onction sainte, le culte des dieux de Rome païenne et de la Grèce prenait une valeur mystique qui passionnait le peuple en lui donnant de la majesté divine, se diversifiant sans jamais s'amoindrir, l'idée la plus magnifique et la moins matérielle.

Dans la religion du peuple de Dieu, où les prêtres ont exercé en même temps les fonctions de juges et de directeurs spirituels, le culte si minutieusement ordonné par Moïse exigeait, qu'avant de prendre la direction des choses divines, le grand prêtre fût l'oint du Seigneur; sa robe emblématique avec ses accessoires, également emblématiques, devaient être consacrés [1].

Le tabernacle du témoignage et l'arche du Testament [2], la table avec ses vases, le chandelier et tous les objets qui le complètent; l'autel des parfums [3], celui des holocaustes, les mille ustensiles nécessaires au service divin et au culte, devaient aussi être sanctifiés, consacrés par l'onction des parfums prescrits [4].

---

[1] *Exode*, chap. xxviii, v. 2 à 5; chap. xxx, v. 30.
[2] *Id.*, chap. xxx, v. 26.
[3] *Id.*, chap. xxx, v. 27.
[4] *Id.*, chap. xxx, v. 23, 24, 25, 26, 30, 31, 35, 36, 37.

A ces conditions, Israël se soumettait respectueusement à ses prêtres, s'inclinait profondément devant l'Arche sainte qui renfermait les tables de la Loi, et, au nom sacré de Jéhova, s'anéantissait de crainte et de respect.

3. — Otons aux prêtres d'Israël leur consécration, aux instruments du culte leur sanctification, et, de ces prêtres tout à l'heure ministres de Dieu et de la Loi, des objets tout à l'heure les instruments vénérés du culte saint, il ne restera que des hommes et des outils vulgaires de la vie courante, et presque immédiatement, — puisqu'ici religion, administration, justice ne font qu'un, — plus de religion, plus d'autorité, plus de peuple.

La consécration est donc dans le culte le principe essentiel de son autorité; par le fait elle est en même temps un instrument de religion, et le vernis qui permet à la croyance de résister à l'action du temps et des hommes, car elle se renouvelle sans cesse, pour être à la fois la force du présent et la garantie de l'avenir.

4. — Rien qu'à ce titre, — on doit le comprendre en pensant aux dix mille ans et plus de longévité de la religion égyptienne, — la consécration a dû être et a nécessairement été un des éléments du culte dans les temples de l'Égypte[1].

---

[1] « Un des plus beaux artifices des Égyptiens pour conserver

Mais la consécration des hommes et des choses de la religion avait, en Égypte, un caractère tout particulier d'autorité native, d'individualité et de sanction acquise, qui la dégageait surtout des alternatives du caprice et de la spéculation des hommes.

Tout Égyptien n'était point apte, en effet, à devenir ministre du culte.

Les charges sacerdotales ne pouvaient revenir qu'aux membres de la classe sacerdotale, qu'aux membres de cette classe de citoyens qui, à l'exclusion des deux autres, pourvoyait l'Égypte de ses ministres du culte, de ses juges, de ses administrateurs, de ses médecins, de ses ingénieurs.

L'institution des prêtres égyptiens recevait ainsi de la naissance de chacun d'eux un premier degré de consécration originelle, à la pensée de laquelle l'esprit du peuple était si bien façonné qu'il ne paraît point avoir jamais eu l'idée qu'il en pût être autrement.

Mais cette prédestination des membres de la classe sacerdotale ne restait pas l'acte aveugle de la naissance. L'éducation et les études spéciales y devaient ajouter des droits définitifs; et quelle que fût d'ailleurs la carrière que chacun des membres de la classe sacerdotale fût[1], en raison des précédents de

« leurs maximes, était de les revêtir de certaines cérémonies qui
« les imprimaient dans les esprits. » (Bossuet, *Discours sur l'Histoire universelle*, 3ᵉ partie, § 3.) Admirons en passant l'habileté de langage de l'évêque de Meaux, de l'Académie française : la *consécration* chez les Égyptiens est simplement un *bel artifice*.

[1] Le fils succédait au père dans sa charge. (Hérodote, *Euterpe*, 37.)

sa famille, appelé à parcourir, il lui fallait, avant d'y entrer, faire preuve de mérite et de savoir.

Sans ce but à atteindre les colléges sacerdotaux de Thèbes, de Memphis, de Saïs, d'Héliopolis, n'eussent eu aucune signification, et la réputation de science profonde et de haute sagesse, qui est aujourd'hui la plus grande fortune historique de l'Égypte, n'eût jamais existé.

Chez les Égyptiens, les ministres du culte, aussi bien que les autres fonctionnaires de l'ordre sacerdotal, avaient donc, pour appeler sur eux la considération publique, la triple consécration de la naissance, de l'éducation, du talent, sans compter que la prise de possession de leur charge était encore marquée par des cérémonies inaugurales.

5. — Il n'y a pas de raisons pour douter que le respect qu'eut le peuple égyptien pour ses prêtres n'ait été au moins aussi vif et aussi vrai que celui dont les populations chrétiennes font preuve aujourd'hui envers leurs pasteurs; il y en a, au contraire, pour croire que le respect envers la religion et ses ministres a été en Égypte plus général et plus profond qu'il n'est aujourd'hui chez les populations chrétiennes.

Comme c'est surtout du respect, tout spontané et jamais hésitant, que professèrent les Égyptiens pour leurs prêtres, que vient le respect qu'ils eurent toujours pour les instruments de leur croyance religieuse dont les prêtres étaient les interprètes, il convient, pour nous éclairer plus complétement sur la valeur de ces instruments du culte égyptien, d'aller jusqu'au bout de la proposition que je viens d'émettre, et d'en démontrer l'exactitude.

Ce sera l'objet d'une courte étude sur la religion, son enseignement et sa pratique.

VII.

LA RELIGION.

1. — La connaissance de Dieu est sans doute le plus grand des biens; mais si la connaissance de Dieu était le but unique de cette institution que nous nommons la religion, aujourd'hui que les livres mettent toutes les sciences à la portée des esprits un peu attentifs, les instituteurs laïques suffiraient à la tâche. La bonne volonté ne leur ferait certainement pas défaut, et d'ailleurs l'Université, qui n'est pas athée, veillerait au bien de l'étude de cette branche de l'éducation générale avec la sollicitude dévouée dont elle entoure toutes les autres.

Un catéchisme régulièrement conçu, convenablement écrit, serait compris dans nos exercices mnémotechniques de chaque jour, et, au terme de nos études, nous serions en état de traverser la vie en observant à nos risques et périls les règles de la syntaxe religieuse, comme nous sommes en état de traverser la société en observant à nos risques et périls les règles de la syntaxe grammaticale.

Cette étude à faire serait tout aussi simple que le fait à étudier.

L'existence et l'immensité de Dieu s'expliquent en effet mieux par le spectacle de ses œuvres que par d'interminables définitions qui, en dépit des plus saines précautions, restent toujours insuffisantes.

2. — Mais la tâche de la religion qui, dès notre enfance, nous fait connaître Dieu et sa puissance, s'étend, pour le plus grand bénéfice des mœurs sociales et de l'intimité du foyer, jusqu'à l'éducation de notre âme, et nous prêche incessamment, — cela avec l'autorité que prend la parole portée au nom de Dieu, — Charité, c'est-à-dire indulgence, dévouement, amour du prochain; Patience, c'est-à-dire bonté, résignation, obéissance; Persévérance, c'est-à-dire travail, courage, volonté; enfin, toutes les vertus intimes qui, renforçant, complétant celles du citoyen, font de l'art de l'enseignement de la morale religieuse la fine fleur de l'arbre de la science gouvernementale.

La religion est donc en même temps l'initiatrice de notre esprit à la connaissance de Dieu, et l'institutrice la plus intime de notre âme. Elle prend l'homme au berceau pour l'élever à Dieu, et régente son âme dans les circonstances où la loi de conduite extérieure ne peut avoir d'action sur elle.

A ce double titre, la religion devient une institution civile de l'ordre le plus élevé.

La plus large part de la considération publique

doit lui revenir, et ses représentants et leurs enseignements doivent trouver auprès des gouvernants un appui intéressé et empressé.

3. — Il n'est point de gouvernement digne de ce nom qui, n'importe où, n'importe quand, n'ait compris ce devoir de politique et de conscience, et qui n'ait eu à cœur d'y satisfaire.

Partout et toujours la religion a été traitée avec les égards dus à une institution dont le lustre est intimement lié à la grandeur nationale.

La religion tire sans doute un grand avantage de cette situation qui lui est faite; mais c'est surtout dans la puissance attractive et expansive qui lui est propre, qu'elle a, de tout temps, puisé ses plus sûrs éléments de succès.

En effet, la religion qui n'a pour sanction de ses doctrines que l'espérance de l'autre côté de la vie, que des menaces stériles dans le présent, ne peut ni ne doit s'imposer. Il faut qu'elle sache se faire désirer et qu'elle s'offre à qui la cherche, pleine d'empressement, de bonté et d'indulgence.

Respecté des indifférents, rêvé des esprits inquiets, aimé de ses adeptes, son pouvoir doit avoir le charme insinuant et irrésistible de l'amour.

Tout pouvoir qui s'exerce ainsi sans contrainte, et sous la tutelle de qui chacun aime à se ranger, est sans contredit le plus noble, le plus beau, le plus réel de tous les pouvoirs. Aussi tout ce qui peut en altérer la haute signification et lui enlever le charme de la séduction, doit-il être soigneusement recherché et combattu.

4. — Dans les conditions d'amour, de désintéressement et de dévouement où doit se présenter la religion, les circonstances qui peuvent nuire à son influence bienfaisante relèvent, ou du fait direct et personnel de ses ministres, ou bien prennent naissance dans quelque vice constitutionnel de l'institution.

Les circonstances pernicieuses, qui peuvent relever du fait personnel des ministres de la religion, ne sont généralement que passagères; elles ne doivent pouvoir, ce me semble, ni se continuer assez longtemps, ni se répéter assez souvent pour être définitivement compromettantes.

Au contraire, les circonstances pernicieuses, qui dérivent naturellement de l'esprit des lois fondamentales d'une religion, font de tous ses adeptes, et à leur insu, les démolisseurs les plus ardents de l'œuvre à la glorification de laquelle ils croient de bonne foi travailler, et ces lois fondamentales deviennent par là des instruments de permanente compromission pour la religion.

5. — Que le chef de la religion catholique soit accidentellement un Alexandre Borgia, cela est fâcheux sans aucun doute, mais un pape ne peut vivre que la vie d'un vieillard, et, eu égard à l'existence précédente et à l'existence encore possible de la religion catholique, la vie d'un vieillard n'est jamais

bien longue. L'influence pernicieuse de sa conduite désordonnée ne pourrait donc devenir réellement compromettante qu'à la condition fort improbable de se perpétuer en se répétant indéfiniment chez ses successeurs dans les fâcheuses conditions morales que l'histoire a consignées.

Mais qu'une religion s'intitule universelle, c'est-à-dire celle de tous les peuples du globe; qu'elle se dise être la meilleure, c'est-à-dire celle qui s'accommode le mieux à ce qu'il y a de moins égal au monde, aux tempéraments variés des peuples de toutes les latitudes; que, pour appuyer ces prétentions impossibles à réaliser, elle se déclare d'institution divine, c'est-à-dire parfaite de soi, invariable dans ses principes et dans le mode d'application qu'elle en doit faire, à l'instant même elle se trouve entachée de vice originel, puisque, mentant à sa déclaration d'origine divine, elle prétend limiter la connaissance de Dieu aux seuls moyens dont elle dispose, tandis qu'au contraire Dieu se manifeste de mille autres manières; puisqu'elle prétend embrasser d'une seule et même étreinte les peuples que Dieu a faits d'éléments divers; puisqu'elle prétend mettre en fusion, dans le même creuset et sur le même fourneau, des caractères si diversement impressionnables qu'il en est qui se volatilisent au feu dont d'autres se laissent à peine pénétrer; puisque, au nom de Dieu, renouvelant, sur la conscience des peuples, l'excès de puissance auquel s'abandonna un jour l'Astrologie, dont la critique est si bien faite par la parabole de la Tour de Babel[1], elle aspire à supplanter Dieu dans l'âme de l'humanité, en lui imposant, pour le connaître, des sensations autres que celles que Dieu y a déposées dès le commencement ou qu'il peut lui plaire d'y faire naître.

6. — Quand les sociétés les mieux organisées s'amendent chaque jour et réalisent ainsi dans les conditions de leur existence des améliorations qui ne leur paraissent jamais que relatives et temporaires; quand, au sein de ces mêmes sociétés les accidents de la vie ne cessent chaque jour de témoigner des imperfections inhérentes à la condition de l'humanité, est-il sage d'enclore, au nom du Dieu infini, dans une limite de sentiment et de croyance offerte comme la plus sûre, comme l'extrême possible et comme la plus parfaite, l'esprit de cette humanité, sous l'action de Dieu, en perpétuel travail de transformation?

Vouloir ainsi, par amour de la forme, renfermer l'esprit humain dans le moule de la perfection prétendue, n'est-ce pas jouer le rôle d'une mère imprévoyante, qui, tout éprise des formes gracieuses de son jeune enfant, le condamnerait à porter à perpétuité un vêtement restreint à ses formes enfantines?

---

[1] L'histoire de la Tour de Babel, qui est surtout restée comme expression de la confusion des langues, nous fait aussi savoir que les hommes qui s'appliquèrent à l'édification de cette Tour, avaient la prétention de l'élever jusqu'au ciel. C'est avec ce sens de l'ambition démesurée que je rappelle ici la Tour de Babel.

À un jour prochain cet enfant étoufferait dans les étreintes de son vêtement à la Procruste, s'il ne s'en séparait violemment, soit que par ses efforts il le fît craquer de toutes parts, soit qu'il l'arrachât de son corps pour le jeter au vent.

Dans les conditions de perfection absolue dont se revêt toute religion qui se prétend d'institution divine, elle sera, un peu plus tôt ou un peu plus tard, à cause de son immobilité, le vêtement à la Procruste des peuples qui l'auront adoptée.

Ainsi, venue aux jours de l'enfance des peuples modernes, à un moment où ses préceptes furent pour eux d'heureux amendements aux préceptes surannés qu'elle effaça, la religion chrétienne deviendra chaque jour un peu moins habile à remplir son rôle, si elle continue à vouloir régenter les peuples sans se transformer à l'unisson de leur esprit qu'elle ne captiva autrefois que parce qu'elle fut un progrès.

Grâce à son immobilité, ses préceptes et ses enseignements devenus trop étroits, comme des bornes importunes, seront incessamment heurtés par les efforts et les aspirations des peuples qui veulent élargir les horizons de leurs pensées; et alors, dans son orgueilleuse présomption, oubliant qu'à sa naissance elle fut un progrès sur les religions qu'elle remplaça, la religion chrétienne s'armera d'intolérance et de fermeté superbe contre les tendances des peuples et l'exigence des circonstances.

7. — De cette position forcée de parti pris résul-

tera pour la religion, de la part des populations, l'indifférence, la soumission complète et aveugle, et la résistance.

L'indifférence, c'est aussi triste que possible ; aucune religion ne peut vouloir s'en accommoder, pour toutes c'est la mort.

La soumission complète et aveugle est pire que l'indifférence, puisqu'elle range l'homme dans la classe des choses sans sentiment, et que la religion, pour répondre à l'intention de son institution, doit régner sur les âmes par le respect et l'amour qu'elle inspire.

Quant à la résistance, c'est la discussion, c'est-à-dire le schisme, et le schisme, c'est, au cœur de la société, la méfiance organisée et en permanence à l'égard de la religion, et nous savons assez que déjà les schismes ne manquent pas au sein de la grande famille chrétienne.

8. — Ainsi, dès à présent, le soin pris pour la rendre souveraine de donner à la religion chrétienne une origine à laquelle tout doit céder, lui crée dans le monde une position fausse et fâcheuse.

Elle est la vérité suprême, mais la discussion la gêne et la science lui fait peur.

Elle est la bonté suprême, mais les schismes qui foisonnent l'accusent d'intolérance.

Elle est la toute-puissance, mais les concordats qui se multiplient l'accusent de faiblesse [1].

---

[1] Qui dit concordat dit transaction, et un concordat, ne fit-il que

Elle est ferme dans sa volonté, mais la teneur des concordats, dont les termes varient selon les peuples auxquels ils s'adressent, l'accuse de versatilité.

Elle est une dans ses enseignements, mais elle paraît en même temps absolue et complaisante ; ici, tenant tête aux faibles, là, transigeant avec les forts, et en définitive donnant au monde un spectacle certainement capable d'influer, dans l'esprit du plus grand nombre, sur le degré de confiance qu'elle mérite ; un spectacle, en tous cas, fort peu fait pour étendre et fortifier le respect qu'elle réclame et dont toute religion a besoin pour vivre.

9. — La religion égyptienne a eu l'heur d'échapper aux effets d'une situation si fâcheusement embarrassante et contradictoire, et par là elle a eu l'avantage de rester souveraine et respectée au cœur de la nation, où ses enseignements étaient à la fois la loi de conscience et la loi civile [1].

sanctionner les prétentions du pape, n'est pas moins un acte de résistance à sa prétention de pouvoir absolu sur toute la catholicité ; puisque cet acte indique que le pape ne peut exercer son pouvoir dans tel ou tel État qu'avec l'agrément et par le consentement du chef de l'État, signataire du concordat.

[1] Les États Pontificaux semblent être aujourd'hui dans la même condition administrative ; mais, par une raison ou par une autre, l'administration cléricale des États Pontificaux y donne des résultats infiniment au-dessous de ceux qu'obtenait en Égypte l'administration sacerdotale.

En Égypte l'agriculture et l'industrie furent toujours fort prospères, et les populations toujours fort nombreuses.

Dans les États Pontificaux, au contraire, l'industrie est nulle ; on trouve beaucoup de terres incultes et peu de population.

L'administration cléricale n'y donne même pas les résultats de

Instituée à une époque où, les peuples se suffisant assez généralement à eux-mêmes, les moindres distances les éloignaient les uns des autres au point qu'ils s'ignoraient mutuellement; fonctionnant ensuite à travers des temps où la politique claquemurait systématiquement les peuples chacun chez soi, elle resta pendant plus d'un demi-siècle de siècles à l'abri de toute critique ou comparaison qui auraient pu altérer sa valeur dans l'esprit des Égyptiens, pour qui seuls elle était faite.

Sans prétention à l'universalité, par conséquent sans ambition de propagande extérieure, elle ne s'avisa jamais d'aller troubler la conscience d'aucun autre peuple, et ne pensa point à faire des souverains étrangers les lieutenants de son grand prêtre.

Jugeant dans sa sagesse que les forces humaines ont des limites, elle modéra ses soins à faire le bonheur de l'Egypte. Ce fut peu sans doute, comparé aux prétentions de la Rome papale, mais en réalité ce fut beaucoup puisque la religion égyptienne a eu la gloire de réussir.

10. — La même sagesse la prémunit contre les suites inévitables des luttes intestines que peuvent provoquer les jalousies et les préférences locales.

---

l'administration du temps de la Rome païenne; et, pour citer sur ce point un témoignage tristement éloquent, notons ici que Rome, qui sous l'empereur Claude, — à la naissance du christianisme, l'an 48, — comptait 1,544,000 habitants, n'en a guère aujourd'hui que 172,000.

Sous le vocable d'une divinité, ou mieux d'une perfection, — d'une essence divine, disent les légendes, — issue de l'Être suprême par l'action des triades, chaque province de l'empire des Pharaons eut son culte particulier, rattaché à l'unité divine par la chaîne des triades, comme l'administration particulière des provinces de l'Égypte était ramenée à l'unité gouvernementale par la subordination des gouverneurs particuliers au chef suprême, au Pharaon, dont ils recevaient leurs pouvoirs ; comme les branches d'un arbre sont ramenées à l'unité individuelle par leur dépendance du tronc qui leur communique leur force végétative.

Ces lois d'existence si simples et si naturelles, en même temps cependant si profondément habiles, firent le calme et la grandeur dans la religion égyptienne ; elles lui valurent un empire absolu sur l'esprit des populations ; elles donnèrent aux ministres du culte une force morale qu'ils ont conservée jusqu'au dernier jour, et conférèrent à l'expression des croyances religieuses de la primitive Égypte une valeur de consécration qui date pour elle des premiers jours de la prédication religieuse, c'est-à-dire des temps les plus reculés dont l'histoire fasse mention, des temps où, chez le premier peuple civilisé et pour son usage, la nécessité façonna les premières expressions matérielles de la pensée.

VIII.

LA PRÉDICATION.

1. — Les premiers signes à l'aide desquels les Égyptiens donnèrent, selon l'expression de Brébeuf, un corps à la pensée, furent, comme nous l'avons vu, des figures humaines, des figures d'animaux et d'objets divers, dont l'emploi varié, réglé par des lois déterminées, constitua la langue écrite des hiéroglyphes.

Il est logique de penser que, dans un temps où les relations de peuple à peuple ne se manifestaient que par la visite accidentelle[1] de quelque intermédiaire dont la venue et le départ étaient le commencement et la fin de rapports purement occasionnels; qu'à une époque où les relations de famille étaient tout individuelles et ne s'étendaient qu'aux membres présents, le bénéfice de l'invention des signes matériels de la pensée profita d'abord exclusivement à ceux qui les inventèrent, et que ceux qui les inventèrent furent, comme il arrive toujours en pareil cas, ceux à qui les obligations de leur position en firent comprendre le besoin.

A l'époque où, en Égypte, peut remonter la créa-

---

[1] Telles que les visites intéressées que firent en Égypte Abraham et, plus tard, les enfants de Jacob.

tion des premiers signes matériels de la pensée, ceux qui sentirent la nécessité de l'usage de ces expressions auxiliaires des devoirs de leur mission, furent les ministres de la religion.

2. — Pour avoir toute son efficacité sur l'esprit des populations, l'action moralisatrice de la religion doit être permanente.

Mais les ministres de la religion ne sont nulle part assez nombreux pour pouvoir constamment parler à l'oreille de chacun; et, dans toutes les religions, il existe, pour leur venir en aide, des auxiliaires qui, comme instruments, sont, ainsi que nous l'avons vu, ce que les circonstances industrielles du moment, ou les efforts du génie de l'invention, peuvent ou savent les faire.

Comme toute l'humanité, la religion profite aujourd'hui, pour son plus grand avantage et pour sa plus grande commodité, des inventions que le temps a réalisées, des procédés économiques dont l'usage a consacré le succès.

L'imprimerie, par les livres et les images qu'elle produit, apporte, de nos jours, aux ministres de la religion un premier et, tout à la fois, le plus puissant contingent de secours, en mettant sans cesse, sans confusion et presque sans frais, leurs enseignements sous les yeux et à la disposition des populations les plus lointaines et les plus voisines.

Les beaux-arts, de leur côté, sollicitent, par leurs prodiges, l'attention et l'admiration de ces mêmes populations sur les grandes figures de la religion ; ils les font vivre, ils les font agir, ils les font presque parler ; et enfin, grâce à une locomotion douce et presque instantanée, les princes de la parole divine peuvent sans fatigue corporelle se multiplier et porter partout la voix de la droite conscience et de l'Évangile.

Mais si, grâce aux merveilles que l'industrie a créées, prêcher Dieu aux populations est facile de notre temps ; il dut en être tout autrement aux premiers jours de formation de la nationalité égyptienne ; et il me semble que la prospérité, qui rend les plus favorisés injustes envers ceux qui le furent moins, nous fait aujourd'hui un peu trop sans pitié envers les prêtres égyptiens, ces pères conscrits de la civilisation naissante.

3. — L'Égypte est le berceau du monde civilisé. Ses prêtres sont les premiers directeurs de la conscience humaine.

Venus dans un temps où le monde était à l'enfance de tout, quand l'esprit de Dieu les inspira, pour toute arme de prosélytisme, les prêtres égyptiens ne se trouvèrent avoir que leur zèle tout nu, tout sec.

Ils étaient illuminés du feu de la vérité, et c'est à peine si leur langue avait alors des mots pour rendre les sentiments de leur âme.

Leur zèle suppléa à tout ce qui leur manquait. Il fut sans doute assez fort pour faire activement le service de la vérité aussi longtemps que la nation ne fut qu'une tribu; mais, quand les populations se furent multipliées au point qu'une partie d'entre elles échappait, malgré les efforts de la plus ardente activité et malgré l'empressement du zèle le plus saintement ambitieux, à leur surveillance et au bénéfice de leurs enseignements, les prêtres de l'Égypte durent penser à se donner des auxiliaires.

Ces auxiliaires ne pouvaient être que des instruments matériels, que des porte-voix pour ainsi dire; autrement les prêtres, en exagérant leur nombre, auraient couru le risque d'absorber les forces vives de la nation.

Trouver au plus tôt des instruments capables de refléter la pensée, de la porter égale et toujours la même au loin et auprès, et de la répéter identiquement la même à toutes les populations, dut donc être alors le rêve de la gent sacerdotale.

4. — S'il est difficile de perfectionner convenablement une invention, il est bien plus difficile encore de trouver l'invention à perfectionner.

La perfection, qui n'existe jamais qu'à l'état relatif, est d'ailleurs l'œuvre du temps et le produit condensé d'efforts rêvés, tentés, poursuivis et réalisés pendant des siècles de générations.

Les instruments auxiliaires de leurs pensées qu'inventèrent pour la prédication les premiers prêtres égyptiens, ne furent donc ni l'imprimerie, ni la vapeur, ni la télégraphie électrique.

Dans ces temps primitifs où tout était à inventer, ils ne trouvèrent rien de mieux, pour parler d'un objet à des absents et pour le leur rappeler, que de leur en mettre la figure sous les yeux.

Les premières images qui furent ainsi façonnées pour servir au jeu de cette correspondance en rébus, furent évidemment les images directes des objets matériels qui tiennent tant de place dans l'existence de l'homme vivant en société. Mais, lorsqu'il fallut, à l'aide d'images, exprimer l'idée des abstractions divines, ce ne put être que par analogie que procédèrent, sur ce point, les premiers instituteurs du genre humain.

C'est ainsi que le chef de la nation, représenté aux Égyptiens comme le directeur du peuple et le maître du pays, servit de point de comparaison pour donner l'idée du maître absolu du monde, et qu'Ammon, l'Être suprême, fut représenté sous forme humaine dominant toutes les puissances de la terre, dont il foule les insignes aux pieds.

C'est ainsi que, pour dire aux populations que l'Être suprême est le *Créateur*, les prêtres ajoutèrent à la figure déjà donnée le signe le plus caractéristique de la faculté de créer qu'il soit donné aux hommes de connaître.

C'est ainsi que, pour indiquer que l'Être suprême est le foyer vivificateur du monde, ils le nommèrent *Amon-Ra*, — Être suprême, lumière du monde, — et qu'ils le symbolisèrent par le soleil, le plus grand, le plus puissant des astres.

C'est ainsi que, pour indiquer à un peuple primitivement pasteur que l'Être suprême est le chef suprême des peuples, ils le représentèrent par le *Bélier*, qui tient toujours la tête du troupeau en marche.

C'est ainsi que, passant d'un signe à un autre, les prêtres de l'Égypte ont réussi à confectionner les signes destinés à faire connaître au peuple égyptien les nombreuses perfections de la divinité, et à les lui prêcher constamment par les figurines mises sous ses yeux et entre ses mains.

5. — Telle est bien certainement l'origine des signes que nous appelons divinités égyptiennes.

Ces signes ne sont, comme je l'ai déjà dit, que les caractères incunables de la civilisation du monde; mais, dans ces signes, où l'ignorance et la mauvaise foi se plaisent depuis si longtemps à voir des idoles, les Égyptiens ne voyaient que des expressions de respect et d'admiration pour l'Être suprême.

Le nombre de ces expressions admiratives, fort restreint d'abord, paraît ne s'être que graduellement augmenté, et leur ensemble est l'œuvre de plusieurs siècles.

Tous, en effet, ne portent point à un égal degré des témoignages d'antiquité, et, dans cet ordre d'idées, on peut affirmer, de la manière la plus absolue, que de ces signes hiéroglyphiques les plus naïfs furent les premiers créés. Par exemple, l'hiéroglyphe d'Horammon, — le Créateur, — si crûment indicateur de sa valeur, dit assez toute la distance qui sépare l'époque lointaine de sa création du moment où parut le *Tat*, l'hiéroglyphe honnête et savamment combiné de l'*Excellence*.

6. — Malgré leur valeur réelle, les hiéroglyphes sont sans doute à nos yeux des moyens d'instruction un peu ingénus, et mieux est bien certainement d'enseigner la religion et la morale en beau style, dans de beaux livres, avec de belles images, rendues plus significatives par un texte complaisant : mais de tels avantages ne sont pas nés avec le monde ; à toute chose il y a un commencement, et les moyens si naïfs, conçus par les prêtres égyptiens pour communiquer la pensée, pour la peindre et lui donner un corps, sont le point de départ de toutes les belles inventions dont notre siècle est si fier.

Ils sont comme l'œuf d'où sortira l'aigle, ils sont comme le premier vagissement de l'enfant qui doit devenir un grand orateur.

7. — Mais en se perpétuant dans la religion égyptienne, avec leur forme primitive, ces instruments du culte semblent attester, peut-on dire, de la part des Égyptiens un respect superstitieux qui est de l'idolâtrie ou du fétichisme.

Montrons d'abord qu'il ne peut y avoir eu dans l'usage des figurines égyptiennes ni idolâtrie ni fétichisme. Nous verrons dans la suite qu'elles durent persister jusqu'à la fin dans leur forme primitive.

IX.

IDOLATRIE ET FÉTICHISME.

1. — L'idolâtrie constituée en religion d'État, — car telle est la portée de l'accusation formulée contre la religion égyptienne, — n'est pas cette superstition honteuse, cette faiblesse de conscience avec qui l'homme privé capitule vis-à-vis de lui-même et qui s'exerce alors sur des instruments, petits ou grands, que quelques circonstances accidentelles ont désignés à l'attention particulière de leur propriétaire.

Comme à la force armée d'une nation, il faut à une religion d'État des instruments qu'elle avoue, qu'elle recommande et qui la recommandent, et avec qui et sur qui chacun puisse et doive compter.

Une nation qui s'édifierait d'immenses et somptueux arsenaux pour y emmagasiner, en fait d'armes offensives et défensives, des boîtes d'aiguilles et des bottes de flèches en fusin, serait une nation condamnée d'avance à subir la volonté du premier forban venu.

Constituée en religion d'État, l'idolâtrie doit donc avoir des lieux de réunion pour ses adeptes, c'est-à-dire des temples, et dans ces temples, des idoles officielles qui soient la première, la plus grande chose qui s'y voie; parce que l'idole à adorer doit être glorifiée avant tout pour que son prestige vive

DES DIVINITÉS ÉGYPTIENNES. 377

et se soutienne, et qu'elle oppose sa vogue triomphante aux tentatives de toute autre charlatanerie [1].

---

[1] C'est dans ces conditions qu'aujourd'hui se présente le culte des images dans la capitale de la chrétienté.

Dans l'église cathédrale des cathédrales, dans la basilique de Saint-Pierre, s'offre d'abord à tous venants une colossale statue en bronze du chef des Apôtres, statue qui, avec autorisation et privilége, sous les yeux et avec l'approbation heureuse des prêtres du vrai Dieu, pour la plus grande joie du chef de la catholicité, est l'occasion de génuflexions dévotes et l'objet permanent d'adorations et de baisers.

Tous les temples de la catholicité sont, du reste, encombrés d'images et de statues, et le soin de couvrir ces images et ces statues de fleurs et d'oripeaux de toutes sortes, s'exerce à qui mieux mieux parmi les fidèles, sous la surveillance approbative et coopérative des ministres de l'Église.

Cette façon d'idolâtrie se fait surtout remarquer dans le culte rendu aux madones.

En France, ce culte des vierges de bois et de pierre prend chaque jour de plus fâcheuses proportions; mais il y est sage et modeste, si on le compare aux pratiques excentriques de l'Espagne et de l'Italie.

Les madones de la catholique Espagne sont de véritables exhibitions de reines aux toilettes tapageuses.

J'ai vu Notre-Dame *del Pilar*, à Saragosse, Notre-Dame d'*Attocha*, à Madrid, littéralement couvertes de pierreries, vraies ou fausses, et disparaissant sous l'ampleur de leurs grotesques accoutrements d'étoffes brochées d'or.

Là, rien n'est assez beau pour la Madone, les prières ne sont jamais assez longues, les chants jamais assez suaves, et cette divinité de toutes les intercessions reçoit les sollicitations dévotes les plus excentriques et les plus contrariées.

Les Italiens et particulièrement les Romains font aussi du culte de la Madone l'abus le plus injurieux pour la religion et pour la raison.

Je me rappelle qu'étudiant un jour d'avril 1865, de bonne heure, un des quartiers les plus intéressants de la ville éternelle, je vis, aux premiers tintements de l'*Angélus*, un homme sortir précipitamment de chez lui, les yeux allumés d'une excitation fébrile; il agita un instant son chapeau devant la Madone *Trivia* du quartier,

2. — L'Égypte a eu des temples nombreux, des temples que l'ampleur et la magnificence de leurs proportions architecturales rendent encore aujourd'hui, malgré l'état d'abandon et de ruine où ils se trouvent, tout émouvants de majesté.

Dans ces temples, les murailles sont couvertes d'inscriptions hiéroglyphiques dédicatoires [1] accom-

---

et, tombant à genoux, il l'apostropha en ces termes : « C'est toi, « bonne et sainte Madone, qui m'as, cette nuit, inspiré les numé- « ros que renferme ce chapeau; songes-y bien, j'en vais sortir un, « ce sera le bon, ce sera celui qui doit faire ma fortune au tirage « prochain de la loterie. »

Cet homme sortit en effet un numéro du chapeau qu'il tenait à la main, et, par une invocation assez pittoresque, il mit ce nouveau client de hasard sous la protection de la Madone, puis courut au bureau voisin échanger son argent comptant contre une chance de gain cent mille fois douteuse.

Ainsi va le culte de la Madone dans la capitale de la chrétienté. Il est le collecteur le plus réel et le plus actif des revenus pontificaux.

C'est, du reste, *au nom du Père, du Fils et du Saint-Esprit*, que chaque samedi, à midi précis, se tire la loterie pontificale, et Dieu sait combien d'injures impudiques valent à la Madone les déceptions du pauvre peuple !

[1] Voici la traduction d'une de ces nombreuses inscriptions dédicatoires. Elle a été relevée par Champollion le jeune, sur les ruines du palais de Kourna terminé par Rhamsès III — Sésostris, — et qui avait été commencé par Menephtha Ier, son père :

« L'Aroeris puissant, Ami de la vérité, le Seigneur de la région « inférieure, le Régulateur de l'Égypte, celui qui a châtié les con- « trées étrangères, l'Épervier d'or, soutien des armées, le plus « grand des vainqueurs, le roi Soleil, *gardien de la vérité, l'ap-* « *prouvé de Phré*, le fils du Soleil, l'ami d'Ammon, *Rhamsès*, a « exécuté ces travaux en l'honneur de son père Amon-Ra, le « roi des dieux, et embelli le palais de son père, le roi *Soleil* - « *stabiliteur de justice*, le fils du Soleil Menephtha-Boréi. Voici « qu'il a fait élever . . . . . . les propylons du palais et qu'il l'a

pagnant des tableaux sculptés en bas-reliefs où les Pharaons sont figurés de stature colossale, faisant des offrandes à l'Être suprême, — Amon-Ra. — Dans des salles réservées, Hécatée de Milet, puis Hérodote, ont pu voir de nombreuses collections de statues, portraits de plus de trois cents générations[1] de grands prêtres et de Pharaons; dans ces temples il a pu être recueilli des tables de libations, c'est-à-dire des autels; mais dans ces temples, ni même ailleurs en Égypte, non-seulement il n'a pas été vu de grandes statues de ce que nous appelons les dieux de l'Égypte; de ces statues imposantes en granit ou en basalte, comme surent les tailler les Égyptiens; de ces statues dont les gigantesques proportions pouvaient seules, avec quelque vraisemblance, symboliser aux yeux des populations idolâtres le *nec plus ultra* de la force et de la puissance que de règle elles attribuent à leurs idoles, mais encore il n'a été trouvé de ces idoles, ni débris, ni traces, relevant des temps purement égyptiens.

3. — Les Pharaons, chefs suprêmes de la nation et prêtres à la fois, en édifiant les temples dont les proportions grandioses font rêver d'un peuple de dieux géants; les Pharaons, qui ont créé la statuaire historique à laquelle nous devons les colosses de granit qui se dressent encore dans les plaines sablonneu-

« entouré de murailles de briques, construites à toujours; c'est ce
« qu'a exécuté le fils du Soleil, l'ami d'Ammon, *Rhamsès*. »

[1] Hérodote (*Euterpe*, 142) dit 341 générations.

ses de l'Égypte, ou qui peuplent aujourd'hui les musées de l'Europe; les Pharaons, qui, comme Aménophis III — Memnon, — comme Horus, son fils et son successeur, se sont taillé de colossales statues; les Pharaons, qui l'auraient pu faire, n'ont donc point érigé à ce que nous appelons les dieux de l'Égypte aucune statue qui par ses proportions réponde à la majesté des temples par eux édifiés. Cependant, pour les y déterminer, au besoin, ils avaient les devoirs de leur position qui commandaient, et en cas d'oubli de ces devoirs, — ce qu'il n'est pas possible d'admettre, — ils avaient près d'eux les prêtres ; les prêtres dont ils pouvaient craindre l'influence sur le peuple ; les prêtres, à qui tout ce qui peut faire ou sembler faire la gloire de l'enseignement qu'ils professent, tout ce qui peut l'exalter, tout ce qui peut le rendre ou sembler le rendre plus dominant, donne des accès d'appétence aussi persistants qu'absolus ; les prêtres, qui savent si bien ou implorer comme une faveur l'objet de leurs désirs, ou le réclamer comme un hommage qui leur est dû, ou le rappeler sévèrement comme un droit acquis, ou au besoin l'exiger avec hauteur *ad majorem Dei gloriam*, pour être en fin de compte satisfaits.

4. — Le corps sacerdotal de l'Égypte était d'ailleurs fort puissant, sinon tout-puissant ; ses revenus particuliers étaient immenses, et c'était son intérêt, presque la condition de son existence, de les employer pour la glorification de ses enseignements.

Si donc, quand l'immensité des temples de l'Égypte comporte la possibilité d'y installer de colossales idoles, ces colossales idoles n'y figurent pas, c'est que les idoles n'eurent rien à faire dans le culte égyptien, c'est que les Égyptiens ne furent pas idolâtres.

Les objections possibles contre cette affirmation sont l'existence de statues colossales d'Isis et de Pascht, qui se rencontrent aujourd'hui fréquemment, surtout celles de Pascht.

Mais les statues colossales d'Isis sont de l'époque gréco-romaine; elles n'ont ainsi, de la religion égyptienne, que l'intention politique de la rappeler.

Leur origine les met hors de portée comme objection.

Les statues colossales de Pascht léontocéphale, *Vengeresse des crimes*, sont bien purement égyptiennes, mais elles sont des créations politiques et non religieuses.

Les statues de Pascht léontocéphale s'installaient, en effet, aux principaux carrefours des chemins ou à ceux des rues dans les grandes villes, comme pour avertir les malintentionnés que la justice veille, et que la punition est prête. A ce titre, elles ne sont que des *Croquemitaines en permanence*[1].

---

[1] Nous avons vu que leur emploi avait valu à Pascht, — Diane, — le surnom de *Trivia*.

Aux carrefours des rues, les catholiques, à l'instar des païens, et avec les mêmes intentions d'imposer aux méchants, ont installé et

5. — Les figurines égyptiennes auraient-elles donc été aux mains des Égyptiens des outils de fétichisme abrutissant?

Leur exiguïté, la persistance invariable de leur forme primitive, leur admission dans les temples et jusque dans l'intimité des familles, semblent en effet les accuser tout d'abord d'avoir été, chez les Égyptiens, les objets de ce culte honteux et stupide rendu aux choses à qui la faiblesse d'esprit de certaines créatures humaines prête une valeur surnaturelle, et qu'on nomme le fétichisme[1]. Mais un examen quelque peu attentif fait bien vite justice de ces faux semblants, et, sur ce point encore, tout s'explique de la manière la plus satisfaisante par la saine et droite

installent aujourd'hui encore des Madones dont la présence n'est que très-médiocrement l'auxiliaire de la police.

La Croix aux carrefours des grands chemins n'est guère plus efficace.

[1] Le culte des images, porté si haut et si loin dans la Rome chrétienne, devait tout naturellement y amener quelque chose comme le fétichisme.

On nomme à Rome *Scala santa*, — Escalier sacré, — vingt-huit marches en marbre blanc, que l'Église offre à la vénération des chrétiens comme étant celles que le Christ a parcourues dans le palais de Pilate, à Jérusalem.

Les dévots montent ces vingt-huit marches à genoux. Au sommet de l'escalier sacré, ils trouvent, gisant à terre, une figure du Christ descendu de la croix.

Cette figure porte, à leur place respective, tous les stigmates infligés au corps du Christ par le supplice qu'il a enduré.

C'est l'usage de couvrir cette figure de baisers et de pièces de monnaie.

Cet usage constitue par le fait une des branches productives du trésor pontifical.

raison : exiguïté, persistance et invariabilité de la forme, admission dans les temples et dans les sanctuaires de famille, tout, en un mot, et jusqu'au respect traditionnel dont les figurines égyptiennes furent l'objet.

6. — Il est de règle vulgaire et absolue que, pour mener à bonne fin une entreprise, les instruments d'action soient faits en vue du but à atteindre et harmonisés à l'usage qui en sera fait dans le travail qui doit préparer la réalisation de l'intention à l'occasion de laquelle ils ont été fabriqués.

Les hiéroglyphes plastiques ayant été créés pour vulgariser l'idée de l'Être suprême et ses perfections infinies, il importait que la dimension de ces hiéroglyphes ou figurines en permît la circulation facile et l'usage courant ; et ils furent faits petits par la même raison que nos livres de prières, *vade mecum* des âmes dévotes, n'ont point le format des gros in-folio que porte le lutrin des cathédrales, et dont personne ne voudrait se charger.

Cette précaution fut donc sage et intelligente puisqu'elle favorisait, chez tous, en tous lieux et en tous temps, la connaissance de l'Être suprême, ce qui était le but à atteindre par l'usage des hiéroglyphes plastiques.

La fixité des traits hiéroglyphiques des figurines égyptiennes eut pour se perpétuer des raisons tout aussi bonnes que celles qui engagèrent à confectionner ces instruments en petite dimension.

7. — Nous pouvons aujourd'hui varier impunément la forme de nos images religieuses. Le texte explicatif qui les accompagne nous vient en aide et restitue son sens à l'image que le caprice des artistes fait quelquefois sortir des lignes de son moule orthodoxe; mais, à une époque où l'instrument de propagation d'une idée se trouvait être à la fois et la représentation de l'idée et son texte explicatif, non-seulement il ne dut pas être permis de faire un changement ou une addition au signe conventionnel original généralement admis et reconnu, mais encore il n'en pouvait être fait sans compromettre à l'instant tout le bénéfice acquis par l'usage précédemment fait de ce signe; sans jeter par là la confusion et l'hésitation où l'intervention de ce signe avait déjà apporté quelque lumière; puisque la moindre altération dans l'ensemble d'un hiéroglyphe équivalait à un changement de texte.

La classe sacerdotale de l'Égypte n'eut jamais d'ailleurs à sa disposition, pour atténuer les effets fâcheux que n'aurait pas manqué de produire la moindre altération apportée aux types primitifs des hiéroglyphes, aucun des moyens si actifs et si nombreux, dont nous disposons aujourd'hui pour prévenir les populations les plus éloignées du centre gouvernemental de tout changement devenu nécessaire dans n'importe quelle branche de l'administration civile ou religieuse, pour leur en porter d'avance la nouvelle, pour leur en faire aussi connaître les motifs.

Une fois émis, les mots-figures, les hiéroglyphes, employés dans le culte égyptien, durent donc persister dans leur forme première; cette fixité de forme se trouvant être, dans l'état de civilisation de l'Égypte, la condition expresse de l'existence même de la religion.

8. — L'introduction des hiéroglyphes dans les temples de l'Égypte, la vénération dont ils furent l'objet de la part des populations au sein desquelles la religion égyptienne avait des sanctuaires, aussi bien que les pratiques saintes où les hiéroglyphes figuraient, soit dans les cérémonies publiques, soit dans les cérémonies privées, ne peuvent non plus entacher le culte égyptien d'idolâtrie ou de fétichisme.

A l'époque où les figurines religieuses furent, comme instruments de croyances et de morale, installées dans le culte égyptien, il n'y avait pas en Égypte d'école où le peuple pût aller s'instruire, et l'on sait que lorsqu'il y en eut, il n'y fut point question d'instruire le peuple dans la langue générale des hiéroglyphes, dont la connaissance resta pour toujours la science intime et particulière de la classe sacerdotale.

Dans ces conditions, de tout temps et de toute nécessité, ce dut être au temple que le peuple fût obligé d'aller chercher son éducation religieuse, puisque c'était au temple seulement qu'il trouvait l'interprétation raisonnée des hiéroglyphes de la religion, les seuls dont il lui fût loisible et utile de connaître le sens.

L'introduction des hiéroglyphes religieux dans les temples fut donc indiquée par le bon sens et l'intention même de leur institution; elle avait sa raison d'être dans l'appréciation saine et délicate des intérêts de la religion et des besoins spirituels du peuple, comme la création même de ces instruments, comme le maintien de leur forme primitive.

9. — L'active circulation donnée à ces instruments de la religion à travers les populations de l'Égypte ne fut ni moins sage ni moins bien motivée que leur création et leur admission dans les temples.

Ils coururent en effet le pays pour l'instruction du peuple, comme aujourd'hui nos livres saints.

Ils furent le catéchisme de l'Égypte, écrit avec les seuls caractères qu'il fût alors possible de faire circuler en nombre assez considérable, en matière suffisamment résistante, de forme et de dimension assez portatives pour satisfaire aux exigences du service si actif auquel ils étaient appelés chez un peuple à qui le papyrus, insuffisant à cause de sa fragilité, ne s'offrit d'ailleurs qu'après que le temps eut consacré l'usage antérieur des hiéroglyphes plastiques; chez un peuple à qui le parchemin, plus résistant, ne vint de Pergame qu'au moment où les circonstances firent, pour lui, de l'usage persistant des hiéroglyphes plastiques, un acte intime de protestation nationale contre les Grecs et les Romains.

10. — Sans doute si, dès le commencement, l'émission des hiéroglyphes plastiques avait été abandonnée à elle-même; si l'étude de leur interprétation avait été négligée par le peuple, ces signes, tout intelligents qu'ils furent, auraient bientôt, à cause de leur forme qui jette la confusion dans l'esprit, fait tourner le culte égyptien à l'idolâtrie; mais aux époques dont j'entends parler, c'est-à-dire avant les siècles de dégénérescence définitive, où la politique cafarde des Ptolémées, combattant l'influence des prêtres de l'Égypte, dirigea l'activité du peuple vers la satisfaction de ses intérêts matériels, et porta l'indécision dans son esprit par la protection accordée au culte des dieux de la Grèce; avant ces temps de déchéance, le peuple égyptien, tout entier à ses croyances religieuses vierges alors de toute promiscuité, ne manquait aucune occasion de s'instruire, et, de fait, les moyens de se satisfaire sous ce rapport ne lui faisaient point défaut.

11. — On sait de quelle quantité considérable de temples, aujourd'hui en ruines, furent couvertes les rives du Nil depuis la mer jusqu'à Syène, et au delà. Ces temples étaient comme les chefs-lieux provinciaux de la religion; mais, malgré leur ampleur et leur grand nombre, ils n'ont point suffi au zèle religieux du peuple égyptien[1], et ils n'ont été dans leur

---

[1] Les Égyptiens étaient les hommes les plus religieux qu'il y eût. (Hérodote, *Euterpe*, 37.)

ensemble que la plus faible somme des sanctuaires où le peuple s'instruisait de la saine doctrine des prêtres de Thèbes et de Memphis.

Le culte égyptien trouva bon, en effet, de s'installer partout.

Les ingénieurs, — ils étaient membres de la classe sacerdotale, — ouvraient-ils une carrière de pierres, de marbre ou de granit : leur premier soin était d'y consacrer un sanctuaire à quelque *essence divine*, et, soit à gauche, soit à droite de l'entrée de la carrière, une excavation pratiquée dans les meilleures conditions possibles devenait un temple souterrain où toute la masse des travailleurs et le reste de la population à leur suite, femmes, enfants, vieillards, marchands et spéculateurs de toute sorte, trouvaient accès et instruction.

Les grands chantiers de construction, tels que ceux des pyramides, ceux des tombeaux royaux, ceux des hypogées, ceux des mines, témoignaient aussi des vives préoccupations que les ingénieurs avaient pour la satisfaction à donner à l'esprit religieux de leurs populations de travailleurs.

12. — Ces mille sanctuaires publics, plantés sur le sol de l'Égypte ou enfouis dans ses entrailles, ne sont pas tout encore.

Chaque famille un peu aisée avait dans sa maison une salle réservée, un *sacrarium*, où elle établissait les hiéroglyphes de ses préférences, comme de nos jours, dans certaines maisons à la ville, dans certains châteaux à la campagne, se trouvent des chapelles où figurent la madone et le saint de prédilection.

Dans ce *sacrarium* des maisons égyptiennes, les hiéroglyphes figuraient comme des sentences, et, de la part des familles, ce n'était pas là une vaine démonstration religieuse, un souvenir hypocrite du temple; de la part de tous les membres de la famille, ces hiéroglyphes étaient l'objet d'une grande vénération, ils constituaient pour eux ce que les Grecs et les Romains ont appelé les *dieux lares*, et ils étaient vus et traités comme il convient de voir et de traiter tout ce qui exalte Dieu et ses perfections infinies.

La sanction du culte était du reste acquise à ces sanctuaires particuliers.

Sur la demande des familles, et moyennant une faible contribution qui profitait à la communauté sacerdotale, ils étaient visités par les membres du clergé égyptien, qui allait de la sorte faire à domicile des instructions religieuses.

13. — Ainsi, chaque jour et à chaque pas, partout et sans sortir de chez elles, les populations égyptiennes trouvaient à satisfaire les besoins de leur conscience, à s'instruire des choses de la religion.

Dans de telles circonstances il est assez difficile d'admettre qu'elles soient restées ignorantes de la signification des instruments courants d'une religion qu'elles pratiquaient presque sans désemparer.

Qu'on songe d'ailleurs que le peuple porte partout avec lui son esprit inquiet, inquisitif et personnel ; qu'il va toujours s'enquérant des faits, cherchant à en pénétrer les causes ; qu'à défaut d'indications complaisantes et précises qui le satisfassent, il interprète à sa façon, pour en user de même, tout ce qu'il voit, tout ce qu'il touche ; qu'il est méfiant par tempérament, jaloux par boutades, envieux par position, injuste par amour-propre ; qu'il accepte difficilement l'idée de classes et de citoyens qui le priment, et qu'il s'efforce toujours, s'il ne peut les égaler, de leur faire comprendre qu'il n'est point leur dupe.

Qu'on songe aussi que le peuple, c'est tout le monde ; qu'en Égypte ce *tout le monde* renferma constamment et par milliers des artistes chargés d'exécuter les peintures, les gravures, les sculptures des édifices de la religieuse Égypte ; qu'il y eut dès lors nécessité, pour éviter que leur travail fût entaché de naïvetés et de maladresses, d'instruire ces artistes de la valeur des détails dont sont accentués les signes qu'ils eurent à reproduire [1].

---

[1] Cette observation n'infirme en rien ce qui a été dit de la science générale des hiéroglyphes, restée le bénéfice intime de la classe sacerdotale.

Il y a aujourd'hui, plus que jamais, pour un peintre de batailles, nécessité de connaître la valeur respective des armes de guerre, pour qu'il les puisse mettre avec discernement aux mains des diverses troupes qui composent une armée, mais cela n'est pas toute la science militaire.

Horace Vernet, Adolphe Yvon, ont su armer convenablement les soldats qui se battent si bien sur leurs toiles, mais ni l'un ni l'autre

Qu'on songe enfin qu'un secret, comme ici en soi indifférent, ainsi partagé par des milliers de personnes, ne fut jamais et ne sera jamais un secret, et on comprendra qu'outre l'intérêt de conscience qu'eurent les populations égyptiennes à s'instruire de la valeur des instruments de leurs croyances religieuses, il y eut dans leur caractère une tendance continuelle à s'en enquérir, et, dans les faits courants, des moyens toujours à leur disposition pour satisfaire leur besoin de connaître.

« L'ignorance de la religion n'était d'ailleurs excusée en aucun état » en Égypte [1].

Le peuple égyptien a donc bien certainement connu la valeur et la signification des hiéroglyphes plastiques.

14. — Il est aussi à remarquer qu'il n'est pas possible d'appliquer à ces instruments de religion les raisons alléguées par la *Sagesse* comme étant celles de l'origine de l'idolâtrie [2].

Aucune des conditions artistiques qui répandent le charme sur les figures plastiques ou peintes n'est l'apanage des hiéroglyphes sacrés de l'Égypte. L'art, c'est-à-dire ce qui constitue le Beau dans la sculpture et dans la peinture, n'est pour rien chez eux.

---

ne se sont déclarés ou ne se déclarent capables des conceptions stratégiques des Napoléon et des Magenta.

[1]. Bossuet, *Discours sur l'histoire universelle*, IIIe partie, § 3.

[2] *La Sagesse*, chapitre xiv, versets 11, 12, 13, 14, 15, 16, 17, 18, 19, 20, 21 ; chap. xv, versets 7, 8.

Les traits y sont incorrects et sans proportion, et les formes qui leur ont été données sont d'une ingénuité telle qu'ils en deviennent grotesques le plus souvent.

Les conditions historiques et de sentiment ne s'y trouvent pas davantage, puisque, à part les figurines de la légende d'Osiris, qui est l'incarnation égyptienne de la sagesse divine, les hiéroglyphes sacrés de l'Égypte, ainsi que nous l'apprend la signification connue de la plupart d'entre eux, sont seulement l'expression d'abstractions diverses sortant de l'idée complexe de la divinité.

Il est donc bien certain, de toutes façons, que les hiéroglyphes égyptiens ne renferment en soi rien de ce qui constitue l'idolâtrie et le fétichisme, et qu'alors le peuple égyptien, qui en a usé, n'a été ni idolâtre ni fétichiste.

L'examen que nous allons faire des pratiques du culte égyptien sera un corollaire confirmatif de cette vérité.

X.

LE CULTE ÉGYPTIEN.

1. — Le culte étant l'hommage public rendu à une croyance religieuse, il faut de toute nécessité que l'expression de cette croyance intervienne dans les cérémonies du culte.

C'est à ce titre que chez les chrétiens la croix et les autres emblèmes religieux figurent dans leurs églises et dans les cérémonies de leur culte; c'est au même titre que les emblèmes religieux des Égyptiens ont figuré dans les cérémonies du culte égyptien; et la loi des nécessités, qui a mêlé les emblèmes religieux de l'Égypte au culte égyptien, est tout aussi valable pour lui qu'elle l'est, dans les circonstances analogues, pour le culte chrétien.

Mais tandis que, grâce à l'instruction minutieuse qui nous est donnée sur les circonstances du culte chrétien, nous pouvons nous expliquer l'intervention, à heure fixe, de chacun des emblèmes des croyances chrétiennes dans les cérémonies de la religion, l'obscurité soigneusement faite sur les pratiques du culte égyptien nous rend ici tout étranges et bizarres, instruments et cérémonies.

C'est le mirage affreux des fantômes de la nuit.

Tâchons donc de porter ici un peu de cette lumière dont il suffit ordinairement d'éclairer les fantômes pour les rendre les choses les plus ordinaires et les moins effrayantes.

2. — Aucun renseignement complet et positif n'est encore venu à la connaissance des égyptologues sur les particularités tout à fait intimes du culte égyptien; mais en rapprochant les débris de divers calendriers trouvés çà et là dans les ruines des temples et des palais de la vallée du Nil, il a été possible de

connaître toutes les fêtes religieuses qui y furent célébrées [1].

Elles étaient assez nombreuses pour se succéder journellement, tantôt à l'honneur d'AMON-RA, — l'Être suprême, lumière du monde, — tantôt en l'honneur de quelques-unes des Essences divines ; de sorte que, sur la foi des calendriers passés et présents, il est permis d'affirmer que les âmes dévotes du culte égyptien ne chômèrent pas plus que les âmes dévotes de la chrétienté, et que celles-là se sont trouvées comme celles-ci en constante communion avec la divinité.

Le temple principal de chaque province égyptienne paraît avoir eu son calendrier spécial, ou du moins le calendrier de chaque temple principal, dans l'ordre des cérémonies du culte, donnait le pas, après Amon-Ra, — l'Être suprême lumière du monde, — à celle des Essences divines sous le patronage de qui le temple était placé.

C'est ainsi que nos églises sont mises sous le patronage spécial de l'une des nombreuses attributions de la Vierge, ou sous le patronage d'un saint, sans que le culte du Dieu éternel et souverain perde jamais ses droits sacrés de préséance sur tous les autres cultes accessoires.

3. — Les prêtres égyptiens portaient, suspendu à

---

[1] Champollion-Figeac, *Égypte ancienne*, § 19, *Religion*.

leur cou, l'hiéroglyphe de l'Essence divine, patronne du temple qu'ils desservaient[1]; comme les prêtres d'Israël portent sur leur poitrine les mots Doctrine et Vérité[2] gravés sur cette partie du vêtement sacerdotal appelé le *Rational*[3], comme les évêques de la catholicité et ses missionnaires portent, suspendue à leur cou, l'image du Christ.

4. — La religion égyptienne accueillait l'homme à son entrée dans la vie, elle présidait à tous les actes importants de son existence, et, après l'avoir dirigé, soutenu, consolé durant son voyage en ce monde, selon qu'il avait bien ou mal vécu, c'était avec des sourires d'espérance et de joie, ou avec des menaces de peines et de châtiments, qu'elle l'accompagnait jusque dans la mort.

Pour porter partout ses prescriptions saintes et ses enseignements sublimes, la religion égyptienne

---

[1] Toutes les petites figurines égyptiennes sont, en effet, percées de trous ou portent des anses qui en rendaient la suspension commode et facile.

[2] Les deux mots hébreux, traduits ici par *Doctrine et Vérité* sur le texte de la Vulgate, sont Urim et Thummim. Littéralement ils signifient : *les Lumières et la Perfection*. Saint Jérôme les traduit par : *Doctrine et Jugement*. Les Septante par : *la Manifestation et la Vérité*.

[3] « *Pones autem in Rationali judicii* Doctrinam et Veritatem, *quæ erunt in pectore Aaron, quando ingredietur coram Domino, et gestabit judicium filiorum Israel in pectore suo, in conspectu Domini semper.* »

Vous écrirez sur le Rational du jugement : Doctrine et Vérité, et Aaron le portera sur sa poitrine quand il se présentera devant le Seigneur, et il portera sur sa poitrine le jugement des fils d'Israël devant le Seigneur. (*Exode*, chap. xxviii, v. 30.)

n'eut jamais à sa disposition que les hiéroglyphes; mais l'expression de ceux qui sont aujourd'hui les plus répandus conserve encore une telle transparence d'intention, qu'en dépit de l'anathème dont ils ont été frappés, il faut reconnaître en eux d'admirables instruments d'instruction et de sanctification dans le sens qui vient d'être indiqué.

Ainsi l'hiéroglyphe gracieux d'*Isis allaitant son fils Horus,* comme l'image représentant la *Vierge et l'enfant Jésus*, enseigna l'amour maternel.

Celui d'*Horus entre Isis et Nephtys*, l'une sa mère, l'autre son institutrice, comme *Jésus entre Anne et Marie*, préconisa les soins de première éducation à donner à l'enfance.

Horus aux prises avec les crocodiles, les scorpions et les lions[1], comme *Jésus aux prises avec le diable*, symbolisa la jeunesse aux prises avec les séductions, les difficultés et les piéges de toutes sortes semés sous ses pas sur le chemin de la vie.

Seth fut le mal connu, contre lequel il y a toujours à se prémunir, et qu'il faut combattre chaque fois qu'il se montre.

La gourmandise, l'orgueil, l'avarice, la luxure, tous les travers de l'humanité furent dénoncés, dans

---

[1] Comme emblèmes du mal, le crocodile et le lion sont passés, ainsi que nous avons eu occasion de le voir, dans le langage symbolique des Hébreux. Il en est de même du scorpion. Le Seigneur s'adressant à Ezéchiel, pour lui peindre le milieu pervers où il vit, lui dit : « Vous habitez avec des scorpions, *cum scorpionibus habitas.* » Et l'*Ecclésiastique* dit : « Celui qui tient une mauvaise femme est comme celui qui prend un scorpion. »

le langage figuré des hiéroglyphes sacrés, en même temps que, par des moyens analogues, toutes les vertus étaient exaltées.

5. — C'est ainsi que sans livres, sans aucun des moyens variés et attrayants dont notre temps dispose pour l'éducation et l'instruction des populations, avec la seule assistance des naïves figurines que nous calomnions depuis tantôt deux mille ans, le peuple égyptien a pu, non en adorant ces figurines, mais en s'appliquant avec zèle à en connaître le sens et la valeur, s'instruire des préceptes de cette sagesse sublime dont, tout en dénigrant son éducation religieuse, la postérité n'a pas été tentée de lui refuser le bénéfice.

Les hiéroglyphes sacrés de l'Égypte, ceux-là même que nous nommons les divinités égyptiennes, ont donc été bien réellement dignes de figurer dans le culte religieux du peuple de la vallée du Nil, s'il est vrai que les instruments valent en raison des services qu'ils rendent.

6. — Le respect profond, empressé, soutenu, qu'eurent toujours les Égyptiens pour leurs hiéroglyphes sacrés a laissé des traces sur toutes les créations nationales de l'Égypte.

Tous les édifices publics y ont, plus ou moins, un caractère religieux, et il n'est pas jusqu'aux outils usuels de la vie courante qui ne semblent institués pour prêcher la morale et la religion.

Les divisions de la coudée se distinguaient par des appellations de perfections divines. La première de ces divisions, qui portaient la désignation générique de *doigts*, se nommait *soleil;* la seconde, en comptant de droite à gauche, se nommait *Thméï* ou *Justice;* la cinquième *Osiris;* la sixième *Isis;* la septième *Anubis*, etc. Les cuillers à parfums affectaient des formes hiéroglyphiques; et quand, sous le règne des Ptolémées, et plus tard pendant l'occupation romaine, les prêtres égyptiens voulurent entretenir l'animosité du peuple égyptien contre les étrangers, on vit l'image hideuse de *Bès* se glisser jusque dans le boudoir des dames égyptiennes sous forme de boîte à parfum, et les poursuivre, elles et leurs maris, jusque dans le sommeil en s'installant au chevet de leur lit de repos[1].

7. — L'usage religieux des *ex-voto* fut encore pour le peuple égyptien une occasion de témoigner de son respect pour les hiéroglyphes sacrés, expressions des Essences divines.

Nous avons vu, en effet, qu'il y eut en Égypte des stèles *ex-voto;* de la même manière il y eut des hiéroglyphes *ex-voto*.

La stèle votive était une manifestation luxueuse qu'il n'appartenait qu'aux familles riches de pouvoir réaliser.

---

[1] Le musée égyptien du Louvre possède des boîtes à parfum faites à l'image de *Bès*, des fauteuils et des bois de lit qui portent cette image.

Pour consacrer une stèle, il fallait en effet y graver ou faire graver une invocation, une prière, un nom, des attributs, quelquefois même tout un tableau d'offrandes et de sacrifices aux Essences divines; c'était alors une dépense fort coûteuse, compliquée de démarches et de pertes de temps en définitive onéreuses pour les personnes peu fortunées, partout et toujours la classe la plus nombreuse; tandis qu'en passant chez les figuristes, — il y en avait au temps des Pharaons comme aujourd'hui, — le peuple pouvait, en achetant à faibles deniers la figurine de ses préférences, la consacrer dans le temple voisin, tout aussi bien que, de nos jours, les bonnes et dévotieuses personnes achètent sur les quais ou ailleurs une petite figure de madone, de saint Jean, de saint Pierre ou de saint Paul, soit en plâtre, soit en cire, pour la consacrer à Dieu ou simplement au saint qu'elle représente, dans l'église voisine, à la lueur douteuse d'un cierge, par le débit oral ou mental d'un *Pater* et d'un *Ave*.

8. — Les sépultures particulières étaient aussi des lieux de consécration, où les familles déposaient dévotement les hiéroglyphes sacrés. Mais les figurines qu'elles consacraient dans ces funèbres retraites étaient surtout celles des Essences divines que leurs attributions plaçaient auprès des morts.

C'étaient *Osiris*, le juge de l'âme; *Thôth*, le greffier du tribunal de l'Amenthi; *Horus*, le Dieu complaisant aux âmes bien intentionnées ; *Anubis*, le messager-pilote des âmes à travers les espaces célestes ; *Nouv*, la nature régénératrice ; le *scarabée*, symbole de la régénération [1].

Les cercueils, les momies elles-mêmes [2], furent remplis de ces figurines qui, à vrai dire, sont des invocations et des prières adressées au Dieu juste et miséricordieux ; invocations et prières qui ont une expression plus complète dans les colliers passés au cou des momies.

Ces colliers sont formés de signes hiéroglyphiques qui tous convergent vers le scarabée, symbole de la régénération, et ils doivent être pour l'égyptologue un monument tout aussi précieux que les rituels

---

[1] Les Égyptiens, qui ne croyaient point que Dieu eût fait le monde pour ne le voir fonctionner que pendant quelques centaines de siècles, disaient qu'à l'imitation des végétaux, les corps se régénéraient continuellement.

Aujourd'hui, la religion nous enseigne que Dieu, après avoir fait mouvoir le monde pendant tout le temps qu'il jugera convenable, le détruira une belle nuit, — « on croit, dit dom Calmet, que la fin du monde et le jour du jugement viendront pendant la nuit, » — nous ressuscitera et nous jugera.

Ainsi, les Égyptiens croyaient à la vie indéfinie du monde par la régénération. La religion catholique croit à la vie limitée du monde et à la résurrection.

Jusqu'à présent, et en dépit des millénaires, les Égyptiens ont eu raison.

[2] Les Égyptiens ont cru que le cœur est le siége de l'âme, et, soit que cet organe fût déposé et conservé dans les canopes, soit, comme cela arrivait pour les momifications de troisième classe, qu'il restât enfermé dans les cavités de l'abdomen des momies, il était de règle qu'il fût accompagné de quelques figurines sacrées d'Osiris, Horus, Anubis, etc., etc.

funéraires dont les Égyptiens ont également placé des exemplaires dans les cercueils près de leurs morts.

9. — Tous ces pieux hommages dont les Egyptiens entouraient leurs parents défunts, comme les pieux hommages dont nous entourons les nôtres, avaient leur source dans les dogmes de l'immortalité de l'âme, de tout temps professés par la religion de la vallée du Nil, et ces hommages ne me paraissent différer des hommages que nous rendons au souvenir de nos parents et de nos amis que par le mode d'expression tout égyptienne, l'intention du reste étant la même.

En effet, si les Égyptiens accompagnaient les momies d'une image d'Osiris, qui, d'après les croyances égyptiennes, doit juger leur âme ; tous nos morts sont mis sous la protection du Christ qui, au jour du jugement dernier, sera, nous disent les croyances chrétiennes, assis à la droite de Dieu son père pour nous juger définitivement.

Au cou de nos chers défunts nos chapelets sont comme les colliers passés au cou des momies.

Nos livres d'heures dans les cercueils y font l'office que firent dans les cercueils égyptiens les rituels funéraires, et, dans nos cimetières, il est peu de tombes qui ne soient couvertes de menus objets de dévotion, tels que figurines d'anges en prières, madones et saints, dont nous sommes là tout aussi prodigues que les Égyptiens le furent de leurs hiéroglyphes sacrés.

10. — Ces menues dévotions de tous les instants, qui marquent pour ainsi dire heure par heure les actes de la vie chez les Égyptiens, sont bien la confirmation du jugement porté par Hérodote sur leur caractère éminemment religieux.

On sent en effet, à voir le soin que mettent les Égyptiens à faire intervenir à tout propos l'idée qu'ils se sont formée de l'universalité de l'Être suprême, qu'ils y rapportent la fin de tous leurs actes; qu'ils y soumettent l'élan de tous leurs désirs; qu'ils y puisent là force et la constance dont ils ont besoin pour dominer ou supporter les malencontreuses circonstances.

Dans tout ce qu'ils voient, dans tout ce qu'ils touchent, dans tout ce qu'ils espèrent, dans la vie comme dans la mort, en tout et partout, sous le moindre prétexte aussi bien que dans les plus graves occasions, leur pensée se reporte vers l'Être suprême, vers cet Être éternel et créateur qui, sans jamais se montrer, se manifeste partout, et que, pour cette raison sans doute, ils ont si ingénieusement appelé Amon-Ra, — l'Être mystérieux, lumière du monde.

Ce sentiment si vif que les Égyptiens eurent de la divinité, ne pouvait manquer d'avoir au temple une expression magnifique. Il ne fallait pas en effet que l'enthousiasme religieux du peuple égyptien pût se refroidir au lieu même où il devait, au contraire, trouver à se réchauffer.

La magnificence des temples égyptiens est un témoignage de la magnificence des cérémonies qui s'y sont renouvelées pendant plus de dix mille ans.

Malheureusement, sur le chapitre des cérémonies du culte égyptien, nous devons pour longtemps encore nous en tenir à de simples inductions.

Les livres mythiques de l'Égypte ont tous disparu.

11. — Des fragments épars de calendriers sacrés de l'Égypte, sculptés sur quelques édifices et échappés, comme par miracle, à la rage de dévastation qui, aux premiers jours du christianisme, ameuta contre les souvenirs de l'antique Égypte toutes les sectes religieuses qui s'y étaient implantées, sont les seules attestations venues jusqu'à nous de l'institution de fêtes célébrées dans les temples de la vallée du Nil, en l'honneur des Essences divines.

Ils nous apprennent que ces fêtes étaient assez multipliées pour se succéder journellement.

Toutes les Essences divines avaient ainsi successivement leurs grands jours, puisque dans chaque temple la préséance appartenait de règle à l'Essence divine sous le vocable de qui le temple était consacré, sans que cependant, ainsi que nous en avons déjà fait l'observation, aucune y pût jamais primer Amon-Ra, — l'Être suprême, lumière du monde ; — comme dans le culte chrétien, le Saint, patron de telle ou telle église, n'y prime point, malgré le droit de préséance que semble lui donner son patronage, le Dieu tout-puissant et éternel.

12. — A l'intérieur des temples, les cérémonies religieuses étaient surtout marquées par des offrandes et des sacrifices.

Un article du calendrier sacré, sculpté sur une des colonnes du pronaos du grand temple d'Esnèh, nous apprend qu'à la néoménie, — nouvelle lune, — de Choïak, — quatrième mois de l'année égyptienne, — il y avait panégyries, — assemblées religieuses, — et offrandes à Chnouphis, — Chneph, l'Éternel, — seigneur d'Esnèh. On étalait tous les ornements sacrés, on offrait du pain, du vin et autres liqueurs, des bœufs et des oies; on présentait des collyres et des parfums à Chnouphis et à sa compagne, puis le lait à Chnouphis seul.

Aux autres Essences divines honorées dans le temple, on offrait : une oie à Menhi, une oie à Neith, une oie à Osiris, une oie à Khem et à Thôth, une oie à Phré, Atmou, Thoré, et à toutes les Essences divines fêtées dans le temple. On présentait ensuite des semences, des fleurs et des épis de blé à Chnouphis, seigneur d'Esnèh, que l'on invoquait par une longue prière [1].

13. — Les solennités religieuses du culte égyptien se traduisaient le plus souvent en processions extérieures et publiques.

---

[1] Champollion-Figeac, *Égypte ancienne, Religion,* § 19.

Ces processions, selon qu'elles s'accomplissaient en l'honneur d'Amon-Ra ou seulement en l'honneur de quelques Essences divines, parcouraient les villes et s'avançaient jusque dans la campagne, ou restaient limitées dans leur parcours au voisinage des temples.

Le calendrier sacré, — celui dont il a déjà été parlé, — sculpté en grandes lignes verticales sur la muraille extérieure, côté sud, du palais de Medinet-Abou, — le Rhamséum, — à Thèbes, nous fait savoir que le premier jour de l'an égyptien, le 1er du mois de *Thôth*, — vers le 20 juillet, — l'image d'Amon-Ra, roi des Dieux, sortait processionnellement du sanctuaire, accompagnée par le roi ainsi que par les autres divinités du temple. Le 19 du mois de *Paophi*, — deuxième mois de l'année égyptienne, — jour de la principale panégyrie d'Amon-Ra qui se célébrait pompeusement dans Oph, — Thèbes, — l'image d'Amon-Ra sortait encore du sanctuaire, accompagnée du roi et des Essences divines fêtées dans le temple. Le 26 du mois d'*Athyr* voyait cette cérémonie se répéter dans des conditions de pompe extraordinaire, et elle se continuait le 27 et le 28 de ce même mois; — le troisième de l'année égyptienne, — mais c'était alors en l'honneur de l'Essence divine patronne du Rhamséum, Phtah-Sockaris [1].

---

[1] Ce vocable, qui s'écrit aussi *Phtah-Sakar-Osiris*, exprime que Phtah et Osiris sont identifiés avec le Soleil représentant Amon-Ra, c'est-à-dire l'Être suprême, lumière du monde.

Il résume en lui trois des termes principaux des dogmes de la religion égyptienne, savoir :

14. — Les hiéroglyphes sacrés, déposés comme types dans les temples, étaient généralement fort riches. L'or, les émeraudes et les pierres précieuses leur donnaient une valeur réelle que les soldats de Cambyse n'ont point négligée ; mais ils étaient de fort petite dimension, et il ne paraît point que leur hauteur ait dépassé une coudée. Dans ces conditions, il était indispensable, pour qu'ils pussent figurer convenablement dans les cérémonies fastueuses du culte égyptien, qu'ils fussent relevés par quelque accompagnement capable de les désigner, d'une manière certaine et de loin, à l'attention des fidèles.

C'est dans le but de donner satisfaction à cette convenance qu'avait été composée et construite la *Bari sacrée*, — l'arche sainte des Égyptiens.

15. — La Bari sacrée était une sorte de palanquin fait de deux parties principales : une *barque*, et, sur cette barque, un *naos* ou niche à trois étages ouverts sur les quatre faces.

L'étage intermédiaire du naos était occupé par l'hiéroglyphe d'Amon-Ra posé debout. Sur l'étage

---

1° La croyance en l'Être suprême, lumière du monde, Amon-Ra ;
2° La croyance en l'incarnation divine dans Osiris ;
3° Les hommages divins dus au souvenir des prêtres, fondateurs de la nationalité égyptienne, représentés par Phtah, l'Ouvrier divin.
Ces trois termes des enseignements du culte égyptien ont été traduits dans le catholicisme par :
1° La croyance en Dieu, *Lux mundi*, Lumière du monde ;
2° La croyance en Jésus-Christ, l'incarnation divine ;
3° Les hommages divins rendus au souvenir des apôtres, fondateurs de la religion chrétienne.

inférieur et sur l'étage supérieur étaient rangés les hiéroglyphes des Essences divines représentant les perfections qui sont le constant cortége de l'Être suprême.

Sur l'avant de la barque, faisant face au naos, était la figurine d'un personnage en adoration devant l'hiéroglyphe d'Amon-Ra.

L'avant et l'arrière de la barque portaient chacun une tête de bélier surmontée des insignes emblématiques attribués à Amon-Ra, et ombragée par les éventails, symboles du repos et de la paix célestes.

Rien d'ailleurs, soit dans le corps principal, soit dans les accessoires de la Bari sacrée, n'était indifférent ou muet. Tout concourait, au contraire, à rendre plus caractéristique l'expression de cette réunion de signes hiéroglyphiques.

Dans son ensemble en effet la Bari sacrée était tout un chapitre, — le premier, — le plus important du livre des croyances religieuses de la primitive Égypte, écrit en hiéroglyphes. Aussi l'apparition de la Bari sacrée était-elle saluée comme une proclamation, faite à tous venants, de la toute-puissance infinie du Dieu invisible, universel et souverain ; proclamation qui peut se traduire ainsi :

« L'ÊTRE SUPRÊME, LUMIÈRE DU MONDE (*Amon-Ra, Dieu Soleil*), DIRIGE (*le Bélier*), LA TERRE (*le Naos*) ET LES EAUX (*la Barque*) AVEC LE CALME ET LA SÉRÉNITÉ CÉLESTES (*les Éventails*) QUI SONT L'APANAGE DE SES PERFECTIONS INFINIES (*les images des Essences divines*). IL FAUT L'ADORER (*la figurine en adoration*). »

16. — Élevé par les prêtres de Memphis, Moïse, pour exprimer cette pensée, pour la répéter à Israël, composa l'arche d'alliance dont chacune des parties avait pour les Hébreux un sens défini[1]; il y renferma les tables de la Loi, expression de la sagesse divine, et proclama la présence de Jéhovah sur cette partie supérieure de l'arche nommée le propitiatoire.

Simplifiant l'expression de la pensée de l'antique Égypte, qu'elle a reçue des Hébreux, la religion chrétienne résume la grandeur divine dans cette parole du Christ : « Ego sum lux mundi, je suis la lumière du monde, » et elle présente Dieu à la vénération des populations sous l'image rayonnante d'un soleil d'or au centre duquel repose l'hostie sainte, le saint sacrement, le *corpus Domini.*

Aux jours où s'accomplissaient dans la vallée du Nil les grandes solennités du culte égyptien, les prêtres, vêtus de blanc, la tête rasée, portaient à travers les populations, sur la Bari sacrée, l'hiéroglyphe d'Amon-Ra, — l'Être suprême, lumière du monde. Dans les occasions solennelles, les lévites d'Israël portaient l'arche sainte à travers les tribus ; aux grands jours de la chrétienté, les prêtres du Christ présentent le *corpus Domini* qu'ils portent dans l'ostensoir à travers les populations ; et les Chrétiens courbent respectueusement le front devant l'ostensoir sacré, comme avant eux Israël courba respectueusement le front devant l'arche consacrée par la présence de

---

[1] Philon, *Vie de Moïse*, liv. III.

Jehova, comme avant Israël les Égyptiens courbèrent respectueusement le front devant l'hiéroglyphe d'Amon-Ra, — l'Être suprême, lumière du monde; — porté sur la Bari sacrée.

17. — Le culte ainsi rendu à Amon-Ra nous initie à celui dont les Essences divines furent une à une l'objet particulier.

Chacune d'elles eut en effet sa bari sacrée dans le temple mis sous son patronage immédiat, de la même manière que dans la catholicité le Saint, patron de la paroisse, a sa châsse et sa bannière dans le temple qui lui est consacré; et l'Essence divine, patronne locale, eut ainsi ses grands jours et ses solennités individuelles, en même temps que pour rendre hommage aux lois de commune origine, par sentiment de convenance et de bon voisinage, chaque temple eût des jours de sacrifices et de solennité en l'honneur des Essences divines, patronnes des temples des provinces limitrophes entre elles.

Ce culte particulier des Essences divines constitua dans sa généralité l'ensemble des cultes locaux de l'antique Égypte; mais ces cultes locaux furent loin d'être indépendants à la façon des schismes de la chrétienté.

Le culte général et toujours supérieur d'Amon-Ra, —l'Être suprême, lumière du monde,—principe vital des essences divines, ramenait en effet tous les cultes locaux à l'unité, et la déférence en vertu de laquelle le culte des Essences divines, patronnes des temples circonvoisins, se trouvait mêlé au culte rendu dans chaque temple à l'Essence divine patronne locale, reliait entre eux tous les cultes locaux.

Chaque centre religieux avait ainsi à solenniser des hommages divins de trois degrés qui s'adressaient : à AMON-RA l'Être suprême, à l'Essence divine patronne locale, aux Essences divines patronnes des temples circonvoisins.

La religion égyptienne avait donc la communion des Essences divines, comme la chrétienté a la communion des saints ; et, dans la religion égyptienne, AMON-RA, — l'Être suprême, lumière du monde, — était le Roi des Dieux, c'est-à-dire le *principe vital des Essences divines*, comme dans la religion chrétienne DIEU, LUMIÈRE DU MONDE, — *Ego sum Lux mundi*, — est le Roi des Saints, c'est-à-dire *l'Être en qui se résument les vertus et les perfections que les personnages mis au rang des Saints* ont fait briller sur la terre.

18. — Mais les pratiques religieuses de l'Égypte, en affectant à un espace circonscrit le culte d'une ou seulement de quelques-unes des Essences divines, peuvent être accusées d'avoir été inhabiles à favoriser, dans toute l'étendue du pays, le culte du Dieu universel.

Cette observation pourrait avoir quelque portée, si les pratiques du culte égyptien eussent eu cours dans une contrée configurée autrement que l'Égypte, dans une contrée dont les centres de population trop isolés eussent été sans lien facile entre eux; mais les conditions géographiques de la vallée du Nil rendent ici cette observation sans valeur.

L'Égypte en effet est dans des conditions toutes spéciales.

Sur son territoire, assez peu étendu, le nombre de ses villes et villages s'est élevé à plus de 30,000 [1]. Tous ces centres de population, qui, vu leur nombre considérable, devaient être fort rapprochés les uns des autres, bordaient le Nil et ses nombreux canaux; et le Nil et ses canaux rayonnant entre eux comme des routes toujours ouvertes et faciles, les Egyptiens ne durent point se faire faute de profiter de tels avantages pour aller et venir d'un point à un autre selon leurs sentiments, leurs intérêts, ou leur bon plaisir.

Il suffirait donc de cette seule circonstance, entre les mille autres que crée la civilisation, pour expliquer d'une manière tout à fait satisfaisante la connaissance générale et la diffusion complète des hiéroglyphes sacrés dans toute l'Égypte.

Chaque jour, en effet, il y avait entre les habitants des centres nombreux de populations des transactions qui motivaient des échanges de visites alternatives; et les allants et les venants, en se rendant aux temples locaux pour y faire leurs dévotions, devaient souvent, sinon toujours,

---

[1] Théocrite, *Hymne à Ptolémée Philadelphe*, dit 33,339.

en rapporter les expressions hiéroglyphiques des Essences divines patronnes locales et celles des Essences divines patronnes des temples circonvoisins.

On voit de suite combien, par cette seule circonstance, durent se répandre dans le peuple les hiéroglyphes de toutes les provinces de l'Égypte, et comment aussi, même en dehors de la loi de diffusion si sainement préparée par l'enchaînement et l'enchevêtrement des cultes locaux les uns sur les autres, cette diffusion des Essences divines dut se faire tout simplement par suite du concours des actes ordinaires à la vie privée des citoyens.

19. — La diversité et la multiplicité des signes qui, dans la religion égyptienne, ont exprimé l'idée complexe de la divinité, témoignent aussi de l'extrême sagesse qui a présidé à l'installation du culte égyptien, et qui en a inspiré les lois de propagation.

Un seul signe plastique, comme expression de Dieu unique, aurait certainement fait tourner le culte égyptien à l'idolâtrie, en immobilisant l'idée de Dieu aux yeux des populations.

Au contraire, l'idée de Dieu exprimée aux yeux par des centaines de signes et à l'esprit par des centaines d'appellations, ne pouvant, à cause de cette multiplicité de signes et d'appellations, revêtir aucune forme définie, ne pouvant s'appeler d'aucun nom fixe, laissait ainsi l'idée de l'Être suprême vivre complétement libre et indépendante dans l'imagination.

Par cet artifice, l'idée que les Égyptiens se pouvaient faire de Dieu était quelque chose d'insaisissable, de magnifique et d'infini, comme serait l'idée que nous nous ferions d'une personne dont on dirait qu'elle possède toutes les perfections.

Nous la verrions en détail un peu dans toutes les belles personnes, sans jamais la trouver complète; c'est-à-dire qu'elle existerait seulement dans les rêves de notre imagination.

Rien alors ne serait moins matériel.

20. — Du reste, la diffusion des signes qui, dans le culte égyptien, exprimèrent les perfections infinies de l'Être suprême, en assurant à chaque culte local le respect profond qui lui était dû, assura en même temps à l'universalité des hiéroglyphes sacrés le respect dont chacun d'eux jouissait en particulier, et ce fut là sans doute ce qui préserva la religion de la vallée du Nil des schismes calamiteux qui, en se multipliant autour d'une religion, doivent à un jour prochain la faire mourir de consomption, comme les dérivations trop multipliées des eaux d'un fleuve, en en desséchant le lit, le font disparaître.

21. — Par la pensée toute métaphysique qui a présidé à leur institution; par la mission toute métaphysique qu'ils ont eu à remplir; par la direction toute métaphysique qu'ils ont imprimée aux croyances re-

ligieuses de l'Égypte pharaonique, les hiéroglyphes plastiques, qui sont la plus ancienne expression matérielle de la pensée, ont donc été le plus considérable et le plus intéressant instrument de civilisation dans la haute antiquité, et la dénomination d'idoles et de fétiches qui leur est donnée est aussi mensongère que l'accusation d'idolâtrie et de fétichisme portée contre le culte égyptien.

22. — Il est certain cependant que les hiéroglyphes plastiques, dits divinités égyptiennes, ont été le point de départ du culte aux grandes figures de la Grèce et de Rome; mais il n'y a là aucune fâcheuse induction à tirer contre le culte égyptien. C'est là tout simplement, en effet, un des accidents de l'expansion des enseignements du culte de la vallée du Nil. Il a pris en Grèce la forme que nous lui savons en raison des circonstances de son introduction en Grèce.

Les Égyptiens qui l'y portèrent ne surent s'exprimer ou n'eurent à s'exprimer sur la religion qu'en signes égyptiens, et ils y ont alors exprimé leur croyance en Dieu par les figures égyptiennes que le temps et les aspirations artistiques des Grecs ont dans la suite fait dégénérer en magnifiques statues.

Mais supposons qu'un homme, tout à fait versé dans les choses sacrées de l'Égypte et connaissant la langue hébraïque, ait eu à instruire les Hébreux des choses sacrées de l'Egypte; si, vis-à-vis des Hébreux, il s'est exprimé sur ce point en langue hébraïque, les hiéroglyphes sacrés de l'Égypte ne se trouveront pas dans ses institutions comme expression de ses enseignements.

L'expansion des croyances religieuses de la primitive Égypte a eu occasion de se produire dans les conditions de cette double épreuve.

Nous allons voir maintenant quand, comment, et ce qui s'en est suivi.

QUATRIÈME PARTIE.

EXPANSION DU CULTE ÉGYPTIEN DANS LE MONDE.

I. Pas d'équivoque. — II. Le Surnaturel au désert. — III. Le Peuple de Dieu sous la loi naturelle. (Première période.) — IV. Les Pasteurs. Joseph. Le Peuple de Dieu sous la loi naturelle. (Deuxième période.) — V. Les Hébreux en Égypte. Moïse. — VI. Moïse et la Loi écrite. — VII. Le Paganisme grec-romain. — VIII. Le Christianisme. — IX. Alexandrie. — X. L'École d'Alexandrie. — XI. L'École d'Alexandrie, ses Enseignements, la Conquête romaine, le Christianisme. — XII. Le Dernier Hiéroglyphe égyptien, Première Image chrétienne. — XIII. Conclusion.

I.

PAS D'ÉQUIVOQUE.

1. — L'homme, pour exprimer ses sentiments et ses idées, pour en faire comprendre les nuances et les variétés infinies, n'a que des ressources limitées. Toutes les langues fourmillent de mots à double sens. Chez toutes, les répétitions sont nombreuses, et nous savons d'ailleurs par expérience que si, d'un peuple à l'autre, des signes différents expriment la même pen-

sée, — ce qui constitue précisément la diversité des langues, — il n'est pas rare que le même mot change d'intention et de valeur en passant d'un dialecte à l'autre.

Il en est de même pour les signes conventionnels propres à chaque religion. Beaucoup se ressemblent de l'un à l'autre culte, qui n'ont pas la même valeur et la même intention, et beaucoup au contraire sont différents, qui cependant expriment la même intention et la même morale.

Conclure de la similitude des signes employés dans diverses religions à la similitude des religions, ce serait donc, en ce cas, subordonner son jugement au jeu d'une logique un peu aventureuse, et courir tête baissée se ruer au poteau noir du ridicule et des déceptions.

Sous ce titre : *Expansion du culte égyptien dans le monde*, il ne s'agit donc pas seulement de conclure de la similitude plus ou moins rigoureuse qui peut exister entre les signes apparents ou les cérémonies extérieures consacrés par les religions dont les croyances ont occupé ou occupent encore la conscience humaine, et les signes apparents ou les cérémonies extérieures consacrés par la religion égyptienne, à la similitude du Paganisme, du Mosaïsme et du Christianisme avec la religion égyptienne ; mais bien d'établir la similitude de ces diverses religions par l'identité de leurs enseignements et de leurs intentions réciproques.

2. — La vérité, sur ce point, devra surtout ressortir des preuves qui seront données que le Mosaïsme, le Paganisme et le Christianisme sont directement sortis de la religion égyptienne, si bien qu'au terme de cette étude il sera démontré que le Mosaïsme n'est que l'expression hébraïque de la religion égyptienne ; que le Paganisme n'a été que la traduction, transfigurée en images artistiques et poétiques, des enseignements que la religion égyptienne propagea à l'aide de ses hiéroglyphes plastiques ; que le culte catholique, qui renferme le Mosaïsme par la croyance en un Dieu pur esprit, le Paganisme par les images qu'il répand à profusion, et le culte égyptien par l'incarnation divine, n'est en somme que la religion égyptienne modernisée et appropriée pour servir à l'humanité tout entière, sans qu'il y ait d'autres différences essentielles entre les croyances égyptiennes et les croyances chrétiennes que celles qui résultent de la diversité des langues et de la couleur locale.

3. — L'institution de la religion que nous nommons le Paganisme paraît être de quelques années antérieure à l'éclosion du Mosaïsme ; mais, en raison des circonstances lointaines qui ont insensiblement amené le peuple de Dieu sous la loi de Moïse, c'est par les recherches sur le Mosaïsme que nous débuterons dans la triple étude que nous avons à faire.

II.

LE SURNATUREL AU DÉSERT.

1. — La population de l'Algérie se compose, dans les villes du littoral, de Maures sortis de ceux qui conquirent l'Espagne, où leur présence n'a pas été sans éclat, de Juifs et surtout de la descendance des Turcs venus là, de toutes les parties de l'empire ottoman, à une époque où la milice étrangère, qui faisait et défaisait les deys d'Alger, ne se recrutait guère que des aventuriers de l'Islam et des renégats chrétiens. Mais les campagnes, — plaines et montagnes de l'Algérie, — sont peuplées par les Arabes [1], — Bédouins et Kabyles, — descendants collatéraux des Arabes qui, sous le nom de Sarrasins [2], ont tenu si longtemps sous leur domination les côtes européennes et africaines de la Méditerranée. Ils paraissent sortir de la même souche que les Pasteurs qui envahirent l'Égypte plus de vingt siècles avant l'ère vulgaire, c'est-à-dire de la même souche que le patriarche Abraham. Ils sont divisés en tribus, font

---

[1] Arabe, signifie *homme du couchant*. Les habitants de la contrée que nous nommons l'Yémen, furent nommés Arabes par les Orientaux, parce que les territoires qu'ils occupaient sont les terres les plus occidentales de l'Asie.

[2] Sarrasin, signifie *homme du levant*. C'est le nom donné aux Arabes envahisseurs par les Européens, pour qui les Arabes venaient du levant.

de l'agriculture, se nourrissent du produit de leurs troupeaux, vivent sous la tente, et sont passionnés pour l'indépendance et la liberté.

2. — Depuis trente-cinq ans, l'Algérie, qui les nourrit, est soumise à la France[1], et un sénatus-consulte assez récent a donné aux populations indigènes de l'Algérie la possibilité, à de certaines conditions, de jouir de tous les droits de citoyens français.

Désormais donc, dès que les enfants du désert, — les Arabes, — le voudront, et qu'ils sauront d'ailleurs remplir les conditions universitaires imposées aux Français eux-mêmes, nos grandes écoles leur seront ouvertes.

Dans ces conditions, qu'un jeune Arabe, hardi et studieux, curieux d'ailleurs de la civilisation moderne, se prenne de passion pour les hautes études et se lance, après avoir honorablement satisfait aux épreuves des examens réglementaires, dans la carrière des sciences et surtout dans la carrière des sciences administratives et militaires;

Qu'il s'applique à se bien rendre compte de la valeur de chacun des ressorts de notre administration civile;

Qu'il étudie les règles de notre tactique militaire

---

[1] Le débarquement des Français en Algérie s'est fait le 14 juin 1830, à Sidi-Ferruch; le 19, 40,000 Algériens étaient battus à Staouëli, et le 5 juillet suivant, à la suite de la prise du fort de l'Empereur, le dey d'Alger capitulait, et l'armée française entrait dans Alger, le commandant de l'expédition, le général Bourmont, en tête.

et l'emploi raisonné des armes diverses réparties aux différents corps de notre armée;

Après s'être à son gré suffisamment instruit en tout et pour tout, que par un de ces retours sur soi-même, dont les chefs arabes nous ont déjà donné de fréquents exemples, il s'éloigne subitement de cette civilisation moderne qu'il lui a été donné de connaître et s'éprenne des aventures de la vie indépendante du désert; qu'il soulève une ou plusieurs des plus nombreuses tribus de notre possession du nord de l'Afrique et les entraîne à sa suite dans quelque oasis;

Que, pour dominer plus sûrement et plus absolument ses compatriotes ignorants, mettant à profit la science acquise dans nos écoles, il s'en fasse un instrument de sortilége à l'aide duquel il se grandira à leurs yeux jusqu'à se faire passer pour un envoyé de Dieu;

Qu'alors, au nom de Dieu, se déclarant le chef suprême des tribus révoltées à sa voix, il leur dicte dans l'idiome par elles compris et leur trace par des formules qui leur sont familières, les lois empruntées à nos codes; qu'il leur impose dans les mêmes conditions les institutions chez nous étudiées; qu'il arrive ainsi à faire, avec le temps et la persévérance, des hommes primitifs qui l'ont suivi, une nation de quelque valeur; qu'enfin un jour, cet autre Moïse, pour sa plus grande gloire et pour celle de son peuple, écrivant l'histoire de la fondation de son empire, déclare avoir directement reçu de la main de Dieu, sur la montagne ou dans le vallon, au moment d'une perturbation quelconque des éléments atmosphériques, la loi qu'il a dictée et le programme des institutions qu'il a fondées; évidemment, quand quelques siècles plus tard cette histoire fantastique arrivera à la connaissance des savants de la vieille et sceptique Europe, il sera fait par eux quelque réserve, et, avant de l'enregistrer pour exacte et véridique, ils auront la curiosité de s'enquérir des détails de la vie du chef soi-disant divinement inspiré et de la valeur originale des lois et des institutions dont il aura doté ses tribus; et, s'ils trouvent dans les détails de la vie du prophète qu'il fut l'élève d'une nation civilisée chez qui il a puisé sa science; que les lois et institutions données à ses tribus ont leurs analogues, dès longtemps avant lui en exercice, chez la nation dont il fut l'élève, il est raisonnable de croire que, tout en faisant une part encore honorable à cet homme entreprenant, les savants de la vieille Europe ramèneront ses prétendues inspirations divines aux proportions toutes naturelles de la raison et de la vérité, en accordant purement et simplement au chef habile mais plagiaire, au lieu des honneurs divins qu'il réclame humblement, la gloire toute terrestre, mais mieux méritée, d'avoir su, avec intelligence et succès, transporter d'une nation chez l'autre des lois et des institutions qui, par une expérience antérieure de plusieurs siècles, avaient déjà fait leurs preuves de force et de sagesse.

Il y a quelque chose comme cela dans l'histoire

de Moïse, et, si je démontre l'exactitude de cette assertion, il sera vrai, sans équivoque, que le Mosaïsme n'est que l'expression hébraïque de la religion égyptienne ; n'est que l'emprunt d'une institution fait par un peuple à un autre ; qu'un des incidents qui marquent, sans miracle, la vie des peuples en travail de transformation, comme l'est ici le peuple hébreu.

III.

LE PEUPLE DE DIEU SOUS LA LOI NATURELLE. (PREMIÈRE PÉRIODE.)

1. — L'histoire du peuple de Dieu commence à la vocation d'Abraham et finit à la venue du Christ. Elle embrasse ainsi une période de près de vingt-deux siècles.

Elle se divise en deux parties, savoir : le temps de la loi naturelle qui dura quatre cent trente ans, pendant lesquels le peuple de Dieu n'eut aucune loi qui lui fût propre et point d'autres règles de conduite que les inspirations bonnes ou mauvaises de sa conscience.

Cette première partie de l'histoire du peuple de Dieu se subdivise elle-même en deux époques, l'une qui s'étend de la vocation d'Abraham à la venue de Jacob en Égypte, l'autre qui embrasse tout le temps du séjour des Hébreux en Égypte.

La seconde partie de l'histoire du peuple de Dieu commence à la sortie d'Égypte et se termine à la venue du Christ. C'est le temps du règne de la loi écrite qui fut donnée par Moïse aux Hébreux.

Il convient, pour bien comprendre l'importance de la loi écrite et bien saisir les conditions de son apparition, d'examiner avec quelque détail ce que fut le peuple de Dieu aux deux époques de la loi naturelle.

2. — L'aperçu historique des événements renfermés dans ces deux époques ne peut être d'ailleurs ni long, ni compliqué. Moïse, qui, en les relatant dans la Genèse, paraît n'avoir eu pour but que de se donner une généalogie, se borne à fournir quelques notes sur ses ascendants, Jacob, Isaac, Abraham, et sur son collatéral Joseph de qui la fortune amena les Israélites en Égypte.

Dans l'aperçu qui va suivre, ce ne sera donc que les quatre patriarches, héros de la loi naturelle, que j'aurai à faire connaître. Je n'en dirai du reste que ce qu'il en faut dire pour faire suffisamment comprendre ce que valaient les hommes de cette époque crépusculaire de la primitive civilisation, où les audaces et les défaillances les plus insensées sont, dans la Genèse, mises en scène au milieu d'une apothéose continue, qui, comme morale de l'histoire, doit provoquer les jeunes gens à de dangereux rapprochements et à de tristes réflexions.

3. — A la voix de Dieu qui lui promet lignée nombreuse et toutes les bénédictions du ciel, le fils de

Tharé, Abram, qui pour consacrer son titre de « père du peuple de Dieu » devait bientôt se nommer Abraham[1], quitte Haran où l'avait conduit son père et s'achemine vers la terre promise de Chanaan, avec sa femme Sara, son neveu Lot, ses nombreux serviteurs et tous ses biens[2].

Chemin faisant, de çà de là, il plante sa tente, explore le pays, dresse des autels et fait des offrandes au Tout-Puissant qui le dirige[3].

Arrivé au terme de ce voyage entrepris et accompli sous la garantie des promesses de Dieu, ce qu'il trouve, c'est la famine. Et l'élu du Seigneur, pour ne point mourir de faim avec les siens sur la terre prédestinée de Chanaan, se dirige vers l'Égypte[4].

4. — A cette époque reculée, l'Égypte était déjà un pays renommé pour sa civilisation; les arts y florissaient, et l'industrie et la science y avaient fait la fertilité régulière et l'abondance certaine.

Depuis plus de trois mille ans, ce pays, pour qui Moïse n'a que des expressions de dédain, jouissait des bienfaits d'un gouvernement bien assis et régulier; les mœurs publiques y étaient sagement réglées, et si, comme dans toutes les contrées de l'Orient, l'usage de plusieurs femmes y était permis, il paraît pourtant que la loi y punissait sévèrement ce que

---

[1] *Genèse*, chap. XVII, v. 5.
[2] *Id.*, chap. XI, v. 31.
[3] *Id.*, chap. XII, v. 7, 8, 9.
[4] *Id.*, chap. XII, v. 10.

nous appelons l'adultère double, c'est-à-dire qu'il n'était point permis aux hommes d'admettre dans leur intimité des femmes déjà sous puissance de mari[1].

5. — Sara, femme d'Abraham, était fort belle, dit la Bible, et Abraham, en approchant des terres d'Égypte, se prend à penser que sa femme pourra bien être l'objet de la convoitise des gens du pays[2].

Alors, pour éviter qu'on le tue afin de rendre sa femme libre, Abraham fait avec elle un pacte que, dans nos temps pervertis ou prétendus tels, personne n'oserait avouer. « Vous êtes belle, dit Abraham à « Sara, et, quand les Égyptiens vous auront vue, ils « me tueront pour vous posséder; dites donc, je « vous en supplie, que vous êtes ma sœur, afin que « je sois favorablement traité à cause de vous[3]. »

6. — Abraham arrive en Égypte, et tout s'y passe selon ses prévisions.

Sa femme Sara est en effet trouvée fort belle, et le roi du pays à qui les usages nationaux permettent la possession de plusieurs femmes[4], aussi bien qu'aux

---

[1] *Genèse*, chap. xii, v. 18, 19; chap. xx, v. 3, 4, 5.
[2] *Id.*, chap. xii, v. 11, 12.
[3] *Id.*, chap. xii, versets 11, 12, 13.
[4] Une inscription, qui se lit à Silsilis en l'honneur d'un prince représenté en compagnie de Sésostris de qui il est le fils, porte : « Le royal fils du Soleil gardien de la vérité, approuvé par le Soleil, « né de la royale *épouse principale* Isénofré. »
Cette qualification de : *épouse principale*, donnée à la reine Isénofré, est une preuve que les Pharaons avaient un harem.

patriarches de la Bible, se donne la satisfaction de faire dormir auprès de lui la belle étrangère[1].

Abraham, qui craignait qu'on ne le mît à mort, ne réclama point en vertu de son titre d'époux, tandis qu'au contraire le roi d'Égypte, ayant su que Sara était mariée, fit venir Abraham, lui reprocha de l'avoir trompé, lui fit des cadeaux qu'il accepta et lui remit sa femme[2].

7. — Le plaisant de l'histoire, c'est que le livre saint, qui nous raconte ces scabreuses anecdotes, n'a que des caresses pour le patriarche, et assure très-sérieusement que Dieu punit le roi d'Égypte[3].

Il est certain du moins qu'Abraham profitait pécuniairement de ces sortes d'aventures. Entré pauvre en Égypte, il en sortit fort riche[4], et à quelque temps de là il laissa se reproduire auprès d'Abimélech, roi de Gérare[5], l'aventure galante, qui lui avait valu les cadeaux et les reproches du roi d'Égypte, avec les bénédictions du ciel par-dessus le marché.

Le patriarche du reste s'en tira cette fois comme la première; il reçut les cadeaux et les reproches du roi des Philistins, et reprit amoureusement sa femme[6].

---

[1] *Genèse,* chap. XII, v. 15.
[2] *Id.,* chap. XII, v. 19, 20.
[3] *Id.,* chap. XII, v. 17.
[4] *Id.,* chap. XIII, v. 1, 2.
[5] *Id.,* chap. XX, v. 2.
[6] *Id.,* chap. XX, v. 14.

8. — Cependant, de la nombreuse lignée qui lui était promise, Abraham ne voyait rien paraître.

En dépit de ses soins personnels et de la complaisance qu'il mettait à laisser Sara aller dormir avec le roi d'Égypte et le roi de Gérare, Sara restait stérile.

Les deux époux, ne voulant pas cependant faire tomber le Seigneur en mensonge[1], imaginèrent de mettre Agar, l'Égyptienne, dans le lit d'Abraham[2].

Ismaël naquit[3] et fut d'abord le bien-venu près d'Abraham et de Sara. C'était justice.

9. — En ce temps-là les anges n'avaient pas encore pris leur retraite. Ils voyageaient conformément aux règles de leur institution[4]. Aussi eurent-ils de fréquentes rencontres avec le nomade Abraham et les siens, tous gens aussi nomades que lui, et ce fut à chaque fois pour leur rendre d'importants services.

Ce furent en effet des anges qui, sous forme humaine, vinrent, au nom de Dieu, annoncer à Abraham qu'un an après leur visite il aurait un fils de sa femme Sara[5].

Effectivement un an plus tard Sara enfanta Isaac, et, la jalousie gagnant son cœur de mère, Agar et le

---

[1] *Genèse*, chap. xvi, v. 1, 2.
[2] *Id.*, chap. xvi, v. 3.
[3] *Id.*, chap. xvi, v. 15.
[4] *Ange*, du grec Ἄγγελος, qui signifie, *Envoyé, Messager*.
[5] *Genèse*, chap. xviii, v. 10.

jeune Ismaël furent envoyés dans le désert et remis à la grâce de Dieu[1].

Un ange les tira d'embarras et répara ainsi l'injustice du père du peuple de Dieu envers Agar et son fils[2].

10. — Les anges rendirent à Abraham un service encore plus signalé.

Le patriarche, qui, malgré l'aventure de sa femme avec Abimélech, avait trouvé bon de faire alliance avec ce prince, s'éveilla un matin sur les domaines de son allié et sous le coup d'une vision qui l'avait frappé pendant son sommeil.

Dieu lui était apparu, et lui avait ordonné de sacrifier Isaac en son honneur. En conséquence, le père du peuple de Dieu s'apprêtait à égorger dévotement son fils pour complaire au Seigneur[3], quand un ange arrêta ou para le coup infanticide[4].

11. — C'est ainsi que marchaient les événements dans l'âge d'or de la loi naturelle. De nos jours, dans ces temps de malédiction contre lesquels les hommes du bon Dieu lancent chaque matin leurs anathèmes sacrés, il n'en est point tout à fait de même; et, si les auteurs de ces faits et gestes tant

---

[1] *Genèse*, chap. xxi, v. 9, 10, 11, 12, 14.
[2] *Id.*, chap. xxi, v. 17.
[3] *Id.*, chap. xxii, v. 3, 9.
[4] *Id.*, chap. xxii, v. 11, 12.

vantés par la Genèse, revenaient au monde pour y pratiquer la vertu à leur mode antique, il pourrait bien se faire qu'ils trouvassent ouvertes, au lieu des portes du paradis, les portes de la Correctionnelle, des Assises ou de Charenton.

Nous ne sommes plus, il est vrai, aux temps saints que préconise la Genèse, et qui nous sont offerts dans les prônes si souvent et si chaleureusement en exemple.

12. — En passant de l'histoire d'Abraham à celle d'Isaac, nous tombons dans un chapitre relativement fort pâle.

Comme son père Abraham, Isaac, toujours un peu nomade, est aussi atteint de la manie de faire passer sa femme Rebecca pour sa sœur dans les voyages qu'il fait de droite et de gauche, et, pour s'éviter la moindre égratignure, il la mettait assez volontiers dans les bras d'un autre homme.

Ainsi Isaac, fuyant la famine qui de nouveau désolait la terre de Chanaan, se rend chez Abimélech, roi de Gérare. « Et les habitants du pays lui demandant
« qui était Rebecca, il leur répondit : C'est ma sœur.
« Car il avait craint de leur avouer qu'elle était sa
« femme de peur que, frappés de sa beauté, ils ne
« résolussent de le tuer.

« Cependant, son séjour s'étant prolongé chez les
« Philistins, il arriva que leur roi Abimélech, regar-
« dant par une fenêtre, vit Isaac qui jouait avec sa
« femme Rebecca.

« Le roi fit venir Isaac et lui dit : Il est visible
« que c'est votre femme; pourquoi avez-vous fait
« un mensonge en disant qu'elle était votre sœur?
« Il lui répondit : J'ai eu peur qu'on ne me fît mou-
« rir à cause d'elle.

« Abimélech ajouta : Pourquoi en avez-vous ainsi
« imposé? Quelqu'un de nous aurait pu abuser de
« votre femme, et vous nous auriez fait tomber dans
« un grand péché. Il fit ensuite cette défense à tout
« son peuple : Quiconque touchera la femme de cet
« homme sera puni de mort[1]. »

13. — Du reste Isaac, industrieux et actif, s'adonna
à l'agriculture qu'il paraît avoir intelligemment pratiquée. Il entretint les puits d'irrigation qu'avait fait
creuser son père, il en creusa de nouveaux et devint
ainsi riche et puissant[2]. Mais, la jalousie des Philistins l'ayant inquiété, il quitta le pays et vint s'établir à Bersabée, qu'Abraham avait déjà habité.

Là, il fut visité par le Seigneur qui lui renouvela
les promesses faites à son père Abraham[3].

Là aussi il reçut la visite du roi des Philistins, et
fit alliance avec lui [4].

14. — Isaac eut de Rebecca, sa femme, deux fils
jumeaux : Ésaü et Jacob.

---

[1] *Genèse*, chap. xxvi, v. 7, 8, 9, 10, 11.
[2] *Id.*, chap. xxvi, 12, 16, 18.
[3] *Id.*, chap. xxvi, v. 24.
[4] *Id.*, chap. xxvi, v. 26, 31.

La Genèse, avec des airs de naïve ignorance des faits les plus ordinaires à la gestation, veut bien nous dire que les deux frères se disputèrent dans le sein de leur mère [1], et le livre saint tire du fait de ces querelles intestines, — par appréciation rétrospective, — la conséquence que des deux enfants à naître sortiront deux peuples différents, qui seront en guerre perpétuelle entre eux [2].

En attendant, la première prouesse de Jacob, celui des deux frères que Moïse propose surtout à notre admiration, fut de dépouiller son frère Ésaü de son droit d'aînesse en abusant de sa gourmandise [3]. La seconde fut, par une fourberie qui ne serait ni reçue, ni innocentée dans nos temps pervers, de se substituer à son frère dans tous les avantages qu'alors portait avec soi le droit d'aînesse.

Ésaü, non sans raison, mécontent de son frère, le menaça de mort, et Jacob effrayé s'enfuit, sur le conseil de sa mère et du consentement de son père, chez son oncle Laban, en Mésopotamie [4].

15. — La Mésopotamie est une contrée de la Syrie.

Les Syriens, dès longtemps par la mer en relation de commerce avec les Égyptiens, leur avaient emprunté, comme instruments de religion, cette partie

---

[1] *Genèse*, chap. xxv, v. 22.
[2] *Id.*, chap. xxv, v. 23.
[3] *Id.*, chap. xxv, v. 30, 34.
[4] *Id.*, chap. xxviii, v. 2, 5.

matérielle de leur culte qui est l'expression figurée de leurs croyances religieuses, et par imitation, les Syriens faisaient, des hiéroglyphes égyptiens, l'objet maladroit de leurs adorations.

C'est dans ce milieu d'ignorance et d'idolâtrie que le petit-fils d'Abraham alla faire son éducation religieuse, et où il prit femmes.

16. — Le voyage de Jacob, de Bersabée chez Laban à Haran, n'est signalé que par un petit incident.

Jacob, chemin faisant, eut une vision, le soir d'un jour où, accablé de fatigues, il se coucha à terre la tête appuyée sur une pierre.

« Il vit en songe une échelle dont le pied était
« appuyé sur la terre et dont le haut touchait au
« ciel, et des anges montaient et descendaient le
« long de l'échelle.

« Il vit aussi le Seigneur appuyé sur le haut de
« l'échelle [1]... »

Le Seigneur lui répéta les promesses déjà faites à Abraham et à Isaac. Quant à lui, Jacob, frappé d'admiration, il prit la pierre qui lui avait servi d'oreiller, l'érigea en monument, sacrifia au Seigneur à qui pourtant il prit soin de dire les conditions auxquelles il le reconnaîtrait pour son Dieu [2].

« Si Dieu, dit-il, demeure avec moi, s'il me pro-

---

[1] *Genèse*, chap. xxviii, v. 12, 13.
[2] *Id.*, chap. xxviii, v. 20, 21, 22.

« tége dans le chemin par lequel je marche ; s'il me
« donne du pain pour me nourrir et des vêtements
« pour me couvrir ; et si je retourne heureusement
« dans la maison de mon père, le Seigneur sera mon
« Dieu. »

Les principes de la loi naturelle ne s'opposent pas sans doute à de telles capitulations ; mais, moi, que l'on accusera peut-être de n'être pas très-religieux, je ne les trouve pas fort décentes, et je tiens pour peu révérencieux envers la divinité quiconque a l'orgueilleuse faiblesse de lui poser ses conditions.

17. — Chez Laban, Jacob trouva deux jeunes filles, ses cousines germaines. Il aima Rachel, la plus jeune, et après sept ans d'attente, quand il croyait l'avoir épousée, il se trouva être le mari de l'aînée, Lia, assez disgracieuse personne, paraît-il [1].

Laban, pour se défaire de sa fille aînée, avait odieusement trompé Jacob, qui, quelque peu désappointé, dut, bon gré mal gré, s'obliger à servir son oncle sept ans encore pour obtenir l'objet favori de ses amours [2].

En moins de quinze jours Jacob se trouva ainsi à la tête de deux femmes légitimes ; de la première noce à la seconde il n'y eut en effet que l'intervalle

---

[1] « Mais Lia avait les yeux chassieux, *Sed Lia lippis erat oculis.* » (*Genèse*, chap. XXIX, v. 17.)

[2] *Genèse*, chap. XXIX, v. 27.

obligé des sept jours réglementaires de cohabitation nécessaires à la consécration du mariage[1].

18. — Le combat de la jalousie commença bientôt entre les deux sœurs, et elles y furent si implacables que, pour la joie de se faire pièce mutuellement, elles jetèrent Jacob dans les bras de Zelpha et de Bala, leurs servantes, dont le patriarche continua ensuite à aimer le voisinage[2].

Jacob eut de ses quatre femmes douze fils et plusieurs filles[3].

La vie plus qu'agitée à laquelle le condamnaient les injustices sans cesse renouvelées de son beau-père, le força enfin à le quitter[4], et un jour Jacob partit secrètement avec ses quatre femmes, ses enfants et ses troupeaux[5]. A cette occasion Rachel, qui attachait quelque prix aux idoles que possédait Laban, trouva bon de les lui dérober.

Laban, surpris de la fuite de Jacob, mais encore plus contrarié de la disparition de ses dieux de bois, poursuivit Jacob et l'atteignit. Heureusement le Seigneur apparut à l'idolâtre Laban[6], et toute querelle fut éteinte entre lui et son gendre.

Quant aux idoles de Laban, Rachel, qui les lui

---

[1] Genèse, XXIX, v. 27, 28.
[2] Id., XXX, v. 3, 9.
[3] Id., XXXV, v. 22 à 26.
[4] Id., XXXI, v. 5, 6, 7, 8, 38, 39, 40, 41.
[5] Id., XXXI, v. 17, 18.
[6] Id., XXXI, v. 24.

avait ravies, en conserva la possession grâce à un pieux stratagème[1].

Fut-ce pour continuer à les adorer elle-même à son aise, fut-ce pour empêcher que Laban continuât à les adorer? La Genèse ne prend pas la peine de nous le faire savoir.

19. — Le retour de Jacob au pays de Chanaan s'accomplit assez heureusement. Cependant, chemin faisant, il rencontra des anges. L'un d'eux, sous la figure d'un homme, lutta avec lui et le rendit boiteux[2]. Mais cette lutte, où Jacob fut le plus fort, lui valut le nom d'Israël, et, comme en somme l'accident qu'il reçut à la jambe lui est arrivé pour la plus grande gloire de Dieu, tout est au mieux.

20. — Ésaü, dont Jacob avait quelque raison de craindre la rencontre, le reçut au contraire très-bien[3].

Jacob s'établit auprès de lui, à Salem, chez les Sichimites, de qui il acheta quelques terres[4]. Mais l'entente entre Israël et les gens du pays ne fut pas de longue durée.

Dina, fille de Jacob et de Lia, sortit un jour pour voir les femmes de Salem, ville des Sichimites, qu'ha-

---

[1] *Genèse*, XXXI, v. 34.
[2] *Id.*, chap. XXXII, v. 24, 25.
[3] *Id.*, chap. XXXIII, v. 4.
[4] *Id.*, chap. XXXIII, v. 18, 19.

bitait son père Jacob. Elle fut rencontrée par le fils du prince du pays, Sichem, qui la trouva belle, l'enleva et dormit avec elle dans l'intention d'en faire sa femme[1].

Hélas! Sichem le Sichimite n'était pas circoncis[2], et on comprend que dans de telles conditions il n'était pas un mari possible pour une fille d'Israël.

L'amour, heureusement, est un conseiller persuasif : Sichem consentit à être circoncis pour que la belle Dina lui restât[3].

Le sacrifice ne parut point cependant assez complet à Siméon et à Lévi, frères de Dina par Jacob et Lia, et quand Sichem se croyait l'heureux et légitime possesseur de Dina, ils se portèrent traîtreusement contre lui et l'assassinèrent pour venger leur sœur qui n'avait plus à être vengée[4].

Les autres fils de Jacob se mirent de la partie, et pillèrent toute la ville[5], toujours pour venger l'honneur de leur sœur.

21. — Après ce bel exploit de ses enfants Jacob crut prudent de quitter le pays, et, sur l'ordre que Dieu prit la peine de lui porter lui-même[6], il vint à Béthel, puis à Hébron, primitivement Arbée.

---

[1] *Genèse*, chap. xxxiv, v. 2, 3, 4.
[2] *Id.*, chap. xxxiv, v. 14.
[3] *Id.*, chap. xxxiv, v. 19.
[4] *Id.*, chap. xxxiv, v. 25, 26.
[5] *Id.*, chap. xxxiv, v. 27.
[6] *Id.*, chap. xxxv, v. 1.

Pendant le trajet, sur la route d'Éphratha, — nommé depuis Bethléhem, — Rachel mourut en mettant au monde Benjamin, le dernier fils de Jacob [1].

22. — Joseph, l'avant-dernier fils du patriarche, était, paraît-il, sinon un *enfant terrible*, au moins un *frère terrible*, et, dans les ébats de son caractère, il avait dévoilé à son père quelques-unes des turpitudes de ses frères [2].

Leur inimitié s'ensuivit, et l'on sait assez comment ils se vengèrent sur Joseph des indiscrétions qu'il avait pu commettre contre eux.

23. — Ici se termine la première période de l'histoire du peuple de Dieu sous le régime de la loi naturelle.

Je suis loin d'avoir enregistré les mille particularités de cette singulière histoire ; mais je crois en avoir dit assez pour bien faire comprendre que le peuple de Dieu, aux temps de la loi naturelle, n'a jamais eu, même en idée, la moindre notion de la civilisation, et que si, sous prétexte de gagner le ciel, nous nous lancions à la suite de ses chefs les plus prônés, surtout les plus accrédités, nous courrions de grands risques, dans nos temps de perversion, de paraître ne pas valoir grand'chose.

Joseph, en appelant le peuple de Dieu en Égypte,

---

[1] *Genèse*, chap. xxxv, v. 18, 19.
[2] *Id.*, chap. xxxvii, v. 2.

inaugure pour lui une ère nouvelle. C'est, à mon sens, pour le peuple de Dieu, son temps de préparation à la civilisation.

Il entre en effet comme appoint chez une nation qui vit en société et il s'y façonne à la vie régulière.

Mais pour ne pas se méprendre sur la portée que peuvent avoir eue pour le peuple de Dieu les conditions nouvelles de son existence, il importe que nous puissions apprécier l'état politique de l'Égypte alors que Joseph y appela son père et ses frères, et que nous fassions savoir comment les changements qui survinrent firent des Israélites, d'abord triomphateurs, un troupeau d'esclaves abjects.

IV.

LES PASTEURS. — JOSEPH.
LE PEUPLE DE DIEU SOUS LA LOI NATURELLE. (DEUXIÈME PÉRIODE.)

1. — Quand l'Égypte était encore dans notre vieux monde la seule contrée que la civilisation eût rendue prospère, elle était nécessairement avoisinée ou par des espaces incultes, comme les plaines inhospitalières de la Libye, ou par des peuplades encore à l'état primitif.

Ces peuplades, comme les familles d'Abraham et de Laban, établies sur les terres orientales plus ou moins voisines de l'Égypte, vivaient de l'éducation du bétail gros et petit, et des produits de l'agriculture.

Elles restaient sédentaires et tranquilles aussi longtemps que le succès favorisait leur industrie routinière, aussi longtemps que le sol leur donnait abondance et satisfaction.

Mais, lorsque sur le point où elles s'étaient établies les épizooties décimaient leurs troupeaux; lorsque les intempéries ou les sauterelles ruinaient leurs récoltes, elles allaient porter leurs tentes ailleurs, et, aux jours nécessiteux, c'était à l'industrieuse et intelligente Égypte qu'elles venaient demander les ressources qui leur faisaient défaut.

C'est surtout à ce titre de providence assurée, dans les temps de disette calamiteuse, que la terre des Pharaons a été connue des peuplades incivilisées alors cantonnées, pour l'ordinaire, sur les territoires situés au nord de la Perse, sur ceux de la Syrie et de l'Yémen, d'où, par les déserts de l'isthme de Suez, elles venaient en caravane acheter à l'Égypte les subsistances dont elles avaient besoin.

2. — La prospérité et la grandeur d'un peuple sont un spectacle qui attire toujours l'attention des voisins de ce peuple.

De cette circonstance naît, dans le voisinage d'un grand peuple, l'émulation ou la jalousie.

C'est l'émulation, c'est-à-dire le progrès et la prospérité prochaine, quand les voisins d'un peuple industrieux et intelligent sont sérieusement installés, qu'ils comprennent d'ailleurs la nécessité du travail, et qu'ils s'appliquent à le faire aimer et à l'organiser.

C'est au contraire tout brutalement la jalousie chez des voisins sans fixité d'idées, dont les intérêts sont aussi mobiles que les circonstances de leur vie nomade, et aux yeux de qui il n'y a d'autres lois que la loi du plus fort.

La violence et toutes les mauvaises passions à sa suite deviennent alors les instruments à l'aide desquels les voisins jaloux prétendent entrer en possession des biens devenus l'objet de leur compétition.

L'Égypte a chèrement appris à ses frais ce que vaut un pareil voisinage. La ruine et la dévastation, que vinrent un jour semer chez elle quelques-unes de ces peuplades jalouses et envieuses de sa prospérité, l'ont cruellement éprouvée.

Ces peuplades sont les Pasteurs, dont nous avons déjà parlé, mais sur le compte de qui nous devons ici revenir avec plus de détails à cause de l'importance qui s'attache, pour l'avenir du peuple hébreu dont ils sont la souche, à leur établissement dans la Basse-Égypte.

3. — « Ils opprimèrent, dit Manéthon que copie
« Josèphe, les chefs du pays, brûlèrent les villes avec
« fureur, et partout renversèrent les temples. Ils se
« conduisirent en ennemis cruels contre les habi-
« tants de l'Égypte, réduisirent en esclavage une
« partie des femmes et des enfants ; et, ce qui mit le
« comble aux malheurs de l'Égypte, ils choisirent

« un d'entre eux nommé Salathis, dont ils firent leur
« roi.

« Salathis se rendit maître de Memphis, sépara
« par là la Haute-Égypte de la Basse, leva des im-
« pôts, plaça des garnisons dans les lieux convena-
« bles, et fortifia particulièrement la partie orientale
« du pays.

« Méditant une entreprise contre les Assyriens, alors
« très-puissants, Salathis se rendit dans le nome Mé-
« thraïte, releva une ancienne ville située à l'orient de
« la branche bubastique du Nil, nommée Aouaris ou
« Avaris, la ferma de fortes murailles, et y rassem-
« bla deux cent quarante mille hommes ; il les visi-
« tait dans la bonne saison ; il les nourrissait, les com-
« blait de présents et les exerçait aux manœuvres
« militaires, afin d'inspirer le respect et la crainte
« aux nations étrangères. Salathis mourut après avoir
« régné dix-neuf ans. »

4. — Le souvenir de cette catastrophe est resté
dans la mémoire des Égyptiens comme un enseignement terrible.

De nombreuses inscriptions murales le rappelaient
sans cesse au peuple et à ses chefs, et chaque Pharaon jurait, en prenant la couronne, de combattre à
outrance la race des envahisseurs partout où il les
pourrait atteindre.

Les Égyptiens les nommaient la *race impure* ou *plaie*
de *Schet* ou *Scheto* du nom de leur pays [1], Manéthon

---

[1] Champollion-Figeac. *Égypte ancienne*, § 20, *Précis historique*.

les appelle *Hik-sos*[1], et nous leur avons conservé le nom de *Pasteurs* sous lequel l'historien Josèphe les désigne.

5. — Quand les Pasteurs firent irruption en Égypte, cette contrée était gouvernée par un Pharaon, que Manéthon nomme Timaos, et qui est aussi connu sous le nom de Concharis.

Timaos résista de son mieux aux assaillants, mais, pris à l'improviste, il ne put efficacement faire tête à l'orage, d'ailleurs il fut tué dans l'une des premières rencontres.

Avec Timaos s'éteignit la seizième dynastie nationale des rois d'Égypte.

C'était alors vers 2082 avant l'ère vulgaire.

L'impétuosité de l'attaque, les premiers insuccès de la résistance, la mort du roi, avaient jeté la terreur chez les Égyptiens.

Fuyant dès lors presque sans combattre devant les hordes dévastatrices des envahisseurs farouches, tout ce qui du peuple égyptien put échapper à leurs excès en devançant leur approche, hommes, femmes, enfants, gens du peuple, de la classe sacerdotale et de la classe militaire, remontèrent le Nil jusqu'à la première cataracte.

---

[1] Ce nom, sous lequel Manéthon désigne les envahisseurs de l'Égypte, exprime, en langue égyptienne, l'idée de captif.

Hyk signifie, en effet, *lié, attaché, captif*. (Champollion-Figeac, *Égypte ancienne*.)

« En égyptien, *hic*, quand il se prononce comme *hoc*, signifie « *un captif*. » (Dom Calmet.)

Là seulement paraît s'être arrêtée la déroute[1].

6. — Grâce aux dépressions profondes et multipliées d'un territoire vigoureusement accentué, à l'abri des effets immédiats d'une poursuite acharnée, les Égyptiens purent enfin respirer, se compter et s'organiser.

Bientôt ils reprirent l'offensive et chassèrent à leur tour devant eux les envahisseurs.

Mais, décapités de leur chef, décimés pendant leur retraite précipitée, affaiblis d'ailleurs par la perte de leurs engins de guerre, ils furent impuissants à compléter immédiatement leur œuvre d'expulsion, et le temps qu'ils durent forcément employer à se reconstituer servit admirablement leurs ennemis qui se fortifièrent dans leur conquête.

Toutefois, les Égyptiens rentrèrent en possession de la Haute-Égypte, et réoccupèrent Thèbes, leur ville sacrée.

Memphis et la Basse-Égypte restèrent aux Pasteurs.

7. — De ce moment, il y eut dans la vallée du Nil deux royaumes d'Égypte.

L'un, où se continua la succession des dynasties

---

[1] Ce n'est en effet que là, et à Héliopolis, restée ville sacerdotale sous les Pasteurs, que se rencontrent des édifices datés de règnes antérieurs à l'invasion des Pasteurs.

A Ouadi-Halfa, près de la deuxième cataracte, — en remontant le Nil, — se trouve une stèle, datée du règne d'Osortasen Ier, — de la seizième dynastie, vers 2200 avant l'ère vulgaire.

L'obélisque d'Héliopolis, qui est encore debout, est du même règne.

royales d'origine égyptienne, réunit la Haute-Égypte et une partie de la Nubie. Il eut Thèbes pour capitale, et resta la contrée riche et féconde de la savante nation qui est l'orgueil de la haute antiquité.

L'autre, où régnèrent les Pasteurs. C'était la Basse-Égypte, avec Memphis pour capitale.

8. — La période d'occupation de la Basse-Égypte par les Pasteurs compte six règnes dont la durée respective se répartit de la manière suivante :

Salathis............	19 ans.	» —
Boéon..............	44 —	» —
Apachnas...........	36 —	7 mois.
Apôphis............	61 —	» —
Anans..............	50 —	1 —
Assès ou Assèth.....	49 —	2 —
Ensemble........	259 ans	10 mois.

La durée de ces six règnes correspond à la durée des six règnes de la dix-septième dynastie nationale dont le pouvoir s'exerçait dans la Haute-Égypte [1].

---

[1] Les Pharaons de la dix-septième dynastie nationale, qui régnèrent sur la Haute-Égypte et la Nubie, pendant l'occupation de la Basse-Égypte par les Pasteurs, sont :

Amenemdjôm Ier. La durée de son règne n'est pas connue. On a diverses stèles qui le mentionnent, et l'une de ces stèles est datée de l'an III de son règne.

Amenemdjôm II, qui a régné au moins vingt-neuf ans.

Osortasen II. La durée exacte de son règne n'est pas connue. Il existe une stèle datée de l'an VI du règne de ce prince.

Ahmôsis, le même que Manéthon nomme Ahmôs, dernier roi de cette dix-septième dynastie, après de rudes et pénibles campagnes, vainquit Assèth, le força à se renfermer dans Avaris.

Ahmôsis mourut avant d'avoir pu réussir à forcer la place; mais Assèth se rendit à son successeur Aménophis, — l'Aménophis-Thethmosis de Manéthon, — premier roi de la dix-huitième dynastie.

Alors, en grande partie, les Pasteurs se retirèrent de l'Égypte. C'était vers 1822 avant l'ère vulgaire, et après une occupation de 259 ans et 10 mois[1].

9. — Quelle a dû être la religion des Pasteurs durant leur domination en Égypte?

A la façon dont vécut Abraham, leur compatriote, on voit assez qu'ils n'avaient point précisément de religion fixe, et, d'ailleurs, il n'est dit nulle part

---

Osortasen III, que l'on croit être le roi Nilus des anciens. La durée de son règne est inconnue.

Amenemdjôm III, qui a régné quarante-quatre ans, au moins.

Ahmôsis. On connaît deux stèles datées de la vingt-deuxième année du règne de ce prince, dont la durée totale n'est point fixée.

[1] Les Pasteurs n'ont laissé, après eux, aucun monument qui nous fasse connaître les événements de leur règne.

En revanche, ils ont détruit avec rage les édifices élevés par les Pharaons nationaux qui leur furent antérieurs.

Les ruines de ces édifices ont, après l'expulsion des Pasteurs, été utilisées comme matériaux dans les nouvelles constructions que firent les Pharaons nationaux lorsqu'ils reprirent possession de la Basse et de la Moyenne Égypte. Et c'est dans les ruines de ces dernières constructions que se retrouvent aujourd'hui les traces des dynasties antérieures aux Pasteurs.

qu'ils aient apporté en Égypte une religion qui leur fût propre.

On sait, au contraire, que c'est la gloire sans conteste de la religion égyptienne de s'être imposée à tous les conquérants de la terre qui la vit naître.

Les empereurs romains, — Césars et Antonins, — ont honoré la religion égyptienne et se sont affublés des titres qu'elle donna aux antiques souverains de la vallée du Nil[1].

Les Ptolémées, qui précédèrent les Romains en Égypte, ont pratiqué dans toute sa pureté, au moins quant aux apparences, la religion enseignée par les prêtres de Thèbes et de Memphis. Ils en ont même exagéré la portée au point de contribuer par leurs pratiques à sa dégénérescence[2].

Avant eux, et aux deux époques où elles régnèrent sur l'Égypte, les dynasties persanes ou, au nom des rois de Perse[3], les satrapes qui les représentaient en Égypte, ont honoré et laissé vivre à l'aise la religion d'Ammon; et, dans les inscriptions mu-

---

[1] Ainsi, la légende impériale de Tibère-Claude se lit à Esneh, à Edfou et autres lieux : « L'Éprouvé des dieux modérateurs, l'em« pereur Tibère-Claude, seigneur de la région haute et basse du « monde, le fils du Soleil, seigneur des chefs... » (Champollion-Figeac, *Égypte ancienne. Précis historique.*)

[2] On sait comment le premier des Ptolémées, impatient de la manifestation d'un Apis, prit soin de déjouer la lenteur calculée que mettaient les prêtres de l'Égypte à produire leur miracle de la manifestation d'Apis. Un matin il en débarqua un venant de Sinope, et l'on proclama sa manifestation spontanée.

[3] Les rois de Perse, maîtres de l'Égypte, n'y siégeaient pas, ils y étaient représentés par des satrapes dont la sévérité, l'omnipotence et le luxe sont restés choses proverbiales.

rales, sur les monuments qu'ils réparèrent ou qu'ils édifièrent, ils ont donné à leurs maîtres des titres religieux analogues à ceux que portaient les Pharaons nationaux[1].

Les Éthiopiens, pendant leur passage sur le trône des Pharaons, ont conformé leur conscience à la religion de l'Égypte. Les titres prénoms qu'ils se sont donnés sont un témoignage irrécusable de cette vérité[2].

Les Pasteurs ne paraissent point avoir agi autrement que les autres vainqueurs de l'Égypte, en ce qui concerne la religion égyptienne.

Ils l'ont acceptée, sinon par conviction, au moins par politique.

D'abord parce qu'ils avaient besoin que leur État eût une religion, et qu'ils n'en avaient point de tout organisée à lui donner.

Puis, parce qu'ils avaient à donner satisfaction, autant que possible, à la conscience de la population

---

[1] Le nom de Xercès se lit : *Schéarcha*, sur un vase antique du musée du Louvre, et à Cosséir, ce même nom est précédé, dans une inscription écrite en caractères cunéiformes et répétée en caractères égyptiens, du titre pharaonique de : *Dieu bienfaisant, Seigneur du monde.*
Celui d'Artaxercès a été trouvé en écriture sacrée sur des rochers de la route de Qéné à Cosséir; on le lit, avec le titre de « roi seigneur du monde, *Artakhschsech*. » (Champollion-Figeac, *Égypte ancienne. Précis historique.*)

[2] La légende royale du roi Sabacon, le premier de la dynastie éthiopienne, — la vingt-cinquième, — se lisait : Le roi, Soleil bienfaisant des offrandes, le fils du Soleil, le chéri d'Amon, *Schabak*. (Champollion-Figeac, *Égypte ancienne, Précis historique.*)

égyptienne, qui était restée attachée au sol par eux conquis.

Enfin parce que, au milieu des préoccupations vives que leur occasionnaient les attaques incessamment répétées des Égyptiens de la Haute-Égypte, il était essentiel pour les Pasteurs de n'avoir point à lutter par surcroît contre les soulèvements et les difficultés que n'eût pas manqué de susciter à l'intérieur la diversité du culte de vainqueurs à vaincus.

Il existe d'ailleurs des témoignages qui prouvent que les Pasteurs se sont accommodés des règles de la religion égyptienne, et ce sont là des circonstances que je dois faire connaître.

10. — Sous l'administration des Pharaons nationaux, la classe sacerdotale était propriétaire, et ses propriétés étaient exemptes d'impôts. Sous l'administration des Pasteurs, la classe sacerdotale eut son existence propre, fut propriétaire, et ses propriétés furent exemptes d'impôts.

Nous lisons en effet dans la Genèse, — chap. XXXVII, verset 20 : « Joseph acheta donc toutes les terres
« de l'Égypte, chacun vendant ce qu'il possédait
« pour parer aux rigueurs de la famine, et il acquit
« de cette sorte toutes les terres de l'Égypte à Pha-
« raon... » — Verset 22 — « Excepté les seules terres
« des prêtres, *terres qu'ils tenaient de la munificence*
« *royale*, et qu'ils ne furent point dans l'obligation
« de vendre, parce que les greniers publics leur
« fournissaient les blés dont ils avaient besoin. »

Voilà pour la propriété.

Voici maintenant pour l'exemption de l'impôt.

La Genèse, — chapitre xxxvii, verset 26, dit : « De-
« puis ce temps jusqu'aujourd'hui, on paye aux rois,
« dans toute l'Égypte, la cinquième partie du revenu
« des terres, et cet usage a force de loi, *il n'y a
« d'exceptées de ce tribut que les terres des prêtres.* »

Ainsi donc, sous l'administration des Pasteurs, la
classe sacerdotale de la Basse-Égypte fut confirmée
dans sa constitution civile et dans ses priviléges.

11. — Elle fut de plus confirmée dans sa constitution religieuse. Nous voyons en effet les membres
de la classe sacerdotale de la Basse-Égypte porter, au
temps des Pasteurs, des titres et des qualifications qui
ne peuvent relever que de la religion égyptienne.

C'est encore la Genèse qui va en témoigner; on y
lit en effet, — chapitre xli, verset 45 :

« Il (le roi) changea son nom (le nom de Joseph),
« et il l'appela d'un nom qui, en langue égyptienne,
« signifie Sauveur du monde; il le (Joseph) maria
« ensuite à Asèneth, fille de *Putipharé*, prêtre d'Hé-
« liopolis[1]. »

Eh bien, le mot *Putipharé*, par lequel se trouve
ici désigné le beau-père de Joseph, n'est qu'une qualification, qu'un titre, qui, ramené à l'orthographe
de son étymologie égyptienne, doit s'écrire : Pet-

---

[1] Je ne peux point m'empêcher de faire remarquer ce nom grec
donné à une ville égyptienne par un historien qui est censé écrire
à une époque où la Grèce n'existait pas encore.

Phré[1], et alors il signifie : *consacré à Phré*. Phré, le *Dieu Soleil*, le *Lux mundi* de la religion égyptienne, Phré, nom symbolique qui n'appartient qu'à l'antique religion de la vallée du Nil.

12. — Si donc, sous les Pasteurs, la classe sacerdotale de la Basse-Égypte est restée constituée comme sous les Pharaons nationaux; si, comme sous les Pharaons nationaux, elle a conservé ses priviléges; si, comme sous les Pharaons nationaux, elle est restée en honneur, — car ici le roi Pasteur fait épouser la fille d'un prêtre d'Héliopolis par l'homme qu'il élevait à la charge la plus considérable dans son royaume; — si, comme sous les Pharaons nationaux, les membres de la classe sacerdotale de la Basse-Égypte portent des titres et des qualifications qui ne peuvent relever que de la religion de la primitive Égypte, évidemment c'est que cette religion vit et se continue.

Quelques circonstances accessoires, consignées dans la Genèse, sont une confirmation de l'assertion qui précède.

13. — On sait le respect religieux des Égyptiens pour les morts, et les soins qu'ils prenaient pour en assurer la conservation, tant pour satisfaire aux prescriptions du dogme, chez eux vénéré, de l'immortalité de l'âme, que pour obéir aux exigences de l'hygiène publique.

---

[1] On trouve d'autres noms composés du même genre, tels que : *Pet-Amon*, consacré à Amon ; *Pet-Isis*, consacré à Isis.

Sous les Pasteurs, l'usage religieux de la momification fut conservé dans toute sa rigueur.

Laissons encore sur ce point parler la Genèse :

« Joseph, voyant son père mort, se jeta tout en « larmes sur son visage et le baisa ;

« Il commanda aux médecins de sa maison d'em« baumer le corps de son père ;

« Les médecins, suivant l'usage du temps, em« ployèrent quarante jours à faire cet embaumement, « et l'Égypte pleura Jacob pendant soixante-dix « jours[1]. »

Si, à présent, après avoir ainsi indiqué les circonstances qui témoignent que les Pasteurs n'ont point répudié la religion égyptienne, je fais observer que Moïse garde un silence absolu sur la religion de ce peuple au temps où Joseph en eut l'administration, la conclusion déjà tirée des faits sera pleinement justifiée, et nous pourrons dire en toute sûreté de conscience que la religion des Pasteurs fut celle de la primitive Égypte[2].

14. — Un fait qui n'est pas moins bien acquis à

---

[1] *Genèse*, chap. L, v. 1, 2, 3.

[2] Bossuet, sans se rendre compte des circonstances historiques où se trouvait alors l'Égypte, reconnaît aussi qu'au temps de Joseph les Égyptiens croyaient au vrai Dieu :

« L'ignorance et l'aveuglement s'étaient prodigieusement ac« crus depuis le temps d'Abraham. De son temps, et un peu après, « la connaissance de Dieu paraissait encore dans la Palestine et « dans l'Égypte...... Les menaces de ce grand Dieu étaient redou« tées par Pharaon, roi d'Égypte. » (*Discours sur l'histoire universelle*, 2ᵉ part., § 3.)

l'histoire, c'est la négligence que mirent les Pasteurs à maintenir en bon état d'entretien le système de canaux, à l'aide desquels les Égyptiens avaient converti les sables et les marécages de la Basse-Égypte en un territoire d'une merveilleuse fertilité.

La conséquence inévitable de cette négligence devait être, dans un avenir prochain, le retour à la stérilité de toute cette partie de la Basse-Égypte que tenaient alors les Pasteurs; c'est-à-dire la disette et la famine sur la terre où les Égyptiens avaient su créer une luxuriante fécondité et l'abondance périodique.

Le moment de crise arriva en effet, et c'est à cette époque que Joseph, fils de Jacob, parut en Égypte.

Ici, je suis bien forcé de faire observer que la fortune tant vantée qui accueillit Joseph en Égypte perd singulièrement de l'air miraculeux qui lui a été donné, si l'on considère que ce n'est pas auprès d'un roi de la grande et savante Égypte que le onzième fils de Jacob brilla du lustre si grand que lui donne la Genèse, mais bien seulement auprès d'un de ces rois Pasteurs, demi-sauvages qui laissèrent déchoir le pays, dont le génie civilisateur du peuple égyptien avait su faire le paradis de l'abondance.

L'aventure de Joseph n'est d'ailleurs point unique dans les annales de l'Égypte vaincue ou dégénérée, elle s'y est au contraire assez fréquemment renouvelée, presque chapitre par chapitre, presque mot pour mot, avec le même point de départ: la vente d'esclaves en Égypte par des marchands arméniens; et Ali[1], devenu souverain de l'Égypte vers le milieu du dernier siècle, est un exemple à peu près contemporain des fortunes merveilleuses qu'ont faites si souvent les hommes intelligents auprès des souverains ignorants ou barbares.

Mais jamais semblables circonstances ne se sont produites dans l'Égypte des dynasties nationales.

15. — Les indications chronologiques les mieux fondées sont d'accord pour placer à la dix-septième année du règne d'Apôphis, — 1967 ans avant l'ère vulgaire, — soit à la cent seizième année après l'envahissement de l'Égypte par les Pasteurs, l'exaltation de Joseph comme premier ministre du roi d'Égypte.

A cette époque, la famine qui désolait toutes les contrées voisines de l'Égypte désolait aussi ce pays qui, sous l'administration des Pharaons nationaux, avait toujours été la providence de toutes les contrées où d'ordinaire se faisait la disette.

La véritable gloire de Joseph est d'avoir rétabli un instant la fortune de la Basse-Égypte fort compromise par la négligence du gouvernement des Pasteurs.

Son administration fut sage, active et prévoyante;

---

[1] Savary. *Lettres sur l'Égypte. Histoire d'Ali.* Tom. II, lettres XVI, XVII.

elle fut de plus intelligente, heureusement poursuivie et de longue durée.

16. — Joseph était ministre du roi d'Égypte depuis neuf ans, quand il appela près de lui son père, ses frères, et leurs nombreuses familles, en tout soixante-dix personnes, non compris les femmes des fils de Jacob, mais en comptant Jacob lui-même, Joseph et ses deux fils Éphraïm et Manassès[1].

Joseph établit son père et ses frères au pays de Gessen, où son père et ses frères continuèrent leur métier favori d'éleveurs de bestiaux, dont ils tirèrent de grands avantages.

Il n'est point possible de prétendre qu'en Égypte les Israélites aient continué leur existence nomade; qu'ils y aient vécu sans préoccupation de la civilisation qui les entourait, quand il est certain qu'ils profitèrent pour s'enrichir du voisinage de cette civilisation.

Attirés en Égypte par l'homme qui y était alors le personnage le plus considérable après le souverain, ils devaient à la position de cet homme, à son autorité, à sa parenté avec eux, des concessions qu'ils lui ont très-certainement faites.

C'était leur intérêt bien entendu, tout autant que leur devoir bien compris; et j'ai eu raison de dire qu'en Égypte les Hébreux firent leur premier apprentissage de la civilisation.

---

[1] *Genèse*, chap. XLVI, v. 26, 27.

Entre eux ils ont pu conserver leur langage, mais ils ont dû cesser de se conduire au pays de Gessen suivant les principes que nous les avons vus suivre dans les campagnes de Chanaan et de la Mésopotamie.

Continuer à s'entr'égorger, à piller et à se quereller, comme ils le firent si souvent avant leur établissement en Égypte, eût été un scandale contre lequel la position de Joseph lui aurait fait un devoir rigoureux de sévir.

Joseph n'a pas eu occasion d'en agir ainsi, cela dit hautement que les Israélites se rangèrent à la civilisation alors établie en Égypte.

17. — Quelle fut la religion que pratiqua Joseph en Égypte, et avec lui les Israélites ses frères?

Moïse ne le dit pas expressément, il ne parle à ce propos qu'en termes généraux, peu faits pour engager positivement sa conscience et celle de Joseph.

Joseph craignait Dieu et l'honorait, dit souvent l'écrivain sacré. Mais cette énonciation que peuvent s'appliquer les âmes dévotes de toutes les religions, malgré son ampleur, ou plutôt à cause de son ampleur, ne spécifie rien de particulier pour Joseph et ses frères.

Les faits heureusement sont là pour nous guider d'une manière tout à fait positive.

Tout le code des lois de l'Égypte était renfermé dans les principes et dans les enseignements de la religion.

Joseph, premier ministre du roi de la Basse-Égypte, n'a pu être l'ennemi connu et déclaré des principes et des enseignements qui étaient la loi fondamentale du pays où il était appelé à faire prévaloir et à faire respecter ces mêmes principes et ces mêmes enseignements.

Cette raison absolue d'ordre public ne permet pas de douter que la religion de Joseph n'ait été en Égypte la religion suivie par les Pasteurs, c'est-à-dire la religion égyptienne.

Nous lisons, d'ailleurs, dans la Genèse[1], que Joseph, même dans l'intimité avec ses frères, se conformait avec un soin rigoureux aux usages égyptiens, et d'un autre côté ce que nous avons appris de son mariage avec la fille d'un prêtre d'Héliopolis, consacré à *Phré*, nous dit, de la façon la plus positive, que sa conscience ne souffrait nullement des obligations que lui imposait sa position officielle.

Il est donc bien certain que Joseph en Égypte a pratiqué la religion égyptienne.

A son imitation, et au nom des lois de convenance et de nécessité, le père et les frères de Joseph ont également suivi cette religion.

18. — Le chapitre cinquantième et dernier de la Genèse se termine avec la vie de Joseph.

---

[1] « On servit Joseph à part, et ses frères à part, et les Égyptiens, « qui mangeaient avec lui, furent aussi servis à part, — car il « n'est pas permis aux Égyptiens de manger avec les Hébreux, « et ils croient qu'un festin de cette sorte serait profane. — » (*Genèse*, chap. XLIII, v. 32.)

De là, par le premier chapitre de l'*Exode*, qui s'ouvre tout aussitôt, nous arrivons de plain-pied à la naissance de Moïse, c'est-à-dire aux événements qui précédèrent presque immédiatement la sortie des Hébreux de l'Égypte et le règne de la loi écrite.

Le livre de Moïse va trop vite en histoire.

De la mort de Joseph à la naissance de Moïse il y a deux cent soixante-dix-neuf ans.

Quoi qu'en dise Bossuet[1], ce long espace de temps a été rempli par des événements d'une extrême gravité, par des événements qui ont changé la face des choses en Égypte, et dont l'importance est trop réelle pour que nous négligions de les faire connaître. Ces événements sont d'ailleurs, quant aux Israélites, la péripétie la plus déterminante pour la saine intelligence de leur histoire, et par conséquent pour la saine intelligence de l'histoire du Mosaïsme.

Nous allons voir plus loin par quels événements a été remplie la lacune que je signale dans le livre de Moïse; voici d'abord un court exposé chronologique qui constate cette lacune.

L'*Exode*, chapitre XII, verset 40, dit :

« Le temps pendant lequel les descendants d'Israël
« demeurèrent en Égypte fut de quatre cent trente
« ans. »

---

[1] « Après la mort de Jacob le peuple de Dieu demeure en Égypte, « jusqu'au temps de la mission de Moïse. C'est-à-dire environ deux « cents ans. » (*Discours sur l'histoire universelle*, IIe partie, § 3.)

Bossuet appelle ces deux siècles : « Des siècles vides où aussi bien l'on n'a rien à raconter. » (*Même ouvrage*, Ire partie, § 12.)

Ils y vinrent, nous l'avons vu, en 1958 avant l'ère vulgaire, ils en sortirent donc en 1528. Voilà bien les quatre cent trente ans.

Quand Joseph fut préposé au gouvernement de l'Égypte il avait trente ans [1].

Ce ne fut que neuf ans plus tard qu'il appela près de lui son père et ses frères; il avait alors trente-neuf ans [2].

Il mourut, dit la Genèse, âgé de cent dix ans [3]. Cet événement est donc alors de 1887 avant l'ère vulgaire.

19. — Dans le premier chapitre de l'*Exode*, Moïse donne le dénombrement des enfants de Jacob venus avec lui en Égypte [4]. Il annonce un Roi nouveau [5], exalte les sages-femmes de l'Égypte [6], fait connaître l'ordre prétendûment [7] donné par le roi d'Égypte de

---

[1] *Genèse*, chap. XLI, v. 46.
[2] Ces neuf années se comptent par : sept années de fertilité (*Genèse*, chap. XLI, v. 47), deux années pour les deux voyages des fils de Jacob en Égypte et le temps qu'il mit à se décider à y venir personnellement.
[3] Chapitre L, v. 25.
[4] *Exode*, chap. I, versets 1 à 7.
[5] *Id., ibid.*, 8.
[6] *Id.* 15 à 21.
[7] Je dois faire ici l'observation que l'énonciation de cet ordre donné par un roi d'Égypte me paraît une monstruosité historique.
Il n'y avait pas d'autre eau à boire, en Égypte, que l'eau du Nil; or, il avait été reconnu, bien avant Moïse, — Jacob avait été momifié quatre siècles avant la naissance du prophète, — que le Nil, en passant, pendant le temps de l'inondation, sur des terrains couvrant des cadavres en putréfaction, en tirait des principes morbides qui donnaient la peste. Comment donc un roi d'Égypte, qui

noyer dans le Nil tous les enfants mâles des Israélites [1], et dès le premier verset du second chapitre il reprend l'Histoire du peuple de Dieu à l'époque de sa naissance.

Mais la naissance de Moïse est de quatre-vingts ans antérieure à la sortie d'Égypte [2].

La sortie d'Égypte étant de 1528, l'auteur de l'histoire du peuple de Dieu ne se trouve donc reprendre l'histoire des Hébreux qu'en 1608. Or, il l'avait quittée, avec la Genèse, à la mort de Joseph, en 1887. La lacune qu'il laisse entre ces deux époques est donc bien de deux cent soixante-dix-neuf ans.

20. — Quoi que l'on puisse prétendre des causes de cette lacune, il est certain qu'elle tient dans l'ombre des événements qui se rattachent directement à l'histoire des Hébreux en Égypte.

Ces événements expliquent le changement de la politique égyptienne à l'égard des descendants de Jacob et de Joseph, l'état d'abjection où les trouva Moïse, et par là l'ascendant irrésistible qu'il put tout naturellement exercer sur ces pauvres hères par son grand savoir, par son esprit fécond en ressources et par son audace imperturbable.

---

ne pouvait pas ignorer cette circonstance, a-t-il pu ordonner qu'on noyât dans le Nil, — *in flumen*, — tous les enfants mâles qui naissaient journellement dans une population qui, à sa sortie d'Égypte, donnait, — *Exode*, chap. XII, v. 37, — un effectif de 600,000 combattants, sans compter les enfants ?...

[1] *Exode*, chap. I, 22.
[2] *Exode*, chap. VII, v. 7.

V.

LES HÉBREUX EN ÉGYPTE. — MOISE.

1. — Les faits portent en soi une logique contre laquelle il n'y a pas à regimber. Ils ont une éloquence qui dans l'histoire proteste contre les travestissements dont la spéculation cherche à les affubler. Il suffit généralement de considérer les faits avec un peu d'attention pour s'apercevoir du grotesque de ces travestissements.

Prétendre, comme le fait Moïse, que les Hébreux furent maltraités en Égypte parce qu'il vint un roi qui ignorait Joseph et les services rendus par lui à l'Égypte [1], c'est grossièrement s'évertuer à donner le change à la raison, et par l'excentricité du fait appeler sur ce point l'esprit d'investigation, qui ne peut manquer de faire tomber en mensonge l'historien sacré.

Les lois du plus simple bon sens disent, en effet, qu'un roi ne peut guère ignorer les services antérieurs rendus à son peuple par un homme aussi haut placé que le fut Joseph; mais, en supposant que cette ignorance du roi ait réellement existé, il est évident qu'elle n'a pu aller dans ses conséquences jusqu'à frapper d'interdiction civile une population

---

[1] *Exode*, chap. 1, v. 8.

capable de fournir 600,000 combattants, sansqu'il ait été fait à ce roi ignorant des observations telles que son travers d'esprit en eût pu être redressé.

La réduction des Hébreux en esclavage en Égypte a donc bien certainement une autre cause que cette ignorance par le roi des faits et gestes de Joseph, ainsi que le dit Moïse.

Cette cause, toute naturelle, se trouve dans le succès des Pharaons nationaux sur les rois Pasteurs, comme nous l'allons voir.

2. — Après la mort de Joseph et tant que dura la fortune des Pasteurs dans la Basse-Égypte, les Israélites furent favorablement traités par le gouvernement alors établi à Memphis.

Le souvenir des services rendus par leur ancêtre Joseph les conserva toujours en considération et leur valut, d'ailleurs, de n'être point regardés comme des étrangers en Égypte.

Mais, soixante-cinq ans plus tard, les Pasteurs, que les Pharaons nationaux de la Haute-Égypte ne cessaient d'inquiéter, furent enfin vaincus par Ahmôsis, forcés par lui de se renfermer dans Avaris, et, à quelque temps de là, obligés de capituler devant les succès plus décisifs remportés par Aménophis Ier, successeur d'Ahmôsis et chef de la dix-huitième dynastie.

Les Israélites avaient été les amis, les alliés des Pasteurs, ils avaient avec eux une communauté d'origine qui leur avait permis de jouir sans arrière-pensée des avantages de leur bonne fortune, ils subirent les effets de leur défaite, et tous ensemble, Israélites et Pasteurs, furent esclaves où ils avaient été maîtres.

C'est là l'effet le plus immédiat des revers aussi bien pour les peuples que pour les familles, et le blâme dont Moïse frappe le nouveau Pharaon [1] qui, ignorant Joseph et les services par lui rendus à l'Égypte, accablait les Israélites de travaux, serait, sous la plume d'un homme tel que Moïse, une naïveté ridicule, si cette façon de traiter l'histoire n'était ici une réelle spéculation en faveur d'Israël.

3. — Du jour où, devant les armes victorieuses d'Aménophis Ier, — 1822, — les Pasteurs furent forcés de se courber sous le joug des Égyptiens, au jour où, sous la conduite de Moïse, les Hébreux quittèrent l'Égypte, — 1528, — il s'écoula deux cent quatre-vingt-quatorze ans.

Ce furent tout naturellement pour les Israélites

---

[1] Les indications chronologiques s'accordent pour que ce *Pharaon nouveau* soit un des premiers rois de la dix-huitième dynastie, de même qu'elles indiquent comme souverain de toute l'Égypte, à l'époque de la sortie des Hébreux de l'Égypte, Rhamsès III, Sésostris.

Ce Rhamsès était le treizième Pharaon régnant sur toute la Haute-Égypte, depuis l'expulsion des Pasteurs, le treizième de cette glorieuse dix-huitième dynastie, dont lui-même fut le plus grand prince. Il a été dit de lui qu'il fut le Napoléon de l'Égypte.

Il a porté ses armes victorieuses jusqu'en Thrace, et il existe encore près de Beyrouth, dans l'Asie-Mineure, des bornes contemporaines et commémoratives de ses campagnes.

trois longs siècles d'esclavage et d'effacement, durant lesquels les générations d'Israël descendirent graduellement la pente facile de l'ignorance et de l'abrutissement.

Telle est la fin logiquement indiquée par les circonstances qui se produisirent pour les Israélites après la réoccupation de la Basse-Égypte par les Égyptiens.

Ce que nous apprend sur ce chapitre l'auteur du Pentateuque ne peut qu'assombrir le jugement que tout esprit impartial portera *à priori* sur l'état d'abjection où tomba le peuple d'Israël réduit en esclavage.

Non-seulement, en effet, Moïse nous montre les Israélites privés de toute liberté, mais encore il nous les fait voir destitués de toute dignité, gardés à vue comme un troupeau d'êtres nuisibles et surchargés de travaux comme des bêtes de somme.

« Prenons la sage précaution d'opprimer les Israé-
« lites, fait-il dire au roi d'Égypte, de peur qu'ils ne
« se multiplient et qu'au jour où nous aurons à sou-
« tenir une guerre ils ne soient pour nous un danger
« intérieur par leur nombre et leur turbulence [1]. »

Alors, sous la verge des conducteurs de travaux qui les harcelaient sans cesse, les Israélites étaient employés à bâtir des magasins et des villes [2], à faire du mortier, à pétrir la terre pour la confection des

[1] *Exode*, chap. I, v. 10
[2] *Id.*, chap. I, v. 11, et chap. V, v. 16.

briques et à toutes sortes de terrassements pour l'exhaussement du sol des villes de la Basse-Égypte, pour les canaux et les chaussées [1].

C'étaient pour les Israélites les travaux forcés à perpétuité, sans répit ni trêve [2]. Ils n'avaient ni le temps ni le courage de se concerter [3].

4. — Les conditions de la vie active étaient affreuses pour les Israélites ; leur état moral était plus triste encore.

Partout les Israélites étaient repoussés comme des êtres immondes et maltraités dans leurs plus chères affections.

Les Égyptiens les haïssaient et les insultaient sans cesse, dit Moïse [4].

Les Israélites se plaignaient-ils, les Égyptiens trouvaient qu'ils avaient du temps à perdre, puisqu'ils avaient le temps de se plaindre, et leurs exigences s'aggravaient d'exigences nouvelles [5].

Les Israélites étaient d'ailleurs mis hors la loi commune, les sages-femmes avaient ordre d'étouffer leurs enfants mâles au moment de leur naissance [6]; elles ne le firent point, quoique Égyptiennes [7], mais

---

[1] *Exode*, chap. I, v. 14.
[2] *Id.*, chap. v, v. 16.
[3] *Id.*, chap. vi, v. 9.
[4] *Id.*, chap. I, v. 13.
[5] *Id.*, chap. v, 16.
[6] *Id.*, chap. I, v. 16.
[7] *Id.*, chap. I, v. 17.

leur refus de se prêter à l'exécution de cet ordre fournit une occasion de plus de faire voir à quel degré d'abjection et de mépris d'eux-mêmes étaient tombés les Israélites.

Il leur fut enjoint de noyer tous leurs enfants nouveau-nés [1], et, si nous en croyons l'écrivain sacré du Pentateuque, les Israélites, assez nombreux pour fournir, en hommes de vingt ans et au-dessus, un contingent de six cent mille combattants [2], se résignèrent à cet ordre barbare, à preuve Moïse qui, d'abord caché pendant trois mois, fut, de gré ou de force, abandonné au courant du Nil par sa propre mère [3].

5. — Quelle pouvait être la religion d'un peuple déchu au point de tuer lui-même ses enfants, soit qu'il se soumît à un ordre donné, soit qu'il voulût par la mort soustraire ses enfants à l'ignominie de l'esclavage sous lequel lui-même se pliait?

La religion des Israélites a dû être, dans les conditions où nous les voyons réduits, celle que les circonstances leur donnèrent, et c'est en même temps celle que la logique indique, c'est-à-dire qu'elle fut tout ce qu'il y a de plus dégénéré dans les croyances religieuses d'un peuple.

Les Pasteurs, nous l'avons vu, avaient accepté et suivi la religion égyptienne; Joseph avait dû conformer ses croyances aux règles de cette même religion,

---

[1] *Id.*, chap. I, v. 22.
[2] *Id.*, chap. XII, v. 37.
[3] *Id.*, chap. II, v. 3.

et il n'est pas possible de douter qu'à l'exemple de Joseph les Israélites ne se soient rattachés à la religion égyptienne; ce leur fut en effet un devoir de convenance pendant la vie de Joseph. Après sa mort, garder et suivre cette religion fut, pour les Israélites, plus qu'un devoir de convenance, ce fut une nécessité rendue désormais douce et facile, et par l'habitude déjà prise par plus de soixante ans d'exercice, et par l'intérêt qui commandait aux Israélites de ne point se détacher des Pasteurs.

La religion égyptienne n'a jamais eu de livres pour se répandre dans le peuple et y expliquer ses enseignements, mais, pour atteindre ce but, elle a mis, de tout temps, aux mains de ses adeptes des signes hiéroglyphiques, qui étaient des mots et des phrases répétant sans cesse aux initiés, aussi bien que pour eux l'auraient fait des livres, les qualités infinies de Dieu sous les aspects les plus variés.

Ces signes étaient des figures taillées en bois ou en pierre, fondues en métal, ou moulées en faïence, enfin les hiéroglyphes plastiques, dont nous avons précédemment parlé.

6. — Sans doute, alors que les Israélites étaient citoyens libres et considérés de l'Égypte des Pasteurs, ils furent instruits de la valeur et de la signification des hiéroglyphes plastiques qui enseignaient la religion égyptienne; mais il est certain que l'avantage de cette éducation, tout à fait patricienne en Égypte, fut retiré aux Israélites devenus les esclaves des Égyp-

tiens, par qui ils étaient traités comme des bêtes de somme.

L'esclavage auquel les Égyptiens soumirent les Israélites fut en effet, comme nous l'avons vu, le plus dur et le plus avilissant possible.

En cela, les Égyptiens étaient guidés par la haine qu'ils portaient aux Pasteurs et à leurs alliés; par leur soif de venger l'outrage fait à leur puissance par l'invasion et la conquête de la Basse-Égypte, et par l'occupation de deux siècles et demi qui en avait été la conséquence.

Par suite de ces dispositions d'esprit où se trouvaient être les Égyptiens vis-à-vis des Israélites, il était donc bien impossible que les descendants de Jacob échappassent aux conséquences les plus ordinaires qu'entraîne après soi l'esclavage.

Ces conséquences ont été, sont et seront partout et toujours l'ignorance et l'abrutissement.

7. — Les Israélites, esclaves maltraités des Égyptiens, ne purent point se soustraire aux conséquences physiques et morales de leur position.

Sous l'action incessante du travail corporel qui leur était imposé, sous l'empire dégradant des mauvais traitements auxquels ils étaient soumis, l'ignorance et l'abrutissement envahirent bientôt ces hommes démoralisés, et effacèrent de leur intelligence les grands enseignements que leurs pères avaient reçus en Égypte aux temps prospères de la liberté et de la considération dont ils jouirent durant la domination que les Pasteurs exercèrent sur la Basse-Égypte.

Alors, des connaissances variées et surtout de la science des hiéroglyphes plastiques qu'ils eurent à cette époque heureuse, il ne resta plus aux Israélites que le matériel incompris de la religion égyptienne, matériel de figurines désormais muettes pour eux, et, par suite des circonstances, insensiblement tombées entre leurs mains au rôle restreint et fâcheux d'idoles ridicules, tandis qu'au contraire ces hiéroglyphes étaient toujours, pour les Égyptiens, des instruments de la science sacrée, où se lisaient couramment les témoignages de la grandeur et de la majesté du Dieu de l'univers, unique et souverain.

Alors aussi les Israélites furent idolâtres. Ils eurent, pour les figurines de la religion égyptienne, ce respect naïf et empressé qui naît, chez les hommes simples et grossiers, de l'habitude et de l'imitation.

8. — Les circonstances du passé et celles du présent s'unissaient du reste, chez les Israélites captifs, pour les jeter tout naturellement dans l'idolâtrie et les y retenir.

Sous leurs tentes ou dans leurs maisons, ils avaient toujours à leur disposition les figurines, maintenant incomprises, qui furent à une autre époque les livres de prières de leurs pères; ils les gardaient par souvenir comme des reliques, et, pour eux, ces reliques étaient d'autant plus précieuses qu'alors même où elles n'étaient plus entre leurs mains que des morceaux de bois, de pierre ou de métal historiés en figures, ils les voyaient être l'objet de l'attention respectueuse des Égyptiens leurs maîtres, aussi bien en face du soleil, aux jours des grandes solennités religieuses où les Égyptiens s'inclinaient avec déférence devant la bari d'Amon chargée des hiéroglyphes sacrés et processionnellement portée par la ville et la campagne, que dans l'intimité des familles où les Israélites voyaient leurs maîtres entourer ces mêmes figurines de tout le respect dû aux instruments de la religion.

L'idolâtrie que pratiquaient les Israélites au nom des souvenirs avait ainsi un appui raisonnable dans les actes de la vie commune, et de plus elle se trouvait avoir dans la prospérité de l'Égypte une sanction dont, au désert, les Israélites se sont souvenus.

En effet, dans la presqu'île de Sinaï, les Israélites, manquant d'eau pour boire et de pain pour manger, regrettant l'eau du Nil et les copieuses marmites de l'Égypte[1], se rappelèrent les fastueuses cérémonies religieuses dont ils avaient été les témoins dans la vallée du Nil, et, faisant allusion aux processions en tête desquelles figurait la bari sacrée d'Amon-Ra, demandèrent à Aaron des dieux qui, comme ceux de l'Égypte, marchassent devant eux[2].

9. — C'est au moment où trois siècles d'ignorance

---

[1] *Exode*, chap. xvi, v. 3.
[2] *Id.*, chap. xxxii, v. 1.

et de servitude avaient rendu les Israélites plus que jamais entêtés aux figurines incomprises de la religion égyptienne, que Moïse, avec sa grande ambition, sa science immense, son jugement profond, son habileté consommée, son imperturbable assurance et sa persévérance irrésistible, entreprit de rendre les Israélites à l'indépendance native, de les élever par la religion à l'estime d'eux-mêmes et au rang de nation respectable, sinon respectée.

10. — C'était là un but qu'il n'était point facile d'atteindre dans les conditions morales et physiques où se trouvait être alors Israël.

Le peuple que Moïse entreprenait de transformer ainsi, manquait, on le voit assez par ses défaillances dans le désert, de l'énergie qui fait aspirer à l'indépendance, et de la volonté qui fait tout affronter pour la conquérir.

D'un autre côté, il est vrai, l'état de prostration où se trouvaient être les Israélites quand ils sortirent de l'Égypte avec Moïse, les rendait plus dociles aux prescriptions sévères de la loi écrite que ne l'eût été une population fière et vigoureuse.

Moïse, aidé de cette fantasmagorie que chacun sait, profita admirablement des dispositions apathiques du peuple de Dieu, pour lui inculquer ses lois.

Ce fut en effet dans le sein de ces Israélites qu'il avait tirés d'Égypte, dans le sein de ces Israélites ameublis par la servitude, comme la terre par le labour, que Moïse déposa et fit germer cette constitution civile et religieuse si âpre dans sa forme, si effrayante par ses dispositions pénales, cette constitution qui est l'âme et la force de la religion des Juifs; mais ce fut seulement la génération suivante[1], qui, élevée dans le désert et dans l'indépendance, fonda définitivement la nationalité juive, à force de courage, d'énergie et d'audace.

11. — L'exposé qui précède a fait voir le peuple de Dieu vivant à l'état de peuplades à peu près sauvages, sous le régime de la loi naturelle ; nous l'avons vu ensuite jouir des bénéfices d'une civilisation crépusculaire en Égypte sous les Pasteurs, et nous le voyons en dernier lieu abâtardi, dégradé par trois siècles de servitude chez les Égyptiens.

Bien autre était la condition de Moïse, qui devait être le législateur du peuple de Dieu.

VI.

MOISE ET LA LOI ÉCRITE.

1. — Il n'est point utile de rappeler ici comment Moïse, à l'âge de trois mois, abandonné par sa mère au courant du Nil dans une frêle corbeille de jonc, fut sauvé par la fille même de ce roi d'Égypte[2] qui, à en

---

[1] *Nombres*, chap. xiv, v. 22, 23 ; 29, 30, 31, 32, 33.

[2] Après avoir dit que le roi d'Égypte ordonna aux Hébreux de noyer leurs enfants mâles nouveau-nés, raconter, comme le fait

croire la Bible, aurait ordonné aux Israélites de noyer leurs enfants mâles nouveau-nés ; il importe au contraire de faire tout spécialement observer que ce même Moïse, après avoir été nourri par sa propre mère, sur les instances de la fille du roi[1], fut par elle adopté comme fils[2].

Par le fait de cette adoption, Moïse fit partie de la famille royale, alors souveraine de toute l'Égypte, et fut élevé royalement dans le palais des Pharaons, au sein des grandeurs incomparables de la dix-huitième dynastie.

Dans ces temps reculés, mais de grande civilisation, au moins en Égypte, l'éducation des princes n'était pas plus négligée qu'elle ne l'est aujourd'hui. On savait déjà en faire des hommes, et des hommes instruits. C'étaient même, à l'occasion, des savants[3].

« Tout le service du palais était déféré à des per-
« sonnes tirées des diverses classes, et les premiers
« emplois appartenaient aux fils des prêtres du pre-

---

la Bible, que la fille du roi sauva Moïse, c'est déclarer que la fille du roi contrevint aux ordres de son père.

Cette contravention de la princesse aux ordres du roi son père n'est pas plus croyable que l'ordre de noyer donné par le roi.

Ce qui est plus croyable et d'ailleurs plus honorable pour les Israélites, c'est de penser que le désespoir les poussa à noyer leurs enfants pour les soustraire à l'esclavage.

[1] *Exode*, chap. II, v. 9.
[2] *Id.*, chap. II, v. 10.
[3] « La tradition attribue à quelques rois la composition d'ou-
« vrages relatifs à certaines sciences. » (Champollion-Figeac, *Égypte ancienne*.)

J'ai eu occasion de signaler, entre autres, Athôthis, deuxième roi de la première dynastie, qui a écrit un traité d'anatomie.

« mier ordre.....................
« On instruisait les jeunes princes dans les préceptes
« et les cérémonies de la religion, dans les lettres et
« les arts [1]. »

Les précautions qui étaient prises à la cour des rois
d'Égypte pour la bonne éducation des princes disent
clairement quels furent les précepteurs de Moïse,
l'éducation qu'il reçut, et la haute portée qu'elle dut
avoir sur son esprit.

Il n'est pas superflu cependant de faire connaître
ce qu'ont pensé, sur ce cas spécial, des esprits plus
disposés à exalter Moïse qu'à rendre justice aux
Égyptiens. Voici donc comment se sont exprimés, sur
l'éducation donnée à Moïse, des écrivains anciens,
— juifs et chrétiens.

2. — Moïse, dit Philon [2], témoigna dès son enfance
des meilleures dispositions à apprendre.

Les savants de l'Égypte lui enseignèrent la géométrie, l'arithmétique, la poésie, la musique vocale
et instrumentale ; il étudia la science secrète des hiéroglyphes, il apprit la langue assyrienne, et, outre
l'astronomie égyptienne, l'astronomie chaldéenne.

« Ainsi, dit saint Étienne [3] devant le conseil des
« Juifs, Moïse fut instruit dans toute la sagesse des

---

[1] Champollion-Figeac, *Égypte ancienne. État de la famille royale.*
[2] *Vie de Moïse*, liv. I.
[3] Saint Étienne est le premier martyr chrétien. Il était contemporain des Apôtres.

« Égyptiens, il était puissant en paroles et en œu-
« vres¹. »

De son côté, saint Justin assure que Moïse étudia surtout la science des hiéroglyphes, la plus précieuse qui se pût apprendre alors en Égypte².

Enfin Clément d'Alexandrie rapporte que Moïse s'adonna secrètement à la science des hiéroglyphes³. -

Juifs et Chrétiens se trouvent donc être d'accord depuis près de vingt siècles pour reconnaître qu'en Égypte Moïse a reçu la plus grande somme possible d'instruction.

Deux autres points relatifs à l'éducation de Moïse se trouvent être également acquis et hors de contestation, à savoir :

1° Que c'est à la cour des Pharaons que Moïse a été élevé;

2° Que ses précepteurs ont été les prêtres de l'Égypte, attachés au palais des Pharaons.

3. — Il a cependant été dit, écrit, imprimé, enseigné, et il est encore dit, écrit, imprimé, enseigné⁴, que Moïse est l'inventeur des caractères de

¹ *Actes des Apôtres*, chap. vii, v. 22.
² Au livre *des Questions soulevées par les Gentils*.
³ Liv. V des *Stromates*.
⁴ « Quel témoignage n'est-ce pas de sa vérité, de voir que dans
« les temps où les Histoires profanes n'ont à vous conter que des
« fables, ou tout au plus des faits confus et à demi oubliés, l'*Écri-*
« *ture*, c'est-à-dire, sans contestation, *le plus ancien livre qui*
« *soit au monde*, nous ramène par tant d'événements précis, et
« par la suite même des choses, à leur véritable principe..... »
(Bossuet, *Discours sur l'Histoire universelle*, 2ᵉ partie, § 1.)
« . . . . L'Ancien Testament, c'est-à-dire, le livre le

l'écriture, qu'il est le premier historien, qu'il est le premier législateur.

Cette manière absolue de parler de Moïse constitue une erreur qu'il nous faut redresser ici avant d'aller plus loin.

« Un savant irlandais, M. Hincks, dont le nom oc« cupe également une grande place dans les décou« vertes assyriennes, étudia avec succès la correspon« dance des lettres égyptiennes avec les articulations « de l'alphabet hébreu ou phénicien ; mais les rapports « de ces deux alphabets avec l'égyptien sont encore « bien plus intimes qu'on ne l'avait cru jusqu'ici ; c'est « ce que nous avons cherché à démontrer dans un « travail récent. L'alphabet phénicien, que l'on recon« naît d'un commun accord comme source de toutes « nos écritures, avait été, suivant nous, *tiré tout en-* « *tier de l'alphabet cursif des Égyptiens, longtemps* « *avant le siècle de Moïse;* en sorte que c'est à la « terre des Pharaons que les nations européennes « doivent originairement le bienfait inestimable de « l'écriture [1]. »

Moïse n'est donc point l'inventeur des caractères de l'écriture.

Il n'est aussi ni le premier moraliste ni le premier historien.

« plus ancien qui soit au monde. . . . . . » (Bossuet, *même ouvrage* IIe part., § 13.)

[1] Vicomte E. de Rougé, *Discours prononcé à l'ouverture du Cours d'Archéologie égyptienne, au Collége de France,* le 19 avril 1860. Page 23.

4. — Il existe à la Bibliothèque impériale « un « livre de préceptes moraux — manuscrit égyptien, « — dont M. Chabas a traduit récemment quelques « paragraphes. Cet ouvrage a été écrit par un sage « Égyptien nommé Phthah-Hotep, plus de mille ans « avant Salomon [1], et l'on connaît au musée de Berlin « plusieurs manuscrits de la même antiquité [2]. »

Il existe également au musée égyptien du Louvre des papyrus manuscrits égyptiens qui sont des documents historiques de plusieurs siècles antérieurs à Moïse [3].

D'un autre côté, nous avons eu occasion de faire remarquer que le palais du Rhamséum de Thèbes, construit par les rois de la dix-huitième dynastie et achevé par Rhamsès IV, — Méïamoun, — renfermait une vaste bibliothèque qui, tout le dit, a été connue de Moïse et a pu être fréquentée par lui.

Cette bibliothèque contenait, entre autres livres, les livres si nombreux dont l'ensemble constituait ce qui a été nommé la SAGESSE DES ÉGYPTIENS ; livres attribués à Thôth, — l'Esprit de Dieu, — et qui étaient, à vrai dire, l'œuvre incessante des savants du corps sacerdotal de l'Égypte.

Ces livres étaient des écrits sur la religion, sur la morale, et des livres de science.

Enfin, nous avons vu que de temps immémorial

---

[1] C'est-à-dire, alors environ 500 ans avant Moïse.
[2] Vicomte E. de Rougé, *Discours précité*, page 33.
[3] Nous avons mentionné plusieurs de ces documents, au chapitre *Papyrus*, en passant en revue la collection Godard.

les temples de la vallée du Nil ont eu des archives où étaient renfermées les annales de l'histoire de l'Égypte.

Puisque longtemps avant Moïse il existait des livres, longtemps avant lui les caractères de l'écriture étaient donc inventés, et comme les livres égyptiens, qui sont antérieurs au législateur des Hébreux, sont des livres de religion, de morale, de sciences et d'histoire, Moïse n'a été ni l'inventeur des caractères, ni le premier moraliste, ni le premier historien.

Il n'a pas non plus été le premier législateur.

5. — L'existence politique des Égyptiens en corps de nation civilisée, des siècles et des siècles encore avant Moïse, est suffisamment démontrée [1] pour qu'il ne soit point nécessaire de faire ici la preuve de cette antériorité, et, comme il n'y a pas de nation civilisée sans qu'un code de lois écrites ou convenues la régisse, Moïse n'a pas été le premier législateur.

Ainsi, Moïse, loin d'avoir appris aux Égyptiens à se gouverner, à s'administrer, à se connaître, Moïse, qui fut un savant dans la plus large acception du mot, a dû aux prêtres de l'Égypte toute la science qu'il posséda, science politique, science administrative, science militaire [2], science pure ; et le voilà par

---

[1] Rappelons cependant ici que, dès le temps d'Abraham, 600 ans avant Moïse, l'Égypte était un pays civilisé, grand et fort, ce qui donne à la civilisation égyptienne une antériorité sur Moïse remontant bien au-delà d'Abraham.

[2] L'historien Josèphe, liv. II des *Antiquités hébraïques*, assure même que Moïse inventa le premier les engins de guerre, et que,

le fait, vis-à-vis de l'Égypte, dans le cas où je plaçais tout à l'heure, vis-à-vis de la France, un jeune Arabe élevé dans nos grandes écoles du gouvernement.

Comme notre jeune Arabe, nous allons voir Moïse s'éprenant à un titre quelconque [1] de la vie indépendante pour lui et ses frères, ainsi qu'il appelle les Israélites [2], les conduisant dans les déserts de la presqu'île de Sinaï, et leur donnant des lois.

6. — Quelles durent être ces lois?

En voyant Moïse élevé à la cour des Pharaons, comme le furent les princes égyptiens de la plus glorieuse époque de l'histoire de l'Égypte [3]; instruit, comme le dit fort bien saint Étienne, « dans toute la sagesse des Égyptiens, — *eruditus omni sapientia Ægyptiorum,* » — la réponse qui semble être la seule

---

jeune encore, il dirigea la première expédition des Égyptiens en Éthiopie.

Cette assertion est certainement trop avantageuse à Moïse. Longtemps avant Moïse, les Égyptiens avaient des armes de guerre; long-temps avant lui, ils avaient fait la guerre en Éthiopie.

Amenhemhé, un des derniers rois de la seizième dynastie, fit la guerre en Éthiopie plus de cinq siècles avant Moïse.

Aménophis III, — Memnon, — plus d'un siècle avant Moïse, fit aussi la guerre en Éthiopie.

[1] Bien des circonstances me portent à penser que Moïse, en éloignant les Hébreux de l'Égypte, a été l'instrument d'une politique qui donna satisfaction à son ambition, tout en supprimant les causes de crainte continuelle que donnait au gouvernement égyptien la population israélite que renfermait l'Égypte.

[2] *Exode,* chap. II, v. 11.

[3] Je rappelle que Moïse fut élevé à la cour d'un des rois de la dix-huitième dynastie; ce roi paraît être Ménephtha 1er, père de Rhamsès le grand, — Sésostris.

à faire à la question qui vient d'être posée, est : que les lois données aux Hébreux par Moïse devront être des lois calquées sur les lois de l'Égypte.

Examinons si cette réponse qu'indique l'ordre logique des idées ne se trouve pas être de plus, en dépit du texte saint de l'*Exode*, la plus vraie par les faits, et alors, la plus conforme au respect dû à la majesté de Dieu.

7. — La loi écrite, c'est le Décalogue, c'est-à-dire les dix préceptes compris dans le Code sacré, écrit tout entier au vingtième chapitre de l'*Exode*, et commenté ensuite dans divers autres chapitres de l'*Exode*, dans ceux du *Lévitique* et des *Nombres*.

Réservons les trois premiers préceptes du décalogue. Ils concernent les devoirs de l'homme envers Dieu. Ces trois préceptes seront l'objet d'observations ultérieures.

Étudions les autres, qui sont dans leur ensemble l'exposé des devoirs de l'homme envers ses semblables, et sachons si ces préceptes, base de toute loi sociale, ont ou n'ont pas fait partie du Code égyptien.

8. — « Honore ton père et ta mère. »

L'existence d'un tel précepte dans une société organisée n'a pas plus à être démontrée que le sentiment de la conservation personnelle. Chacun sent que ce précepte est né avec la première famille humaine, et la civilisation si grande et si belle dont jouissait l'Égypte au temps de Moïse est un témoignage qui suffit à démontrer que ce précepte, s'il ne fut pas écrit dans les lois de la primitive Égypte, était écrit dans le cœur de tous les citoyens de la grande nation de la vallée du Nil.

9. — « Tu ne tueras pas. »

Moïse a fait l'expérience personnelle de l'existence en Égypte d'une loi contre les homicides.

C'est lui qui va nous le dire :

« Alors Moïse, devenu grand, se mêla à ses frères;
« il vit leur affliction, et un jour il fut témoin qu'un
« Égyptien frappa un de ses frères hébreux.

« Ayant donc regardé de tous côtés et n'aperce-
« vant personne, il tua l'Égyptien et enfouit son ca-
« davre dans le sable.

« Le lendemain, étant sorti, il vit deux Hébreux
« qui se querellaient et dit à celui qui injuriait
« l'autre :

« Pourquoi insultez-vous votre frère ?

« Celui à qui il s'était adressé répondit : Qui vous
« a constitué notre chef et notre juge? Voulez-vous
« par hasard me tuer, comme hier vous tuâtes un
« Égyptien? Moïse eut peur, et se demanda comment
« ce fait avait pu être découvert.

« Le bruit en vint aux oreilles de Pharaon, qui
« ordonna de mettre Moïse à mort. Mais Moïse s'en-
« fuit loin de la présence du roi et se retira au pays
« de Madian [1]. »

[1] *Exode*, chap. ii, v. 11, 12, 13, 14, 15.

Il y avait donc en Égypte, du temps de Moïse, des lois sévères contre les homicides, puisque Moïse tremble à l'idée que le meurtre par lui commis a été découvert, puisqu'un fils adoptif de la famille royale peut être puni par la mort, de la mort par lui donnée.

10. — Il y avait aussi des lois contre les adultères, et ces lois étaient très-sévères, paraît-il.

Pharaon n'a-t-il pas, en effet, renvoyé Sara à Abraham dès qu'il sut qu'elle était sa femme? et Joseph n'a-t-il pas été arrêté, emprisonné sur la simple déclaration faite par madame Putiphar qu'il en voulait à son honneur?

11. — Quant à la portée que peut avoir eue la loi égyptienne concernant le vol, il semble qu'il y ait certaines distinctions à observer[1]. En tous cas, il pa-

[1] Il y a surtout à tenir compte des inflexions variées que les mœurs particulières et les conditions locales de l'existence des nations donnent à l'interprétation des lois chez les divers peuples du globe; et les écrivains qui ont dit que le vol fut toléré chez les Égyptiens, ne sont pas plus dans le vrai que ne le seront les historiens qui, dans vingt ou trente siècles, écrivant sur les lois françaises, alors dès longtemps effacées, diraient, par occasion, que chez les Français la corruption des mœurs fut telle qu'il y avait parmi eux une classe de citoyens qui faisaient profession de protéger les plus grands scélérats, qui les défendaient en justice moyennant une prime pécuniaire et même assez souvent pour rien, tant était grande la perversité.

Tout ce qu'il y a de sagesse et d'humanité dans les dispositions de la loi française, qui exige que tout accusé soit entendu dans ses moyens d'excuse ou de défense, — non-seulement dans ceux qui sont présentés par lui-même, mais encore dans les moyens plus étudiés

raît certain que le vol ne fut jamais en Égypte un acte licite et avouable, et que pour échapper aux peines sévères dont la loi égyptienne frappait les voleurs, il fallait, en Égypte comme ailleurs, plus qu'ailleurs peut-être, savoir voler de manière à n'être pas découvert.

C'est, en effet, en recommandant aux Israélites de dissimuler l'intention de vol sous une déclaration d'emprunt que Moïse, sur les avis venus d'en haut, engage ses frères à se faire remettre entre les mains, au moment de quitter l'Égypte, les vases d'or et d'argent des familles égyptiennes chez qui ils demeurent à quelque titre que ce soit [1].

On sait avec quelle ampleur de forme et d'intention l'hospitalité s'exerçait en Égypte. Si le vol y eût été permis, est-ce que les frères de Joseph, étrangers en Égypte, par conséquent protégés par les lois de l'hospitalité, eussent pu y être arrêtés sous une inculpation de vol [2] ?

Joseph, pour avoir occasion de les faire arrêter, avait le choix des moyens et des incidents. S'il a choisi le vol, c'est, apparemment, que le cas d'ar-

---

que peut présenter un tiers dont l'esprit est libre des préoccupations immédiates de l'accusation ; — tout ce qu'il y a de force, d'intelligence et de noblesse dans l'intervention, souvent désintéressée, des défenseurs en justice criminelle, toutes ces nuances délicates de la sagesse de nos lois et de nos institutions, pourraient bien, à une distance de vingt ou trente siècles, cesser de paraître, sans que cet effacement fût un témoignage de la corruption de nos mœurs.

[1] *Exode*, chap. iii, v. 21 et 22, et chap. xii, v. 35 et 36.
[2] *Genèse*, chap. xliv, v. 4, 5, 7, 8, 9, 10.

restation sous l'inculpation de ce crime était valable aux yeux de la loi et de la justice du pays.

12. — Ainsi, en étudiant parallèlement les préceptes du Décalogue et l'histoire de l'Égypte telle que nous la donne le livre de Moïse, nous obtenons la preuve bien convaincante que la morale par lui enseignée aux Hébreux est la même que celle qui était pratiquée en Égypte de temps immémorial; celle dont Moïse eut connaissance par les prêtres de l'Égypte; celle qu'il étudia sous leur direction; celle au nom de laquelle il a pu voir les tribunaux égyptiens rendre la justice.

13. — Après avoir ainsi montré par les faits consignés dans la Bible que la morale du Décalogue avait cours dans les mœurs et dans les usages de l'Égypte pharaonique avant Moïse, nous pouvons faire intervenir sur le même sujet les écrits d'Hérodote et de Diodore de Sicile.

Le témoignage de ces deux historiens ne peut être rejeté comme entaché d'anachronisme; il est défendu, soutenu par les circonstances et les faits que rapporte le livre de Moïse, avec cet avantage sur le livre saint, qu'il précise absolument ce que Moïse ne laisse qu'entrevoir dans les faits qu'il rapporte.

Toutefois, il est convenable de faire observer ici qu'Hérodote et Diodore de Sicile n'ont ni l'un ni l'autre consigné une à une, dans leur livre, les lois de l'Égypte, et qu'ils parlent seulement des peines encourues par les coupables; mais, comme il est bien certain qu'une sanction pénale ne peut venir qu'à la suite d'une loi dont elle garantit le principe et dont elle assure l'exécution, nous pourrons, d'une peine portée en Égypte contre les homicides, conclure qu'en Égypte il y eut une loi contre l'homicide, de sorte que si la Bible nous apprend qu'au temps de Moïse il y eut en Égypte un homme qui, ayant tué un autre homme, prit la fuite devant les menaces de mort que fit entendre contre lui l'autorité supérieure, nous pourrons penser avec raison que déjà, dans ces temps reculés, l'Égypte avait des lois contre l'homicide.

Il n'en saurait être autrement pour tous les crimes dont les historiens profanes nous assurent que leurs auteurs avaient à rendre compte devant les tribunaux égyptiens.

Ne parlons ici que des peines qui atteignent les crimes que la morale du Décalogue condamne plus directement.

14. — En Égypte, l'homicide simple était puni de mort; par aggravation de peine, le parricide expiait son crime dans les tortures et sur le bûcher. Ce surcroît de châtiment dévolu au parricide dit suffisamment que les Égyptiens connurent le précepte : « Honore ton père et ta mère ». Chez eux l'infanticide était condamné à tenir embrassé pendant trois jours et trois nuits le cadavre de son enfant; l'adultère était frappé de verges, et la femme infidèle, sa com-

plice, était défigurée par l'amputation du nez ; la mutilation punissait les attentats violents à l'honneur des femmes ; dans l'empire des Pharaons nul ne devait vivre sans travailler, à moins qu'il ne justifiât de ses moyens légitimes d'existence ; à défaut, tout individu inoccupé était réputé vivre de fraudes et pour cela puni très-sévèrement, on dit même qu'il était puni de mort ; le faussaire avait la main coupée, etc., etc.

Toutes ces dispositions attestent que l'Égypte a eu son code de lois pénales, et, encore une fois, quand au temps de Moïse, et avant lui, nous voyons des homicides fuir devant les menaces que font les magistrats, des adultères craindre les châtiments, des voleurs emprisonnés et menacés d'être punis, nous sommes bien autorisés à croire à l'existence d'un code de lois en usage en Égypte au temps de Moïse et avant lui.

15. — Mais la sanction pénale que donne Moïse[1] aux préceptes du Décalogue est, dans son application, sensiblement différente de la sanction pénale qui consacre les lois de l'Égypte, et, tout d'abord, il est possible d'y apercevoir un argument contre la pensée de l'emprunt fait par Moïse aux lois de l'Égypte.

---

[1] C'est pour la moindre infraction aux prescriptions du Décalogue, presque sans exception, la peine de mort, et le législateur paraît lui-même si effrayé de cette sévérité, qu'il en dissimule parfois l'expression trop brutale par cette périphrase : *sera retranché du peuple ;* tout aussi positive cependant, dans le but qu'elle indique, que cette autre plus fréquemment employée : *sera frappé de mort*.

Cette différence entre les pénalités prononcées par les lois de l'Égypte et les pénalités édictées par les lois de Moïse a ses causes naturelles et logiques dans la double expérience que Moïse puisa aux circonstances diverses de sa vie agitée.

Après avoir été l'élève des prêtres de Memphis, après avoir vécu quarante ans au sein de la civilisation de l'Égypte, Moïse dut un jour quitter la vallée du Nil.

Il avait tué un Égyptien, et, pour se soustraire à l'action des lois du pays des Pharaons, il se réfugia au milieu d'une peuplade d'idolâtres, chez Jéthro, prêtre des Madianites.

16. — Les Madianites avaient la même origine que les Israélites. Comme eux, en effet, ils descendaient d'Abraham par Madian que le patriarche avait eu de Cétura; comme les Israélites, les Madianites étaient pasteurs, et vivaient surtout sous la tente.

Moïse épousa la fille de Jéthro [1], et résida quarante ans chez les Madianites [2].

Il vécut chez eux et avec eux de leur vie de pasteurs [3].

L'étude qu'il fit là, sur nature, du caractère des peuples nomades ; la mesure qu'il y put prendre de l'action des châtiments et des récompenses sur l'esprit de ces hommes assez généralement disposés à

---

[1] *Exode*, chap. II, v. 21.
[2] *Id.*, chap. VII, v. 7.
[3] *Id.*, chap. II, v. 21, et chap. III, v. 1.

tout oser, dès qu'ils se croient éloignés de l'œil des chefs qu'ils se sont donnés; leur fierté native, la propension qu'ont à la vengeance les hommes qui ne sentent point auprès d'eux des tribunaux qui font respecter les droits de chacun ; bien d'autres observations encore durent être l'objet de fréquentes réflexions de la part de l'élève des prêtres égyptiens, réfugié chez Jéthro, et elles furent sans doute d'un grand poids sur ses décisions quand, après avoir proclamé dans Israël les lois qu'il prit à l'Égypte, il voulut assurer l'exécution de ces mêmes lois en leur donnant une sanction pénale.

17. — Il dut alors penser qu'il n'y aurait point dans le camp, au milieu des tentes, des tribunaux en permanence et prêts, comme en Égypte, à longuement écouter les parties, pour rendre ensuite des arrêts longuement motivés; qu'il n'aurait point à sa disposition cette armée d'agents subalternes toujours aux ordres de la justice pour faire respecter ses décisions, et pour exécuter ses arrêts[1]; qu'il n'aurait point de prisons pour retenir préventivement les inculpés, ou pour y séquestrer les coupables; qu'il fallait alors agir par la crainte sur l'esprit des Israélites, et ne laisser aucun refuge d'espérance et de

---

[1] Les Hébreux, ainsi que beaucoup de peuples modernes de l'Orient, n'avaient pas de bourreaux en titre; les princes, ou leurs premiers officiers, faisaient eux-mêmes les exécutions. (*Bible de Vence.*)

miséricorde au pécheur, pour éviter qu'il s'en élevât.

Aussi la peine de mort et la loi du talion sont-elles dans le code de Moïse la monnaie d'échange des crimes et des délits.

18. — De telles dispositions étaient sans doute dans les mœurs des Madianites, car on ne voit pas que Jéthro, qui reprend Moïse pour le soin qu'il se donne de juger lui-même les querelles des Israélites[1], et qui sait si bien le conseiller sur l'organisation à donner à l'administration de la justice[2], ait repris son gendre sur les sévérités de ses lois, sévérités dont Moïse ne retranchait rien, témoin les vingt-trois mille hommes qui furent tués parce qu'Israël avait dansé autour du veau d'or fait par Aaron[3].

19. — La constitution que Moïse a donnée aux Israélites reflète ainsi l'expérience qu'il avait acquise, tant auprès des prêtres de l'Égypte que sous les tentes madianites.

Elle porte dans ses préceptes toute la sagesse des lois de l'Égypte; dans ses dispositions pénales, elle est armée de cette justice expéditive qu'exige, que réclame la police à faire dans les camps des peuplades nomades et indépendantes.

[1] *Exode*, chap. xviii, v. 13, 14, 15, 16, 17, 18.
[2] *Id.*, chap. xviii, v. 19, 20, 21, 22, 23.
[3] *Id.*, chap. xxxii, v. 4, 5, 6, 21, 27, 28, 29.

Ainsi se trouvent tout naturellement expliquées les différences de pénalités comme sanction des mêmes lois chez les Égyptiens et chez les Hébreux.

La distinction que sut faire Moïse dans l'application des lois est justement la preuve de cette supériorité d'intelligence, de cette haute portée de jugement, que personne d'ailleurs ne lui conteste. Mais, en somme, il faut bien le reconnaître avec Philon, saint Étienne, saint Justin et Clément d'Alexandrie, c'est aux prêtres de l'Égypte que revient l'honneur d'avoir formé un tel homme.

Ces prêtres, dont les enseignements ont fait Moïse l'homme supérieur que nous admirons, lui ont aussi fait connaître le Dieu qu'il apprit aux Hébreux à honorer.

20. — La seconde partie de cet ouvrage, — *les Divinités égyptiennes*, — a été tout entière consacrée à l'analyse et aux définitions des objets dont l'ensemble forme la précieuse collection faite en Égypte et en Nubie par Ernest Godard.

Parmi ces objets, la figurine d'Ammon a été la première des figurines, dites divinités égyptiennes, qui ait été analysée et définie; nous nous en sommes alors assez longuement occupé pour qu'il suffise ici de rappeler sommairement que le mot *Ammon*, dont les Grecs se sont servis pour exprimer l'idée de l'Être suprême chez les Égyptiens, n'est qu'une version grecque du mot égyptien AMOUN, qui signifiait pour eux : INCONNU, MYSTÉRIEUX, CACHÉ;

Que dans cet Être *inconnu*, *mystérieux*, *caché*, dans Ammon, en un mot, les Égyptiens reconnaissaient l'Être suprême, UN, INVISIBLE, ÉTERNEL, CRÉATEUR, UNIVERSEL et SOUVERAIN ;

Que les Égyptiens, qui désignaient l'Être suprême par le mot Ammon, l'appelaient aussi très-fréquemment de noms indiquant chacun l'une ou l'autre de ses perfections infinies ;

Qu'entre les nombreuses perfections par l'appellation desquelles les Égyptiens ont entendu désigner l'Être suprême, nous avons cité, comme des plus usuelles et des plus courantes, *Chneph*, — l'Éternel, et aussi *Horammon*, — Créateur ; — et que toutes ces indications sont acquises comme absolument exactes.

21. — Si maintenant nous suivons dans l'Exode le récit des circonstances par lesquelles Moïse nous fait connaître quel est le Dieu d'Israël, nous trouverons que le Dieu indiqué par Moïse est exactement le Dieu unique des Égyptiens; de la même manière que le *Dieu* des Français est exactement le *God* des Anglais, c'est-à-dire que, pour en faire le Dieu des Hébreux, Moïse a traduit en hébreu les appellations égyptiennes de l'Être suprême, éternel et créateur, honoré de tout temps par les Égyptiens.

Les textes mêmes de l'Exode vont servir de preuve à l'exactitude de cette assertion. Il suffira pour cela de les rapprocher des indications qui viennent d'être fournies sur Ammon.

Exode, chapitre III, verset 13 : « Moïse dit à Dieu :
« Je vais donc aller vers les enfants d'Israël, et je
« leur dirai : Le Dieu de vos pères m'a envoyé vers
« vous. Mais s'ils me demandent quel est son nom,
« que leur répondrai-je ? »

Ainsi pour Moïse, comme du reste Bossuet le reconnaît[1], Dieu n'a pas de nom qui lui soit propre.

Philon n'interprète pas autrement ce verset de l'Exode[2].

Eh bien, longtemps avant Bossuet, Philon et Moïse, les Égyptiens ont été d'avis qu'il n'y avait pas de nom propre possible pour désigner l'Être suprême, et ils l'ont en effet appelé du mot *Amoun* qui signifie : inconnu, mystérieux, caché.

22. — Continuant notre examen de l'Exode, nous y lisons, chapitre III, verset 14 : « Dieu dit à Moïse : JE SUIS CELUI QUI EST. » Et il ajoute : Voici ce que vous direz aux enfants d'Israël : CELUI QUI EST m'a envoyé vers vous. »

Or ces mots de l'Exode « Celui qui est », par lesquels Dieu se désigne aux Hébreux, sont renfermés dans le mot sacré JEHOVA, mot formé des trois temps du verbe *être*, le passé, le présent, le futur, — fut, est, sera, — dont la traduction la plus brève et la plus sévère est tout simplement l'ÉTERNEL, l'Éternel, qui est aussi la traduction la plus vraie du mot

---

[1] *Discours sur l'Histoire universelle*, IIe partie, § 3.
[2] *Vie de Moïse*, livre Ier.

égyptien *Chneph*, que Plutarque a traduit par « qui jamais ne naquit, qui jamais ne mourra. »

Ici donc encore la concordance des enseignements est exacte entre les Égyptiens et les Hébreux, et la concordance est également exacte entre la valeur de l'expression égyptienne *Chneph*, l'Éternel, et la valeur de l'expression hébraïque, *Jehova*, l'Éternel.

23. — Quand Moïse appelle Dieu *Créateur*, il ne sort point non plus de son rôle de traducteur des croyances égyptiennes. Les Égyptiens ont en effet désigné Dieu par le titre d'*Horammon*, qui veut dire Créateur.

Les Égyptiens désignaient d'ailleurs l'Être suprême par chacune des perfections infinies qu'ils lui reconnaissaient, et les Hébreux, qui, comme les Égyptiens, désignent Dieu par les qualifications d'*Éternel* et de *Créateur*, le nomment aussi Adonaï, c'est-à-dire le Seigneur, Jehova Sabaoth, c'est-à-dire le Dieu des armées : ils le désignent aussi par le Dieu jaloux, le Dieu fort, le Tout Puissant ; et par toutes les qualifications qui dans leur langage marquent la souveraine puissance et la souveraine bonté.

24. — Les Hébreux, sans faire pour cela du polythéisme, sont donc tout aussi prodigues d'appellations divines que les Égyptiens l'ont pu être, et la seule différence qu'il y ait, sur ce point, entre les croyances égyptiennes et les croyances juives est seulement dans la forme de l'expression ou des ex-

pressions qui traduisent les croyances, soit par la parole, soit par l'écriture.

Pour les Égyptiens, cette forme des expressions a été égyptienne et s'est conservée dans les hiéroglyphes primitifs; pour les Juifs, elle est hébraïque et se perpétue dans l'écriture hébraïque.

Du reste Moïse, en traducteur intelligent des enseignements égyptiens, en a pris et transporté chez les Hébreux tout ce qu'au jour de l'installation du peuple de Dieu dans le désert il était sage de lui faire accepter, et, avec une prudence qui tient du génie, il a réservé le reste.

C'est ainsi que, tout en s'arrêtant devant la figure trop intimement égyptienne d'Osiris, l'incarné divin de la religion égyptienne, il a soin de faire entrevoir dans maints chapitres du Pentateuque la venue du Christ, l'Incarné divin de la religion égyptienne universalisée, de sorte que cette réserve de Moïse et la fin qu'elle laisse entrevoir sont des témoignages de plus à présenter pour démontrer que le Mosaïsme n'est que la traduction hébraïque des enseignements religieux de l'Égypte.

25. — Il y a pourtant au chapitre vingtième de l'Exode, le quatrième verset et le cinquième qui donnent à Moïse un certain air d'indépendance vis-à-vis de la religion égyptienne.

« Vous ne ferez point d'images taillées, ni aucune
« figure de ce qui est dans le ciel, ni de ce qui est sur
« la terre, ni dans les eaux.

« Vous ne les adorerez ni ne les honorerez, car je
« suis le Seigneur votre Dieu, le Dieu fort et ja-
« loux..... » disent les deux versets en question.

Ces graves paroles, qui, au premier abord, semblent accuser les Égyptiens, au contraire, pour peu qu'on y réfléchisse et qu'on les étudie, n'accusent que les Hébreux, et c'est bien certainement à leur adresse, et à leur adresse seulement, qu'elles sont écrites.

Que l'on veuille bien se le rappeler, ces figures de ce qui est au ciel, sur la terre et dans l'eau, figures dont parle l'Exode, sont des hiéroglyphes.

A un moment, les Israélites connurent la valeur et la signification de ces hiéroglyphes, de ceux du moins qui relevaient directement de la religion. Mais dans l'affreux état de servitude abrutissante où étaient tombés les Israélites, et où ils croupirent pendant près de trois siècles, ils avaient cessé de connaître et de comprendre la valeur et la signification des hiéroglyphes sacrés, et ces instruments de la croyance religieuse des Égyptiens étaient devenus entre les mains des Israélites de véritables idoles qu'il fallait leur faire oublier.

26. — Ce fut là un premier motif d'anathématiser les figures de ce qui est dans le ciel, sur la terre et dans les eaux, faites et taillées par les Égyptiens.

D'un autre côté, les mots que ces figures exprimaient appartenaient à la langue égyptienne, et, la langue égyptienne ne devant plus désormais vivre dans la bouche des Israélites, il devenait indispensable d'effacer ces mots de leur mémoire.

Ce fut un autre motif impérieux pour éloigner des yeux et des mains des Israélites des signes qui représentaient des mots pour eux vides de sens.

Le quatrième et le cinquième verset du chapitre vingtième de l'Exode, sur le sens desquels est basée depuis si longtemps l'accusation d'idolâtrie portée contre les Égyptiens, ne sont donc, en réalité, qu'une précaution contre la propension à l'idolâtrie, dont firent preuve les Israélites en Égypte ; qu'une précaution contre la tendance prononcée qu'ils eurent de tous temps à s'y abandonner[1], et n'infligent ici aucun blâme aux Égyptiens. Au contraire, ces deux versets, ainsi considérés, deviennent un argument en leur faveur, puisqu'ils accusent seulement l'ignorance des Israélites.

27. — Il était conséquent que Moïse, après avoir ainsi transporté aux Hébreux les enseignements des croyances religieuses de l'Égypte, leur donnât aussi les pratiques du culte égyptien.

Il n'y a pas manqué, c'est là du moins ce qu'indiquent les analogies assez caractéristiques qui se rencontrent dans les pratiques du culte égyptien et dans celles du culte israélite.

---

[1] Il n'y a qu'à ouvrir l'histoire du peuple de Dieu pour se convaincre que l'idolâtrie était son péché mignon. A chaque page le peuple de Dieu y est repris et puni pour ses chutes dans l'idolâtrie.

Comparons :

Les calendriers sacrés de l'Égypte nous font comprendre que dans les temples de la vallée du Nil les fêtes religieuses étaient fréquentes, et la magnificence des temples atteste que les cérémonies y furent toujours empreintes d'un grand caractère.

C'est là une indication générale qui peut également se dire du culte des Hébreux. Il suffit, en effet, de lire l'*Exode*, le *Lévitique*, les *Nombres* et le *Deutéronome* pour savoir qu'Israël ne manquait point de circonstances à solenniser, et que les cérémonies du culte, à en juger par les prescriptions qui les dirigent, furent surtout belles de splendeur et de majesté.

28. — Les imputations particulières qui vont suivre n'ont point en soi moins d'exactitude.

Dans les temples de l'Égypte on offrait à l'Être Suprême, sous l'une ou l'autre de ses nombreuses dénominations, du pain, du vin, des liqueurs, des bœufs, des oies, du lait, des fleurs, des blés en épis.

Dans le temple d'Israël on offre à Dieu des bœufs, des veaux, des brebis, des chèvres, des tourterelles, des colombes [1], de la farine, du pain, et les prémices des grains en épis [2], et à de certains jours on fait des offrandes de fleur de farine [3].

---

[1] *Lévitique*, chap. I, v. 2, 3, 5, 10, 14.
[2] *Id.*, chap. II, et chap. XXIII, v. 10, 11, 12.
[3] *Id.*, chap. VI, v. 20.

Les Égyptiens offraient à Chneph, — l'Éternel, — des collyres et des parfums.

Aux jours des fêtes de l'expiation, Israël fait monter vers Jehova, — l'Éternel, — la fumée et la vapeur des parfums qu'il brûle dans l'encensoir [1].

Les Égyptiens avaient leur Bari sacrée.

Les Hébreux ont leur Arche sainte.

La Bari des Égyptiens portait l'Hiéroglyphe d'Amon, — l'Être invisible, caché, mystérieux.

L'Arche sainte d'Israël était couverte d'une nuée qui indiquait la présence du Seigneur caché à tous les yeux [2].

La Bari des Égyptiens renfermait les hiéroglyphes expressions des perfections divines; elle était chargée d'un nombreux cortége de symboles se rapportant à la toute-puissance de l'Être Suprême.

L'Arche sainte d'Israël renfermait les tables de la loi donnée par Dieu à Moïse [3], et présentées au peuple d'Israël comme l'expression de la sagesse divine.

Aux jours des grandes solennités religieuses, les prêtres égyptiens portaient à travers les flots du peuple, en tête d'un nombreux cortége, la Bari sacrée d'Amon-Ra, — l'Être Suprême, lumière du monde.

Chez les Hébreux, aux jours des grandes solennités religieuses, et pendant les marches dans le dé-

---

[1] *Lévitique*, chap. xvi, v. 12, 13.
[2] *Exode*, chap. xl, 32, 33, 34, 35, 36, et *Lévitique*, chap. xvi, v. 2.
[3] *Id.*, chap. xxv, v. 21.

sert, les lévites d'Israël portaient, à travers les flots du peuple ou en tête du cortége de tout Israël, l'Arche sainte de l'Alliance avec le Seigneur [1].

29. — Dans les temples de l'Égypte de riches tentures isolaient et couvraient le sanctuaire [2], c'est-à-dire le lieu de dépôt des hiéroglyphes sacrés, de la Bari sacrée et des autres objets consacrés au culte.

Au temple d'Israël un voile couvre le Tabernacle, un autre sépare le Saint du Saint des Saints [3], c'est-à-dire isole du reste de l'édifice le sanctuaire qu'habite Jehova [4], et où est déposée l'Arche d'alliance [5].

30. — Aux jours où les prêtres égyptiens devaient officier, ils s'abstenaient soigneusement de boire du vin [6].

Aux jours où le prêtre d'Israël entre dans le Tabernacle, il doit ne pas boire de vin, et cette défense de boire du vin s'étend même à sa famille [7].

---

[1] *Nombres*, chap. x, v. 33, 34, 35, 36.
[2] Clément d'Alexandrie note, dans ses *Stromates*, que « les « sanctuaires des temples de l'Égypte sont ombragés de voiles tis- « sus d'or. . . . . Si on avance vers le fond du temple, un employé « se présente d'un air grave, en chantant un hymne en langue « égyptienne, et soulève un peu le voile comme pour montrer le « Dieu. . . . . »
[3] *Exode*, chap. xxvi, v. 33.
[4] *Id.*, chap. xxv, v. 8.
[5] *Id.*, chap. xxvi, v. 34.
[6] Plutarque, *Isis et Osiris*, chap. v.
[7] *Lévitique*, chap. x, v. 9.

Les prêtres égyptiens portaient, suspendu à leur cou et arrêté sur leur poitrine, l'hiéroglyphe sacré exprimant le nom de la perfection divine sous le vocable de laquelle se trouvait être le temple par eux desservi.

Les prêtres d'Israël portent sur leur poitrine les mots : Doctrine et Vérité, gravés sur cette partie du vêtement sacerdotal nommé le Rational [1].

La tiare du grand prêtre d'Israël, rappelant quant à l'intention la coiffure d'Amon-Ra, ornée de deux plumes qui signifient Justice et Vérité, porte une lame en or sur laquelle est écrit : La sainteté est au Seigneur [2].

31. — Enfin, pour clore la série de ces rapprochements, je ferai observer que, même dans l'organisation politique du peuple de Dieu, Moïse a encore copié les Égyptiens.

Le peuple égyptien, nous le savons, était divisé en trois classes : celle des prêtres, celle des militaires, celle du peuple proprement dit.

Le peuple de Dieu est également divisé en trois classes; cette organisation politique est très-clairement indiquée dans divers passages de l'*Exode*, du *Lévitique* et des *Nombres*, sur le sens desquels Bossuet, après les avoir analysés, s'exprime en ces termes :

« Ainsi, les autels ont leurs ministres, la loi a ses

---

[1] *Exode*, chap. xxviii, v, 28, 30.
[2] *Id.*, chap. xxviii, vers. 36.

« défenseurs particuliers, et la suite du peuple de
« Dieu est justifiée par la succession de ses pontifes,
« qui va sans interruption depuis Aaron, le premier
« de tous [1]. »

32. — Il y a sans doute bien d'autres rapprochements instructifs à faire entre l'œuvre de la civilisation égyptienne et l'œuvre de Moïse; mais ces rapprochements, que chacun peut à l'occasion multiplier à son aise, n'ajouteraient guère à la conviction maintenant assez bien assise, qui ressort des témoignages déjà donnés.

Nous venons de voir en effet que, dans tout ce qu'elles ont d'essentiel et de plus en vue, c'est-à-dire, dans tout ce qui pouvait le plus attirer Israël et le convaincre, les pratiques du culte hébraïque ont leur modèle dans le culte égyptien. Il est à remarquer d'ailleurs qu'il n'est pas possible d'invoquer en faveur de Moïse, ni la priorité de l'invention, ni l'excuse d'une coïncidence fortuite, puisqu'il est certain que Moïse, avant d'être l'initiateur du culte donné à Israël, a connu toutes les pratiques du culte égyptien, dont l'institution dans la vallée du Nil l'a précédé d'un grand nombre de siècles, et qui bien certainement ont été l'objet de ses études sous la direction des prêtres de l'Égypte.

33. — Ce n'est pas, du reste, seulement dans les

---

[1] *Discours sur l'Histoire universelle*, IIe partie, chap. III.

détails du culte et dans l'enseignement des croyances religieuses que, en étudiant comparativement le Pentateuque et les prescriptions connues des dogmes de la religion de l'empire des Pharaons, on arrive à acquérir la conviction que les institutions données par Moïse aux Hébreux sont la copie intelligente des institutions égyptiennes. Cette conviction se fait encore par la connaissance d'une foule de circonstances accessoires évidemment empruntées par Moïse aux livres et aux mœurs de l'Égypte.

Quelques rapprochements historiques en ce sens ne peuvent ici être de trop.

34. — Pour s'accentuer aux yeux des populations d'un relief qui leur commandât la soumission la plus entière et la déférence la plus absolue, les Pharaons, que la religion égyptienne sacrait ou consacrait au jour de leur intronisation, se donnaient comme perpétuant en Égypte la mission divine d'Osiris, le Dieu incarné; à ce titre ils prenaient la qualification d'OSIRIEN ou les appellations non moins significatives d'AROUÉRIS et d'HORUS, et, prétendant ainsi régner de droit divin, se présentaient comme des Dieux [1].

Ces princes qui, comme on le sait et comme on le voit, ont eu ou ont encore des imitateurs à Rome, à

---

[1] Ce titre de *Dieux*, je le rappelle, ne pouvait point avoir le sens que nous y attachons aujourd'hui; nous avons vu que Moïse l'emploie lui-même (*Exode*, chap. xxi, v. 6) dans le sens de : magistrats suprêmes.

Paris, à Moscou, à Vienne, à Kœnigsberg [1], à Constantinople et ailleurs encore, étaient logiques jusqu'au bout; ils assuraient, eux et leur entourage, que l'Être Suprême se préoccupait directement et sérieusement de leur naissance, et en Égypte, les caresses divines de l'Annonciation, représentée dans tous les Mammisi, ainsi que nous l'avons vu, étaient le premier bénéfice de la royauté.

Les ruines de la Haute-Égypte et de la Nubie fournissent des preuves nombreuses de cette ambitieuse présomption; nous la trouvons de la façon la plus claire dans un exemple déjà cité à propos de Soven et des scènes de l'Annonciation représentée aux Mammisi.

Au palais de Louqsor, édifié par Aménophis III, — Memnon, — de la dix-huitième dynastie, et antérieur à Moïse de cent cinquante ans environ, palais que Moïse a connu, visité, et qu'il a pu habiter, « on « remarque une série de bas-reliefs relatifs à la per« sonne même du fondateur et à sa naissance; on y « a successivement représenté le Dieu Thôth, — Es« prit de Dieu, — annonçant à la reine Tmauhemva, « femme du Pharaon Thouthmosis IV, qu'Ammon « générateur lui a accordé un fils.....[2]. »

Moïse, qui n'a pu ignorer cette mise en scène de l'Annonciation, soit qu'il l'ait connue au palais édifié par Aménophis III, soit qu'il l'ait connue s'appli-

---

[1] C'est à Kœnigsberg que se font sacrer les rois de Prusse.
[2] Champollion-Figeac, *Égypte ancienne*.

quant à tout autre Pharaon, aux Mammisi qui précédaient tous les principaux temples égyptiens, Moïse l'applique à ses ancêtres et en donne le bénéfice à Isaac.

Ouvrons, en effet, la Genèse, et nous trouverons, chapitre XVIII, verset 10, que Dieu, prenant la forme d'un homme, vient annoncer à Abraham qu'il aura bientôt un fils.

Tout accusé et tout accusateur que soit ce plagiat de Moïse, comme tous ceux qu'il a commis dans son Histoire du peuple de Dieu, il n'est guère qu'une innocente espièglerie en comparaison de celui qui signale les débuts de la Genèse.

35. — La chute d'Adam, rapportée au chapitre troisième de la Genèse, est le premier enseignement de morale du livre saint.

Rien assurément n'est plus généralement connu.

Nul n'ignore en effet l'histoire d'Adam, le premier homme, et d'Ève, la première femme.

Créés l'un et l'autre à l'image de Dieu, ils furent, dit la Genèse, mis dans le Paradis de délices, afin qu'ils le cultivassent et qu'ils le gardassent; ils avaient liberté de manger des fruits des arbres du Paradis, excepté du fruit de l'arbre de la science du bien et du mal, représenté par la Pomme. Mais le serpent qui est, dit toujours la Genèse, le plus fin de tous les animaux que le Seigneur Dieu ait formés, prit la figure de la femme, ou, moins figurément, séduisit la femme, qui, à son tour, employant près de son mari tous ses moyens de séduction, lui présenta le fruit de l'arbre de la science du bien et du mal, dont ils mangèrent de compagnie.

De ce moment leur innocence native s'effaça, et le besoin impérieux qu'ils eurent désormais de satisfaire à des désirs toujours inassouvis, quoique remplis, éloigna d'eux le calme et la simplicité qui sont l'heureux apanage de l'innocence native.

Eh bien, ce premier enseignement du livre de Moïse est de la morale égyptienne, empruntée par Moïse à l'Égypte.

Un cercueil égyptien du musée du Louvre, cercueil de plusieurs siècles antérieur à Moïse, porte un dessin colorié qui accuse de plagiat l'auteur de la Genèse.

Ce dessin accusateur se voit sur le cercueil en question, à la place qui correspond à la partie antérieure et supérieure du bras droit du cadavre qu'il a renfermé, et il n'y a pas possibilité de se méprendre sur la signification de ce dessin, quand on le compare au récit de la Genèse, que tout le monde connaît.

Pour qu'on en puisse juger, voici la description de ce dessin :

La Femme, sous la figure du Serpent, présente la Pomme à l'Homme qui, debout devant la Femme, témoigne, par l'attitude vigoureusement accentuée des organes distinctifs de son sexe, de ses vives appétences à la satisfaction immédiate de l'acte de la chair.

Voilà donc la chute d'Adam, ce trait qui est le premier enseignement de morale du livre de Moïse, prétendu le plus ancien des livres, qui se trouve n'être que la copie d'une vieille légende égyptienne !

Pour tout esprit méthodique et impartial, cette découverte ne peut avoir rien qui surprenne, il en devait être nécessairement ainsi ; tous les enseignements de Moïse doivent être d'origine égyptienne ; ainsi le veulent les lois de la logique et les confidences du bon sens. L'Hébreu Moïse, greffé d'Égyptien, ne pouvait produire que des fruits égyptiens à saveur hébraïque. C'est bien pourquoi le Mosaïsme n'est et ne peut être que l'expression hébraïque des croyances de la religion égyptienne.

VII.

LE PAGANISME GRÉCO-ROMAIN.

1. — C'est également à l'Égypte que la Grèce, et plus tard, Rome par la Grèce, sont redevables de la religion qu'elles ont pratiquée dans l'antiquité.

Les colonies égyptiennes, et, avec elles, les lois et les croyances de l'Égypte ont en effet paru en Grèce à une époque où cette contrée n'avait encore ni culte organisé, ni gouvernement régulier [1].

La venue de Cécrops en Grèce est de 1582 [2] avant l'ère vulgaire; celle de Cadmus date de 1519 [3]; celle de Danaüs, de 1511 [4], selon la chronique des *Marbres de Paros*.

Le fait que les diverses colonies commandées par Cécrops, Cadmus et Danaüs, ont porté en Grèce les lois et les croyances religieuses de l'Égypte n'a plus à être démontré : il est reconnu, accepté depuis bien des siècles comme un fait irrécusable.

C'est, entre les vérités de l'histoire ancienne, une des mieux assises, et les *Marbres de Paros* [5] qui, après

---

[1] Tout ce qui est dit sur Ogygès, dont l'apparition aurait précédé de plus de deux siècles la venue de Cécrops en Grèce, est tellement obscur que les Grecs appelaient *Ogygies* toutes les obscurités de leur origine. Plusieurs auteurs assurent, du reste, qu'Ogygès est venu d'Égypte en Grèce.

[2] Cécrops était originaire de Saïs, d'où il apporta en Grèce l'olivier, le culte de Minerve, la vierge de Saïs, et celui de cette divinité que représentait Ammon chez les Égyptiens, et qui devait s'appeler Zeus chez les Grecs.

[3] Cadmus était originaire de la Phénicie, qui devait à l'Égypte le bienfait de la civilisation. On le croit le fondateur de Thèbes en Béotie.

[4] Danaüs était de Thèbes. Il s'établit à Argos avec ses cinquante filles.

[5] Les marbres de Paros ont été gravés sous l'archontat de Diognète, deux cent soixante-quatre ans avant l'ère vulgaire. Ils ont été trouvés dans l'île de Paros, au commencement du dix-septième siècle, par le comte Thomas d'Arundel, qui les transporta en Angleterre, et les déposa dans la bibliothèque d'Oxford.

L'ensemble des faits dont ils ont conservé la mémoire se nomme aujourd'hui assez indifféremment : *Chronique des marbres de Paros*, ou *d'Arundel*, ou *d'Oxford*.

en avoir affirmé et protégé l'exactitude dans l'antiquité, ont, en reparaissant au jour, permis, dans les temps modernes, une heureuse vérification de ces mêmes faits mentionnés par les historiens qui ont écrit postérieurement à leur établissement, sont doués d'une authenticité d'origine qui met leur témoignage hors de toute suspicion.

2. — Il existe, il est vrai, une foule de fables où sont mêlés les noms de Cécrops, de Cadmus et de Danaüs; mais ces fables, qui dans leurs détails ne peuvent être des modèles d'exactitude, sont établies cependant sur un fond de vérité qui s'accorde avec les indications historiques les mieux autorisées.

Toutes en effet constatent la venue de Cécrops, de Cadmus et de Danaüs en Grèce, soit d'Égypte, soit de pays que l'Égypte avait déjà civilisés, et c'est là le point important.

Le témoignage de la chronique des *Marbres de Paros* est d'ailleurs vérifié par le témoignage du Père de l'histoire.

Hérodote ne doute point que l'Égyptien Cécrops n'ait des premiers régné sur une partie de l'Attique, dont les habitants, au temps lointain où Cécrops s'offrit à eux, vivaient dans un état à peu près sauvage.

Le pays auquel il apporta la civilisation prit de son nom celui de Cécropie [1].

---

[1] Hérodote, *Uranie*, 44.

Quand Hérodote parle du Phénicien Cadmus, c'est aussi pour le représenter comme un des promoteurs de la civilisation égyptienne en Grèce[1].

La venue en Grèce de Danaüs remonte également, selon Hérodote, à une époque qui fait de son intervention civilisatrice chez les Pélasges une des circonstances heureuses de l'histoire des premiers temps de la Grèce[2].

Enfin Hérodote dit positivement que la Grèce a reçu de l'Égypte le nom de presque toutes ses divinités[3], et que tous les rites religieux de la Grèce ont été empruntés à l'Égypte[4].

Je n'aurais donc que quelques observations accessoires à faire sur l'institution des croyances religieuses de la Grèce, s'il n'était nécessaire de faire voir comment, en Grèce, les expressions des croyances religieuses de l'Égypte ont dégénéré en dieux de bois ou de marbre, sans être pour cela un matériel d'idolâtrie.

Quelques courtes observations suffiront pour éclairer cette partie de l'histoire des civilisations dans l'antiquité.

3. — Chaque peuple, comme être collectif, n'est, dans le monde, qu'une grande famille de compatriotes dont la santé politique importe plus ou

---

[1] Hérodote, *Euterpe*, 49 et *Melpomène*, 147.
[2] *Id.*, *Polymnie*, 94.
[3] *Id.*, *Euterpe*, 50.
[4] *Id.*, *Euterpe*, 51.

moins directement, mais importe toujours à un degré quelconque, au bien des grandes familles de peuples dont l'ensemble constitue l'humanité tout entière.

Cette solidarité dans l'existence générale des nations, solidarité à qui l'échange aujourd'hui si actif et si rapide des relations de peuple à peuple donne une influence directe et prépondérante dans les conseils des gouvernements, bien qu'elle ne se soit manifestée autrefois que par des effets lents et imperceptibles, n'en a pas moins existé aux époques lointaines des premières civilisations de l'antiquité; et, avant que les événements étudiés et analysés dans les historiens grecs et romains en eussent fait voir l'action sur l'existence des colonies de la Grèce, l'influence de la solidarité d'existence de peuple à peuple se traduisait dans l'Attique par les actes incomplets de l'œuvre de la civilisation égyptienne; actes dont le manque de suite explique le défaut de conformité absolue de l'expression des croyances religieuses de la Grèce avec l'intention des croyances religieuses de l'Égypte renfermée dans ses hiéroglyphes, quoique les croyances religieuses qu'elle a eues aient été apportées à la Grèce directement d'Égypte par des colonies égyptiennes.

Pour mieux me faire comprendre, je vais appuyer cette observation de quelques considérations historiques.

4. — La première apparition des enseignements de la religion égyptienne en Grèce, — 1582, — est, à un demi-siècle près, contemporaine de la sortie des Hébreux d'Égypte, — 1528; et il semblerait qu'ayant même origine, le Mosaïsme et le Paganisme dussent avoir une expression commune.

Mais les conditions où la religion égyptienne s'offrit à la Grèce diffèrent essentiellement de celles par lesquelles et au milieu desquelles elle se produisit chez les Hébreux.

Pour les Hébreux, un homme d'une intelligence rare, à qui des circonstances particulièrement favorables avaient permis d'enrichir son esprit d'une science puisée à la source qui pouvait le mieux faire comprendre et respecter les croyances égyptiennes, avait pris le soin ingénieux de dépouiller ces croyances de leur gangue native d'hiéroglyphes, pour les présenter au peuple d'Israël réduites à des formules claires et précises exprimées dans un langage qui était le sien.

Au contraire, la religion égyptienne, portée occasionnellement en Grèce, y arriva avec un cortége énigmatique d'hiéroglyphes s'offrant tout d'un bloc aux populations ignorantes; et, dans ces conditions déjà désavantageuses, s'imposant au pays par l'usage et d'ailleurs sans définitions suffisantes.

Cet état d'infériorité relative, où la religion égyptienne s'offrit à la Grèce, a son explication toute simple dans les mœurs et surtout dans l'histoire contemporaine de l'Égypte. Et c'est là que se manifeste, pour le cas particulier qui nous occupe, la solidarité qui existait déjà de peuple à peuple, dans ces temps reculés.

5. — L'époque où, dans l'histoire de l'Égypte, se place l'apparition de la religion égyptienne en Grèce, est précisément celle où l'Égypte était encore tout émue des événements provoqués chez elle par les suites qu'avait eues l'invasion des Pasteurs.

Les Pasteurs avaient alors été vaincus et expulsés en partie; mais, en 1582 avant l'ère vulgaire, la masse des Israélites, leurs alliés intimes, regardés comme la queue de l'invasion, pouvait fournir un contingent de six cent mille hommes en état de porter les armes[1], et ces six cent mille hommes et leurs familles se trouvaient encore en Égypte.

La présence de ces hôtes turbulents commandait donc une excessive prudence à l'administration supérieure égyptienne, et un zèle ardemment soutenu et général à la classe des citoyens spécialement chargés de la défense du pays.

Il n'y a donc nulle apparence que, dans de telles circonstances, l'Égypte se soit dégarnie ni de ses défenseurs jurés, membres de la caste militaire, ni de ses administrateurs, lesquels relevaient de la classe des prêtres, c'est-à-dire des savants, l'âme de l'administration.

[1] C'est là, on le sait, le chiffre que donne le dénombrement d'Israël fait par Moïse après la sortie d'Égypte.

Les uns et les autres étaient d'ailleurs pour ainsi dire fixés au sol égyptien par leur constitution et par les immunités territoriales qui la leur garantissaient[1].

6. — Les émigrants égyptiens dont alors profita la Grèce ne durent donc être que des membres de la classe populaire de l'Égypte, et les Égyptiens de cette classe n'avaient qu'une connaissance restreinte de la science hiéroglyphique. Ils n'étaient pas dans cette situation si favorable de savoir qui permettait à Moïse de traduire en hébreu les enseignements religieux des hiéroglyphes sacrés. Leur savoir sur ce point n'allait pas au-delà de l'interprétation de ces hiéroglyphes. Et nous pourrons en mesurer l'étendue, en juger la profondeur, en comprendre la direction ainsi que la puissance initiatrice et conservatrice, si nous le comparons à la valeur que, de nos jours, aurait en pareil cas la science théologique des émigrants allemands, anglais, espagnols ou français, allant chercher fortune chez quelques peuplades mi-sauvages du centre de l'Amérique ou des îles de la Polynésie.

L'empire qu'ils fonderaient là ou là ne serait, ne pourrait être, quant aux institutions civiles et religieuses, qu'un pâle reflet de celles de la mère patrie,

---

[1] Des terres étaient données à la classe militaire pour vivre; c'était une manière de la solder.
Quant à la classe sacerdotale, elle eut de tout temps et en tous les temps sa dotation territoriale.

et ces institutions d'ailleurs, maladroitement protégées par des hommes insuffisamment instruits, lancées dès-lors à l'aventure comme les aventuriers eux-mêmes, prendraient bientôt sous l'influence des circonstances locales une allure et une physionomie propres, qui, sans contredire l'histoire de l'apparition de ces institutions en terre étrangère, leur donneraient pourtant, comme aux hommes eux-mêmes, un caractère assez tranché d'originalité.

Même de nos jours, où les rapports entre le nouveau monde et l'ancien sont cependant si actifs qu'on peut les dire incessants, c'est là justement ce qui s'observe pour la religion dans les établissements formés au centre des Amériques, où chaque agglomération de population met, par souvenir de l'autre monde, ou par imitation de ses voisins, sa religion de fantaisie sous la protection du Christ, de la Vierge et des saints.

7. — C'est bien là aussi ce qui, il y a bientôt trente-cinq siècles, se produisit en Grèce chez les colonies égyptiennes qui s'y établirent.

Là, la transformation des institutions et des expressions religieuses venues d'Égypte par les Cécrops, les Cadmus et les Danaüs, fut d'autant plus accélérée et radicale, que les colonies égyptiennes ne paraissent point s'être recrutées d'Égyptiens, ni avoir été accompagnées de ministres de la religion, et qu'alors la descendance des Égyptiens qui vinrent en Grèce à la suite des Cécrops, des Cadmus et des

Danaüs, se confondit bientôt avec la race indigène de l'Attique.

C'est ainsi que le type égyptien s'est complétement effacé dans la Grèce; que l'usage de la langue égyptienne n'a pas prévalu dans le peuple de l'Attique, et que les expressions hiéroglyphiques des croyances religieuses apportées par les Égyptiens ont subi dans leurs formes les modifications successives qui, des figures naïves d'Ammon et de Neith, ont fait les splendides images de Jupiter Olympien et de la Minerve du Parthénon, images magnifiques par la forme, mais singulièrement éloignées de l'intention de leur institution primitive, sinon de leurs enseignements natifs.

8. — Les modifications que subirent en Grèce les hiéroglyphes de l'Egypte ne furent point toutefois complétement arbitraires, ni absolument dépourvues du respect que commandait leur origine ; mais ces modifications, enfantées par le sentiment de l'art plutôt que par les divergences religieuses, ont fait des figures allégoriques de ce qui n'était originairement que des expressions religieuses écrites à la mode égyptienne.

Les Grecs en effet ont su donner à chacune des créations de leur statuaire mythologique des caractères particuliers qui attestent à la fois, et la préoccupation qu'ils eurent de l'intention originairement attachée aux signes hiéroglyphiques venus d'Égypte, et l'intelligence du culte particulier auquel chacune de leurs créations devait servir d'étiquette.

C'est ainsi que, d'une part, l'attitude et l'expression des figures de la mythologie grecque définissent bien le sentiment que ces figures doivent traduire ; que, d'autre part, les attributs, ces compléments immédiats de toute figure allégorique, sont comme tels pratiqués et appliqués par les Grecs avec cette scrupuleuse exactitude, avec ce discernement sain, et cette connaissance générale des effets et des causes, qui font les enseignements bons et solides, si bien que la règle adoptée en cette occasion par les Grecs est encore aujourd'hui la règle la plus suivie de l'iconologie.

Chacun des hiéroglyphes sacrés de l'Égypte devint ainsi, aux mains des Grecs, le prétexte d'une création artistique et religieuse qui, de chaque mot hiéroglyphique venu d'Égypte, fit une personnalité divine ayant sa figure et sa légende propres.

9. — Les Grecs, qui, par amour de la forme, avaient ainsi traduit selon leurs instincts poétiques les figurines hiéroglyphiques des Égyptiens, accommodèrent aussi à leur goût particulier, soit par la traduction littérale, soit par l'appropriation des noms originaux, les appellations égyptiennes qui désignaient les diverses manières d'être de la divinité.

Ainsi Chneph, — l'Éternel, — s'appela chez les Grecs Zeus (Ζεύς), — l'Éternel, — d'où chez les

Romains : Jupiter (Zeus pater),—l'Éternel-Créateur. Neith, la vierge de Saïs, dont Cécrops le Saïte avait apporté le culte en Grèce, se nomma Pallas,—Παλλάς, — vierge, ou bien Athènè (Ἀθήνη), par contraction des mots : Athyr-Neith, double nom de la vierge égyptienne entre beaucoup d'autres qui eurent également en Grèce leur traduction en image et leur culte; de sorte que l'armée des divinités du Paganisme grec, recrutées une à une dans la longue litanie des hiéroglyphes sacrés de l'Égypte, se trouva bientôt représenter les diverses personnifications de la divinité telle que les Égyptiens l'ont fait connaître.

10. — Mais toutes ces figures, qui malgré l'ampleur de leurs formes avaient leur signification et leur valeur allégorique, ne constituaient point pour les Grecs et pour les Romains seulement un mobilier de figures divines.

La consécration, qui accueillait ces figures à leur entrée dans les temples, complétait leur valeur et leur donnait cette haute portée mystique qui les faisait regarder comme imprégnées de l'esprit de l'Être suprême. Il suffira pour l'attester de quelques citations empruntées à des auteurs désintéressés dans un débat qu'ils ne prévoyaient pas.

« *Quos dedit ars votis effigiemque, colo.*
« *Sic homines novere Deos, quos arduus æther*
« *Occulit : et colitur pro Jove forma Jovis.*

« J'honore les dieux dont l'art nous a donné les

« images. C'est par ces signes conventionnels que
« les hommes désignent les dieux que le ciel recèle
« dans ses profondeurs. Dans l'image de Jupiter,
« — l'Éternel-Créateur, — c'est Jupiter, — l'Éter-
« nel-Créateur, — que l'on honore[1]. »

« *Qui fingit sacros auro, vel marmore vultus,*
« *Non facit ille Deos : qui rogat ille facit.* »

« Ce n'est pas le statuaire qui, avec l'or et le mar-
« bre, fait les dieux ; c'est la prière[2]. »

« *Estne Dei sedes, nisi terra, et pontus et aer,*
« *Et cœlum et virtus ?* »

« Dieu peut-il avoir d'autre résidence que la terre,
« la mer, l'air, le ciel et la vertu[3] ? »

« *Idemque etiam legis perpetuæ et æternæ vim,*
« *quæ quasi dux vitæ et magistra officiorum sit,*
« *Jovem dicit esse, eamdemque fatalem necessita-*
« *tem appellat, sempiternam rerum futurarum veri-*
« *tatem.* »

« Le même philosophe (Chrysippe) enseigne que
« Jupiter concentre en lui la force de la loi éter-
« nelle et perpétuelle ; qu'il doit être comme le
« guide de la vie et la règle de nos actions ; qu'il est
« aussi la fin nécessaire et la vérité éternelle des
« choses futures. »

Les citations en ce sens peuvent se multiplier à

---

[1] Ovide, *ex Ponto*, lib. II, epist. VIII.
[2] Martial, épigr. XXIV, *ad Cæsarem Domitianum*, lib. VIII.
[3] Lucain, *Pharsale*, liv. IX.
[4] Cicéron, *de Natura Deorum*, lib. I, cap. XV, § 40.

l'infini, et tout le traité *de Natura Deorum*, traité qui résume les opinions de l'antiquité sur la nature divine, ne laisse nulle part soupçonner que les statues aient jamais été prises pour des dieux.

Les statues n'étaient pour les Grecs et les Romains que des étiquettes ; elles n'avaient point plus de vertu et de force dans les temples de l'antiquité que les statues n'en ont dans les temples de la catholicité.

11. — Les pratiques du culte chez les Gentils ne paraissent point s'être écartées sensiblement des pratiques du culte égyptien.

Comme dans les temples de l'Égypte, nous trouvons en effet dans ceux du Paganisme des offrandes aux dieux en pain, en vin, en prémices de toutes sortes, fleurs, fruits et céréales, des sacrifices d'animaux, tels que taureaux, bœufs, veaux, brebis, chèvres, boucs, et une variété infinie d'oiseaux.

Comme Moïse et comme les prêtres de l'Égypte que Moïse a copiés, les prêtres du Paganisme ont professé que l'odeur de la chair calcinée était agréable à l'Éternel [1], et ils n'ont pas plus épargné les sacrifices d'animaux que les Égyptiens et les Juifs ne les épargnèrent.

Les cérémonies extérieures ne firent point non plus défaut au culte païen, et, à côté de certaines démonstrations qui paraîtraient aujourd'hui détes-

---

[1] *Lévitique*, chap. I, v. 9, 13, 17.

tables, mais que les mœurs du temps autorisaient, il eut, ainsi que la religion de l'Égypte et celle d'Israël, ses processions saintes, accomplies dans des conditions et avec des intentions qui se répètent chaque jour dans la chrétienté aux acclamations chaleureuses des populations.

De toutes ces sortes de solennités, celles qui, chez les Gentils, paraissent avoir été les plus populaires sont les Ambarvales [1].

Aux Ambarvales, dont les processions des Rogations sont la plus exacte répétition [2], les prêtres arvales [3] portaient en grande pompe les images de la divinité protectrice des champs et des moissons. Et ces images figuraient à ces solennités des Ambarvales, au même titre que la Bari sacrée et les hiéroglyphes plastiques dans les processions ordonnées par le culte égyptien, au même titre que le *corpus Domini* du Saint-Sacrement, encadré des rayons étincelants de l'ostensoir, figure aux processions de la catholicité.

Comme les hiéroglyphes, comme le *corpus Domini* du Saint-Sacrement, les images de la divinité, dans le culte des Gentils, étaient en effet consacrées.

[1] Étymologie : *Ambire arva*, se promener autour des champs.

[2] Les Rogations ne sont, en effet, que les Ambarvales consacrées par la religion catholique. L'adoption des Ambarvales sous le nom de Rogations (*rogare*, prier) date seulement de 474. Elle est due au concile de Vienne (Dauphiné).

[3] Les prêtres arvales étaient au nombre de douze à Rome; ils devaient descendre de la nourrice de Romulus, Acca Laurentia, surnommée Lupa. (Varron, *de Re rustica*. — Tite-Live, livre 1, chap. IV.)

Revêtues de l'onction sainte, ces images prenaient une importance telle qu'il n'en peut être donné de plus grande dans les églises chrétiennes à aucun objet du culte, puisque, aux yeux des populations, ces images par la consécration se trouvaient remplies de l'esprit de Dieu, c'est-à-dire que chacune d'elles représentait Dieu lui-même dans telle ou telle de ses perfections, comme l'hostie consacrée représente Dieu lui-même.

12. — Les prêtres, qui les consacraient, s'annonçaient comme les délégués de la puissance divine[1], et tout ce qu'ils débitaient sur la valeur et la portée des instructions renfermées dans les livres sibyllins[2], qui étaient les écritures saintes du Paganisme, ajoutait encore à la signification de la consécration par eux donnée aux images des Dieux[3].

---

[1] Les oracles étaient là pour affermir cette croyance, sans compter que les apparitions divines, ou les manifestations de la volonté divine, n'ont pas fait défaut aux temps du Paganisme.
Si, aujourd'hui, nous avons les apparitions de la Vierge, le sage Numa a eu son Égérie et une infinité d'autres petits moyens qu'il a su employer pour donner à son peuple encore naissant bonne confiance en lui, témoin le bouclier sacré, — ancile, — venu du ciel comme le *Labarum* de Constantin à *Saxa-Rubra*.

[2] Étymologie : Σιός pour Θεός, *Dieu*, et βουλή, *conseil*, — *conseil de Dieu*. — Les livres sibyllins étaient donc pour les Romains les livres du conseil de Dieu.

[3] « Au milieu de tant d'ignorance, dit Bossuet (*Discours sur
« l'Histoire universelle*, II⁰ partie, chap. III), l'homme vint à ado-
« rer jusqu'à l'œuvre de ses mains; il crut pouvoir renfermer l'es-
« prit divin dans des statues, et il oublia si profondément que Dieu
« l'avait fait, qu'il crut à son tour pouvoir faire un Dieu. »
Mais n'est-ce pas précisément la prétention des prêtres chrétiens

L'éducation des peuples étant d'ailleurs faite en ce sens, le respect qu'ils avaient pour les objets consacrés par la religion était absolu.

Aussi, chez les Gentils, les actes principaux de la vie publique et les actes principaux de la vie privée se scellaient-ils au pied des autels.

C'était là en effet que se jurait la foi des traités.

C'était là que se juraient la paix et les alliances.

C'était là que se jurait la foi conjugale.

Les magistrats n'entraient en exercice qu'après avoir prêté serment devant l'autel de la Justice, qu'après avoir embrassé la figure qui la représentait.

C'était encore au pied des autels de Thémis que s'engageaient les citoyens dont le serment avait été requis.

Se parjurer après de si solennels engagements, c'était un sacrilége, et, dans de certaines conditions, le sacrilége, c'était, comme conséquence, la condamnation à la mort.

De nos jours, le culte du serment n'est point plus solennel qu'il ne le fut chez les Gentils, et, pour être pratiqué devant l'image du Christ, le serment n'a point aujourd'hui plus de force et de portée qu'il en eut chez les Grecs et chez les Romains, puisque chez eux il obligeait à l'exécution de l'engagement pris, et qu'aujourd'hui il n'oblige pas au delà.

13.—Ce n'est pas seulement la foi du serment que

de faire de l'hostie le corps et le sang de Jésus-Christ, et de conférer le bénéfice de ses mérites à qui reçoit l'Eucharistie?

la religion des Gentils eut la mission de protéger et de faire prévaloir ; comme la religion chrétienne, elle a enseigné tout ce qui, chez les peuples civilisés, est grand, noble et sacré, tout ce qui fait les hommes vertueux.

Les légendes mythologiques sont remplies d'enseignements qui apprennent aux enfants à honorer leurs parents, aux jeunes gens à respecter les vieillards, aux forts à défendre les faibles, aux riches à secourir les pauvres, aux citoyens à chérir la patrie et à se dévouer pour elle.

Plus de quinze siècles de gloire et de succès ont répondu aux enseignements de ces croyances, et tandis que, dans le même temps, le Mosaïsme n'a pu produire qu'un peuple sans cesse murmurant et rebelle aux lois qu'il proclama saintes et divines [1], le Paganisme a fait la Grèce et Rome, c'est-à-dire, en suivant l'ordre chronologique, ce qu'il y a, après l'Égypte, de plus beau et de plus grand dans l'Antiquité.

C'est là, malgré toutes les déclamations intéressées et hypocrites, un titre magnifique, un titre positif au respect universel des nations, un titre trop oublié depuis dix-huit siècles ; un titre qui prouve que la religion qui guida les Lycurgue et les Solon, les Numa et les Caton, n'est une religion stupide et hideuse qu'à la condition d'être travestie et défigurée ; un titre qui témoigne que, ramené à la vérité de ce qu'il fut,

---

[1] L'histoire du peuple de Dieu n'est, en effet, que l'histoire des infidélités continuelles des Juifs à la loi de Moïse.

le culte des Gentils, que nous appelons dédaigneusement le Paganisme, — Religion des Paysans, — n'a pourtant rien à envier au Mosaïsme tant vanté, et que, tout en traduisant en images artistiques et poétiques les enseignements que la religion de la vallée du Nil propageait à l'aide de ses hiéroglyphes plastiques, il est resté, sauf quelques écarts fâcheux en apparence, digne de sa grande origine égyptienne.

VIII.

LE CHRISTIANISME.

1. — Il n'est pas d'œuvre ici-bas qui se soit produite toute d'une pièce et parfaite.

La Bible même, le livre de l'audace et du surnaturel, nous donne ce consolant spectacle de Dieu, le *Souverain Être*, prenant son temps et son heure pour créer à son aise le monde pièce à pièce, et se conformant par là aux conditions essentielles de son être, car Dieu est l'éternelle logique, — Λόγος, *Verbum*, le Verbe.

En se produisant au monde, la religion chrétienne n'a point pu se soustraire aux lois de la constitution de tout ce qui est, et alors il n'est point possible de dire que la religion chrétienne se soit offerte à ses premiers adeptes telle qu'elle se présente à nous aujourd'hui, avec ses dogmes et ses pratiques, ses pompes sacramentelles et sa hiérarchie de princes, de prélats et de prêtres.

Une telle institution, s'implantant tout à coup majeure et souveraine chez des populations encore dans l'enfance, serait un fait également contraire aux lois du monde physique et aux lois du monde moral.

Dans l'humanité, en effet, hommes et institutions, rien ne devient grand qu'à la condition d'avoir été petit; rien ne se perfectionne longtemps, c'est-à-dire ne dure longtemps, qu'à la condition d'une plus grande imperfection native.

Qui naîtrait grand et tout venu, naîtrait pour mourir.

Hommes et institutions doivent donc, pour vivre : les hommes, naître petits, les institutions, naître imparfaites, j'entends perfectibles.

La religion, qui ne vit que pour les hommes, et qui ne peut vivre que par eux, est une institution qui n'échappe pas à l'empire absolu de la loi de formation et d'existence de toutes les institutions de ce monde.

Elle dut nécessairement, en se produisant, naître humble et petite pour s'élever et grandir en modifiant insensiblement son aspect, ses allures et ses tendances, selon le milieu qui la reçoit et l'état des esprits qui la cultivent.

2. — C'est bien dans ces conditions que le Christianisme s'offre à nous à sa naissance.

C'est bien ainsi qu'obéissant aux lois de l'existence il se modifie, en s'avançant dans la conscience des peuples pour en séduire le plus grand nombre.

Il n'est d'abord, dans un milieu un peu rebelle, que des prédications toutes de charité[1], que des actes de soumission et d'humilité[2]; mais c'est au nom de la fraternité des hommes et de la communauté des biens[3] qu'il fait avec les apôtres sa première campagne dans le monde.

Les Agapes furent d'abord à peu près toutes les cérémonies de cette religion sans autels ; l'imposition des mains suffit longtemps pour conférer le sacerdoce et donner la grâce du Saint-Esprit.

Les prêtres n'eurent, il est vrai, dans les temps de la primitive Église, d'autre mission que celle d'aider les apôtres dans la distribution des aumônes et dans la prédication.

Le signe de la croix, élevé aujourd'hui à la hauteur d'un acte de solennelle dévotion, n'était alors qu'un signe de reconnaissance entre les initiés à la religion nouvelle.

Modestes et, en tout cas, sans grand appui, les premiers Chrétiens prenaient le soin tout particulier de ne point offenser les Juifs, au milieu desquels ils vivaient alors ; ils s'abstenaient à cet effet de tous les actes qui auraient pu heurter trop directement leurs croyances, et ils concédaient d'ailleurs volontiers aux Juifs et aux Gentils, nouvellement convertis, la

---

[1] *Matthieu,* chap. v, v. 42 à 48, *Sermon sur la montagne.*

[2] « Quiconque s'abaisse sera élevé, quiconque s'élève sera abaissé. » (*Matthieu,* chap. xxiii, v. 12.)

[3] *Actes des Apôtres,* chap. ii, v. 44 à 47; et *IIe Épître de saint Paul aux Corinthiens.*

continuation de l'usage de celles de leurs coutumes auxquelles ils semblaient le plus tenir [1].

3. — C'est ainsi que durant les temps apostoliques [2] la religion des premiers chrétiens, assez profondément imprégnée de communisme [3], était une loi de charité et de tolérance.

---

[1] Ce ne fut qu'au second siècle, en 136, que ces concessions furent retirées aux Juifs et aux Gentils convertis.

L'Église note alors Télesphore pour son neuvième pape; mais c'était l'empereur Hadrien qui régnait à Rome.

Disons ici, par circonstance, que ce fut le pape Télesphore qui institua les trois messes de Noël, alors sans date fixe, et que ce fut encore lui qui y fit chanter le cantique des anges : *Gloria in excelsis*. Tant il est vrai que, dans la religion chrétienne, le culte, comme les dogmes, est l'œuvre du temps et des hommes.

[2] Les temps apostoliques ont cessé en l'an 107, à la mort de Siméon, deuxième évêque de Jérusalem, martyrisé à l'âge de cent vingt ans.

Évariste, sixième pape, occupait alors le siége de Rome où régnait plus réellement Trajan.

[3] « Or je vous avertis que celui qui sème peu, moissonnera peu;
« et que celui qui sème avec abondance, moissonnera aussi avec
« abondance.

« Que chacun donne ce qu'il a résolu de donner selon son cœur
« sans regret ni contrainte, car Dieu aime celui qui donne avec
« joie.

« Dieu est tout-puissant pour reporter sur vous l'action de toute
« grâce, de telle sorte qu'ayant tout ce dont vous pouvez avoir be-
« soin, vous puissiez faire largement de bonnes œuvres.

« Selon qu'il est écrit : Quiconque distribue et donne son bien
« aux pauvres, aura pour cet acte de justice la reconnaissance des
« siècles.

« . . . .

« Ces preuves de votre libéralité reçues par notre ministère por-
« teront toutes ces bonnes âmes, — les frères et amis, — à glo-
« rifier Dieu de votre soumission à l'Évangile de Jésus-Christ, et

Elle ne vivait guère d'ailleurs qu'à l'état de pratiques de société secrète, et ses chefs, perdus dans la Rome impériale, populeuse, affairée et fort peu soucieuse d'une religion dont elle ne soupçonnait même pas l'éclosion, vivaient là obscurs et sans aucune importance en dehors des réunions timides et dissimulées des frères et des fidèles, qui se recrutèrent d'abord assez péniblement.

A voir, en effet, dans les Catacombes de Rome, les sanctuaires étroits où les premiers chrétiens célébrèrent les mystères de leur religion naissante, on juge facilement qu'ils durent n'être pas fort nombreux ou qu'ils n'étaient pas fort empressés d'assister à la célébration de ces mystères. Il n'est pas un de ces sanctuaires qui ait une superficie de plus de quatre mètres carrés, sans autre dégagement que des couloirs étroits et tortueux, dont les replis isolaient absolument du sanctuaire quiconque n'y pouvait trouver place.

4. — La situation de l'Église chrétienne est aujourd'hui assez notoirement différente de ce qu'elle fut aux temps apostoliques, et même de ce qu'elle fut jusqu'au règne de Constantin, pour que je sois autorisé à dire qu'il a été porté de nombreuses modifications à son institution primitive.

Il y a, depuis ces temps lointains de l'enfantement lent et laborieux du christianisme, dix-huit siècles

« de la bonté avec laquelle vous distribuez vos biens aux uns et
« aux autres. » (*IIe Épître de saint Paul aux Corinthiens.*)

de luttes et de transformations qui ont agi et réagi de mille façons sur l'enseignement un peu flottant de ses débuts, si bien qu'il est aujourd'hui, dans sa constitution actuelle, avec ses dogmes et l'exercice de son culte, c'est-à-dire avec ses mystères et la pompe de ses cérémonies, plus loin de son humilité native que du jour de sa naissance[1].

Chacune de ses pratiques, étudiée dans ses effets, est devenue une satisfaction donnée ou à des inquiétudes de conscience habilement éveillées, ou à des nécessités d'apparat bien comprises[2], satisfactions

[1] On sait le dogme récent de l'Immaculée Conception, qui, sous une forme de langage dont pas un prêtre sage ne pourrait expliquer le sens d'une manière claire et précise aux jeunes filles et aux jeunes garçons dont l'éducation religieuse lui est confiée, égale la Vierge à Dieu même, puisqu'il la fait naître d'elle-même. Que devient alors la leçon d'humilité que le Christ, dit-on, a voulu donner aux hommes en naissant d'une simple mortelle?

[2] Ce serait un chapitre fort long que la nomenclature de toutes les capitulations et de tous les accommodements consentis par le Christianisme. J'en note seulement deux bien connus et qui, chaque jour, passent sous nos yeux. Ils sont pris, l'un dans le dogme, l'autre dans la pratique.

1° C'est sans doute un grand péché aux yeux de l'Église que manger de la chair le vendredi et le samedi; nous savons cependant avec quelle facilité il est possible de se racheter des prescriptions de la sainte Église en pareil cas. Cela, sans doute, pour bien prouver que : *Il est avec le ciel des accommodements*.

2° Les prêtres du Christ doivent avoir la barbe rasée. Ceux qui résident parmi nous, où cet usage est établi, sont en effet rasés, et nul d'entre eux ne pourrait sans pécher mortellement rester tel que la nature l'a fait, et porter sa barbe; mais il n'en est pas de même des prêtres missionnaires. Ceux-ci doivent porter toute leur barbe selon l'usage des pays qu'ils vont catéchiser.

Ainsi, la religion, qui a toujours à sa tête un chef divinement inspiré et infaillible, admet l'adage en usage dans nos sociétés civiles : *Autres lieux, autres mœurs*.

réalisées pour prendre par l'esprit et par les yeux des populations, d'ailleurs toujours assez disposées à s'abandonner tout bonnement aux soins de qui s'occupe de penser pour elles.

Il serait sans doute irrévérencieux d'aller jusqu'à dire que la religion chrétienne s'est mise à la remorque des caprices et des exigences de nos sociétés modernes ; il est certain pourtant qu'elle a su assouplir ses maximes sacramentelles d'égalité des hommes devant Dieu à une infinité de pratiques intérieures, dont le luxe spéculatif, dans la maison même de Dieu, répond exactement aux pratiques extérieures de la vanité du monde, tant aux jours acclamés des baptêmes et des mariages, qu'aux jours où la mort proteste, par son silence et son insensibilité, contre les distinctions dont ses froids clients sont l'objet, de la part de la religion de l'égalité des hommes devant Dieu.

5. — Les faits et l'expérience démontrent donc de la manière la plus absolue que le Christianisme a su, quand il l'a jugé à propos, et pourra, quand il le voudra, sagement amender, selon les temps et les circonstances, ses enseignements et ses pratiques pour les conformer aux exigences des temps en les assouplissant aux mœurs des peuples qu'il a aspiré ou qu'il aspire à s'attacher.

En cela le Christianisme tient essentiellement de la nature de toutes les institutions humaines.

Il en est des lois de son apparition, comme des lois

de son existence : ainsi que toutes les institutions humaines, il est né de l'expérience et de la nécessité.

Longtemps avant l'époque assignée à la naissance du Christ, l'Orient était en enfantement régulier et tout naturel de la religion qui devait être le Christianisme.

6. — Elle germa dans Alexandrie du jour où s'y installa la liberté de conscience.

Trois siècles durant, avant la venue du Christ, l'École d'Alexandrie a couvé les enseignements dogmatiques du Christianisme au feu de ses discussions, et, du moment où la conquête romaine eut rivé toutes les nations à la même chaîne, il devint l'acte de protestation intime des peuples contre l'omnipotence des Césars, il fut le symbole de ralliement des opprimés.

Lancé alors à travers l'humanité sous le titre caressant d'œuvre de charité et de fraternité, il a pénétré dans la conscience des nations pour saper peu à peu le colosse de la souveraineté absolue, dont, au nom de Dieu, il s'est fait depuis le représentant le plus ambitieux et le plus exigeant pour s'assurer sournoisement l'empire universel, qu'il avait de fait arraché aux mains défaillantes des empereurs romains.

7. — L'exposé des circonstances historiques qui ont, de quelques siècles, précédé ou suivi l'époque

généralement assignée à l'apparition du Christianisme, et qui en réalité l'ont préparée, va successivement démontrer l'exactitude de chacun des termes de l'énonciation qui précède, et fera ressortir comment en définitive le Christianisme, dans son essence et dans la pratique, est tout simplement la religion égyptienne réformée et rendue acceptable par toutes les nations; on verra qu'il est l'œuvre ordinaire et commune du temps, des événements et des hommes au même titre que toutes les institutions qui régissent les hommes, et que par là il apparaît dans le monde comme un des éléments courants de l'histoire générale qu'il est utile d'étudier et qu'il est sain d'apprécier à sa juste valeur pour bénéficier des enseignements de l'histoire.

Mais, après la ruine si définitivement consommée des bibliothèques d'Alexandrie, bibliothèques qui furent les bibliothèques du monde savant, en même temps que le dépôt des confidences de la conscience humaine depuis les temps les plus reculés jusqu'au jour où parut le Christianisme, l'étude et l'appréciation à faire des conditions de l'apparition de la religion nouvelle ne peuvent devenir profitables que si nous savons franchement nous conformer ici aux exigences impérieuses qu'impose la logique à l'examen de toutes les questions soulevées dans le monde par la marche des événements.

Partout où la raison peut pénétrer, c'est un devoir de lui faire place.

Je vais tâcher d'accomplir ce devoir.

IX.

ALEXANDRIE.

1. — Il convient, en ouvrant par ce chapitre la série des observations qui doivent embrasser un ensemble de faits d'une portée considérable, de répéter que, dans l'histoire du monde, toutes les circonstances qui la diversifient relèvent les unes des autres, comme dans un tableau toutes les figures d'une même et vaste composition; et qu'il ne serait pas plus sage de prétendre juger de la valeur réelle d'un fait historique en l'isolant des circonstances qui l'ont produit, qu'il ne serait convenable de critiquer l'attitude donnée à telle ou telle figure d'un tableau en l'isolant de l'ensemble, où la place et la physionomie qui lui sont données ont seulement leur raison d'être.

L'apparition du Christianisme dans le monde relève sans doute des faits généraux de l'histoire du monde; mais c'est aux circonstances de la vie publique, aux agitations des intelligences dans Alexandrie, qu'elle est plus particulièrement et plus immédiatement due.

C'est pourquoi Alexandrie doit intervenir ici avec tous les faits propres de son existence physique et morale.

2. — L'histoire religieuse de l'Égypte compte trois périodes bien marquées.

Ces trois périodes ont pour enseignes les trois capitales que s'est successivement données l'Égypte.

La première période est celle du gouvernement théocratique pur qui fonda la nationalité égyptienne; il eut son siége à Thèbes.

La seconde est celle du gouvernement civil et militaire, qui, exonérant la religion de la charge du gouvernement civil, lui laissa la direction de la conscience publique, en confirmant les membres de la caste sacerdotale dans tous les grands emplois de l'administration et de l'État.

Ce gouvernement est celui des dynasties pharaoniques. Il eut son siége à Memphis que fonda Ménès.

La troisième période de l'histoire religieuse de l'Égypte est celle des Ptolémées, qui siégèrent à Alexandrie et fondèrent en Égypte la liberté de conscience d'où, par transaction, est sorti le Christianisme.

3. — Alexandrie a eu en Égypte tout autant d'importance qu'en ont pu avoir, à leurs grandes époques, Thèbes et Memphis. Dans le monde, Alexandrie en a eu beaucoup plus que les deux anciennes capitales.

Au moment où, il y a dix-huit cent soixante-cinq ans, allait s'ouvrir l'ère chrétienne, depuis plus de trois siècles déjà[1] Alexandrie était le centre commercial de la terre, le foyer actif de la liberté de conscience, le chef-lieu de la science et du monde des intelligences.

Alexandrie était ainsi le caravansérail de l'humanité tout entière.

Son port, ouvert à tous les pavillons, recevait des navires de toutes les nations; son enceinte, ouverte à tous les cultes, renfermait des temples de toutes les croyances.

4. — Alexandrie a été fondée par Alexandre le Grand : c'est dire que cette troisième capitale de l'Égypte fut la ville des Grecs aussi bien que la capitale de l'Égypte.

Les Grecs y abondèrent en effet, et la conséquence la plus immédiate de leur présence à Alexandrie fut l'édification de temples nombreux pour y honorer l'Être suprême selon les rites de leur religion.

Après la mort d'Alexandre, Ptolémée Soter, le premier des Lagides, devenu son successeur, régna sur l'Égypte, et, ses armes victorieuses ayant, bientôt après son intronisation, réuni à ses domaines la Syrie et la Palestine, deux cent mille Juifs vinrent, comme nouveaux sujets du roi d'Égypte, s'établir à Alexandrie.

Les Juifs portèrent à Alexandrie deux choses qui

---

[1] La fondation d'Alexandrie est de 332 avant l'ère vulgaire.

les suivent partout : leur religion et leur industrie, qu'il était de l'intérêt du souverain de protéger à l'égal de la religion et de l'industrie des Égyptiens et des Grecs.

A côté de ses temples égyptiens, Alexandrie vit donc s'élever des temples grecs et des synagogues.

En ce temps-là, la religion égyptienne, le Paganisme et le Mosaïsme étaient la triple expression des croyances religieuses de l'humanité dans le vieux monde, et chacune de ces trois religions avait ses domaines de conscience dans les contrées déjà devenues parties constitutives de l'empire romain, ou qui allaient le devenir.

Ainsi, dès sa fondation, Alexandrie bénéficia des avantages de la liberté de conscience, et fut ainsi comme la capitale religieuse du monde.

5. — Ce n'était pas seulement à la nombreuse population sédentaire d'Alexandrie qu'étaient journellement offert le spectacle de la liberté des cultes et les enseignements de la doctrine qui en découle. Son port franc, ouvert au commerce et aux navires de toutes les nations, y attirait par milliers des trafiquants et des matelots de toutes les contrées maritimes de notre vieux monde.

Il n'est pas possible sans doute de fixer le chiffre des étrangers qui, dans ces conditions, visitaient alors annuellement Alexandrie, mais il est aisé de comprendre qu'il dut être considérable, et que l'affluence de ces étrangers dut former, dans la ville d'Alexandrie, une population flottante d'une grande importance, puisque les dépenses qu'ils y faisaient pendant leur séjour et les bénéfices qu'ils y apportaient aux résidents suffisaient à l'entretien large et luxueux d'une ville qui paraît n'avoir pas renfermé, dans ses temps prospères, moins d'un million d'habitants [1].

6. — Quelle que soit l'indifférence que se piquent de professer les marchands et les marins pour les choses qui ne sont pas du ressort immédiat de leurs intérêts ou de leur métier, il n'est pas cependant possible de dire qu'ils soient complétement insensibles à tout ce qui se passe d'étrange sous leurs yeux, à tout ce qui se produit à l'encontre de leurs habitudes et des mœurs de leur nation respective.

A l'ombre de leur apparente impassibilité, il y a un travail d'observation comparative qui s'opère. Ils sont hommes, et comme le reste de l'humanité ils ont en eux, à une dose quelconque, quelque peu de cet esprit investigateur et curieux qui nous emporte, presque à notre insu, vers la satisfaction à lui donner.

La légende du *Fruit défendu*, celle de la *Boîte de Pandore*, attestent d'ailleurs que dès la plus haute

---

[1] Diodore de Sicile dit que, de son temps, cette ville était encore, quoique bien déchue, la première du monde.

Sous Auguste, elle renfermait encore une population de plus de 900,000 habitants.

antiquité le péché de curiosité avait déjà fait son entrée dans le monde.

Pour comprendre du reste la portée que pouvaient avoir les observations ainsi faites sur les mœurs de l'Égypte, sur les pratiques diverses des religions, par la classe des trafiquants et des marins étrangers à Alexandrie, il suffit de voir ce qui se passe aujourd'hui autour de nous, et, par exemple, d'entendre l'interminable chapitre des observations plus ou moins judicieuses que nous rapportent des contrées étrangères ceux de nos compatriotes que leurs loisirs ou leurs affaires ont fait courir le monde à quelque distance de nos frontières, ou d'écouter les étrangers dans leurs observations sur les mœurs et les usages de notre pays.

De la même manière, d'Égyptiens à Grecs et à Juifs, de Juifs à Grecs et à Romains de toutes les provinces, les cérémonies respectives des cultes pratiqués à Alexandrie ont dû être l'objet de la curiosité et des remarques de chacun ; cela ne peut être douteux.

7.—Ces remarques étaient justement l'exercice de la liberté de conscience, et, à cette époque de la vie du monde, où il n'y avait ni journaux ni revues, les voyageurs qui venaient des contrées lointaines devaient se préparer à servir, à leur retour, de gazette pour satisfaire la curiosité de leurs compatriotes.

La moindre dose d'amour-propre faisait alors à chaque voyageur l'obligation de se mettre, autant que possible, en mesure de répondre aux questions des membres de sa famille et à celles de ses amis; et c'est ainsi que les causeries des trafiquants et des navigateurs, rentrant d'Alexandrie dans leur port d'armement ou de déchargement, furent comme le pollen fécondant jeté à travers le monde dans les champs de la tolérance et de la transformation religieuses.

Aujourd'hui qu'à bon droit on ne cesse de répéter sur tous les tons que les rapports multipliés de peuple à peuple effacent les causes d'inimitiés internationales, et fondent au contraire les alliances solides entre les nations, on admettra sans doute l'extrême justesse des observations qui viennent d'être présentées et des conséquences qui en sont tirées, si l'on veut bien surtout remarquer qu'à l'époque où s'ouvre l'ère chrétienne, cette exportation d'idées de tolérance et d'émancipation religieuses, d'Alexandrie vers les autres ports du bassin de la Méditerranée, se continuait depuis plus de trois siècles sans aucune interruption.

8. — La tolérance et la transformation religieuses avaient d'ailleurs, en ces temps-là, au service de leur mission de paix et de transaction, un agent de prosélytisme bien autrement puissant et sérieux que les causeries et les rapports des indifférents et des simples curieux.

Elles avaient l'École d'Alexandrie.

X.

L'ÉCOLE D'ALEXANDRIE.

1. — La fondation et l'existence ouvertement protégées de l'École d'Alexandrie sont, dans la conduite des Ptolémées, des faits de politique pure.

Le lustre des sciences, des lettres et des arts put importer sans doute aux successeurs d'Alexandre en Égypte, mais ce qui leur importa bien plus encore, fut d'opposer à la caste sacerdotale de l'Égypte, caste de savants devenue, depuis l'intronisation des Lagides, la caste des mécontents [1], une société d'hommes instruits, capables de faire échec par leur science et par leur nombre à l'importance séculaire de la caste sacerdotale de l'Égypte, et d'amoindrir par là l'ascendant très-réel qu'avaient ces membres de l'antique dynastie du savoir, sur l'esprit du peuple égyptien.

[1] L'avénement des Lagides au trône de l'Égypte trompa l'espoir de la caste sacerdotale.

Les prêtres égyptiens s'étaient imaginé qu'Alexandre, après avoir délivré l'Égypte de la domination des Perses, la rendrait à elle-même.

L'événement n'ayant pas justifié cet espoir, la mauvaise humeur s'ensuivit, et nous avons déjà dit comment, sous l'influence de cette mauvaise disposition de la caste sacerdotale, Apis ne se manifestant pas assez vite au gré des désirs du premier des Ptolémées, il advint qu'un beau matin, un Apis de bonne volonté, parti spontanément de Sinope, vint, après trois jours de mer seulement, débarquer à Alexandrie.

Cette mission politique, tacitement conférée par les rois grecs de l'Égypte à l'École d'Alexandrie, a valu aux membres de cette institution célèbre une liberté de pensée d'autant plus complète que l'exercice de cette liberté, dirigé dans le sens d'une saine reconnaissance envers les Ptolémées, servait leurs intérêts dynastiques contre les intrigues des prêtres égyptiens, chaque jour plus irrités de l'intrusion des étrangers en Égypte, chaque jour plus effrayés de l'établissement en Égypte de religions étrangères, que les dogmes les plus populaires de la religion de la vallée du Nil, trop exclusivement égyptiens, étaient impuissants à combattre; chaque jour enfin, malgré leur apparente soumission, plus hostiles à la dynastie grecque des Lagides.

2. — Partout, mais surtout dans le domaine de la pensée, la liberté enfante des merveilles.

Il faut en effet à la pensée de l'air et de l'espace pour qu'elle puisse prendre son essor, s'élever et se répandre pour féconder les intelligences et exalter le sentiment public. La liberté est la condition absolue de son existence, de sa valeur et de sa fécondité.

Durant la première période de son existence, c'est-à-dire pendant les trois siècles que régna la dynastie des Ptolémées, l'École d'Alexandrie a eu, sous le rapport de sa liberté d'action et de penser, toute la satisfaction désirable. Aussi, tant que durèrent ses temps de prospérité, c'est-à-dire de liberté, a-t-elle été par excellence l'académie des académies du monde, aussi le Musée d'Alexandrie a-t-il alors été le chef-lieu des intelligences supérieures.

L'Égypte a retiré de ces circonstances heureuses un lustre sans pareil, un lustre qui l'a élevée dans l'esprit des nations plus haut que ses pyramides et ses obélisques, plus haut que l'élevèrent jamais Memnon et Sésostris.

Et cependant justice complète n'a pas encore été rendue à l'École d'Alexandrie, soit que le rôle qu'elle a rempli dans le monde n'ait pas encore été compris dans toute son ampleur, soit que l'appréciation en ait été faite en dehors des circonstances au milieu desquelles a vécu la célèbre École, soit que ses enseignements, jugés isolément, n'aient pas assez accusé la relation qui existe entre eux et les événements qui marquent les temps assignés à l'apparition du Christianisme.

XI.

L'ÉCOLE D'ALEXANDRIE, SES ENSEIGNEMENTS. — LA CONQUÊTE ROMAINE. — LE CHRISTIANISME.

1. — Ce n'était pas seulement parmi les Grecs d'Alexandrie, sujets des Ptolémées, que se recrutaient les membres de la célèbre École; à condition de science et de talent, les étrangers, d'où qu'ils vinssent, y avaient droit de cité. Les portes du Mu-

sée d'Alexandrie[1] étaient ouvertes à toutes les nationalités comme à tous les mérites intellectuels.

Parmi les personnalités si nombreuses qui ont marqué dans la première période de l'existence de la savante compagnie, nous connaissons :

Les rhéteurs : Zenodote d'Éphèse, Aristophane de Byzance, Aristarque de Samothrace, Cratès de Milet, Denys de Thrace, Zoïle ;

Les poëtes : Apollonius de Rhodes, Lycophron, Aratus, Nicandre, Euphonius, Callimaque de Cyrène, Théocrite, Philétas, Phanoclès, Timon le Phliasien, et les sept poëtes tragiques que l'on nommait : la Pléiade d'Alexandrie ;

Les savants : Euclide, qui de la géométrie a fait une science; Apollonius de Perga, auteur d'un Traite des sections coniques ; Nicomaque, qui, le premier, a réduit l'arithmétique en système; Ératosthène, auteur des *Catastérismes*, — Traité des constellations ; — Aratus qui a écrit le poëme didactique : *Phænomena;* Ménélas, et, entre tous le plus universellement connu, Ptolémée le Géographe, qui nous a laissé la *Magna Syntaxis*, — l'Almageste.

L'École d'Alexandrie s'honore encore d'avoir compté parmi ses membres les médecins Hérophyle et Érasistrate, tous les deux anatomistes ; Démosthène

---

[1] Le Musée, lieu de réunion des savants, faisait partie du palais des Ptolémées, bâti sur le bord de la mer, en face du promontoire de *Lochias*. (Strabon, liv. XVII.)

Philalèthe, qui le premier a écrit sur les maladies des yeux, Zopyre et Cratévas.

2. — Les sciences métaphysiques ont eu aussi au Musée d'Alexandrie d'illustres et de nombreux représentants, et ce n'est pas sans doute sa moindre gloire que d'avoir été le champ clos où furent librement débattus tous les systèmes philosophiques qui ont brillé dans l'antiquité.

Dans cette branche des travaux de l'intelligence, les ouvriers de la pensée étaient aussi de tous les pays, ils étaient encore de toutes les religions, et l'on sait la belle part qu'ont prise aux discussions dont retentit le Musée : Aristobule, le juif péripatéticien; Philon, l'historien juif, le chef ou un des chefs de cette école spiritualiste qui fit revivre les doctrines du divin Platon, ce philosophe ingénieux dont les enseignements, quoique humains, dit Clément d'Alexandrie dans ses Stromates, servirent à préparer les Grecs à l'Évangile.

3. — Cette diversité d'origine et de croyances, cette grande variété de savoir chez les membres de l'École d'Alexandrie, furent évidemment des circonstances heureuses et décisives qui méritent d'être remarquées; elles constituent une sérieuse garantie de choix, de discussion et d'étude approfondie de toutes les questions qui se sont agitées dans son sein ; garantie qui ne peut manquer de donner une

valeur réelle à la direction imprimée à l'esprit et aux travaux de la fameuse École.

« Ce qui caractérise les philosophes de l'École « d'Alexandrie, c'est l'amalgame de la philosophie « européenne avec celle de l'Orient. On les appelle « aussi philosophes éclectiques, parce qu'ils cher- « chaient à mettre en harmonie les systèmes les plus « opposés; toutefois le nom d'éclectique n'est pas « applicable à tous.

« Les plus remarquables parmi les philosophes « d'Alexandrie sont les Néoplatoniciens, qui, aban- « donnant le scepticisme de la Nouvelle Académie, « cherchèrent à fondre les idées de Platon avec celles « des penseurs d'Orient.

« Le juif Philon, d'Alexandrie, est un des pre- « miers Néoplatoniciens. Dans le premier et le « deuxième siècle après Jésus-Christ, on commenta « Platon et Aristote; à cette époque appartient Am- « monius le péripatéticien, dont Plutarque de Ché- « ronée fut un des disciples.

« La véritable école néoplatonicienne fut fondée « à Alexandrie vers l'an 193 après Jésus-Christ, par « Ammonius[1], d'Alexandrie, qui eut pour disciples « Plotin[2] et Origène[3].

---

[1] Il reste de lui : *Harmonia evangelistarum*. Ammonius est mort en 236.

[2] Né vers 205, à Lycopolis de la Thébaïde, philosopha à Alexandrie, d'où il vint à Rome. Il y fonda une école de philosophie, et compta au nombre de ses disciples Porphyre. Il mourut en 270.

[3] Né l'an 184. Il a été prêtre de l'Église d'Alexandrie, et l'un

« Ces philosophes, nés dans l'Orient pour la plu-
« part, sont versés dans la langue et la littérature
« grecques. C'est dans leurs écrits que l'on remarque
« plus particulièrement cet amalgame des doctrines
« de l'Occident avec la philosophie orientale. *Leur*
« *système eut beaucoup d'influence sur la manière*
« *dont la religion chrétienne fut comprise et ensei-*
« *gnée en Égypte. Les principaux systèmes gnostiques*
« *avaient été fondés à Alexandrie. Les principaux*
« *maîtres de l'école des catéchètes*[1] *s'étaient imbus*
« *des principes de cette philosophie...* »

L'éclectisme comme règle de conduite de l'École d'Alexandrie est sans doute un fait dès longtemps acquis à la vérité, mais il était bon d'en affirmer ici l'existence en le plaçant sous le patronage de l'Institut par la citation qui précède, citation empruntée à un résumé fait par M. Matter lui-même de son ouvrage sur l'École d'Alexandrie, ouvrage couronné par l'Académie française[2].

Sous la parole de M. V. Cousin, la distinction que fait M. Matter entre les Éclectiques d'Alexandrie et les Néoplatoniciens s'efface même complétement pour ne laisser voir, dans l'École d'Alexandrie, que

---

des plus savants Pères de l'Église. Il y a fait beaucoup de bruit.
Origène était fils de Léonide, philosophe d'Alexandrie, martyrisé en 202.

[1] L'institution des catéchètes date du pontificat d'Éleuthère, quatorzième pape (171 à 185, empereurs : Marc-Aurèle, Commode). Il en était établi dans les grandes villes pour instruire les catéchumènes et les fidèles nouvellement convertis à la religion chrétienne.

[2] *Essai historique sur l'École d'Alexandrie.* (2 vol. Paris, 1829.)

des Éclectiques. M. Cousin ne craint pas d'affirmer en effet que l'éclectisme était dans la pensée de Platon [1].

L'éclectisme, c'est-à-dire, « le choix éclairé dans les idées déjà connues, » a donc bien été de tout temps la règle de conduite de l'Ecole d'Alexandrie.

4. — L'École d'Alexandrie, recrutée chez toutes les nations et dans toutes les croyances, a toujours et simultanément compté dans son sein des rhéteurs, des savants, des philosophes, et c'était le devoir et le droit de chacun de ses membres de soulever au sein de la docte assemblée les questions diverses dont la solution intéresse le progrès de l'esprit humain, la direction ou la satisfaction à donner aux aspirations de l'humanité.

Dans ces conditions, aucun sujet d'étude n'a pu être étranger aux méditations et aux délibérations de l'Académie du Musée. Elle s'est nécessairement occupée de questions religieuses. Quand, chaque jour et sous ses yeux, trois religions se disputaient la prééminence, il ne peut être douteux, en effet, que l'École d'Alexandrie n'ait été appelée directement ou indirectement à dire son avis et à donner ses conseils sur les prétentions de chacune de ces trois religions.

Il est certain alors que les questions qui, sur ce point, lui ont été soumises, ont dû être tranchées par elle dans le sens vers lequel la faisait pencher sa

---

[1] *Fragments philosophiques.* (2ᵉ édit., *Préf.*, p. 57.)

règle habituelle de conduite, c'est-à-dire que, sollicitée, par exemple, à se prononcer sur le mérite des divers dogmes religieux qui se disputaient à Alexandrie l'empire des consciences, elle a dû recommander l'adoption de ceux qui, ayant fait leurs preuves de civilisation et de durée, témoignaient par là être les plus propres à satisfaire aux instincts mystiques et aux aspirations religieuses de l'humanité.

5. — Le spectacle de la rivalité des trois religions pratiquées dans Alexandrie ne devait pas être alors[1] beaucoup plus édifiant que celui qui nous est offert aujourd'hui par la rivalité des religions modernes qui, bien que vivant, grâce à la vigueur des lois civiles, dans une harmonie apparente, ne s'excommunient pas moins réciproquement de la béatitude céleste réservée par Dieu à ses Elus.

Aussi, dans le cours de la première période de son existence, c'est-à-dire du jour de sa fondation au moment intermédiaire désigné par la naissance de Jésus-Christ, l'École d'Alexandrie a dû voir bien sou-

---

[1] C'étaient surtout les Grecs et les Juifs qui étaient en perpétuelles querelles.
On sait, par exemple, quelle lutte déplorable survint entre les Grecs et les Juifs à la suite des essais de Philon qui, pour les rapprocher, s'efforça de leur démontrer la commune origine de leurs institutions religieuses.
Ce fut dans cette occasion que les Juifs d'Alexandrie députèrent Philon pour plaider leur cause auprès de Caligula.
L'empereur l'accueillit, mais il refusa de faire droit à ses réclamations, et le gouverneur de l'Égypte, Avillius Flaccus, qui protégeait les Grecs, fut maintenu dans son gouvernement.

vent se dresser devant elle la question de la nécessité d'un culte universel, capable de satisfaire toutes les consciences, et de les rallier à la concorde.

6. — Mais la solution définitive d'un problème aussi complexe appelait la solution préalable de bien d'autres questions complexes quoique secondaires.

La mise en pratique d'un culte universel ne peut pas être l'œuvre d'un jour : il faut y préparer de loin la conscience du monde, et c'est là un terrain qui exige des siècles entiers de travaux préliminaires pour s'ameublir et s'amender à la nouveauté.

Bien certainement la question était mûre et résolue dans l'intimité de l'École d'Alexandrie, longtemps avant que l'enseignement en fût lancé dans la pratique, et le culte universel formulé au sein du Musée serait bien plus longtemps encore resté à l'état d'étude et de théorie, si la politique chaque jour plus envahissante de Rome n'eût, en complétant l'empire du monde par la conquête de la Syrie et de l'Égypte, provoqué la résistance morale qui se traduisit alors par les aspirations de conscience d'où est sorti triomphant l'enseignement religieux de l'École d'Alexandrie; enseignement qui n'est autre chose que le culte universel formulé par elle et appelé depuis : le Christianisme.

Examinons d'abord quelle condition la conquête romaine faisait à la conscience des peuples, nous verrons ensuite quelle fut alors la conduite de l'École d'Alexandrie et comment s'exerça son influence.

7. — Pendant que l'esprit de tolérance et d'examen s'exerçait librement dans Alexandrie, devenue la Rome des Césars, la Rome de Romulus, poursuivant ses destinées, avait achevé de ranger sous ses lois tous les peuples du monde baigné par la Méditerranée, et, la septième année du règne d'Auguste [1], elle se trouvait régenter toutes les contrées où dominaient les communions représentées par les cultes divers en honneur dans Alexandrie.

Rien dans l'histoire ne dit que Rome ait, en pareilles circonstances, jugé que sa conscience fût engagée envers l'une ou l'autre de ces communions.

Il n'est pas d'exemple en effet que, dans les instructions envoyées à cette époque par le Sénat de Rome aux gouverneurs des provinces, il y ait été pris directement souci pour ou contre la religion des peuples conquis.

Cette neutralité apparente de Rome vis-à-vis des croyances professées par les peuples qu'elle avait vaincus, semble tout d'abord indiquer que la politique fut tout à fait étrangère à la transformation religieuse du monde romain. Rien n'est moins exact cependant, et c'est en réalité le courant ascendant de la politique romaine qui provoqua le mouvement de transformation, comme c'est le courant descen-

---

[1] C'est le 27 novembre de l'an 43 avant l'ère vulgaire que fut formé, entre Octave, Lépide et Antoine, le triumvirat qui leur donna la direction des affaires de la république; le 2 septembre de l'an 31, Octave battait Antoine à Actium, et s'emparait de l'Égypte dans les premiers mois de l'an 30.

dant de cette même politique qui amena le triomphe définitif de la transformation religieuse; transformation qui marque non pas le premier jour de l'ère chrétienne, comme on semble le croire, mais les temps qui avoisinent ce premier jour en deçà et au delà, et dont ce premier jour, fixé au point culminant de la puissance romaine [1], n'est en réalité que le terme moyen.

De fait il y a corrélation complète dans la manifestation et dans le développement de ces deux circonstances, savoir : d'une part, l'achèvement de la conquête romaine, d'autre part le travail de transformation religieuse, et, logiquement, l'un est la conséquence de l'autre ; de telle sorte qu'il est vrai de dire que la transformation religieuse du monde romain d'où date l'ère vulgaire est directement due à l'action ordinaire de la marche des affaires humaines, et non point à des causes surnaturelles.

Quelques rapides indications vont témoigner de cette vérité.

8. — Jusqu'au moment où les Romains vinrent s'attaquer aux Juifs et aux Égyptiens, les peuples qu'ils eurent à combattre, c'est-à-dire qu'ils soumirent, étaient de ceux qui pratiquaient une religion assez semblable à la leur.

---

[1] Rome a complété la conquête du monde par la prise de possession de la Syrie et de l'Égypte, et la date de l'établissement du Christianisme est justement fixée à l'époque de l'accomplissement de ces événements.

Tous suivaient en effet le Paganisme grec, mais chez tous aussi il existait des variantes locales qui étaient des satisfactions données à l'amour-propre national.

Il est chez tous les peuples un usage à peu près aussi vieux que le monde, usage qui consiste à rendre grâce à la divinité des succès obtenus sur les ennemis.

Cet usage exista chez les peuples que soumirent les Romains, et chez les Grecs en particulier.

Chez ces peuples, la manière de rendre hommage à la divinité pour les succès obtenus à la guerre était de remercier les Dieux par des prières publiques; de décorer les temples des dépouilles ennemies, et de consacrer ces glorieux souvenirs, soit par des inscriptions murales commémoratives, soit par l'érection dans les temples de quelques statues votives, ici en l'honneur de Jupiter *Vengeur*, là en l'honneur de Pallas *Protectrice*, ailleurs en l'honneur de Mars *Vainqueur*..... etc.

Sous l'influence de cet usage, le temple devenait un sanctuaire plus intime et plus personnel à chaque peuple, en même temps que la satisfaction d'amour-propre que se donnait ainsi chacun d'eux lui créait dans la croyance commune une sorte de confession particulière qui était son culte national.

Chez la plupart des peuples soumis par Rome, chez les Grecs surtout, ces cultes spéciaux ne pouvaient pas ne pas être en grande partie dirigés contre les Romains, qu'ils avaient eu souvent à combattre et qu'ils avaient vaincus à l'occasion. Il est alors bien certain que, quelque indifférents que fussent les Romains aux pratiques religieuses des peuples qu'ils conquirent, ils ne pouvaient pas cependant l'être au point de tolérer que les vaincus conservassent chez eux des trophées et des attestations de gloire qui, en leur rappelant les succès passagers de leur résistance antérieure, pouvaient les éveiller à une résistance nouvelle.

Ce fut donc une impérieuse nécessité politique pour les Romains d'effacer ces trophées chez les peuples conquis, et la destruction qui par eux en fut faite, bien que dans leur esprit complétement étrangère à l'idée religieuse, n'en fut pas moins une atteinte directe portée par Rome à la religion des peuples qu'elle faisait ses tributaires.

Il dut sembler à ces peuples qu'ils étaient violemment séparés de leurs Dieux familiers, et jetés dans un culte tout spécial aux Romains.

Cette violence faite au sentiment national fut surtout sensible aux peuples qui, comme les Grecs, avaient d'antiques et nobles annales, et il est à remarquer que ces peuples qui furent les derniers soumis par les Romains, furent, après les Juifs et les Egyptiens, les premiers qui s'émurent à la transformation religieuse.

S'enrôler sous la bannière de la réformation fut, pour les peuples conquis par Rome, une façon intime de s'insurger contre l'ambition de sa toute-puissance brutale, une manière, moins dangereuse que l'insurrection en armes, de protester contre la conquête.

9. — Les causes qui firent embrasser aux Juifs et aux Égyptiens le parti de la transformation religieuse ne pouvaient point avoir, comme chez les Grecs, leur source dans la destruction de leurs trophées commémoratifs devenus des instruments de religion; cependant l'entraînement des Juifs et des Égyptiens vers la réformation n'en fut pas moins motivé par le froissement qu'ils éprouvaient dans leurs sentiments religieux.

D'une part, en effet, les Juifs, à l'époque dont nous parlons, étaient soumis à un prince étranger qui n'était que le lieutenant des Romains [1].

D'autre part, les Préfets de l'Égypte relevaient directement de l'Empereur.

Ce mode de délégation du pouvoir romain n'a sans doute, en soi, rien de plus intentionnellement fâcheux pour les Juifs et les Égyptiens; mais, tandis qu'autrefois le gouvernement national des Juifs, comme celui des Égyptiens qui lui avait servi de mo-

---

[1] Après avoir vaincu Mithridate, l'an 689 de Rome, sous le consulat de Cicéron, 64 ans avant l'ère chrétienne, Pompée, qui était entré en Syrie, fut pris pour arbitre par les deux fils d'Alexandre Jannée, Hyrcan et Aristobule, qui se disputaient, avec le pontificat, la souveraine puissance sur les Juifs.

Pompée emmena Aristobule prisonnier et ne laissa à Hyrcan qu'une ombre de puissance sur un État fort amoindri.

De ce moment les Juifs furent tributaires des Romains, de qui, un peu plus tard, Hérode, l'Iduméen, n'était, comme roi des Juifs, qu'un lieutenant fort soumis.

dèle, avait pour base, ainsi que nous l'avons vu, l'élément théocratique, et que tout le code de lois de ces deux peuples se trouvait relever directement des préceptes de leur religion, au contraire les instructions politiques, envoyées de Rome aux gouverneurs des provinces, étaient tracées sans aucune préoccupation des préceptes de la religion propre aux peuples conquis.

Dans de telles conjonctures, les instructions de Rome durent nécessairement se heurter sans cesse à la conscience des Juifs et à celle des Égyptiens [1],

[1] Quant aux Juifs, on peut voir si je dis vrai ; voici comment, sur ce sujet, s'explique Bossuet :

« Les gouverneurs (romains) de Syrie firent de continuelles en-
« treprises sur la Judée : les Romains s'y rendirent maîtres abso-
« lus, et affaiblirent le gouvernement en beaucoup de choses. Par
« eux, enfin, le royaume de Juda passa des mains des Asmonéens,
« à qui il étoit soumis, en celles d'Hérode, étranger et Iduméen.
« La politique cruelle et ambitieuse de ce roi, qui ne profes-
« soit qu'en apparence la religion judaïque, changea les maximes
« du gouvernement ancien. Ce ne sont plus ces Juifs maîtres
« de leur sort sous le vaste empire des Perses et des premiers
« Séleucides, où ils n'avoient qu'à vivre en paix. Hérode, qui les
« tient de près asservis sous sa puissance, brouille toutes choses,
« confond à son gré la succession des pontifes; affoiblit le pontificat,
« qu'il rend arbitraire ; énerve l'autorité du conseil de la nation,
« qui ne peut plus rien ; toute la puissance publique passe entre
« les mains d'Hérode et des Romains, dont il est l'esclave, et il
« ébranle les fondements de la république judaïque. » (*Discours sur l'Histoire universelle*, IIe partie, chap. v.)

Quant aux Égyptiens, l'image hideuse de Bès, répandue à profusion dès les temps des Ptolémées, l'édification des *Typhonium*, — ces temples du désespoir ouverts par les Égyptiens au génie du mal qui les dominait, — les crocodiles, les hippopotames, animaux consacrés à Typhon, introduits dans les sanctuaires des temples, disent assez que les prêtres égyptiens n'ont point cessé, sous les Ptolé-

et par là les disposer à se jeter dans toute opposition à faire à la politique de Rome.

En définitive donc c'est bien l'ambition de Rome qui, en froissant avec ou sans mauvaise intention la conscience des peuples qu'elle asservit, fit naître chez eux des sentiments de révolte intime, les poussa à désirer une transformation quelconque [1], et à s'associer par conviction ou par spéculation à toutes les manifestations capables de faire échec à la puissance romaine et de lui susciter des embarras.

Ce mouvement des esprits, commencé longtemps avant l'époque assignée à l'apparition du Christianisme, avait naturellement dans Alexandrie, toute bigarrée d'étrangers et de religions, son foyer le plus actif et son centre de direction le plus accentué, et ce fut même la position en apparence fâcheuse, fréquemment faite par les événements politiques aux

---

mées et sous les Romains, de crier à leur manière contre la profanation dont la religion égyptienne fut l'objet en ces temps-là.

[1] Comme fin de cette transformation, on leur promettait à tous la paix. Le mot d'ordre des réformateurs était, en effet, PAX, dont on retrouve le monogramme sur les plus anciens monuments primitifs de la chrétienté.

Tous les édifices religieux de Rome moderne et de l'Italie répètent ce monogramme, auquel s'ajoute l'idée de la perpétuité par le voisinage des lettres grecques A et Ω, — le Commencement et la Fin ; — exemple : A⚹Ω.

On dit encore que l'A et l'Ω sont là placés comme un symbole mystique de Dieu, symbole emprunté à l'Apocalypse.

« Je suis l'Alpha et l'Oméga, le Commencement et la Fin, dit le
« Seigneur Dieu, qui est, qui était, et qui doit venir, le Tout-Puis-
« sant. » (*Apocalypse de saint Jean*, chap. i, v. 8.)

membres de l'École d'Alexandrie, qui activa le mouvement des esprits vers la réforme religieuse, et qui le marqua d'une façon décisive.

10. — Les sciences, les arts et les lettres ne vivent et ne grandissent que par l'étude, et l'étude n'est possible qu'à la condition de repos et de sécurité.

Quand viennent aux hommes studieux les préoccupations de l'existence, l'incertitude du lendemain et l'absence de sécurité personnelle, le cerveau s'inquiète, il cesse de fonctionner pour la science, et l'étude disparaît.

Le soin le plus immédiat des hommes d'étude est alors de rechercher une retraite, dont le calme leur permette de reprendre leurs travaux de sainte prédilection.

La vie retirée des Thérapeutes[1], ces plus anciens serviteurs de Dieu seul et d'un seul Dieu[2], aussi bien que la fréquente dispersion des membres composant le Musée d'Alexandrie, n'ont pas d'autres raisons d'être.

Si l'on suit l'histoire des Ptolémées ailleurs que chez les poëtes exaltés qui les ont chantés et portés jusqu'aux nues, on apprend bien vite en effet que la cour d'Alexandrie, à l'ombre de laquelle vivait le

---

[1] Les Thérapeutes sont antérieurs au Christianisme. Ils vivaient retirés à quelque distance d'Alexandrie.

Ils ont ainsi précédé, dans l'exercice de la vie contemplative, les solitaires chrétiens de la Thébaïde et de la Basse-Égypte.

[2] Philon, *de la Vie contemplative*.

Musée[1], a trop souvent, par ses querelles intestines, semé dans la capitale grecque de l'Égypte des troubles qui l'ont ensanglantée, et qui ont directement compromis le repos des membres du Musée, quand ils ne les mettaient pas personnellement en péril.

Chaque fois qu'ils ont éclaté, ces troubles ont provoqué l'exil volontaire des membres de l'École d'Alexandrie.

La Grèce plus calme leur a alors servi d'asile, mais c'est surtout à Rhodes et en Syrie que les savants d'Alexandrie allaient demander le repos qui leur faisait défaut en Égypte.

Ces circonstances malheureuses ont ainsi servi la gloire de l'École d'Alexandrie, ils ont hâté et développé l'action irrésistible de ses enseignements. En Grèce, à Rhodes et en Syrie, les membres dis-dispersés du Musée d'Alexandrie ne restaient point inactifs. Leur science et leurs sages préceptes étaient un parfum dont ils ne retenaient point pour eux seuls le bénéfice. Aux lieux de leur retraite, ils ouvraient des écoles et portaient ainsi, partout où ils allaient chercher le calme, les enseignements préparés et mûris au sein du Musée.

11. — Tant que se maintint en Égypte la puissance des Ptolémées, l'exil tout volontaire des membres de l'École d'Alexandrie ne fut jamais que tem-

---

[1] Rappelons que les bâtiments du Musée faisaient partie du palais des Ptolémées.

poraire, il cessait d'ordinaire avec les troubles qui l'avaient commandé.

Les Ptolémées, aux yeux de qui l'existence de l'École d'Alexandrie était devenue un luxe nécessaire à l'éclat de leur empire aussi bien qu'une institution indispensable à leur autorité, rappelaient à eux les savants dispersés, et l'École se reconstituait, mais la Grèce, Rhodes et la Syrie bénéficiaient toujours du séjour définitif de ceux des membres de l'École d'Alexandrie qui, plus amoureux de leur repos que du patronage intermittent des rois d'Égypte, gardaient avec joie la retraite qu'ils avaient choisie.

Les alternatives de repos et de troubles à la cour d'Alexandrie durant l'époque des Ptolémées donnèrent ainsi dès longtemps aux contrées qui allaient bientôt compléter le monde romain, c'est-à-dire à la Grèce et à la Syrie, l'occasion de s'instruire directement des enseignements de l'École d'Alexandrie, et préparèrent insensiblement ces contrées à la réforme religieuse, mieux certainement que l'action lente, mais incessante et sûre, des relations internationales créées dans Alexandrie aux peuples du bassin de la Méditerranée par la franchise de son port [1].

---

[1] Il ne serait pas plus raisonnable de nier l'influence exercée sur l'esprit public du vieux monde occidental par l'enseignement des philosophes et des savants d'Alexandrie, qui s'y établirent là ou là, et par les rapports individuels des trafiquants venant de tous les points du vieux monde à Alexandrie pour y exercer leur industrie, qu'il ne serait possible de soutenir avec quelque vraisemblance que l'émigration française, à la suite des guerres de religion et de la révocation de l'Édit de Nantes, a été sans influence sur le déve-

12. — L'influence effective de l'École d'Alexandrie s'exerçait ainsi depuis plus de trois siècles tout doucement sur le vieux monde occidental, quand les Romains, après la défaite d'Antoine à Actium et la mort de Cléopâtre, prirent possession d'Alexandrie et de l'Égypte définitivement et pour leur compte particulier.

Cette fois, plus inquiets que jamais sur le sort que pouvaient leur réserver les nouveaux maîtres qui se présentaient contre l'Égypte en force et en armes, les savants se séparèrent, et de longtemps il ne put être question de reconstituer le Musée.

Des membres qui le composaient alors, les uns, —le plus grand nombre, — se réfugièrent en Grèce, les autres à Rome, en Syrie et un peu partout, et, dans leur retraite, les uns et les autres devinrent par leurs enseignements philosophiques les agents les plus réels, les plus actifs et les plus immédiats de la réformation religieuse.

13. — C'était alors vers l'an 722 de la fondation de Rome, vingt-huit ans seulement avant l'époque assignée à la naissance de l'ère chrétienne, à la toute petite distance d'un quart de siècle des temps marqués dans l'histoire par la prédication de l'Évangile, et après trois siècles déjà d'apprentissage à une ré-

---

loppement des sciences et de l'industrie en Angleterre, en Hollande et en Allemagne, où se réfugièrent alors bon nombre de Français qui, pour vivre, s'y firent maîtres d'école, ou y exercèrent leur industrie.

forme religieuse, naturellement provoquée et par les rapports toujours délicats de vainqueurs à vaincus, et par les échanges et les relations commerciales que le monde romain entretenait avec Alexandrie, ouverte à tous les cultes comme à tous les pavillons, et par l'enseignement philosophique des membres dispersés ou réunis de l'École d'Alexandrie; de sorte que, logiquement, historiquement, l'aspiration à une réforme religieuse qui s'empara alors du monde romain doit être attribuée à l'influence des causes actives et déterminantes qui viennent d'être indiquées, bien plus raisonnablement et bien plus véritablement qu'aux excitations maladives, toutes locales et accidentelles, des millénaires et des autres visionnaires sans programme qui, vers ces temps-là, se montrèrent en Palestine.

Les visionnaires et les illuminés ne sont, à vrai dire, que des accidents comme en font toujours surgir les troubles et les agitations des époques de transition. Ils sont des effets et non des causes.

Mais la conquête romaine et ses exigences envers les vaincus, mais Alexandrie et son port franc, mais la liberté des cultes et la liberté de conscience, mais l'École d'Alexandrie et ses enseignements philosophiques, sont bien des causes véritables et historiques; et, en faisant relever les transformations sociales de l'action des causes historiques, nous restons dans les conditions vitales de l'humanité, qui, pour se rapprocher de plus en plus des fins de perfection dont, en la créant, Dieu a déposé en elle le principe à développer, doit marcher droit au but, au grand jour de la lumière, par le grand chemin de la logique, et non s'égarer dans des sentiers de fantaisie, étroits, obscurs et sans issues, où tout est mystère, et où l'air et l'espace manquent également à ses poumons et à ses pensées.

Latente ou patente, intuitive ou spéculative, directe ou indirecte, l'impulsion donnée au mouvement de réformation religieuse appartient donc incontestablement aux enseignements de l'École d'Alexandrie, sous les yeux de qui, pendant plus de cinq siècles, fonctionnèrent, en se jalousant, les trois seules religions qui, jusqu'au jour du triomphe définitif du Christianisme, ont occupé la conscience du vieux monde occidental.

Voyons maintenant quelle direction dut être donnée au mouvement dont l'impulsion appartient de fait aux enseignements de l'École d'Alexandrie.

14. — Si nous ne voulons pas faire un simple accident et comme une impasse du fait si considérable de l'institution du Christianisme, il faut, de toute nécessité, le rattacher au passé comme conséquence de faits normaux antérieurs, et non le présenter comme un fait en l'air ou comme la conséquence de circonstances anomales; il faut lui ouvrir l'avenir comme principe naturel de faits réguliers à naître, et non le renfermer dans une individualité superbe et immobile. Autrement nous supprimerions, à son occasion, les lois constitutives de

tout ce qui est, lois qui sont celles de la génération perpétuelle appliquées à l'action morale de la vie des peuples, lois qui font sortir un fait d'un centre d'action pour faire de ce fait un autre centre d'action qui à son tour produit ses conséquences, pour porter ainsi par étapes l'humanité dans l'infini.

Ramené à ces conditions d'existence régulière, le Christianisme sera le fait résultant de l'impulsion donnée aux esprits par les enseignements de l'École d'Alexandrie, s'il est vrai que l'ensemble condensé des enseignements de la célèbre École découle logiquement de la morale des faits antérieurs et se rattache nécessairement à la morale des faits qui lui sont postérieurs.

La justification de cette appréciation à faire de l'influence des enseignements de l'École d'Alexandrie doit ressortir du rapport qui existe entre les résultats moraux acquis à l'humanité par la pratique des trois religions qui, avant l'établissement du Christianisme, se sont disputé l'empire de la conscience des peuples, et les principes de morale et de croyance religieuses que dut, après examen de la valeur réciproque des trois religions antérieures, préconiser l'École d'Alexandrie en raison des tendances éclectiques que nous savons avoir dirigé son esprit et par conséquent ses enseignements.

Faisons d'abord le bilan estimatif des bénéfices donnés à l'humanité par chacune des religions antérieures à l'établissement du Christianisme, nous verrons ensuite quels durent être les enseignements plus particulièrement recommandés par l'École d'Alexandrie.

15. — Les trois religions dont la pratique, dans notre vieux monde occidental, a précédé l'établissement du Christianisme, étaient : le Mosaïsme, le Paganisme, la religion égyptienne, et ces trois religions s'entendent ici considérées dans la pureté de leur institution et exemptes des contorsions, des entorses et des grimaces que leur ont infligées le fanatisme, la mauvaise foi ou la spéculation.

Au moment purement conventionnel d'où datent les temps assignés à la prédication de l'Évangile, le Mosaïsme comptait quinze siècles environ d'existence. Ces quinze siècles d'existence étaient en réalité quinze siècles d'insuccès, puisque le Mosaïsme, impuissant à se propager dans le monde, avait même été impuissant à retenir dans la dépendance de sa loi l'ensemble des tribus d'Israël, dont dix sur douze l'avaient quitté.

Le Mosaïsme, qui est la croyance en un Dieu pur esprit, était, il est vrai, l'expression hébraïque, fort peu prévenante et fort peu sympathique, de la religion égyptienne.

La religion des Grecs et des Romains, que nous avons appelée le Paganisme, était la croyance en un Dieu créateur, éternel et souverain, pourvu de toutes les perfections, perfections vers lesquelles les prêtres des Gentils appelaient les hommages des hommes, en leur représentant ces perfections divines sous des figures allégoriques que la consécration remplissait, croyait-on, de l'esprit de Dieu.

Ainsi organisé, et, quant au fond, relevant de la religion égyptienne, le Paganisme avait, comme le Mosaïsme, fourni une carrière de quinze siècles, mais avec cette différence en faveur du Paganisme, que ces quinze siècles d'existence avaient été quinze siècles de succès incontestables.

Le Paganisme s'était en effet propagé de lui-même dans toutes les contrées de notre vieux monde occidental, lui aussi était sorti de la religion égyptienne; mais, sans direction suprême, abandonné, quant à son expression, aux caprices de chacun des peuples qu'il conquérait, il avait pris les allures les plus étranges, et, à en croire certaines apparences, il s'était prostitué à toutes les excentricités de la pensée et des passions.

Dans son ensemble, la religion égyptienne, qui avait donné l'être au Mosaïsme et au Paganisme, était le culte d'un Dieu unique, éternel, universel, incorporel, invisible, souverain et infini dans ses perfections, perfections qui de l'une à l'autre, c'est-à-dire de triade en triade, et, comme d'échelon en échelon, portaient l'esprit de Dieu du ciel sur la terre jusqu'à son incarnation dans Osiris, le chef divinisé, le patron, le père, le fleuve de vie de l'Égypte[1], et le type, sinon la souche, des dynasties qui la gouvernèrent, dynasties dont les membres pre-

---

[1] Rappelons-nous que le Nil était assimilé à Osiris ou Osiris au Nil, de qui l'Égypte tirait et tire encore toute son existence.

naient en effet les titres de : *Osirien*, *Aroëris*, *Horus*.

C'était d'ailleurs par cent siècles et plus que la religion égyptienne mesurait son existence.

16. — Tels étaient en définitive les états de service de chacune des trois religions dont les prétentions à l'excellence se dressaient devant l'École d'Alexandrie, et sur le mérite desquelles les éclectiques avaient à se prononcer.

Le triage des bonnes idées parmi les idées en circulation étant la règle de conduite de la fameuse École, la sentence qu'elle devra rendre en pareil cas, c'est-à-dire la religion dont elle recommandera l'adoption, au nom de la sagesse et de la raison, sera, on le devine, un ensemble de croyances, de règles et de pratiques, composé des circonstances ingénieuses ou favorables qui ont fait la valeur ou la fortune de chacune des religions qui se présentaient en lice.

Ce travail de l'École d'Alexandrie sera ainsi le travail lent, mais persévérant, positif et bien compris, des abeilles qui vont butinant de çà et de là les meilleurs sucs des fleurs pour en faire leur miel.

17. — Ainsi au Mosaïsme l'École d'Alexandrie prendra la croyance en un Dieu pur esprit et invisible, qui est la croyance universellement acceptée.

Au Paganisme, elle prendra ses moyens attrayants de propagation, en déclarant honnête et saint le soin de remplir les temples d'images belles et intéressantes qui, en attachant avec amour les yeux sur les objets qu'elles ne cessent de rappeler, jettent l'esprit dans les rêveries de la contemplation [1].

A la religion égyptienne, elle empruntera, avec son unité de Dieu, éternel, créateur, invisible, universel

[1] Dès l'an 49, c'est-à-dire 16 ans seulement après la mort de Jésus-Christ, qui cependant avait dit : « Ne pensez pas que je sois « venu pour détruire la loi et les prophètes, je ne suis pas venu « les détruire, mais les accomplir » (*Matthieu*, chap. v, v. 17), l'Église avait relevé les chrétiens de l'observance des lois de Moïse, leur enjoignant seulement « de s'abstenir de ce qui aura été sacrifié « aux idoles, du sang et des chairs étouffées, et de la fornication. » (*Actes des Apôtres*, chap. xv.)

La loi de Moïse étant réduite à ces termes, l'emploi des figures et des images devenait une pratique permise dans le culte des chrétiens.

Il est vrai qu'à une époque qui remonte au pontificat de Félix III, — cinquantième pape, — et au règne de l'empereur Zénon, — vers 485, — une secte de chrétiens fanatiques, à qui, depuis, a été donné le nom d'iconoclastes (*Briseurs d'images*), s'éleva contre le culte des images.

Leur doctrine, qui jeta le trouble dans l'Église, reçut un premier blâme officiel et public au concile de Londres, — 712. (Abbé Lenglet du Fresnoy.)

En 726, cependant, cette doctrine, tout à l'heure condamnée, fut adoptée par le concile de Constantinople, auquel assistèrent plus de trois cents évêques. (Abbé J. Duplessis, *Iconoclastes*. *Dictionnaire de la Conversation*. 1836.)

De son côté, le concile assemblé à Rome, la même année, la condamna énergiquement.

Deux autres conciles, tenus à Rome en 732, renouvelèrent la sentence de blâme contre les iconoclastes. (Abbé Lenglet du Fresnoy.)

Enfin, le second concile de Nicée, — septième œcuménique, — 787, les condamna sans retour. Depuis, malgré quelques nouvelles tentatives des iconoclastes, sous les empereurs grecs Léon l'Arménien, Michel le Bègue et Théophile, le culte des images a marché tête haute dans l'Église catholique.

et souverain, son système des perfections divines, exprimées non plus par des abstractions insaisissables, mais, — ce qui était pour la religion nouvelle un moyen de propagande universelle, — par la personnalité même des héros de la vertu, c'est-à-dire par les saints personnages de tous les pays, individualisant les perfections infinies dont l'Être suprême est la source première et le réservoir commun.

Remarquant que de tous les temples de l'Égypte ceux d'Osiris, son Dieu légendaire, et ceux d'Isis, sa compagne, furent les mieux servis par le peuple; qu'Osiris, indiqué comme l'incarnation divine, et représenté comme le fleuve de vie, recevait partout en Égypte, sous le moindre prétexte, les hommages les plus empressés et les plus enthousiastes; qu'Isis, tout aussi généralement vénérée, comme expression de la bonté divine, comme appui des bonnes âmes, voyait, sous mille noms divers, son culte s'étendre jusqu'au fond des moindres villages de l'Égypte; tandis qu'au contraire Amon-Ra, — l'Être suprême, Lumière du monde, — restait l'objet d'un culte froidement réservé et officiel, l'École d'Alexandrie comprendra qu'en somme la religion qui a le plus de chances de s'attacher les classes populaires, partout et toujours les plus nombreuses et aux instincts généraux desquelles il est par conséquent le plus désirable de savoir plaire, sera la religion qui, en rapprochant du peuple la divinité, en la mettant pour ainsi dire, comme l'Osiris de l'Égypte, sous sa main et à sa disposition, pourra permettre de lui rendre la divinité familière et intéressante par des légendes accentuées de péripéties morales adroitement préparées et ménagées ; et alors, en même temps que l'École d'Alexandrie enseignera le dogme de l'unité de Dieu invisible, elle exaltera, comme expression de la sagesse suprême et de la bonté souveraine de ce Dieu, le soin pris en son nom de le faire descendre, jusque dans l'humanité, en l'incarnant dans une personnalité dont les légendes sacrées célébreront le dévouement sans borne et la toute-puissante intervention en faveur des hommes dans les conseils de l'Être suprême.

18. — Telle est la direction que dut donner à ses enseignements l'École de l'éclectisme, appelée directement ou indirectement à prendre parti, à propos du débat d'excellence ouvert entre le Mosaïsme, le Paganisme et la religion égyptienne.

Cet enseignement résume en effet tout ce que ces trois religions professèrent de vrai, de bon ou d'ingénieux ; et, puisqu'au surplus le Mosaïsme et le Paganisme sont directement sortis de la religion égyptienne, la religion nouvelle, patronnée par l'École d'Alexandrie, se trouvera ainsi n'être autre chose que la religion égyptienne réformée, en ce sens surtout que la divinité légendaire à faire prévaloir dans le culte de cette religion, qui, résumant la sagesse de toutes les autres, aura désormais la prétention de pouvoir s'adresser à tous les peuples, devra être un Osiris sans couleur locale, afin de ne blesser aucun amour-propre, de rallier, autour de ce symbole sans nationalité, tous les esprits et toutes les convictions; de sorte qu'en définitive et de fait l'École d'Alexandrie, en faisant chaque jour ses efforts pour rendre, par ses leçons, plus intelligible et plus acceptable l'esprit de ces enseignements nouveaux, a tout simplement fait prévaloir, partout où elle a professé par ses membres, — à Rome, en Grèce, en Syrie, en Égypte, — une religion qui d'abord n'a pas eu de nom, mais qui est devenue le Christianisme.

C'est là certainement ce qui a eu lieu. La logique le dit, les faits le proclament.

19. — Nous n'avons pas sans doute à fournir ici de ces preuves qui sont des monuments historiques gros comme des arcs de triomphe, ou larges comme le lac Mœris, puisque les fanatiques incendiaires, commandés par l'évêque Théophile d'Alexandrie, se sont chargés du soin de faire disparaître ces témoignages qui, plus tard, seraient devenus indiscrets; mais, pour n'être pas gros comme des montagnes, les témoignages que nous invoquerons n'en sont pas moins fort sérieux et très-véridiques.

Ces témoignages sont de deux sortes : les uns résultent d'analogies frappantes qui existent entre les dogmes de la religion égyptienne et les dogmes de la religion chrétienne; les autres sont des monuments historiques tout petits, mais très-explicites et fort expressifs.

Notons d'abord ici les témoignages résultant des

analogies qui existent entre les dogmes du culte égyptien et les dogmes du culte chrétien ; nous nous occuperons des autres dans un chapitre spécial.

Déjà, en parlant des cérémonies du culte égyptien, nous en avons indiqué plusieurs qui ont servi de modèles aux cérémonies du culte chrétien : ainsi, en Égypte, les processions d'Amon-Ra, — l'Être suprême, lumière du monde, — et, dans le culte catholique, les processions du *Corpus Domini*, enfermé sous les glaces de l'ostensoir radié.

Nous avons pu voir encore, qu'après les Égyptiens, les chrétiens ont eu leurs solennités de l'Annonciation, de la Visitation, de la Nativité[1] et de l'Adoration.

Dans l'ordre des mystères, la Trinité chrétienne a son modèle dans la Triade égyptienne ; l'Incarnation

---

[1] Notons ici, pour l'édification de nos lecteurs, en quels termes sont annoncées la naissance d'Osiris et celle du Christ.

« A l'enfantement d'Osiris, il « fut ouye une voix, que le Sei- « gneur de tout le monde venoit « en estre : et disent aucuns que « une femme, nommée Pamyle, « ainsi comme elle alloit quérir « de l'eau au temple d'Ammon, « en la ville de Thèbes, ouyt celle « voix, qui luy commandoit de « proclamer à haute voix que le « grand roi bienfaicteur Osiris « estoit né... »
(Plutarque, *Isis et Osiris*, ch. XIII, traduction de monseigneur Amyot, évêque d'Auxerre.)

« Il y avait aux environs (de « Bethléhem) des bergers qui « passaient la nuit dans les « champs, veillant tour à tour à « la garde de leur troupeau. Et « l'ange du Seigneur se présenta « à eux, et une clarté céleste les « environna, et ils furent saisis « d'une grande frayeur. Mais « l'ange leur dit : Ne craignez « point, car je viens vous apporter « une nouvelle qui sera pour « tout le peuple le sujet d'une « grande joie ; c'est qu'aujourd'hui, dans la ville de David, « il vous est né un Sauveur, qui « est le Christ, le Seigneur. » (Saint Luc, ch. II, versets 8, 9, 10, 11.

du Christ, son précédent égyptien dans l'Incarnation d'Osiris ; il n'est pas même jusqu'à la Rédemption, le mystère capital des croyances chrétiennes, qui n'ait son germe accusé dans la religion des prêtres de Thèbes et de Memphis.

Dans les croyances égyptiennes, le génie du mal, Seth ou Typhon, vaincu par Horus fils d'Osiris, est par lui, non pas complétement détruit, mais seulement énervé, affaibli, de manière à ne pouvoir désormais dominer le bien.

Dans les croyances chrétiennes, le Christ vainc le démon, mais il ne le supprime pas, il abaisse seulement sa puissance.

Dans les croyances égyptiennes, Horus, présent au tribunal de la justice divine, y figure comme un agent de bienveillante intercession, de bonté et de miséricorde auprès d'Osiris, le juge suprême.

Dans les croyances chrétiennes, le Christ, au jour du jugement, est assis à la droite de son Père, le souverain juge, près de qui il intercède en faveur des pécheurs repentants.

Dans les croyances égyptiennes, Osiris, l'incarné divin, est mis à mort par Typhon son frère, réputé chez les Égyptiens l'auteur premier de la race des Juifs.

Dans les croyances chrétiennes, le Christ, l'incarné divin, est mis à mort par les Juifs, ses frères.

Ainsi, de père en fils, d'Égypte en Chrétienté, les Juifs, — par leur auteur symbolique dans la religion égyptienne d'abord, par sa descendance dans la religion chrétienne ensuite, — se trouvent être le Mal nécessaire, le mal sans l'action duquel le bien ne se fût pas produit, puisque c'est grâce à l'attentat par eux commis que se sont accomplies, pour les Égyptiens comme pour les Chrétiens, les conditions de la Rédemption [1].

Jusque dans leur enseignement le plus intime, la Rédemption, jusque dans la fin suprême qu'elles préconisent, la Rédemption encore, les croyances chrétiennes s'avancent donc parallèlement aux croyances égyptiennes, pour se confondre avec elles dans l'expression identique donnée, tant dans les croyances égyptiennes que dans les croyances chrétiennes, à l'enseignement philosophique du Mal nécessaire.

Le culte de la Vierge est également un emprunt fait à l'Égypte, et un emprunt que la ferveur catholique ne prend pas même le souci de dissimuler.

Si la légende du Christ offre, comparée à celle d'Osiris, quelques différences de pure forme introduites dans l'œuvre chrétienne pour simplifier l'idée égyptienne et l'universaliser, la légende de la Vierge semble au contraire, par ses détails minutieux et par les aspirations ambitieuses dont elle provoque la démonstration dans le culte catholique, ne vouloir laisser rien à envier de la part de la Vierge Marie à l'Isis myrionyme des Égyptiens.

---

[1] Au propre : le Nil, — Osiris, — par le fait de l'inondation, — Typhon, — rachète l'Égypte de la stérilité native, comme le Christ, par son sang, que répandent les Juifs, — descendants de Typhon, — rachète l'humanité du péché originel.

Aucun des mille surnoms d'Isis ne lui est épargné, aucune des attributions de la figure égyptienne ne fait défaut à la figure chrétienne, et dans ces derniers temps, comme pour donner à la catholicité toute satisfaction sur l'Égypte, le souverain Pontife, le père commun des fidèles, avec cette autorité infaillible que nous lui savons, a décrété l'Immaculée Conception de la Vierge, qui désormais peut, tout aussi bien que la Minerve égyptienne, la mystérieuse Néith, se vanter d'être venue d'elle-même, et d'avoir enfanté Dieu.

Ainsi donc, des croyances égyptiennes aux croyances chrétiennes, dans le dogme et dans le culte tout se ressemble et se répète.

Que faut-il de plus pour affirmer l'origine égyptienne des croyances chrétiennes? Est-ce un certificat d'origine? Il existe, je vais le montrer.

XII.

LE DERNIER HIÉROGLYPHE ÉGYPTIEN, PREMIÈRE IMAGE CHRÉTIENNE.

1. — Il est tels instruments qui, sous une forme restreinte et naïve, ont une valeur et une portée supérieures à celles que leur apparence leur attribue, témoin cette petite image, vieille comme Hérode, qui représente le Christ naissant couché dans une crèche entre un bœuf et un âne.

Les catéchistes enseignent que, dans son ensemble, cette scène de la Nativité ainsi représentée signifie qu'en se produisant au monde dans un tel milieu, le Christ a entendu dire aux hommes que l'humilité est la première des vertus qu'ils doivent pratiquer.

C'est là une interprétation toute de fantaisie qui ne repose sur rien de bien fondé.

Je vais faire voir où est la fantaisie. Je dirai ensuite quelle est, sur des témoignages certains, la signification de cette image de la Nativité.

Mais, avant d'entreprendre cette double démonstration, il est bon de se bien mettre d'accord sur les conditions auxquelles les images ont la valeur historique ou morale que revendique au premier chef l'image dont nous nous occupons.

2. — Les images sont une expression de la pensée qui a, comme tous les autres modes d'expression, ses règles et ses lois, sans l'exacte observation desquelles les images ne peuvent servir utilement ni à l'histoire, ni à la morale.

Les règles et les lois qui déterminent la bonne expression de la pensée par les images sont plus ou moins complexes, selon le fait que doit rappeler l'image, ou selon l'intention morale que son auteur entend lui attribuer.

Ainsi, si l'image est un portrait, les traits qui en forment l'ensemble devront rappeler non-seulement ceux de l'individu qu'elle représente, mais encore faire revivre sa physionomie. Si, plus ambitieuse, l'image retrace un fait historique, les conditions de lieu, d'époque, de costume et d'ensemble devront être observées et rendues assez fidèlement pour ne pas heurter la vraisemblance, sinon la vérité ; si l'image est un enseignement allégorique, les attributs conventionnels et caractéristiques devront s'y montrer franchement accusés et distribués avec discernement, de manière à ne point provoquer d'équivoque, ou à n'être pas une cause de confusion.

C'est en satisfaisant à ces conditions dans la mesure de l'intention qu'elle est appelée à traduire, qu'une image peut avoir la prétention d'attirer l'attention des observateurs contemporains d'abord, et de mériter dans l'avenir d'être appréciée par les hommes de science et d'étude.

3. — L'image qui retrace ce que nous appelons la scène de la Nativité est trop considérable par le fait dont elle a l'ambition de consacrer le souvenir, et par l'intention mystique qui lui est prêtée, pour n'avoir pas été mûrie dans toutes ses parties, pour n'avoir pas été soigneusement méditée et réfléchie dans chacun de ses signes constitutifs ; en tous cas elle est de celles dont l'importance traditionnelle sollicite l'attention de quiconque s'intéresse à l'histoire philosophique de l'humanité.

Pour ne point nous égarer, reprenons ici le récit de la naissance du Christ, dont cette image est l'expression graphique. Ce récit est celui de saint Luc[1].

---

[1] Luc était d'Antioche, métropole de la Syrie, où il exerça quel-

« Or, il arriva en ces jours qu'il parut un édit de
« César Auguste pour faire un dénombrement des
« habitants de toute la terre. Ce premier dénombre-
« ment se fit par Cyrinus, gouverneur de Syrie. Et
« tous allèrent se faire enregistrer chacun dans la
« ville dont il était.

« Alors Joseph partit de la ville de Nazareth, qui
« est en Galilée, et vint en Judée à la ville de
« David, appelée Bethléhem, parce qu'il était de la
« maison et de la famille de David, pour se faire
« enregistrer avec Marie, son épouse, qui était grosse.
« Et pendant qu'ils étaient là, il arriva que le temps
« auquel elle devait accoucher s'accomplit. Et elle
« enfanta son fils premier-né; elle l'enveloppa de lan-
« ges et le coucha dans une crèche[1], parce qu'il n'y

que temps la médecine. Il n'a été ni du nombre des Apôtres ni de
celui des disciples de Jésus-Christ.

Il ne savait pas par lui-même ce qu'il a écrit de l'histoire de la
naissance, de la vie et de la mort de Jésus-Christ. (Tertullien,
lib. III, *Contr. Marc.*, cap. II; Eusèbe, lib. II, *Histor.*, cap. IV.)

A en croire les renseignements fournis par les saints Pères, Luc
a écrit depuis saint Matthieu et saint Marc, et a eu soin de suppléer beaucoup de faits considérables, comme : la naissance de Jean-
Baptiste, l'annonciation de l'ange à la sainte Vierge, et plusieurs
autres circonstances omises avant lui, par exemple celle de la sueur
de sang du Christ dans le jardin.

On ne sait où ni quand il a écrit l'Évangile qui porte son
nom, ainsi que son livre des *Actes des Apôtres*, dont on le dit
l'auteur.

[1] La basilique de Saint-Jean de Latran, à Rome, a la prétention
de posséder la crèche précieuse et un peu de la paille sur laquelle
a reposé le Christ.

Disons ici, puisque nous parlons de Saint-Jean de Latran, que
l'obélisque qui s'élève sur la place qui précède cette basilique avait

« avait pas de place pour eux dans l'hôtellerie[1]. »

Complétant le tableau de cette scène de la nativité du Christ, une tradition qui remonte aux premiers temps de la chrétienté place le Christ naissant dans la crèche entre un bœuf et un âne. C'est ainsi complété que, sur les parois des sanctuaires des catacombes de Rome, nous retrouvons le tableau de la nativité du Christ avec des variantes dont nous aurons à parler.

Quelques Pères de l'Église, entre autres Lactance[2] et saint Prosper[3], disent aussi que le Christ a été reconnu et salué par le bœuf et l'âne.

Dans de telles conditions, cette image qui ne peut être un portrait doit être ou une image historique, et alors elle doit exprimer la vérité probable, sinon la vérité exacte, ou bien une image allégorique, et doit fournir par la valeur de ses figures un enseignement bien défini.

Voyons d'abord si l'image est historique ou allé-

été érigé en Égypte en l'honneur de Mœris (Thouhtmosis III), plus de 1700 ans avant la naissance du Christ.

L'inscription hiéroglyphique que porte cet obélisque donne à Mœris les titres de : *serviteur du Soleil,—Dieu, lumière du monde, — président de la première des dix régions.*

Les visiteurs de Rome passent, sans l'apercevoir, au pied de ce témoin authentique de la plus noble et de la plus imposante antiquité, mais ils se pressent et s'étouffent pour tâcher d'apercevoir quelques fétus microscopiques d'une paille apocryphe.

[1] *Évangile de Luc*, chap. II, v. 1 à 7.

[2] Lactance, dans le poëme *Symposium*, qu'il écrivit en Afrique, étant très-jeune, dit saint Jérôme. « *Habemus enim Symposium quod adolescentulus scripsit Africæ:* »

[3] Prosper, dans son livre *des Promesses*.

gorique, nous l'examinerons ensuite dans la qualité qui lui aura été reconnue.

4. — S'il est exact que l'affluence des voyageurs à Bethléhem, dans les circonstances dont parle Luc, ait contraint les hôteliers à convertir en caravansérails les écuries de leurs auberges, il est évident que les hôteliers durent extraire de ces écuries les bêtes de somme, car ce ne fut qu'à cette condition que les écuries purent fournir de l'espace aux voyageurs surnuméraires [1]; dans ces conditions ni le bœuf ni l'âne n'ont dû se trouver près du Christ au moment de sa naissance, cependant on les y fait figurer.

D'un autre côté, si les hôteliers n'ont pas fait évacuer par les bêtes de somme les écuries de leurs

---

[1] Nous avons dit où se trouve aujourd'hui la crèche que la tradition chrétienne donne pour berceau au Christ; voici, d'après une note que nous devons à l'obligeance de M. J.-E. Philibert, consul de France à Jaffa, ce qu'est maintenant l'étable de Bethléhem.

La grotte qui fut cette étable est dallée en marbre; ses parois latérales, qui sont en pierre blanche friable, sans aucun revêtement de maçonnerie, sont couvertes de tentures.

Cette grotte, que surmonte une église, a une longueur de six mètres environ, elle est large de trois, et la hauteur du sol au plafond se mesure par trois mètres et demi.

Au fond, est un espace carré, qui s'enfonce à droite de la grotte, dans le sens de la largeur.

C'est dans ce réduit, posés devant la crèche historique, que le bœuf et l'âne auraient assisté à la naissance du Christ.

La crèche, ou du moins l'excavation qui la contenait, est aujourd'hui à fleur de terre.

Tel qu'il est maintenant, ce réduit pourrait tout au plus contenir un âne ou une vache. Il est vrai que l'on place le lieu de l'accouchement de la Vierge dans un espace qui forme alcôve au fond de la grotte.

auberges, c'est qu'ils n'ont pas eu besoin pour leurs hôtes de l'espace occupé par les bêtes de somme, et alors le Christ ne serait pas né dans une étable, comme le dit Luc, puisque, selon lui, les parents du Christ ne se sont établis dans l'étable que faute de place ailleurs.

Ainsi, soit que nous examinions le tableau restreint à la version de Luc, soit que nous l'examinions complété selon la tradition par la présence du bœuf et de l'âne, nous trouvons que le tableau de la scène de la nativité du Christ manque d'exactitude dans ses détails, qu'ainsi il n'est pas l'expression de la vérité, et partant qu'il n'est pas historique.

Puisqu'il n'est pas historique, il doit être allégorique.

Les docteurs de l'Église catholique assurent en effet que cette image, tout en relatant le fait considérable de la naissance du Christ, allégorise l'humilité.

Nous allons voir.

5. — Ce n'est pas sans doute du récit de Luc que ressort la pensée d'humilité que recèle, dit-on, ce tableau.

Dans le récit qu'il nous fait, Luc prend au contraire le plus grand soin de nous dire que les parents du Christ sont gens de bonne maison, puisqu'ils sortent de celle de David. Cette vanterie ne peut être pour personne de l'humilité. Luc d'ailleurs, continuant sa narration, nous informe que si Joseph et Marie se sont logés dans une étable, c'est qu'il n'y avait point de place pour eux dans l'hôtellerie ; de sorte que l'établissement de Joseph et de Marie dans l'étable est seulement un témoignage de la nécessité subie, et non point un acte volontaire de méritoire humilité.

Dans ce tableau allégorique, l'humilité résulterait-elle donc de la présence du bœuf et de l'âne dans l'étable où naquit le Christ, et de leur voisinage immédiat du nouveau-né ?

A notre époque, où les exigences du monde ont fait du luxe en toutes circonstances une des nécessités les plus impérieuses de la vie, de la part d'un personnage considérable, le choix librement fait d'une étable à bœufs et à ânes pour y faire naître son fils parmi ces animaux et dans une crèche, pourrait jusqu'à un certain point être considéré par les paysans des terres de ce personnage comme un témoignage de bonhomie et de condescendance à leur égard ; mais ce n'est pas selon l'esprit et la portée de nos mœurs qu'il nous faut juger l'image allégorique de la nativité du Christ, c'est en nous reportant au contraire aux mœurs du peuple, à l'esprit des temps et aux usages des lieux où se place l'événement dont l'image qui nous occupe a la prétention de consacrer les détails et de nous dire la signification.

Eh bien, on le sait, les patriarches, c'est-à-dire les auteurs du peuple hébreu, les ancêtres du Christ, ont tous été pasteurs, ce qui veut dire qu'ils se livraient à l'éducation du bétail gros et petit[1], et de tout temps, depuis eux, cette industrie, à qui le culte des souvenirs était acquis chez les Hébreux, a eu ses priviléges et ses franchises.

De par les mœurs des Hébreux, il ne paraît donc point qu'il y eût chez eux humilité, c'est-à-dire effacement volontaire de lustre personnel, pour quiconque en Israël pouvait se trouver dans le voisinage des troupeaux de bœufs, de chèvres, de brebis.

D'ailleurs, la loi sacrée des Hébreux déclare le bœuf animal pur et propre aux sacrifices[2].

Il ne peut donc, en aucune façon, résulter un témoignage d'humilité pour le Christ du fait accidentel qu'il se soit trouvé dans le voisinage du bœuf.

Quant à l'âne, si nous consultons les saintes Ecritures, nous apprenons qu'il est, il est vrai, un animal impur, car il ne rumine pas, et la corne de son pied n'est pas fendue[3], mais l'impureté résultant de l'absorption de sa chair comme aliment, ce qui du reste n'existe pas ici, n'est pas de l'humilité, et, au surplus, l'histoire d'Israël nous fait savoir que, de tout

---

[1] Abraham était très-riche, il avait des troupeaux de brebis, des troupeaux de bœufs et des tentes.
Isaac possédait une grande quantité de brebis, des troupeaux de bœufs, des serviteurs et des servantes.
Jacob est resté quatorze ans durant premier garçon d'étable chez Laban, et l'a quitté en emmenant avec lui d'immenses troupeaux. (*Genèse*, chap. XIII, v. 2, 5, 6, 7, 8; chap. XXVI, v. 14; chap. XXX, v. 31, et chap. XXXI.)
[2] *Lévitique*, chap. I, v. 2, 3; chap. III, v. 1; chap. IX, v. 4, 18.
[3] *Id.*, chap. XI, v. 3.

temps, l'âne a été la monture de prédilection et de luxe des Hébreux.

Debbora, s'adressant aux plus puissants d'Israël, les désigne par ces mots : « Vous qui montez des ânes luisants, *qui ascenditis super nitentes asinos* [1]. »

Jaïr, de Galaad, avait « trente fils qui montaient « sur trente poulains d'ânesses, et qui étaient princes « de trente villes au pays de Galaad, *Jair Galaa- « dites habens triginta filios sedentes super triginta « pullos asinarum et principes triginta civitatum in « terra Galaad* [2]. »

Abdon, autre juge d'Israël, « eut quarante fils, et « de ceux-ci trente petits-fils, qui montaient tous sur « soixante-dix poulains d'ânesses, *Abdon qui judi- « cavit Israël habuit quadraginta filios et triginta ex « eis nepotes, ascendentes super septuaginta pullos « asinarum* [3]. »

Au temps du Christ, les ânes n'étaient point déchus de leur antique privilège de monture de luxe, que leur race particulièrement belle leur a conservé jusqu'à nous [4], et c'est en effet sur un âne

---

[1] *Les Juges*, chap. v, v. 10.
[2] *Id.*, chap. x, v. 3, 4.
[3] *Id.*, chap. xii, v. 13, 14.
[4] Buffon nous fait savoir, en effet, que les ânes du Levant sont particulièrement beaux.

« Il existe, dit-il, dans le Levant, dans l'orient de l'Asie et dans « la partie septentrionale de l'Afrique, une très-belle race d'ânes, « qui, comme celle des plus beaux chevaux, est originaire d'Ara- « bie. Cette race diffère de la race commune par la grandeur du « corps, la légèreté des jambes et le lustre du poil ; ils sont de couque le Christ entra triomphalement à Jérusalem[1].

La présence du bœuf et de l'âne dans la scène de la Nativité ne peut donc point être un symbole d'humilité ; vouloir lui attribuer cette signification, c'est mentir aux mœurs et à l'histoire du peuple de Dieu.

Puisque l'image de la Nativité ne renferme point en soi le sens allégorique qui lui est vulgairement attribué, quel autre enseignement symbolique peut-elle nous fournir ?

De véridiques et courtes observations vont nous en instruire.

6. — Les Egyptiens, nous l'avons vu, confondaient, non sans raison, l'origine des Juifs avec celle des Pasteurs qui les avaient un jour envahis, et, par suite, ils les haïssaient cordialement.

De plus, une vieille chronique égyptienne, qui avait encore cours dans la vallée du Nil au temps où Plutarque y voyagea, faisait descendre les Juifs de Typhon, frère et meurtrier d'Osiris, de ce même Typhon qui, chez les Égyptiens, fut le génie du mal.

Cette chronique, déjà relatée à propos de Typhon, disait, entre autres choses, qu'après avoir été défait par Horus, fils d'Osiris, Typhon, monté sur

« leur uniforme, ordinairement d'un beau gris de souris, avec une
« croix noire sur le dos et sur les épaules ; quelquefois ils sont
« d'un gris plus clair avec une croix blonde. Ils sortent des ânes
« sauvages ou *onagres*, dont il est si souvent parlé dans l'Écriture,
« et *qui étaient autrefois fort communs dans la Palestine.* »

[1] *Évangile de saint Jean*, chap. XII, v. 14.

un âne, avait fui durant sept jours au terme desquels il engendra Ierosolymus et Judæus[1].

Or une des figures symboliques de Typhon le représente avec une tête d'âne.

L'âne signifiait donc, pour les Égyptiens, le père des Juifs, par extension le peuple juif, et par voie toute naturelle de déduction les croyances religieuses du peuple juif, c'est-à-dire le Mosaïsme.

Cette constatation faite, les explications se présentent d'elles-mêmes.

L'âne, dans l'image allégorique dont nous nous occupons, représente le Mosaïsme.

Dans la même image, le bœuf, c'est Apis ou Osiris, c'est-à-dire la religion égyptienne.

Dans son ensemble, l'image allégorique de la nativité nous montre la religion nouvelle, — le Christ naissant, — se produisant sous les auspices de la religion égyptienne et du Mosaïsme, religions du principe desquelles le Christianisme participe également.

7. — Cette explication de l'image de la Nativité logiquement déduite, exacte dans l'interprétation de chacune de ses figures symboliques, conforme de fait aux règles de l'iconologie, se trouve être de plus en parfait accord avec les faits et les exigences de la raison.

Aucune de ces sécurités ne se rencontre dans l'explication de l'image de la Nativité donnée par les catéchistes.

---

[1] Plutarque, *Isis et Osiris*, chap. xxviii.

Le choix à faire entre les explications fournies ne peut donc être douteux.

La préférence revient directement et absolument à celle des explications qui se présente avec le plus d'autorité et de garantie, c'est-à-dire à celle que nous avons donnée.

L'image si connue de la Nativité dit donc qu'au temps où le Christianisme se produisit au monde, il s'inspira du Mosaïsme et de la religion égyptienne.

Or, en discutant, dans les chapitres précédents, sur l'origine du Mosaïsme, nous avons trouvé et prouvé qu'il est sorti tout vif et tout entier de la religion égyptienne; dans l'image de la Nativité nous possédons donc un certificat constatant bien clairement l'origine égyptienne de la religion chrétienne.

Toutefois, ce n'est là qu'un premier triomphe obtenu par l'étude de l'image de la Nativité.

En interrogeant dans ses versions diverses cette image ingénieuse, nous devons en effet arriver à préciser d'une manière encore plus absolue et plus intime l'intervention des doctrines éclectiques de l'École d'Alexandrie dans l'œuvre de l'éclosion du Christianisme en faisant voir que le Christianisme n'est lui-même que l'œuvre de conciliation des religions antérieures d'où il est sorti.

8. — Ordinairement l'image de la Nativité dont il vient d'être question se complète de la présence des rois Mages, et c'est ainsi complétée que cette image est le plus universellement répandue.

Mais les autres versions graphiques de la représentation de la Nativité, quoique moins répandues et moins connues, ne sont ni moins officielles ni moins explicatives du fait allégorique de la Nativité que ne l'est l'image plus vulgaire dont nous venons de parler.

Ces autres images de la Nativité se voient, en originaux, sur les parois des sanctuaires des catacombes de Rome.

Ces sanctuaires souterrains ont reçu les premiers chrétiens; les premiers, ils ont vu la célébration des saints mystères. Les images qui s'y trouvent sont officiellement données comme l'expression première et authentique de la foi naissante, comme la traduction fidèle et naïve de la vérité[1].

La composition de ces images de la Nativité, peintes sur les murs stucqués des sanctuaires des catacombes de Rome, représente : au premier plan le Christ naissant; au-dessus, dans les espaces célestes du tableau, apparaissent le Soleil, la Lune et les Étoiles; et, sur l'un des côtés, Moïse frappant de sa verge le rocher d'où l'eau jaillit.

Voilà certainement un bizarre assemblage de figu-

---

[1] Un avis de l'autorité pontificale, affiché à l'entrée des catacombes, prévient les visiteurs qu'il est sacrilége d'enlever le moindre objet, la moindre parcelle de terre aux catacombes; qu'il est sacrilége d'y commettre la moindre dégradation, et il réclame le respect le plus absolu pour ces lieux de piété, où tout est saint et sacré.

Il faut, d'ailleurs, obtenir des permissions spéciales pour être admis à visiter les catacombes de Rome.

res; mais ce tableau, qui joue si bien à l'ingénuitté n'a qu'en apparence la prétention absolue de nous faire voir des étoiles en face du soleil ; et, loin d'être coupable de l'ingénuité qu'il affecte, il a, tout au contraire, une profondeur d'intention que j'admire chaque jour davantage depuis que je le connais.

Dans ses dehors on trouve bien qu'il a cette simplicité des enfants que demandent aux Chrétiens les saintes Écritures[1], mais un peu d'étude convainc bientôt qu'il est en réalité l'expression immense d'une vérité historique et philosophique, dissimulée avec soin dans les langes de l'enfant Jésus.

Par le fait c'est le témoignage éclatant de la réalisation de l'œuvre de conciliation religieuse d'où est sorti le Christianisme, et, en même temps que, d'autre part, il affirme l'exactitude de l'interprétation déjà donnée de l'image où figurent le bœuf et l'âne, plus encore que cette dernière image, il explique, par la corrélation dont il constate l'existence entre les prétentions du Christianisme naissant et les enseignements logiquement indiqués comme devant être ceux des Éclectiques, la part active qu'ils ont prise à la direction du mouvement religieux qui a produit le Christianisme.

9. — L'éclectisme ayant en effet pour mission le choix éclairé à faire dans les idées déjà connues, la conséquence à tirer du fait de cette position prise sera, comme œuvre, la préconisation par les Éclec-

---
[1] *Luc*, chap. XVIII, v. 16, 17.

tiques des idées reconnues bonnes parmi celles qui sont déjà en circulation.

Or nous avons vu que les principes d'une religion de transaction vers lesquels les doctrines éclectiques de l'École d'Alexandrie portaient logiquement ses préférences, sont précisément ceux qui ont triomphé par l'établissement du Christianisme.

A moins donc de supprimer dans l'histoire l'École d'Alexandrie et ses travaux, il faut bien reconnaître son intervention dans la querelle des religions qui s'agitaient sous ses yeux, et voir dans les images de la Nativité un témoignage du rôle actif de l'École d'Alexandrie dans le fait de l'enfantement du Christianisme, puisque ces images sont la constatation du triomphe des principes que la logique indique avoir été ceux qu'elle a professés, et que, tout naturellement, elle a dû chercher à faire prévaloir.

En effet, soit que nous analysions et traduisions l'image de la Nativité du Christ où figurent le bœuf, l'âne et les Mages ; soit que nous analysions et traduisions l'image où figurent Moïse, le Soleil, la Lune et les Étoiles, nous y trouvons, une à une, les satisfactions annoncées et les conséquences promises.

Ainsi, dans la première image, nous lisons : La religion nouvelle, — le Christ naissant, — reçoit les hommages des religions antérieures représentées, savoir : la religion égyptienne par le Bœuf ; le Mosaïsme par l'Ane ; le Sabéisme, ou le culte des astres, par les Mages, qui en furent les prêtres.

Dans la seconde image, nous lisons : La religion

nouvelle, — le Christ naissant, — reçoit les hommages des religions antérieures représentées, savoir : la religion égyptienne par le Soleil et la Lune, — Amon-Ra, l'Être mystérieux-Soleil en compagnie de Mouth-Isis ; — le Mosaïsme représenté par Moïse faisant jaillir l'eau du rocher ; le Sabéisme représenté par les Étoiles.

Cette valeur identique des deux images de la Nativité prouve bien l'exactitude de l'interprétation qui est ici donnée aux traits divers dont elles se composent, et puisque, d'autre part, la signification et la portée réelles de ces images dénoncent bien clairement la mise en œuvre contemporaine des enseignements logiquement indiqués comme étant ceux des Éclectiques, il n'y a point à douter de leur intervention directe et active dans l'œuvre de la fondation du Christianisme.

Cette déduction toute naturelle qui rattache les images de la Nativité, d'une part aux souvenirs du culte égyptien et à ceux des cultes qui en sont sortis, d'autre part : à l'éclosion de la religion chrétienne, en fait le trait d'union des deux époques religieuses ; c'est le point commun où l'une expire en donnant l'être à l'autre, et c'est ainsi que cette image, qui est tout à la fois le dernier hiéroglyphe égyptien et la première image chrétienne, est l'expression claire et précise des origines du Christianisme.

10. — Désormais le Christianisme va agir avec les instruments qui lui sont propres, mais, après avoir

démontré que les enseignements qu'ils vont propager sont d'essence égyptienne, je m'arrête. J'ai rempli la tâche que je m'étais imposée.

Je n'ai point, en effet, à m'expliquer ici sur la valeur des instruments lancés dans le monde pour la propagation du Christianisme, pas plus que sur le choix qui a été fait de Rome, symbole historique de la domination du monde, comme siége souverain d'une religion toute faite de symboles, religion qui, ayant absorbé en elle toutes les religions qui lui sont antérieures, a la prétention d'être la religion universelle, et de réaliser ainsi le rêve de l'empire universel.

Toutefois il importe, pour conclure, de consigner dans un dernier chapitre une observation qui pourrait surgir par ailleurs comme objection aux considérations que j'ai développées et aux déductions qui en ont été tirées.

XIII.

CONCLUSION.

1. — Comme le soleil dont l'action bienfaisante s'exerce sur la terre par l'influence de la lumière et de la chaleur, l'action multiple de la faculté civilisatrice s'exerce sur la conscience des peuples par l'influence des faits moraux et des faits matériels.

Cette faculté, cet art intuitif du savoir et du

savoir faire qui s'appelle le gouvernement des hommes relèvent en effet, dans l'accomplissement des obligations qu'ils imposent et qu'ils ont imposées partout et en tout temps, d'une part, de la pensée, d'autre part de l'expression qui la détermine et qui la rend sensible.

Cette expression, qui subit elle-même l'effort et l'effet des circonstances au milieu desquelles elle se produit, se diversifie selon les peuples, les climats et les lieux, sans qu'il puisse être logique de prétendre que la pensée doit être affectée des difformités relatives qui, d'un peuple à l'autre, accentuent de différences sensibles les expressions qui la représentent.

Cette loi du bon sens appliquée à l'étude des figurines si improprement appelées *Divinités égyptiennes*, a désormais relevé l'Égypte du péché d'idolâtrie et de fétichisme, et j'aurais sans doute à me féliciter définitivement ici d'avoir démontré que toutes les civilisations anciennes et modernes sont tributaires de la civilisation égyptienne, si je n'avais à faire voir comment l'acquisition de cette découverte se rattache d'une manière directe au rôle d'instrument de civilisation que les linguistes attribuent à l'action des races dites *sémitiques*.

Quoiqu'il n'ait point été utile pour les besoins de la discussion qui précède, de parler autrement que j'en ai parlé des races sémitiques, je n'ai point entendu, en m'abstenant de l'emploi de cette qualification toute conventionnelle de « races sémitiques », nier les traces de leur passage à travers les populations du vieux monde, mais je dis que ces traces sont seulement des attestations du passage des Sémitiques, qui eux-mêmes n'ont été que les courtiers de la pensée égyptienne.

Cet enseignement ressort sans doute des observations qui remplissent les nombreux chapitres de ce livre; mais on le verra bien plus clairement s'accuser dans le résumé qui va suivre.

2. — La civilisation égyptienne, absolument autochthone, et certainement la première et la plus ancienne de toutes les civilisations du globe[1], est par conséquent la seule dont l'originalité soit incontestable.

Dans les œuvres qui l'ont consacrée[2], surtout dans les instruments tout primitifs seulement et purement égyptiens qu'elle a employés pour peindre la pensée, et la faire circuler, tout dit, en effet, que la civilisation égyptienne a crû dans un milieu complétement exempt d'influences étrangères, tout dit qu'elle est, de toutes les civilisations que les hommes ont vues naître et mourir, la seule qui soit venue à maturité à l'abri du contact de tout autre civilisation ; dans l'étude intime de ses monuments, surtout dans l'étude de ses instruments de religion[3], tout dit

[1] Paul Broca. *Histoire des travaux de la Société d'Anthropologie de Paris.* — MM. Pruner-bey et Périer. — 1859-1863. Pages 10 et 17. — Paris, Victor Masson et fils. 1863.

[2] L'architecture égyptienne n'a de modèle nulle part, comme disposition, travail et ornementation.

[3] La légende d'Osiris est certainement et de beaucoup antérieure

qu'elle était grande et majeure bien des siècles avant les temps historiques ; qu'elle était l'âme d'un peuple déjà majestueusement calme et beau longtemps avant l'époque où, dans le reste du monde, les peuples les plus avancés en civilisation n'en étaient encore qu'aux premiers bégaiements du syllabaire de la morale naturelle.

Née dans une oasis restée longtemps ignorée des autres peuples du monde, elle s'est formée, par des luttes périodiques contre ce qui semblait être des désordres périodiques de la nature, à l'image du sol et du climat qui l'ont nourrie et sous l'inspiration des phénomènes qui l'ont provoquée[1] ; et, fruit de l'étude obstinée poursuivie durant une longue période de siècles, obligée d'ailleurs d'user, sans les pouvoir jamais transformer, des premiers instruments qu'elle inventa pour donner un corps à la pensée, au jour où elle est devenue majeure il s'est trouvé qu'elle renfermait en soi deux circonstances opposées dont l'alliance positive chez elle déroute d'abord l'esprit d'observation, savoir : la naïveté de l'enfance, — exprimée par l'ingénuité toute primitive de ses instruments de la pensée, — et la science approfondie des plus nobles académies,

---

aux temps historiques, et la figure de Phtah est l'expression d'événements historiques accomplis avant l'intronisation de Ménès, premier roi de la première dynastie, 5867 ans avant l'ère vulgaire, plus de trente siècles avant que les Sémitiques s'essayassent à la civilisation.

[1] Ainsi l'incarnation du Nil dans la personne d'Osiris comme expression de la bonté divine.

— exprimée par la connaissance du ciel et par les ingénieux travaux qui ont fait de la vallée du Nil le véritable paradis terrestre.

3. — L'erreur commune est de considérer la civilisation de l'Égypte comme celle d'un pays de tout temps ouvert, connu et couru, de la voir comme celle d'une contrée qui, en s'élevant successivement, a pu profiter des acquisitions et des inventions des autres peuples; tandis qu'au contraire, pour être dans le vrai, pour la juger sainement, il ne faut voir la civilisation de l'Égypte que comme une œuvre spontanée, accomplie dans le plus complet isolement.

La position géographique de l'Égypte, qui, de nos jours encore, et cela seulement depuis des temps relativement récents, n'est abordable que par ses côtes maritimes, l'a forcément tenue isolée du reste du monde pendant des siècles de siècles.

Assise entre deux mers, flanquée de déserts de sable et de collines arides, fermée au midi par des montagnes inhospitalières, elle n'a pu avoir pour premiers habitants que des Aborigènes [1], ou quelques peuplades autochthones de la Nubie que le FLEUVE, — le Nil, — a portées chez elle, ou bien encore les peuplades autochthones de la Libye [2] que le FLEUVE, — le Nil, — dont alors ces peuplades voyaient

---

[1] Paul Broca, *ouvrage précité*. MM. Pruner-bey et Périer.
[2] Champollion le jeune, *Précis historique*. — Paul Broca, *ouvrage précité*. M. Pruner-bey.

périodiquement passer une partie des eaux chez elles, devait nécessairement attirer vers la vallée du Nil [1].

Isolées, comme dans une oasis, dans ce milieu tour à tour riant ou ravagé par l'inondation, il a bien fallu que ces peuplades comprissent qu'elles ne pouvaient compter que sur elles-mêmes; surtout et pendant bien longtemps elles durent se croire les premiers et les seuls êtres humains de la création [2], et marcher vers la civilisation sans songer le moins du monde qu'il y eût des emprunts possibles à faire, à droite ou à gauche, pour s'aider dans l'œuvre de l'amélioration de leur existence.

C'est nécessairement sous la pression de cette pensée de l'isolement absolu que les premiers habitants de la vallée du Nil ont travaillé à s'élever dans leur propre estime et à faire de la terre sauvage qu'ils croyaient, qu'ils devaient croire la seule habitable et habitée, la carrière de leurs ébats d'intelligence et le champ de leur alimentation.

Bientôt le besoin de se parler à distance a fait naître les hiéroglyphes plastiques. Figures des objets dont on avait à s'entretenir, ces instruments, qu'en Égypte rien n'a pu remplacer durant de longues périodes de siècles, ont parcouru, en persistant dans

---

[1] Je rappelle que le Nil n'a pas toujours eu l'écoulement de ses eaux tel qu'il est aujourd'hui réglé. A une époque qui paraît être antérieure aux temps pharaoniques, une partie des eaux du Nil allait, au moins au temps de l'inondation, se perdre dans les sables de la Libye.

[2] Hérodote, *Euterpe*, 2.

leurs formes primitives, tous les degrés qu'a successivement montés le peuple de l'Égypte pour s'élever, de l'état primitif, au rôle de peuple civilisateur qui lui est insensiblement venu.

4. — Déjà sans doute il en était arrivé là quand des circonstances fortuites, peut-être même quand des circonstances provoquées par les efforts d'une civilisation naissante chez des peuplades asiatiques quelque peu aventureuses, ont révélé au monde l'Égypte des temps primitifs.

Aussi loin en effet que nous puissent porter dans les siècles passés les souvenirs de l'histoire, nous ne voyons sur le reste de la terre que des peuples dans l'enfance, alors pourtant que nous savons, à n'en pouvoir douter, que l'Égypte était déjà dans ces temps reculés un pays savant, bien policé, nombreusement peuplé.

De fait il ne s'est encore trouvé nulle part des témoignages authentiques d'une civilisation antérieure à celle de l'Égypte, et c'est tout au plus si les peuplades de la race sémitique, race de tout temps nomade, avaient de çà et de là fondé quelques bourgades[1], alors que l'Égypte, après avoir fait Thèbes aux cent portes, avait, depuis plus de trente siècles, construit Memphis, sa seconde capitale.

Ainsi, quand plus de vingt siècles avant l'ère vul-

---

[1] Villes de tentes, dont les murailles, comme celles de Jéricho, s'écroulaient au bruit des trompettes, c'est-à-dire, camps qui se pouvaient lever à l'approche de l'ennemi.

gaire, Abraham le Chaldéen, le chef biblique de la race sémitique[1], visita la vieille terre de Kemé, elle avait un gouvernement régulier et des lois bien définies, des temples et des palais; elle était riche, puissante et hospitalière, et, par des travaux que la science seule avait pu inspirer et sagement diriger, elle avait su, depuis plus de trente siècles déjà, si bien amender les alluvions paludéennes du Nil, que ces terres de la stérilité et de la peste étaient devenues les terres bénies de l'abondance et de la salubrité.

Les détracteurs jurés de l'Égypte, les glorificateurs enthousiastes d'Abraham, ont-ils jamais mesuré ce qu'il a fallu de siècles de préparation et de travail opiniâtre à des peuplades primitivement sauvages et absolument abandonnées à elles-mêmes, pour faire, des marais de la basse Égypte, le pays de la fécondité par excellence?

Les linguistes qui adjugent aux races sémitiques l'honneur insigne d'avoir apporté au monde les bénéfices de leur civilisation autochthone, n'ont-ils donc jamais pensé que si, aux jours de la disette, les héros de la race sémitique, à commencer par Abraham, — qui ne fut pas le premier, — se sont adressés à l'Égypte, c'est sans doute parce que l'Égypte était

---

[1] On ne peut raisonnablement penser à parler ici d'Adam, qui n'est qu'une fiction. C'est déjà s'aventurer beaucoup que de prendre Abraham au sérieux. Adam, en tous cas, serait postérieur de près de vingt siècles à l'établissement en Égypte des dynasties pharaoniques, venues à la suite des dynasties sacerdotales.

déjà dans ces temps reculés le pays de la prospérité, c'est-à-dire le pays de la civilisation?

N'ont-ils jamais pensé que si la race sémitique avait alors recouru à l'Égypte, c'est que sans doute elle n'avait pas encore su faire de la contrée qu'elle habitait un équivalent du pays d'Égypte; c'est que sans doute, à l'état sauvage, toujours vagabonde, rôdant partout, flairant partout pour trouver son assiette, sans jamais se résoudre à la façonner pour s'y tenir, elle voulait reconnaître le gisement des trésors de prospérité pour s'en emparer à l'occasion?

N'ont-ils jamais réfléchi que cette occasion s'est offerte en effet, et que c'est là, à n'en pas douter, l'origine de la fortune civilisatrice dont on pare aujourd'hui, sous des couleurs beaucoup trop belles, les souvenirs de la race sémitique?

5. — Comme Néith, sa mystique patronne, l'Égypte s'était faite d'elle-même[1].

Pour son bonheur, longtemps ignorée des autres peuples de la terre, par conséquent longtemps à l'abri des tracasseries et des invasions que ne lui auraient point épargnées des voisins immédiats, le

---

[1] Pour être entraînée vers la civilisation que nous lui connaissons, contrairement à ce qui se passe de nos jours, l'Égypte des temps primitifs n'a pas eu à lutter d'intelligence avec des voisins ambitieux, mais elle a eu à lutter avec les phénomènes qui, dans la vallée du Nil, se reproduisant périodiquement, étaient des ennemis qu'il fallut dompter, et que les Égyptiens, pour vivre, ont su si bien dompter, que la plaie de l'inondation périodique est devenue un bienfait.

peuple d'Égypte avait grandi, s'était formé, avait prospéré dans l'isolement.

Ignorant d'abord les autres peuples de la terre, plus tard assez peu soucieux de les connaître de près quand ils se furent manifestés à lui, d'ailleurs ouvrant libéralement ses greniers à tous les nécessiteux, il ne s'imaginait pas qu'il pût jamais être l'objet de la convoitise de ses voisins ; aussi, renfermé dans son bien-être individuel, comme le rat de la fable, il aurait sans doute éternellement vécu dans cette quiétude charmante que font aux hommes la satisfaction régulière des désirs et l'absence de luttes contre les exigences de la vie, s'il n'eût été un jour envahi par des peuplades de la race sémitique, c'est-à-dire par les Pasteurs dont nous avons eu l'occasion de nous occuper plusieurs fois.

Trois siècles durant, l'Égypte est restée la proie de ces peuplades sauvages ou mal civilisées, de ces peuplades qui, trois siècles durant, se sont instruites à sa grande école, et qui, chassées un jour de ce paradis terrestre, en sont sorties dans la personne de leur chef, comme les abeilles sortent de la corolle des fleurs, les pattes chargées du pollen dont elles maçonnent les cellules de leurs rayons, l'estomac gonflé des sucs dont elles font leur miel ; c'est-à-dire riches des instruments de la civilisation et des éléments de la science qu'elles ont ensuite été porter, habillés des idiomes sémitiques, dans toutes les contrées de notre vieux monde occidental.

6. — Le fait est que si les descendants plus ou moins réels et directs des races sémitiques peuplent aujourd'hui notre Occident, si les traces des sémitiques s'y rencontrent fréquentes et multipliées, surtout dans les langues et dans l'écriture, c'est en réalité l'idée égyptienne qui y domine.

Les langues écrites ou parlées ne sont que des expressions de la pensée, et la pensée peut passer d'une langue à l'autre sans changer de valeur, sans mentir à son origine.

Ici les idiomes sémitiques, écrits ou parlés, ne sont que les agents messagers de la pensée égyptienne.

Puisque, en effet, avant leur séjour en Égypte les races sémitiques étaient tout à fait incivilisées, c'est de toute nécessité l'IDÉE ÉGYPTIENNE que les Pasteurs[1], près de vingt siècles avant l'ère vulgaire, ont dû, en quittant l'Égypte, répandre dans la Moyenne Asie et dans l'Asie Mineure qui alors les ont reçus.

C'est l'IDÉE ÉGYPTIENNE que Moïse et ses Hébreux ont pu seule colporter dans l'Yémen et dans la Syrie.

C'est l'IDÉE ÉGYPTIENNE que les Cécrops et les Danaüs ont importée en Grèce.

C'est encore l'IDÉE ÉGYPTIENNE que le Phénicien Cadmus[2] est allé porter en Grèce.

---

[1] Entrés à peu près sauvages en Égypte, les Pasteurs, chassés d'Égypte par Aménophis Ier, y avaient puisé le principe des sciences, et nous les avons vus se conformer avec soin aux mœurs, aux usages et aux croyances de l'Égypte.

[2] « L'alphabet phénicien, que l'on reconnaît d'un commun ac-
« cord comme source de toutes nos écritures, avait été tiré, suivant

C'est toujours l'Idée égyptienne que les plus grands esprits de la Grèce sont allés étudier à Thèbes, à Memphis, à Héliopolis et à Saïs[1].

« nous, tout entier de l'alphabet cursif des Égyptiens, longtemps
« avant le siècle de Moïse, en sorte que c'est à la terre des Pharaons
« que les nations européennes doivent originairement le bienfait
« inestimable de l'écriture. » (Vicomte E. de Rougé, *Discours prononcé à l'ouverture du cours d'archéologie égyptienne au Collège de France*, le 19 avril 1860, page 23.)

[1] A preuve, le soin que prirent de visiter l'Égypte les hommes qui, par leur savoir et leur profonde sagesse, ont été les plus considérables de la Grèce; ainsi :

Lycurgue. Av. J.-C., 884 ans. Il a visité l'Égypte vers la fin de la vingt-troisième dynastie. A cette époque, l'Égypte avait une civilisation de plus de 5000 ans.

Solon. . . Av. J.-C., 648 ans. Il visita l'Égypte sous Amasis (vingt-sixième dynastie). On sait qu'il eut avec ce prince des rapports directs.

Thalès.. . Av. J.-C. Il a visité l'Égypte à peu près en même temps que Solon.

Pythagore. Av. J.-C., 592 ans. Il a étudié en Égypte au commencement de la vingt-septième dynastie.

Platon.. . Av. J.-C., 429. ⎫ Ils se trouvés en même temps en
                         ⎬ Égypte, vers la fin de la vingt-neu-
Eudoxe. . — — 405. ⎭ vième dynastie.

Depuis Psammétick Ier, les rapports entre l'Égypte et la Grèce étaient devenus intimes et actifs. Les deux nations avaient à se défendre contre un ennemi commun, la Perse.

Plutarque nous a transmis les noms des prêtres égyptiens auprès de qui s'instruisirent quelques-uns de ces grands hommes.

Solon fut lié avec les prêtres Sonchis de Saïs et Psénophis d'Héliopolis.

Pythagore connut intimement le prêtre Œnûphée, à Héliopolis, et le prêtre Pérénis lui avait montré les livres sacrés.

Platon et Eudoxe s'étaient liés avec le prêtre Chonouphéc de Memphis.

Quant aux dates ici données, comme elles sont celles de la naissance de ces hommes d'élite, il convient de tenir compte de trente à quarante ans pour avoir la date approximative de leur présence en Égypte.

C'est l'IDÉE ÉGYPTIENNE qui a donné l'être au Mosaïsme, et qui vit dans le Mahométisme, son dérivé.

C'est l'IDÉE ÉGYPTIENNE que les Éclectiques d'Alexandrie ont versée dans le Christianisme.

Et, puisque aujourd'hui c'est le Christianisme, le Mosaïsme et le Mahométisme qui tiennent la conscience du monde, c'est en réalité l'idée égyptienne qui le gouverne.

7. — Mais, comme, pour faire acte d'humanité, Christianisme, Mosaïsme, Mahométisme, ont, à qui mieux mieux, la faiblesse de se vanter d'être d'institution divine, j'entends déjà crier de tous les coins du globe contre ce travail de révélations.

Je crois cependant n'avoir fait, en recherchant la vérité, que l'acte d'une honnête et saine conscience.

Je crois même avoir chrétiennement agi.

C'est en effet œuvre chrétienne que savoir rendre à César ce qui appartient à César et à Dieu ce qui appartient à Dieu, et en rendant aux Égyptiens ce qui appartient aux Égyptiens, loin de dépouiller Dieu d'aucun de ses priviléges sacrés, nous avons reporté dans son sein les peuples de l'antiquité que la spéculation en a retirés, et nous lui rendons ainsi ce que la calomnie lui a ravi, puisque nous voyons en lui le Dieu un, universel, invisible, incorporel, éternel et souverain, qui, sous le vocable d'AMON-RA, a été pour les Égyptiens l'ÊTRE SUPRÊME, LUMIÈRE DU MONDE; qui, pour les Grecs, sous le vocable de ZEUS, a été l'ÉTERNEL; qui, pour les Hébreux, sous le vocable de Jéhova, est encore l'Éternel ; qui, pour les Romains, sous le vocable de Jupiter, — Zeus-Pater, — a été l'Éternel-Créateur, c'est-à-dire pour tous : le Dieu un, universel, invisible, incorporel, éternel et souverain, qui de nos jours, sous les mille vocables que la multiplicité des langues et des dialectes modernes lui prodigue, est le Dieu tout-puissant et éternel des Juifs, des Chrétiens, des Mahométans et des Indous, c'est-à-dire le Dieu de tous les peuples et de tout l'univers.

FIN.

TABLE

DES MATIÈRES.

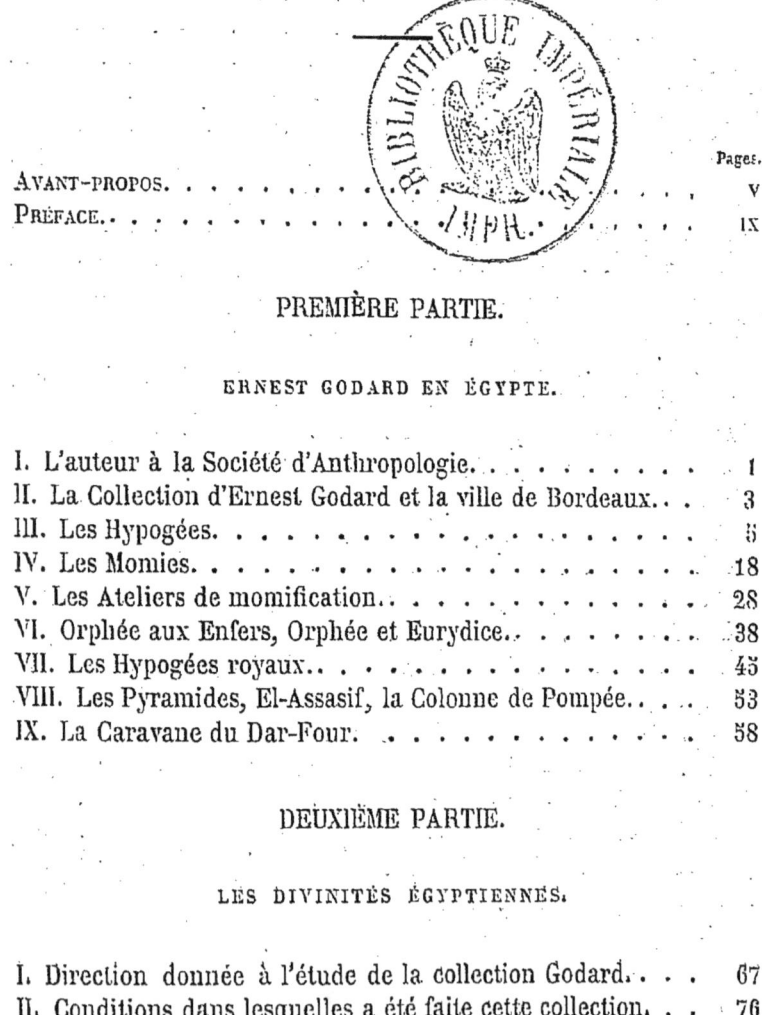

	Pages.
AVANT-PROPOS.	V
PRÉFACE.	IX

PREMIÈRE PARTIE.

ERNEST GODARD EN ÉGYPTE.

I. L'auteur à la Société d'Anthropologie. 1
II. La Collection d'Ernest Godard et la ville de Bordeaux. . . 3
III. Les Hypogées. 5
IV. Les Momies. 18
V. Les Ateliers de momification. 28
VI. Orphée aux Enfers, Orphée et Eurydice. 38
VII. Les Hypogées royaux. 45
VIII. Les Pyramides, El-Assasif, la Colonne de Pompée. . . . 53
IX. La Caravane du Dar-Four. 58

DEUXIÈME PARTIE.

LES DIVINITÉS ÉGYPTIENNES.

I. Direction donnée à l'étude de la collection Godard. . . . 67
II. Conditions dans lesquelles a été faite cette collection. . . 76

	Pages.
III. Les Stèles	81
IV. Les Papyrus	83
V. Les Figurines des divinités égyptiennes	91
VI. Ammon, les Triades, les Hiéroglyphes plastiques	96
VII. La Légende d'Osiris	121
VIII. Isis	147
IX. La Justice et le Jugement des âmes	155
X. Néith, la Vierge, la Trinité	160
XI. Les Litanies d'Isis	172
XII. Soven, les Mammisi, l'Annonciation, la Visitation, la Nativité, l'Adoration	176
XIII. Stella Matutina	179
XIV. Horus	183
XV. Thôth, le Saint-Esprit, les Anges, Mercure	185
XVI. Anubis	189
XVII. Nephtys	195
XVIII. Typhon, Seth, Bès	196
XIX. Les Animaux sacrés	213
XX. Aroéris	242
XXI. Coup d'œil rétrospectif	245
XXII. Phtah	250
XXIII. Sev	253
XXIV. Les Emblèmes	256
XXV. Le Soleil, Phré, l'Uræus	258
XXVI. Le Phallus, les Phalliques, la Confession	259
XXVII. Le Scarabée	264
XXVIII. La Chatte	267
XXIX. L'Ibis	269
XXX. Le Nil et Sérapis, le Tat ou Nilomètre	270
XXXI. Apis	284
XXXII. Le Crocodile, l'Èpervier	287
XXXIII. Quelques Figures emblématiques	288
XXXIV. Quelques Végétaux emblématiques	290
XXXV. Les Statuettes funéraires et les Canopes	298
XXXVI. Les Tablettes d'écrivain	300
XXXVII. La Médecine et les Médecins en Égypte	303
XXXVIII. Bijoux et Monnaies	306
XXXIX. Vêtements modernes et Talismans	308

TROISIÈME PARTIE.

ORIGINE ET CULTE DES DIVINITÉS ÉGYPTIENNES.

Pages.

I. Les Pyramides d'Égypte et la Religion égyptienne. 313
II. Moïse, les Livres et les Bibliothèques en Égypte. 317
III. Les Perses, les Grecs, les Romains et les Chrétiens en Égypte. 324
IV. Le Matériel de la Religion catholique dans quatre mille ans devant la science. 336
V. La Forme de l'expression matérielle des Enseignements religieux importe peu. 347
VI. La Consécration. 352
VII. La Religion. 358
VIII. La Prédication. 369
IX. Idolâtrie et Fétichisme. 376
X. Le Culte égyptien. 392

QUATRIÈME PARTIE.

EXPANSION DU CULTE ÉGYPTIEN DANS LE MONDE.

I. Pas d'équivoque. 417
II. Le Surnaturel au Désert. 420
III. Le Peuple de Dieu sous la loi naturelle (première période). 424
IV. Les Pasteurs, Joseph, le Peuple de Dieu sous la loi naturelle (deuxième période). 440
V. Les Hébreux en Égypte. Moïse. 462
VI. Moïse et la Loi écrite. 473
VII. Le Paganisme gréco-romain. 507
VIII. Le Christianisme. 525

	Pages.
IX. Alexandrie...........................	534
X. L'École d'Alexandrie...................	541
XI. L'École d'Alexandrie, ses Enseignements, la Conquête romaine, le Christianisme................	543
XII. Le dernier Hiéroglyphe égyptien, première Image chrétienne........................	575
XIII. Conclusion......................	592

FIN DE LA TABLE DES MATIÈRES.

LIBRAIRIE INTERNATIONALE
A. LACROIX, VERBOECKHOVEN ET Cᵢₑ,
Boulevard Montmartre, 15, Paris.

LES
DIVINITÉS ÉGYPTIENNES

LEUR ORIGINE, LEUR CULTE ET SON EXPANSION
DANS LE MONDE,

PAR

OLLIVIER BEAUREGARD.

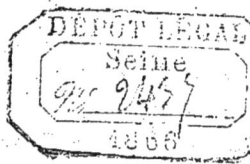

ANALYSE.

Cet ouvrage est une œuvre de réhabilitation des souvenirs religieux de l'Égypte pharaonique.

L'auteur, s'affranchissant des préjugés qui, depuis dix-huit siècles, font de la terre des Pharaons le domaine de l'idolâtrie et du fétichisme, a demandé aux mœurs de cet antique pays du savoir et de la sagesse l'explication des signes conventionnels de ses croyances religieuses. Après avoir montré que chacun de ces signes appelés *Divinités égyptiennes* est un mot ou une phrase, écrits en hiéroglyphes plastiques, il interprète la valeur de ces mots et de ces phrases, et fait voir que dans leur ensemble ils ont été pour les Égyptiens l'expression de croyances religieuses absolument vierges d'idolâtrie.

Les Grecs ont taillé en grandes figures les hiéroglyphes plastiques, expressions des croyances religieuses de l'Égypte.

Moïse, plus et mieux instruit que les premiers civilisateurs de la Grèce, a traduit en hébreu pour le peuple de Dieu les enseignements dogmatiques de la religion égyptienne, et, dans des temps qui maintenant remontent à vingt siècles, l'École d'Alexandrie, après avoir rajeuni au feu de ses discussions les dogmes égyptiens de la croyance en Dieu, en a fait la base d'une religion de transaction qui est devenue le christianisme.

Telle est la thèse développée dans l'ouvrage de M. Ollivier Beauregard.

L'auteur a divisé son travail en quatre parties :

La première promène le lecteur à travers les nécropoles de l'Égypte : elle est comme une introduction à son œuvre de démonstration.

Les trois autres parties sont le développement du titre même de l'ouvrage.

I. — Après les nombreuses descriptions qui ont été données des ruines de l'Égypte, l'auteur aurait eu sans doute assez mauvaise grâce de refaire ce qui déjà a été bien fait avant lui, si, ayant à déterminer les croyances d'un peuple chez qui la religion domina tous les actes de la vie, il n'eût compris que la connaissance des mœurs de l'Égypte funéraire devait être d'un grand poids pour l'objet de la démonstration qu'il se proposait de faire.

Cette étude lui a, du reste, donné l'occasion de restituer aux hypogées de l'Égypte leur existence de vie et d'activité et d'établir un témoignage de vérité en faveur des récits d'Orphée, ou prêtés à Orphée, sur sa descente aux Enfers. (I⁽ʳᵉ⁾ partie, chap. III, IV, V, VI.)

II. — Dans la seconde partie, l'auteur, en passant la revue des pièces de la collection archéologique léguée par le docteur Ernest Godard à la ville de Bordeaux, s'est plus particulièrement attaché à démontrer la valeur réelle des figurines dites *Divinités égyptiennes*. Pour lui ces figurines sont des mots hiéroglyphiques, quelques-unes même tout un verset du livre des croyances égyptiennes.

Il fait voir, par exemple, comment la figurine d'Amon-Ra est l'expression sage et belle de la divinité suprême, expression empruntée par les Chrétiens à l'Égypte, puisque dans leur ensemble ces deux mots : Amon-Ra, signifient : L'ÊTRE SUPRÊME, LUMIÈRE DU MONDE. (II° partie, chap. VI.)

Passant à l'examen des autres figurines, l'auteur explique que ces signes ont été chez les Égyptiens non des divinités, comme on s'est plu à le faire croire depuis dix-huit siècles, mais seulement, et de la même manière qu'Amon-Ra, l'expression écrite hiéroglyphiquement de chacune des perfections divines qui, par le jeu des triades, c'est-à-dire par l'action d'unions mystiques formées entre elles, sortent de l'Être suprême, lequel les renferme toutes. (Chap. VI.)

Dans son ensemble, la légende d'Osiris est la glorification de la bonté divine, spécialement étendue sur l'Égypte par la vie abondante et facile que lui porte le Nil qui la traverse d'une extrémité à l'autre en la fécondant et en l'animant.

Osiris, en qui la sagesse égyptienne a incarné la bonté divine, est comme le Dieu tutélaire de l'Égypte, et chacune des figures qui l'accompagnent dans la légende dont il est l'âme, a son rôle et sa signification pour l'accomplissement de l'œuvre de Rédemption qui lui est dévolue par les croyances égyptiennes. (Chap. VII.)

Dans les temples de l'Égypte, les animaux sacrés sont des hiéroglyphes vivants. Ils y expriment le bien ou le mal actuels. Leur présence indique ainsi qu'il y a lieu de remercier l'Être suprême de sa bonté, ou de le prier d'effacer les circonstances malheureuses qui accablent le pays. (Chap. XIX.)

Quelques végétaux ont eu en Égypte une valeur symbolique, tels sont le lotus, la grenade et le papyrus; mais, s'il est vrai que ces végétaux ont figuré dans les temples égyptiens, c'est au même titre que le lis, l'hysope et le myosotis figurent dans les temples catholiques, et il est absolument faux que les Égyptiens aient honoré à l'égal des dieux l'ail et l'oignon, ainsi que l'a prétendu Juvénal. Ce n'est pas du respect qu'ils eurent pour ces plantes, c'est du dédain et de l'aversion. (Chap. XXXIV.)

III. — Après avoir dit et démontré que les figurines égyptiennes ont été pour le peuple de la vallée du Nil les mots, les phrases ou les versets du catéchisme de ses croyances religieuses, et non pas des divinités, il importait de prouver que ces figurines qui, sans jamais changer de forme, ont traversé toute l'existence de l'Égypte pharaonique, ont dû être inventées telles que nous les connaissons, et qu'il a fallu, en raison de l'état de civilisation de l'Égypte, conserver, sans pouvoir la changer, leur forme primitive.

C'est là surtout l'objet de la troisième partie de l'ouvrage de M. Ollivier Beauregard.

Cette troisième partie se termine par une esquisse du culte égyptien.

IV. — De l'Égypte, la croyance en Dieu pur esprit, un et souverain, s'est-elle étendue à tout le monde ancien?

De vieilles chroniques égyptiennes, telles que l'inscription de Nysa (II° partie, chap. VII, § 3), disent bien qu'Osiris a porté la civilisation jusqu'au fond de l'Inde, mais l'auteur s'en tient sur ce point à cette seule observation. Au contraire, quant à la civilisation du vieux monde occidental, il la juge l'œuvre directe ou indirecte de l'Égypte, d'où l'expansion s'en est faite par la Grèce et par les Hébreux.

Les figures de la religion que nous avons appelée le paganisme, ne sont, en effet, que la traduction en belles images, des signes hiéroglyphiques de la religion égyptienne. (Chap. VII.)

Le mosaïsme n'est que la traduction hébraïque des croyances en Dieu professées par la religion égyptienne. (Chap. VI.)

Quant à la religion chrétienne, elle n'est dans son expression que la religion égyptienne universalisée par les enseignements de l'École d'Alexandrie. (Chap. VIII, IX, X, XI, XII.)

Et comme aujourd'hui le mosaïsme, le mahométisme son dérivé et le christianisme dirigent la conscience du monde, l'auteur conclut que c'est en réalité la pensée égyptienne qui le gouverne.

1 beau volume grand in 8°, papier vélin, prix : 10 fr.

L'envoi de l'ouvrage s'effectuera franco pour toute personne qui en fera la demande, en y joignant le prix en un mandat sur la poste ou en timbres-poste.

Paris. — Typographie de Ad. Lainé et J. Havard, rue des Saints-Pères, 19.

www.ingramcontent.com/pod-product-compliance
Lightning Source LLC
Chambersburg PA
CBHW051318230426
43668CB00010B/1062